Michael Lukas Moeller

Worte der Liebe

Erotische Zwiegespräche
Ein Elixier für Paare

Rowohlt

Palavras de amor
coração,
égua,
lua,
imensidade,
amor.

1. Auflage Juni 1996
Copyright © 1996 by Rowohlt Verlag GmbH,
Reinbek bei Hamburg
Alle Rechte vorbehalten
Umschlaggestaltung Beate Becker
Picasso: «Hockendes junges Paar, der Mann mit Tamburin», 1934, Radierung.
Wallraf-Richartz-Museum / Rheinisches Bildarchiv, Köln
Gesetzt aus der Bembo PostScript
QuarkXPress 3.31 (Dolev 800)
Gesamtherstellung Clausen & Bosse, Leck
Printed in Germany
ISBN 3 498 04368 4

Inhaltsverzeichnis

Kaiser oder Näherin

«Es kann mich nicht sonderlich bekümmern, daß ich es nicht geschafft habe, Kaiser von Rom zu werden, aber es kann mich schmerzen, nie je mit der Näherin gesprochen zu haben, die immer gegen neun um die rechte Häuserecke biegt. Der Traum, der uns das Unmögliche verheißt, entzieht sich uns schon allein deshalb; doch der Traum, der uns das Mögliche verspricht, drängt sich in das Leben selber ein und findet nur in diesem Leben seine Lösung.»

Fernando Pessoa

Sexualität ist, was wir daraus machen

«Eine teure oder billige Ware, Mittel zur Fortpflanzung, Abwehr gegen Einsamkeit, eine Form der Kommunikation, ein Werkzeug der Aggression (der Herrschaft, der Macht, der Strafe und der Unterdrückung), ein kurzweiliger Zeitvertreib, Liebe, Kunst, Schönheit, ein idealer Zustand, das Böse oder das Gute, Luxus oder Entspannung, Belohnung, Flucht, ein Grund der Selbstachtung, eine Form der Zärtlichkeit, eine Art der Rebellion, eine Quelle der Freiheit, Pflicht, Vergnügen, Vereinigung mit dem Universum, mystische Ekstase, Todeswunsch oder Todeserleben, ein Weg zum Frieden, eine juristische Streitsache, eine Form, Neugier und Forschungsdrang zu befriedigen, eine Technik, eine biologische Funktion, Ausdruck psychischer Gesundheit oder Krankheit oder einfach eine sinnliche Erfahrung.»

Avodah Offit

Erhabene Ungestörtheit
unablässigen Begehrens

«Dergestalt meditiert in Allen, die zeugungsfähig sind, der Genius der Gattung das kommende Geschlecht. Die Beschaffenheit desselben ist das große Werk, womit KUPIDO unablässig thätig, spekulirend und sinnend, beschäftigt ist. Gegen die Wichtigkeit seiner großen Angelegenheit, als welche die Gattung und alle kommenden Geschlechter betrifft, sind die Angelegenheiten der Individuen, in ihrer ganzen ephemeren Gesammtheit, sehr geringfügig: daher ist er stets bereit, diese rücksichtslos zu opfern. Denn er verhält sich zu ihnen wie ein Unsterblicher zu Sterblichen, und seine Interessen zu den ihren wie unendliche zu endlichen. Im Bewußtseyn also, Angelegenheiten höherer Art, als alle solche, welche nur individuelles Wohl und Wehe betreffen, zu verwalten, betreibt er dieselben, mit erhabener Ungestörtheit, mitten im Getümmel des Krieges, oder im Gewühl des Geschäftslebens, oder zwischen dem Wüthen einer Pest, und geht ihnen nach bis in die Abgeschiedenheit des Klosters.»

Arthur Schopenhauer
Metaphysik der Geschlechtsliebe

1. «Heirate rasch und bereue in Muße»

1. «Was führt Sie zu mir?»

Mit dem Satz («Was führt Sie zu mir?») leite ich gewöhnlich das erste Gespräch mit einem Paar ein, das mich aus den unterschiedlichsten Gründen aufsucht: um die erotische Beziehung lebendiger zu entwickeln; um eine Krise besser zu meistern; um eine aushäusige Verliebtheit als Symptom der eigenen gemeinsamen Entwicklung zu verstehen und nicht nur moralisch zu verklempnern; um Klarheit zu gewinnen, ob sich diese Partnerschaft lohnt oder eine Trennung angemessener wäre; mehr und mehr auch, um eine beschlossene Trennung nicht als üblichen, seelisch unzulänglich verarbeiteten Bruch einer meist langjährigen Bindung verrotten zu lassen, sondern um die bisherige Bindung in gemeinsamem Verstehen wirklich aufzulösen und sich ihre Kostbarkeiten in einer künftigen Freundschaft zu bewahren.

Immer geht es um die Liebe und ihre Wandlungen, den Haß beispielsweise, der ihre Enttäuschungsform ist, oder die Stärkung des eigenen Selbst, damit eine große und tiefe Liebe mit ihrer enormen Verschmelzungskraft ausgehalten und ganz erlebt werden kann, statt unerträgliche Angst vor dem Schwinden der eigenen Selbständigkeit und panikartige Flucht, meist in ein anderes Verhältnis, hervorzurufen. Was die Musikkritiker der Romantik von Beethovens Symphonien sagten, gilt auch für die

Das gesprächigste aller Gefühle
«Man muß sich also selbst einen Reim darauf bilden, daß Gespräche in der Liebe fast eine größere Rolle spielen als alles andere. Sie ist das gesprächigste aller Gefühle und besteht zum großen Teil ganz aus Gesprächigkeit.»
Robert Musil

Es fällt mir schwer, von meiner Liebe zu sprechen
«Soweit ich mich auch zurückerinnere, es fällt mir schwer, von meiner Liebe zu sprechen. Die Erregung jenseits der Erotik, die darin anklingt, ist grenzenloses Glück so gut wie reines Leid: beides bringt die Wörter zum Glühen.»
Julia Kristeva

9

menschlichen Sexualitäten: Sie sind «Tauben und Krokodile zugleich». Das ist zu schnell vergessen.

So sitzt nun ein Paar vor mir, geduckt, über meine freundliche Frage grübelnd, schon jahrzehntelang verheiratet, und findet und findet nicht zum Wort. Wo ist ihre Liebe geblieben, die sie doch sicher einst zum Bund fürs Leben führte und die sie nach so langer Zeit letztlich auch zu mir brachte? Die beiden geben auch mir Zeit, die vor meinem inneren Auge auftau-

Schweigen
Ein Schweigen dringt an
mein Ohr /
Dein Schweigen auf
meine stumme Frage /
warum du nichts sagtest, /
als ich dir meine Liebe
verschwieg.
Faltsch Wagoni

chenden und vorüberziehenden Bilder, Empfindungen, Gedanken und Befunde zu betrachten, die so viele Liebesbeziehungen später nicht einmal als Verhängnis, sondern einfach als verwitterten Rest erscheinen lassen. Beispielsweise kam mir eine Längsschnittuntersuchung von über tausend Paaren in den Sinn, die aufzeigte, daß schon nach drei bis sechs Jahren eine seltsame Lage der Beziehung entstanden war. Auf die Frage: «Würden Sie Ihren Partner oder Ihre Partnerin heute noch einmal heiraten?» antwortete bereits die Hälfte der Frauen angesichts des einstigen Geliebten: «Nein, niemals», während «nur» ein Fünftel der Männer die ehemalige Frau ihres Herzens von sich wiesen. Nach zwei Jahrzehnten Praxis in Paarpsychoanalyse bin ich gewiß, daß dieser Zerfall der Liebe kein unvermeidbares Schicksal ist, sondern Minute für Minute als hausgemacht angesehen werden muß. Das geschieht allerdings unbemerkt. Hinsichtlich ihrer eigenen Beziehung wirken die meisten Menschen wie narkotisiert. Diese *«Bewußtlosigkeit der Beziehung»* ist die erste entscheidende Barriere, die eine Entfaltung erotischer Lebendigkeit verhindert.

Die Psychoanalyse hat
bewirkt, daß über das
Sexuelle (das bis dahin der
Romantik und der
Niedrigkeit überlassen
war) gesprochen werden
könne: das ist ihre un-
geheure zivilisatorische
Leistung. Daneben mag es
sogar unwichtig erschei-
nen, welchen Wert sie als
Psychologie hat.
Robert Musil

Die Kernschwierigkeit ist etwa so zu fassen: *Die Paare kennen sich nicht und äußern sich nicht. Die resultierende Bewußtlosigkeit für die eigene Beziehung bewirkt eine täuschende Sicherheit.*

10

Erfreulicherweise gibt es ein eindeutiges Gegenmittel – jedem zugänglich, wenn auch zuweilen mühsam zu erlernen; kostenlos, wenn auch mit seelischem Aufwand verbunden; sehr wirksam, wenn es einem gelingt, sich für diesen Weg und damit für sich selbst wirklich einzusetzen –: *das wesentliche Miteinanderreden.* Das Gegenteil von Gleichgültigkeit ist die Erinnerung. Dafür hatte

Aufklärung
«Was nicht bewußt ist, ist auch nicht menschlich.»
Georges Bataille

ich die Zwiegespräche entworfen. Der Hauptbefund des Paarlebens, über den sich die Paartherapeuten der Welt ausnahmsweise einig sind, steht dazu in krassem Kontrast: die Sprachlosigkeit, «communication gap», die Kommunikationskluft.

Sie saß sozusagen vor mir. Ich drängte das Paar nicht. Wesentliche Worte brauchen manchmal ihre Zeit. Der Mann wirkte auf mich versteinert durch Stummheit. Es gibt so viele Arten von Schweigen, wie es Arten von Reden gibt. In der Frau dagegen wühlte die Sprachlosigkeit, sie hatte eine ganz andere, gleichsam platzende Ausstrahlung. Und plötzlich, nach etwa fünf Minuten endloser Stille, schlug sie mit dem ersten Satz wie mit einem Hammer auf den Amboß:

«Ich bin bis zur Unkenntlichkeit verheiratet.»

Und während wir noch benommen im Nachhall dieser niederschmetternden Selbstdiagnose dasaßen, holte der Mann unerwartet Luft und stieß seine Art Schmerzlaut hervor:

«Ich suche heute vergeblich die Frau,
die ich vor zwanzig Jahren heiratete.»

Wiedergeburten
«Denn was ist die Psychoanalyse anderes als eine endlose Suche nach Wiedergeburten vermittels der Liebeserfahrung, die immer wieder gemacht wird, ...als verheißungsvolle Voraussetzung für... ständige Erneuerung, Nicht-Tod?»
Julia Kristeva

Ich werde dieses Fazit eines Ehelebens nie vergessen. Es bringt das Dilemma vieler Beziehungen auf den Punkt. Statt den großen Zauber und die durchaus realistische Hoffnung der Liebe einzulösen, uns wechselseitig wiederzugebären; uns zu zweit lebendiger zu entwickeln, als wir es allein vermöchten; uns in Geborgenheit und wechselseitiger Anregung ganz zu uns selbst zu bringen, verkommt die Beziehung zu einer Art gegenseitiger Selbstbehinderung, zu einem Ge-

11

fängnis. Statt sich zu zweit zur Freiheit zu befähigen, entsteht eine erdrückende Unfreiheit, die entsprechend resignative Bonmots widerspiegeln: «Was taten Sie vor Ihrer Heirat?» – «Was ich wollte!»

Statt unser Selbst zu gewinnen, zu gestalten, zu verwirklichen, zu entwickeln, zu erweitern, scheint es uns enteignet zu werden – wie wenn wir an diesem Vorgang der Entselbstung gar nicht beteiligt wären. Eines Tages kennen wir uns nicht mehr wieder: Wir sind unkenntlich für uns selbst geworden.

So häufig, so unselig dieser Werdegang vom Dream-Team zum Trouble-Team ist, können wir ihn doch wenden. Vereinfacht läßt sich die gelingende und die mißlingende Paarentwicklung an positiven und negativen Selbstverstärkerkreisen der Beziehung zeigen. Um sie plastischer darstellen zu können, möchte ich auf ein weiteres Paar zu sprechen kommen:

Schlank, sportlich, lebendig, sprachbegabt kamen Angela und Alexander, beide Mitte Dreißig, zu mir und schilderten das augenblickliche Szenario ihrer fünfjährigen Ehe: Sie liebten sich noch, aber sie begegneten sich viel zuwenig.

«Ich möchte weniger arbeiten, Angela wohl auch, aber das ist nicht möglich. Die Firma habe ich von meinem Vater und Großvater übernommen. Sie besteht über Generationen und ist ein Traditionsbetrieb. Der Konkurs droht seit Jahren. Wir sind jetzt gerade aus dem Schlimmsten heraus. Aber die berufliche Arbeit verschlingt jede Minute. Nicht nur unsere beiden Kinder kommen zu kurz, entsetzt stellen wir fest, daß wir uns seit Monaten nicht mehr persönlich unterhalten haben.»

Ich schaue auf Angela. Sie ergänzt:

«Wegen der prekären Situation unserer Existenzgrundlage führe ich seit einiger Zeit verantwortlich das Büro unseres Unternehmens. Wir bringen zusammen eine gute Leistung, es gibt da keine Probleme. Allerdings arbeiten wir auch dort weitgehend getrennt. Inzwischen weiß ich nicht einmal mehr, wie Liebe geschrieben wird. Wir sind zu Ihnen gekommen, um der drohenden Leere in unserer Beziehung vorzubeugen. Sprechen wir so wenig miteinander, haben wir uns demnächst gar nichts mehr zu sagen. Wir wollen unser erotisches Leben nicht einfach so versanden lassen.»

«Von heutigen Paaren – die ja in der Regel keine gemeinsame Firma

12

wie Sie betreiben – heißt es schon, sie seien längst keine Liebespaare mehr, sondern verkappte *Business-Teams*», bemerkte ich dazu. «Sie seien im Grunde ständig damit beschäftigt, Aufgaben zu erfüllen, Arbeitsziele zu erreichen. Ihre Wirklichkeit sei sachorientiert, durchfunktionalisiert. So kommen Sie mir vor. Als Psychoanalytiker geht man allerdings auch in die Schule des Verdachts, jedes Detail kann hinterfragt werden – ist die Arbeitsbelastung vielleicht nur vorgeschoben, um Ängsten voreinander aus dem Weg zu gehen? Das können wir später im Gespräch noch betrachten. Doch ich glaube in Ihrem Falle wirklich, daß die Lebensverhältnisse zu hart sind, um neben dem Druck aller Erledigungen und bei den chronischen Ängsten um die eigene Existenz genug Raum zu lassen für die Liebe und vielleicht auch andere Gefühle. Die Gefahr ist nicht von der Hand zu weisen, daß Sie schließlich zu einer Partnerschaft werden, in der Liebe gar nicht mehr für den Zusammenhalt nötig ist, beispielsweise nach Art einer *Erledigungsbindung*. Ununterbrochen müssen Sie drängenden, unerledigten Aufgaben nachgehen. Das hält Sie zusammen, obwohl Sie weniger und weniger zu sich kommen. Hinter dem Wort steckt also der scheußliche Doppelsinn, daß Erledigungen uns erledigen können.»

«Das trifft es genau. Wir haben von Zwiegesprächen gehört und sind nicht zuletzt deswegen zu Ihnen gekommen», meinte Angela. «Wir müssen zuerst mehr miteinander sprechen, um die Beziehung wieder lebendiger empfinden zu können.»

«Allerdings graut mir auch davor», wirft Alexander ein, «woher wir anderthalb Stunden Zeit für diesen Austausch nehmen sollen.»

Beide Paare beriet ich. Sie lernten in den von mir angebotenen Zwiegesprächsseminaren diese Art des nichteingreifenden Miteinanderredens, die eine fruchtlose Kreisdiskutiererei verhindert, und sie ergänzten ihren Selbstentwicklungsweg durch professionelle Begleitung, im ersten Fall eine Paarberatung von zehn Stunden, im zweiten Fall die Teilnahme an einer mehrjährigen Paargruppe. Eine solche Kombination steigert sich wechselseitig: die Zwiegespräche gewinnen durch die Paartherapie an vertiefter Einsicht, die Paartherapie wird belebt durch die Entwicklungsdynamik des regelmäßigen, wesentlichen Miteinanderredens. In den meisten Fällen bringt jedoch allein das Zwiegespräch eine qualitative Wende der Beziehung. «In den letzten drei Monaten mit Zwiegesprächen haben

13

wir mehr voneinander erfahren als in zehn Ehejahren vorher.» Die erwähnten «Glückskreise» machen etwas von dieser Dynamik einer größeren Lebendigkeit deutlich:

2. Am Anfang war das Wort

Vier Selbstverstärkerkreise der Beziehung

Das Märchen	**Begleitetwerden**
«Was ist herrlicher als Gold?» fragte der König.	«Liebe ist ein Begleitetwerden. /
«Das Licht», antwortete die Schlange.	Nun mag ich nicht mehr allein
«Was ist erquicklicher als Licht», fragte jener.	über die Wege gehen, /
«Das Gespräch», antwortete diese.	weil ich nicht mehr allein
Johann Wolfgang Goethe	gehen kann.»
	Alberto Caeiro

Ausreichendes, wesentliches Sprechen in der Paarbeziehung verstärkt sich durch sich selbst. Das macht den *kommunikativen Glückskreis* aus. Als Kernfrage stellt sich für Paare, wie sie zu einem genügend guten Miteinanderreden kommen, das nicht zur fruchtlosen Beziehungskiste mißrät. Zwiegespräche sind genau dafür entworfen. Ein anderthalbstündiges, vorher vereinbartes Gespräch pro Woche – vorzugsweise zu einem jour fixe – genügt.

Widmet sich das Gespräch speziell dem Erleben in der Liebe, wird also der wesentliche Austausch ein *erotisches* Zwiegespräch, dann verstärken sich bei ausreichender Ausgangslage sowohl die Neigung, sich über das Erleben des Liebens zu verständigen, wie auch die Lebendigkeit des Liebemachens selbst: *erotischer Glückskreis.*

Das real existierende Elend der Paarbeziehungen steht nun allerdings im krassen Gegensatz zu dieser Selbstverstärkung des Gelingens. Die Spracharmut verstärkt sich nämlich leider ebenso: *kommunikativer Teufelskreis.* «Unsere Ehe besteht aus zwei Monologen, für die es keine Ohren gibt.»

Und der unaufhaltsame Niedergang der Erotik nach der ersten Verliebtheit, die doch einst zur festen Partnerschaft oder Ehe führte, wird

14

heute willenlos und resigniert als fatales Schicksal hingenommen. Diese Abstumpfungstheorie selbst halte ich für die abgestumpfteste Theorie. Vielmehr zeigt mir die Erfahrung mit Paaren, wie gesagt, daß wir unser erotisches Darniederliegen im Alltag Minute für Minute selbst herstellen. Vor allem dadurch, daß wir unser Liebesleben weitgehend ausschweigen und auf diese Weise den *erotischen Teufelskreis* fabrizieren.

Wesentlicher sind die Glückskreise, auf die ich daher näher eingehe. Die Teufelskreise sind nur als ständig gegenwärtige Bedrohung eines lebendigen Lebens und Liebens von Bedeutung. Ich skizziere sie nur kurz zum Abschluß.

1. Glückskreis des wesentlichen Sprechens

Selbstverstärkung der Kommunikation

Miteinanderreden steigert sich selbst. Auf dem Kreis schildere ich im Uhrzeigersinn die aufeinanderfolgenden Wirkungen. Angela und Alexander hatten es selbst erlebt. Sie wollten den Bann ihrer ausschließlichen Arbeitsorientierung brechen und planten eine «Liebesreise» als erotischen Neubeginn. Dabei stießen sie auf gleichsam klassische Probleme.

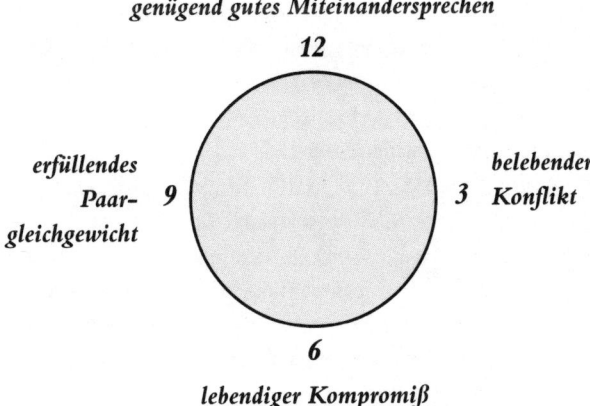

12 Nehmen wir an, einem Paar gelingt es, die üblichen sprachlosen Verhältnisse zu überwinden und ausreichend miteinander zu reden. Diese Ausgangslage markiert die Zwölf auf der Uhr. Angela und Alexander hatten sich durch die regelmäßigen Zwiegespräche einen solchen genügend guten Kreislauf der Beziehung geschaffen. Was folgt daraus?

> **Neugier**
> «Auf die Gefühle bin ich neugierig. Auf die Fakten, wie immer sie beschaffen sein mögen, bin ich überhaupt nicht neugierig.»
> *Fernando Pessoa*

1 «Es war mir zunächst gar nicht klar, was und wohin ich wollte», sagte Angela zur Planung ihrer Liebesreise. «Ich hatte zunächst Marokko im Sinn, sah mich mit Alexander auf Wüstenausflügen unter dem riesigen Sternenhimmel. Das wäre der Kontrast zum eingezwängten Arbeitsleben. Dann schien mir eine USA-Fahrt reizvoller, in Hotels, zum Colorado River.» – «Mich stößt die Hitze in jedem Süden ab», erklärte Alexander. «Ich brauchte vor allem erst mal Abstand von allem und bequeme Ruhe. Ein Strandhotel an der englischen Südküste schwebte mir vor. Aber nach und nach wurde mir anderes klar: Unsere schönsten Liebeserlebnisse hatten wir in einer einsamen Hütte in Schweden. Da wollte ich schließlich unbedingt hin.» Das Zwiegespräch leitete bei beiden einen inneren Klärungsprozeß ein. Was geschieht dabei?

Im wesentlichen Sprechen *nimmt jeder sich selbst wahr*. Nach und nach entdeckt er seine eigenen, seine wirklichen Bedürfnisse – oft hinter einer Flut von überflüssigen Wünschen. Wenn Paare mich erstaunt fragen, wie lange man denn brauche, um zu wissen, was man im Tiefsten wirklich will, antworte ich mit der Erfahrung der Paargruppen und Zwiegesprächler: etwa zwei Jahre. Der immer noch verbreitete Slogan «Kinder mit 'nem Willen kriegen was auf die Brillen» zeigt, wie sehr wir auf die Erfüllung elterlicher Erwartungen hin aufgezogen wurden, statt auf unsere eigenen Bedürfnisse zu hören. Ja, wir verlieren sie oft ganz aus den Augen. So setzt man dann später auch alle Kraft für die große Nachfolge-

> **Selbsthinrichtung**
> «Sich nach anderen richten /
> sich hinrichten.»
> *Elazar Benyoëtz*

figur der Eltern ein: für den Arbeitsplatz, für den Arbeitgeber, für den Partner, oft auch für die eigenen Kinder. Familiär und gesellschaftlich ist diese Orientierung am anderen geradezu ein Zwang. Die Werte einer prosozialen Gemeinschaft entsprechen dem.

2 Nach und nach erfährt man auch die *wesentlichen Wünsche des Partners*. Er bleibt dann keine bequeme Projektionsfläche mehr für die Neigung, ihn nach eigenem Bilde zu schaffen. Ich lerne ihn wirklich kennen.

Begegnung
«Das Wiedererkennen.../ beginnt mit Verwechslungen.»

Jürgen Becker

3 Da meine Wünsche und die Bedürfnisse meines Partners sich meist unterscheiden, kommt es zu einem *Konflikt*. Ihn wollte das Paar stets vermeiden – im wesentlichen deswegen, weil es mit ihm nicht umzugehen wußte. Nirgendwo lernt man diese fundamentale Fähigkeit. Sie müßte spätestens in der Grundschule gelehrt werden; sie ist wichtiger als die Kenntnis großer Hauptstädte.

4 Das erste Gebot angesichts dieser nun endlich sichtbar werdenden Unterschiedlichkeit lautet: die Differenz, den *Konflikt ruhig zu tragen* und nicht gleich wegzuhantieren. Wie auf einem Silbertablett stehen also deine und meine so andersartigen Wünsche da und können eine Weile interessiert betrachtet werden. Ein bekannter Psychoanalytiker, Michael Balint, bemerkte einmal, es gehöre zum reifen Erwachsenenleben, ein gewisses Maß an Spannung aus unerledigten Konflikten zu ertragen. Zwiegespräche spenden dafür übrigens die gemeinsame Kraft.

5 Während für die meisten Belange eines glücklichen Paarlebens schwarzer Pessimismus angebracht ist, bin ich in einer Hinsicht ein entschiedener Optimist: hinsichtlich eines lebendigen Kompromisses. Es geht zunächst darum, die *Vielfalt an möglichen Lösungen* für den Konflikt zu ventilieren, ohne gleich auf Biegen oder Brechen eine Entscheidung zu fällen.

6 So angereichert kann man sich leichter dem Auffinden eines *lebendigen Kompromisses* nähern. Er unterscheidet sich – als Arzt könnte ich *differentialdiagnostisch* sagen – sehr klar vom *faulen* Kompromiß. Denn beim lebendigen Kompromiß werden die Wünsche beider Seiten gleichgewichtig geachtet – und das ist spontan erstaunlich selten der Fall. Ja, ein Paar sieht sich meist gar nicht vor einer solchen inneren Aufgabe. Vielmehr wird pragmatisch gewurstelt und das gewählt, was sich aus äußeren Grün-

Verlust ohne Verzicht
«Alles ist verloren, wenn wir entschlossen sind, auf nichts zu verzichten.»
Carl Friedrich von Weizsäcker

den gerade anbietet. Dadurch entsteht der faule Kompromiß: Die Wünsche einer Seite kommen zu gering zum Zuge. Das bedeutet eine Enttäuschung wesentlicher Bedürfnisse. Und diese Vernachlässigung macht – ob man es will oder nicht – einen *Enttäuschungszorn*, den innerhalb der Beziehung auch derjenige zu verarbeiten hat, der diesmal begünstigt wurde.

Erstaunlich ist, daß in der Regel nicht der Egotrip zu solcher Schieflage führt, sondern der schnelle, oft lautlose Verzicht auf die eigenen wesentlichen Wünsche, das heißt unsere Anpassungsneigung, unser Unterordnungsverhalten.

Angela: «Es war ein Glück, daß wir uns jeder einen Freiraum für das Herausarbeiten der eigenen Vorstellungen gaben. Als Alexander vom britischen Strandhotel sprach – das mir selbst gar nicht in den Sinn gekommen wäre –, dachte ich schnell: Warum nicht? Kurze Zeit später entdeckte ich, daß ich das gar nicht wollte. Ich habe innerlich einfach ja gesagt, wo ich hätte nein sagen müssen. Es ist, als wären meine eigenen Wunschvorstellungen irgendwie flüchtiger. Eine Zeitlang wußte ich einfach nicht mehr, ob mein Verlangen unbemerkt eine Anpassung an Alexander war oder wirklich meinen Bedürfnissen entsprach. Um das herauszubekommen, muß man richtig trainieren.»

Manchmal gewinne ich den Eindruck, daß gerade die innerlich wirklich bedeutenden Wünsche Mimosencharakter haben: sie melden sich still und verschwinden bei der ersten Berührung. Gelingt es einem Paar aber – jeder für sich und für den anderen –, auf die gleichrangige Wahrnehmung aller aufgetauchten Bedürfnisse zu achten, ändert sich die Paarsituation qualitativ grundlegend. Um diesen Stand zu erreichen, ist ausführliches Miteinandersprechen nötig. Das wird immer unterschätzt. Einigen erscheint es lästig. Der seelische Gewinn ist jedoch hoch. Hätten Angela und Alexander ihre Reise ungenügend geklärt, wären sie entweder in ein blasseres Erlebnis hineingeraten oder vielleicht sogar in gereizte Stimmung und Streit, dessen tiefere Ursache – die Enttäuschung eines unbemerkten wesentlichen Bedürfnisses – sie gar nicht hätten erfassen können. So aber war der seelische Boden ihrer Tour d'amour gleichsam ohne Schlaglöcher. Sie waren entschlossen, umsichtig die Gleichrangigkeit ihrer Wünsche aufrechtzuerhalten.

18

7 Die Gleichwertigkeit des eigenen Verlangens und des Begehrens des Partners zu beachten reicht aber noch nicht ganz: Es kommt auch darauf an, daß *beide Seiten zu gleichen Teilen* verwirklicht werden. Das machte Angela und Alexander einiges Kopfzerbrechen. Zunächst kamen sie auf die Idee, erst einen zu bevorzugen, um dem anderen beim nächstenmal den Vorrang zu geben. Dann wurde ihnen klar, daß sie eine solche Liebesreise wohl nicht zweimal machen würden. «Die nächste Reise hätte einen ganz anderen Charakter – eben nicht so bedeutend», berichtete Alexander auf einer Paarsitzung, die auch eine Art Supervision der Zwiegespräche bot. «So kamen wir jetzt auf eine ungewöhnliche Lösung. Ein gemeinsamer Nenner war unser Wunsch nach reichlicher Abwechslung. Das half uns zu dem simplen Entschluß, die eine Hälfte in Schweden und die andere in Marokko verbringen zu wollen. Es ist nicht einmal besonders umständlich. Ich kann jedenfalls Marokko gut genießen, wenn ich unser phantasiertes Revival in Schweden nicht vermissen muß.»

8 Damit hatte das Paar schon die nächste wesentliche Voraussetzung erfüllt, die im Alltag – wie sich in Paargruppen zeigt – sträflich vernachlässigt wird: die *gemeinsame* Verwirklichung der gleichgewichteten Wünsche. In der Regel hält man das für unwichtig. Wie schnell ist beim Einkauf beispielsweise ein Entschluß ohne Rücksprache mit dem anderen getroffen, der nicht nur am anderen vorbeigeht, sondern später oft umständlich, aufwendig und gereizt tagelang ausdiskutiert werden muß. *Jede Form einsamer Entscheidungen «für beide» entpuppt sich als stilles Gift in der Paarbeziehung.* Im Bett, in dem nicht gesprochen wird, ist das an der Tagesordnung.

9 Nun ist das edle Ziel erreicht, das ich etwas märchenartig das *goldene Paargleichgewicht* nennen könnte. In seiner Definition kommt es auf jedes Wort an: *Das Paargleichgewicht ist erreicht, wenn es dem Paar gelingt, die Bedürfnisse beider Partner gleichrangig wahrzunehmen* (Basisdemokratie und fundamentale Gleichwertigkeit von Mann und Frau) *und gemeinsam zu gleichen Teilen zu verwirklichen* (Solidarität füreinander und Gerechtigkeit). Dieser zunächst selbstverständlich scheinende Satz versteht sich leider gar nicht von selbst. Er steckt voller Barrieren. Denn die tatsächlichen Verhältnisse sind nicht so. So gibt es unter den zwölf Paarformationen, die für Deutschland typisch sind, zehn, die nicht gleichrangig, sondern hierarchisch sind. Von einer Gleichwertigkeit der männlichen und weiblichen Bedürfnisse ist keine Rede, wie sich nach wenigen Zwiegesprächen oder Paargruppensitzungen zeigt. Paaren, die mit Zwiegesprächen oder mit der Gruppe beginnen, sage ich, daß sie gar nicht erst beginnen müßten, wenn sie diese Balance aufrechtzuerhalten in der Lage sind. Sie beinhaltet nämlich vor allem die *Konfliktfähigkeit* des Paares, die ich für die *entscheidende* Voraussetzung eines – auch erotisch – glücklichen Paares halte. *Das Ideal eines problemlosen Paarlebens ist völlig illusionär und verhängnisvoll für jede Harmonie und Liebe in der Beziehung.* Im goldenen Paargleichgewicht ist auch die Lösung eines menschlichen Urkonfliktes zwischen Autonomie und Abhängigkeit gegeben: Wieviel wende ich mich dem anderen, wieviel mir selbst zu? Die Zwiegespräche geben die Antwort fast von selbst, weil sich hier beides gleichzeitig entfaltet. Der Gegensatz von «Egoismus» und «Altruismus» ist aufgehoben, weil jede Mitteilung dem anderen und mir selbst gleichermaßen zugute kommt.

10 Der entscheidende Gewinn des ganzen Verlaufes ist eine *befriedigendere, eine erfüllendere Beziehung.* Sie entsteht, weil endlich die sorgsame Beachtung der sonst vernachlässigten, unversehens unter den Tisch fallenden wesentlichen Bedürfnisse zur Erfüllung dessen führt, was man eigentlich schon immer wollte – und nicht zu dem schrecklichen Fazit, bis zur Unkenntlichkeit verheiratet zu sein. Angela: «Es war nach den mir zunächst etwas umständlich erscheinenden Gesprächen über unsere Liebesreise ein Gefühl, als hätte ich innerlich eine erfrischende Dusche genommen. Es war ein so klares Gefühl.» Alexander: «Ich stand mit beiden Beinen fest auf dem Boden, und solche solide Grundberührung hatte ich bei einer Reiseplanung noch nie gehabt.»

11 Hat man jedoch eine befriedigendere Beziehung, dann ist man *seinem Partner auch zugeneigter.* Und mit einem Menschen, der einem nähersteht, *spricht man sehr viel lieber.* Das Geheimnis liegt vor allem darin, daß die Selbstoffenheit, die sich in Zwiegesprächen mehr und mehr entwickelt, gleichzeitig eine Öffnung zum anderen hin bedeutet. Mit ihr macht man sich darüber hinaus einfühlbar. Der Partner hat die Chance, einen wirklich wahrzunehmen.

Das Los des Selbst
Erst war ich selbstlos,
jetzt geh ich selbst los.

20

12 Der Kreis schließt sich also nicht nur, sondern verstärkt sich: *Das genügend gute Miteinanderreden steigert sich von selbst.*

2. Erotischer Glückskreis

Miteinandersprechen und erotisches Erleben verstärken sich wechselseitig

Leidenschaft
«Niemand stellt sich eine Welt
vor, in der die Leidenschaft
endgültig aufgehört hätte,
uns zu bewegen.»

Georges Bataille

Mündigkeit
«Drum brauch' ein Liebender die eigne Zunge,
es rede jeglich Auge für sich selbst.»

Claudio in Shakespeares
«Viel Lärm um Nichts»

Was man tabuisiert, kann man nicht gestalten. Ja, man klammert es aus der Entwicklung aus und beläßt es in einer Art persönlicher Verbannung. Das gilt vor allem für das übliche Liebeslager. *Die Erotik der meisten Menschen fristet eine karge Existenz im inneren Exil.* Erst wenn man den Mut findet, offen erotisch zu sprechen, und der Leidenschaft ihren Laut gibt, kann sich die Liebe freier und intensiver entfalten. Die Liebe wird nicht nur selbstbewußter, sondern überhaupt erst mündig. Das geschieht schon im üblichen, nicht themenzentrierten Zwiegespräch, weshalb schon dieses als wirksames *seelisches Aphrodisiakum* gilt, noch stärker allerdings im erotischen Zwiegespräch.

21

Erotische Zwiegespräche sind ein ungestörtes Gespräch zweier Menschen – nicht notwendigerweise eines Paares, es können auch gute Freunde oder Freundinnen sein – von etwa anderthalb Stunden, in denen das eigene erotische Erleben sich am goldenen Faden der freien Einfälle zu einer Art Selbstbildnis für den anderen entfaltet. Sie können einmalig vereinbart werden oder in einer Art Serie stattfinden, die noch mehr entschlüsselt. Es kann um die Lebensliebesgeschichte gehen, sich auf besondere glückliche oder unglückliche Episoden beziehen, delikate Details und die Variationen der Vorlieben zur Sprache bringen und – wo ein Liebespaar miteinander spricht – natürlich auch das Innenbild des eigenen erotischen Zusammenseins offenlegen. Thema ist stets die Antwort auf die Frage: *«Was bewegt mich erotisch im Moment am stärksten?»*

In den beiden vergangenen Jahrzehnten, denen ich mich der Psychoanalyse der Zweierbeziehung widmete, beobachtete ich sogar in den Paargruppen, daß auch Zwiegesprächserfahrene den Bereich ihres erotischen Erlebens viel zuwenig miteinander thematisierten. Der Bezirk ist offensichtlich zu heikel, um ohne eine Aufforderung geöffnet zu werden. In den Zwiegesprächsseminaren, die ich an wechselnden Orten durchführe, ist mir schließlich im Gespräch mit den Teilnehmern die Idee gekommen, *themenzentrierte* Zwiegespräche vorzuschlagen, hier also die *erotischen* Zwiegespräche. Das vielversprechende Dunkelfeld des eigenen Liebeserlebens kann so gezielter erhellt werden. Alle Paare haben eine solche Zentrierung als wohltuend und bereichernd empfunden. Auf eine bemerkenswerte Wirkung möchte ich jedoch hinweisen: Es kann durchaus sein, daß bei dem einen oder anderen Paar ein übliches, nicht-themenzentriertes Zwiegespräch die Erotik stärker befreit, weil Probleme, die scheinbar nicht in Zusammenhang mit der Erotik stehen, doch unterschwellig einen erheblichen Einfluß auf das Liebesleben haben – unausgesprochene Ängste, Rivalitäten oder Selbstentwertungen beispielsweise.

22

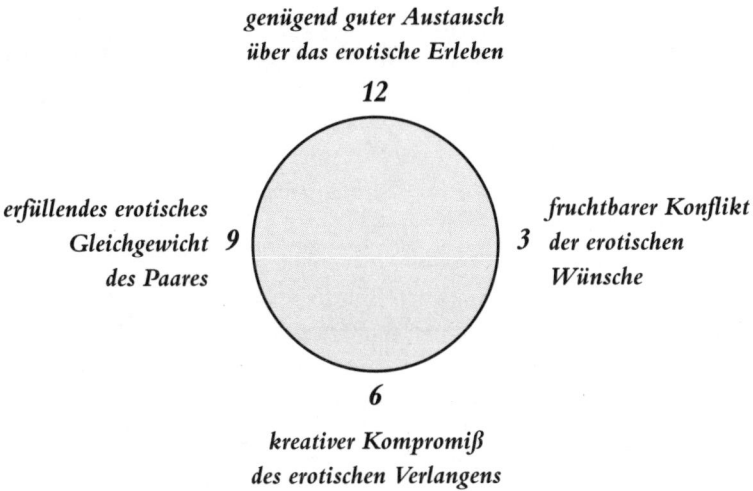

genügend guter Austausch
über das erotische Erleben

12

erfüllendes erotisches
Gleichgewicht **9**
des Paares

3 fruchtbarer Konflikt
der erotischen
Wünsche

6

kreativer Kompromiß
des erotischen Verlangens

Jede Art von Zwiegesprächen hat eine deutliche aphrodisische Wirkung, weil sie die oft so verschlossene Seele *öffnen*, den Berührungsraum der Beziehung ungewohnt *erweitern* und *Konflikte abbauen*. Diese erotisierende Wirkung greift allerdings auch sofort der unbewußte seelische Widerstand auf und wirtschaftet mit ihr in die eigene Tasche der Angstvermeidung: Oft machen dann Paare, statt miteinander zu reden, abrupt Liebe, die sie doch soeben noch mit dem Gespräch von Ballast befreien wollten. Dieses blinde Handeln ist das wohlbekannte Agieren. Es hat meist einen ganz anderen Sinn, als man so denkt: Nicht das erotische Erleben, der Liebesgenuß, steht im Zentrum, sondern die Flucht vor Brenzligkeiten. Allerdings ist Agieren – recht verstanden – auch ein erster Schritt zum Bewußtwerden, ja manchmal kommt man gar nicht darum herum, um sich endlich über etwas klarzuwerden, was man bislang nicht verstand.

Angela und Alexander berichteten schon in der ersten Paarsitzung, wie sie sich begegneten und lieben lernten. «Es war sofort geschehen», sagte Alexander. Diese Liebe auf den ersten Blick

> **Größere Klarheit**
> «Die Zurückdämmung der Liebe erhellt ihre Phänomene mit größerer Klarheit als die Liebeserfahrung.»
> *Fernando Pessoa*

> **Einsicht**
> «Handeln entschädigt, aber verwirrt.»
> *Fernando Pessoa*

23

ist auch ein hervorragendes Beispiel für das blitzartige Oszillieren der unbewußten Kommunikation. In Sekundenschnelle ist geschehen, was das Bewußtsein oft auffällig träge hinterherhinkend weit später bemerkt. So sind auch erotische Zwiegespräche vom Bewußtsein gar nicht zu erfassen. Was wirkt und belebt, ist das wechselseitige Erleben, wobei die Worte selbst – so bedeutsam das Sprechen ist – verglichen mit der wortlosen Kommunikation durch Mimik, Gestik und Tonmodulation überraschenderweise von geringerem Einfluß sind.

Da sich der erotische Glückskreis in gleicher Weise entfaltet und steigert wie die bereits beschriebene kommunikative Selbstverstärkung, werde ich nur die besonderen Momente für das Liebesleben hervorheben.

Wachstum der Liebe
«Liebe ist das einzige, was wächst, wenn man es verschwendet.»
Marie Luise Stangl

12 Es beginnt auch hier mit dem genügend guten Austausch, der sich nun allerdings dem erotischen Erleben widmet.

1 Im Zuge dieses vereinbarten Sprechens über die eigenen Liebeserfahrungen befreit sich jeder nach und nach von der gewohnten Scheu, über seine Lüste und Ängste zu reden. Man *lernt seine eigenen erotischen Bedürfnisse überhaupt erst kennen* und gestaltet sie bereits, indem man sie ausspricht.

2 Ebenso lernt man das oft *unbekannte Gelände des erotischen Verlangens seines liebsten Menschen*, seines Partners, kennen. Angela bemerkte nach dem ersten erotischen Zwiegespräch: «Es wurde mir so viel deutlich, daß ich mich frage, warum wir nicht vorher schon einmal den naheliegenden Einfall hatten, uns so klar, offen und detailliert über unser erotisches Erleben und unsere Wünsche auszutauschen. Am meisten verblüffte mich beispielsweise, daß Alexander bei der Selbstliebe immer ganz genaue Szenen phantasiert, während ich der Meinung war, es wäre bei anderen so wie bei mir – nämlich ohne irgendeine spezielle Vorstellung mit anderen.»

3 Liegen nun beide Wunschfelder offen da, bleibt die Unterschiedlichkeit nicht mehr verborgen. Alexander und Angela entdeckten den klassischen

Konflikt zwischen Mann und Frau. Angela: «Es ist ja schon fast in jeder Bildzeitung zu lesen. Ich wünschte mir viel mehr Zärtlichkeit, während Alexander am liebsten direkt zur Sache kommt. Für mich entfaltet sich viel zuwenig. Mein Körper schwingt nicht richtig mit, wenn es zu schnell geht.»

4 Beide können nun aber auch ruhig die erotische Andersartigkeit des anderen im Vergleich mit dem eigenen Begehren betrachten. Es ist ebenso ungewohnt wie beiderseits bekömmlich, das *Spannungsverhältnis des unterschiedlichen Verlangens* und der unterschiedlichen Ängste einmal auszuhalten, ohne sich sofort einer polypragmatischen Abhilfe zuzuwenden, eine neue Stellung zu kreieren oder den Teppich der Leidenschaft resigniert einzufalten.

5 Dadurch tritt jeder aus dem bislang unbemerkten Kokon seiner eigenen erotischen Wirklichkeit heraus und entdeckt die *Vielfalt der Liebe schon im eigenen Haus.* Alexander: «Wir versuchten einmal, uns am ganzen Körper zart zu streicheln. Ich war völlig verblüfft, welche Bereiche für Angela erregend waren – beispielsweise die Knöchel. Sie kam mir schließlich vor, als wäre sie erotisch völlig anders ‹konstruiert› als ich. Ohne es zu merken, hatte ich mir immer vorgestellt, daß alle Menschen genauso empfinden wie ich.»

6 Ist die Selbstrelativierung der eigenen erotischen Welt im Gang, haben sich bereits offenere Phantasien und Wünsche abgezeichnet, dann ist das Paar besser imstande, *auch im Liebesbereich einen lebendigen Kompromiß* zu finden, der nicht wie üblich klammheimlich eine Seite unterschlägt oder bestimmte Lüste nicht zum Zuge kommen läßt. Das Paar lernt, die anderen Bedürfnisse als wirklich gleichwertig zu achten: Die Zärtlichkeit ist ebenso bedeutend wie der direkte sexuelle Akt und umgekehrt, die zielstrebige Vereinigung ist dem Bedürfnis nach dem Berühren des ganzen Körpers gleichrangig.

7 So kann das Paar auch das Liebemachen nach und nach verwandeln. *Beide Seiten werden zu gleichen Teilen beachtet.* Selbst wenn das manchmal auch nicht vollständig geschieht, sondern jeder nur teilweise seine Wün-

25

sche erfüllen kann, ändert sich dadurch die Liebesqualität grundlegend. Angela: «Die innere Gewißheit, daß alle meine Wünsche irgendwann zum Zuge kommen werden und denen von Alexander gleichgestellt sind, macht mir ein ganz anderes erotisches Selbstbewußtsein. Es beflügelt mich.»

8 Dadurch wird jeder nach und nach in der Liebe entscheidungsfähiger und handlungsbereiter. Beide beginnen die *Wünsche von beiden gemeinsam umzusetzen.* «Früher habe ich Alexander ganz unbemerkt immer die Führung überlassen. Irgendwie schlich ich mich dadurch auch aus der Verantwortung für das, was ich tun möchte», sagte Angela, und Alexander ergänzte: «Sie wird eine ganz andere erotische Partnerin, weil ich mich beschenkt fühle, wenn sie aktiver wird in der Liebe.»

9 Das goldene *Paargleichgewicht der Erotik* ist natürlich nicht sofort zu erwarten, aber ein verläßliches Ziel der erotischen Entwicklung zu zweit: *Beide beachten die eigenen erotischen Wünsche und die des Partners gleichrangig und versuchen sie gemeinsam zu gleichen Teilen zu erfüllen.* Alexander: «Es gab für mich vorher gar keine besondere Richtung, ich hatte kein besonderes Ziel. Es kam, wie es kam. Aber nun entdecke ich in den erotischen Zwiegesprächen, daß diese Bewußtlosigkeit schwere Nachteile hatte – Angela war sensibler und scheuer als ich. Im Grunde habe ich sie überfahren, ohne daß ich es wollte. Alles, was in ihr lebendig war, konnte so gar nicht aufkommen – und ging dann auch mir verloren.» Angela: «Diese eigentümliche Balance bringt mich auf eine seltsame Weise auch selbst ins Gleichgewicht. Sie ist eine Art Vorbild – und selbst wenn sie einmal im Bett nicht voll erreicht ist – sie wirkt trotzdem durch ihre innere Gegenwart.»

Das sexuelle Ich
«Als das sexuelle Ich bezeichne ich die Fähigkeit eines Menschen im Reifestadium, sexuelle Lust zu empfinden, und seine Fähigkeit, die optimalen persönlichen Bedingungen zu verstehen, unter denen er Lust erlangt.»
Avodah Offit

10 Die Liebe erhält nun einen sich ständig entwickelnden Zustrom von Phantasien, Ideen und sich auffächernden Empfindungen. Sie wird lebendiger, kreativer, vor allem aber erfüllender. Eine *ganzheitlichere Liebe* aber stärkt die Bindung an den Partner: Er wird geliebter.

26

11 Mit einem Menschen, mit dem mich eine innerlich freiere, weniger unterdrückte Erotik verbindet und dessen eigene Gefühle und Vorstellungen mich selbst zu neuen Entwicklungen anregen, *spreche ich aber auch lieber über mein erotisches Erleben*; es entfaltet sich dadurch auch jenseits der Worte.

12 So *verstärken sich* durch das erotische Zwiegespräch sowohl die *Neigung, mich mit meinem Partner über mein erotisches Erleben und Verhalten auszutauschen*, wie auch die *Lebendigkeit des Liebens* selbst.

Erotische Zwiegespräche fördern zuallererst mit jeder Minute die *wechselseitige Einfühlung*, sozusagen das A und O des Liebemachens. Sie binden das Paar auch in einen wechselseitig sich verstärkenden seelischen Entwicklungsprozeß ein.

> **Erotische Einsicht**
> Si vis amari, ama.
> Willst du geliebt werden,
> so liebe!
>
> *Seneca*

Einer wird – gerade weil er nur *bei sich bleibt* – gleichsam zum Promoter, zum Förderer auch des anderen, und zwar durch nicht mehr und nicht weniger, als seine besondere Art zu sein, zu lieben und die erotische Wirklichkeit wahrzunehmen. Das wechselseitige Miterleben der anderen Wirklichkeit und die wechselseitige Anregung machen den Reichtum der Zwiegespräche aus. Sie bilden auch den Boden dessen, was ich die *Paarsymmetrie* nenne, des eigenartigen Phänomens nämlich, daß das, was mich im Moment am stärksten angeht, in variierter Form auch den anderen bewegt.

In einer Folge erotischer Zwiegespräche, die sich ein Paar ja vorab gegen die widrigen Alltagsverhältnisse sichert – anderthalb ungestörte Stunden in der Woche genügen –, wird der Verstärkerkreis eine positive Entwicklung einleiten. Denkbar ist aber bei größerem inneren Widerstand – wenn also zu ängstigende Themen aufkommen – auch eine bremsende wechselseitige Induktion. In der Regel löst sich eine solche Blockade nach einiger Zeit von allein, da die Angst in Zwiegesprächen nicht nur mobilisiert, sondern auch aufgearbeitet und gemindert wird.

Erotische Zwiegespräche streben nach und nach immer tieferen seelischen Schichten zu, was natürlich nicht ohne Irritationen bleiben kann, und führen im gelingenden Falle zu einer *erotischen Selbstintegration*. Sie kann man nach der ersten sexuellen Blüte in der ödipalen Kindheitszeit

27

und der zweiten in der Pubertät als die *dritte sexuelle Blüte des Menschen* auffassen. In einem der zahlreichen erotischen Dialoge dieses Bandes sagt ein etwa fünfzigjähriger Mann, er habe diesen Moment bei einem ganz normalen Liebemachen in einem Hotelzimmer erlebt. Plötzlich habe er gewußt, daß er, der sich in seinen bisherigen Liebesbeziehungen sehr glücklich fühlte, die Antwort auf eine ihm nicht bewußte Frage erhalten habe: ihm war plötzlich völlig klar, was Liebe bedeutete, ihn ergriff ein mächtiges Gefühl innerer Erfüllung, und er habe gleichzeitig das Empfinden gehabt, nun leicht sterben zu können, weil er das Ziel des inneren Lebendigseins erreicht hatte.

3. Teufelskreis der Sprachverarmung

Unzulängliches Miteinanderreden läßt die Beziehung versanden

«Marry in haste /
and repent in leisure.»
«Heirate rasch
und bereue in Muße.»
Englisches Sprichwort

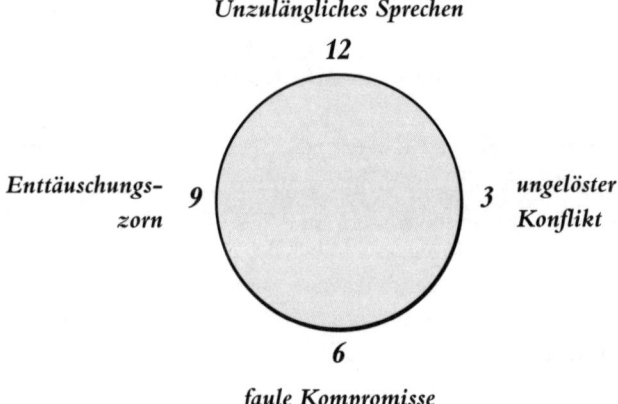

Beginnt man mit unzulänglichem Reden, wie es heute gang und gäbe ist (12), dreht sich die Selbstverstärkung ins Negative: Ich verlerne, mich

28

selbst wahrzunehmen (1). Ich kann meinen Partner nicht erkennen und genügend verstehen (2). Da die inneren Wünsche aber bestehenbleiben, wird der Konflikt zwischen ihnen unlösbar (3). Er kann gar nicht ausgehalten werden (4) und zwingt zu einer falschen Harmonievorstellung, die die Differenzen unterschlägt (5). Weder gelingt es, beide Seiten gleichrangig (6) zu beachten, noch, zu gleichen Teilen zu realisieren (7) – und das schon gar nicht gemeinsam (8). Die unerfüllten Wünsche bereiten auf beiden Seiten einen Enttäuschungszorn (9), der sich wie ein Sediment in die Beziehung legt und über Jahre zur geheimen Verbitterung führt (10). Der Partner wird dafür projektiv schuldig gesprochen. Er gefällt einem als Figur der Selbstbehinderung und Lebensbarriere weniger und weniger. Und mit einem solchen Menschen hat man natürlich weniger Lust zu reden (11). So erlahmt das gemeinsame Miteinander bestenfalls zum parallelen Nebeneinander – beispielsweise vor dem Fernseher: Beziehungslosigkeit in der Beziehung.

4. Teufelskreis der erotischen Abstumpfung

Spracharmut hungert mit der Zeit die Erotik aus

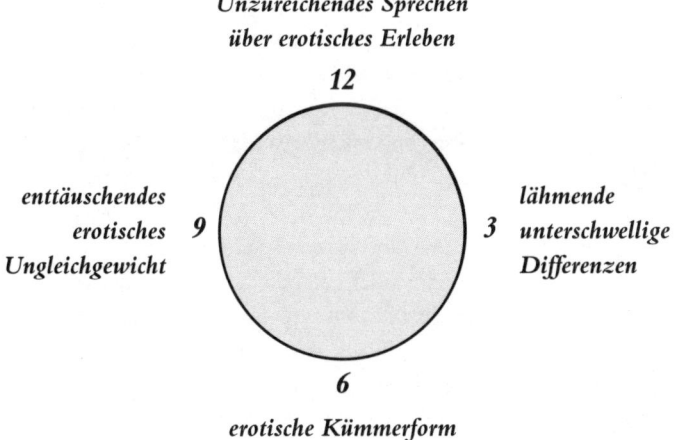

Sachliche Romanze

Als sie einander acht
Jahre kannten
(und man darf sagen: sie
kannten sich gut),
kam ihre Liebe plötzlich
abhanden.
Wie anderen Leuten ein
Stock oder Hut.

Sie waren traurig,
betrugen sich heiter,
versuchten Küsse, als ob
nichts sei,
und sahen sich an und
wußten nicht weiter.
Da weinte sie schließlich.
Und er stand dabei.

Vom Fenster aus konnte
man Schiffen winken.
Er sagte, es wäre schon
Viertel nach Vier
und Zeit, irgendwo Kaffee
zu trinken.
Nebenan übte ein Mensch
Klavier.

Sie gingen ins kleinste
Café am Ort
und rührten in ihren
Tassen.
Am Abend saßen sie
immer noch dort.
Sie saßen allein, und sie
sprachen kein Wort
und konnten es einfach
nicht fassen.

Erich Kästner

Die erotische Einöde ist, wie gesagt, kein Naturgesetz langfristiger Beziehungen, sondern hausgemachtes Unglück – soweit sie ein Paar überhaupt noch als Elend und nicht als willkommene Ruhe erlebt: Es beginnt mit dem unzulänglichen Sprechen (12), das weder die eigenen erotischen Wünsche Gestalt werden läßt (1) noch die Lust des Partners aus der projektiven Vernebelung hebt (2). Erotische Widersprüche werden gar nicht sichtbar, obwohl sie natürlich bestehen und sich lähmend auswirken (3). Das Paar sieht nirgends einen Konflikt und wird doch von ihm bestimmt. Es erlebt Differenzen als gefährlich (4). Es kann die Vielfalt der sexuellen Ideen gar nicht aufkommen lassen und schon gar nicht entwickeln (5). So kommt es zum faulsten aller Kompromisse: Nicht einmal *eine* Seite wird wirklich erfüllt. Der Enttäuschungszorn belastet und labilisiert nicht nur die Beziehung, sondern mindert auch die Achtung vor der Liebe: Sie erscheint in dieser Kümmerform wenig attraktiv (6). Von gleichen Teilen kann ein solches Paar keinen Schimmer haben, weil die Liebe aus konturlosem Schweigen besteht und sich leichter in Stereotypen festfährt (7). Eine gemeinsame Realisierung entfällt, weil der Bedarf nicht existiert (8).

Das pechschwarze Ungleichgewicht hockt im unwillkommenen gemeinsamen Bett (9). Die Liebe wird zur Last oder gelassen (10). Der andere wird von dieser Dauerfrustration wie von einem Krebs durchwachsen, er erscheint belangloser, lebloser, unzufriedener, häßlicher (11). Mit ihm mag man nicht so gern sprechen und erst recht nicht lieben (12). So desertifiziert das erotische Land der Beziehung und kommt einem so normal vor wie die Karies.

30

3. «Doch die Verhältnisse – sie sind nicht so»

Sprachverarmende Lebensbedingungen

Die Trostlosigkeit des eigenen Liebesbettes ist zwar selbstgemacht, aber auch erheblich durch die modernen Lebensverhältnisse mitbedingt. Soziologen sprechen von einem Charakteristikum unserer Zeit: der *Individualisierung*, schärfer ausgedrückt: der Vereinzelung. Sie ist vor allem ein Wirtschaftszwang. Für die Erotik hat sie eine schmerzliche Doppelwirkung: Wir ersehnen die Liebe mehr denn je, gleichzeitig aber wird es fast unmöglich, sie zu realisieren.

Die Sprachlosigkeit der Paare beispielsweise erscheint vielen als ein Rätsel. Sie verbreitet sich so still, mächtig und unbemerkt wie die Wüsten dieser Erde oder das Waldsterben. Selten gut kann man an dieser Verödung die enge Verflechtung von ganz persönlichen und allgemeinen gesellschaftlichen Verhältnissen erkennen. Das mehrfach bedingte Geschehen möchte ich knapp skizzieren, da man sich nur mit genauer Kenntnis dieses Elends aus ihm befreien kann.

> **Lebenslauf**
> «Leben ist das, was passiert, während man andere Pläne macht.»
> *Paul Thek*

Was Angela und Alexander an sich erlebten, ist bei weitem nicht alles und heute wohl nicht einmal das entscheidende Moment: die **berufliche Belastung**. Zu ihr gehört auch die seelisch erdrückende Arbeitslosigkeit. Neuere Untersuchungen zeigen, daß die psychosozialen Pioniere der Nation, die sich über lange Zeit noch die Nähe zur Gefühlswelt, zum Aussprechen und zur Wirklichkeit der Beziehung bewahrten, die Frauen nämlich, nach und nach unter dem Einfluß der Berufswelt verschlossener werden. Das Männerprofil mit Wortknappheit, Sachorientierung und Gefühlsferne ist vermutlich ein Wirtschaftszwang, dem die Frauen nun ebenso unterliegen. In zehn Jahren hat die Verschlossenheitsschranke – und vielleicht auch die Verdrängungsschranke – um 13 Prozent zugenommen. Frauen erzählen auch ihrem intimsten Partner

> **400jährige Rollenteilung**
> «Mit der Erotisierung der Ehe (im 16. Jahrhundert) wird die Herstellung dieser Harmonie ausdrücklich an die Gattin delegiert.» – «Auf sie wird eine neue Wunschvorstellung projiziert: die des Eheglücks als lustbetonter Lebenspraxis in Abgrenzung zu den Zwängen der Selbsterhaltung.»
> *Maria E. Müller*

31

immer weniger das, was sie wirklich bewegt. Hinter dem Beruf stehen ein ganzes Unternehmen und der Druck der eigenen, äußeren Existenzsicherung. Hinter der Beziehung, die auf Gespräche so angewiesen ist wie die Pflanzen auf das Wasser, steht man in der Regel allein. Leisten geht eindeutig vor Lebendigsein – diese Werthierarchie vermittelt sich bei jedem Arbeitsgang von selbst und wortlos. Die psychosoziale Beschleunigung, die immer schneller werdende Veränderung unseres Alltags, ist hauptsächlich wirtschaftlich bedingt: die inzwischen weltweite Mobilität, die von Arbeitnehmern verlangt wird, zerreißt Beziehungsnetze, familiäre Verbundenheit und gewachsene, sich vertiefende Sprechräume.

Allerdings fallen den meisten Menschen als erste Wurzel der grassierenden Sprachverarmung die *eigenen Eltern* ein. Sie haben oft zuwenig miteinander gesprochen, konnten gar kein Beispiel einer lebendigen, wortoffenen Wirklichkeit bieten – vor allem nicht in jenem Bereich, auf den es hier besonders ankommt: in der Erotik. Wem ein gesprächsreiches Vorbild fehlt, der hat die verbale Kargheit tief verinnerlicht. Er muß sich auf den beschwerlichen Weg machen, seinen verschlossenen Mund gegen seine inneren Verhältnisse selbständig zu öffnen, um mündig zu werden. Im heutigen Zeitalter der narzißtischen Störungen wird die Unfähigkeit, wirklich von sich zu sprechen, zu einem Hauptsymptom – auch im Liebesbett. *Über* etwas zu sprechen fällt dagegen doppelt leicht: Man vermeidet sich selbst auf geschickte Weise. *Obwohl sie nicht schweigen, sind sie stumm.* So kann damit schon Werbung betrieben werden: *«Kommunikation ist die Kunst, aneinander vorbeizureden und sich dabei bestens zu verstehen»*, stand in einer Anzeige des Kommunikationsmarktes Frankfurt.

Die Sprachverarmung der Kindheit ist jedoch noch komplexer bedingt: Nach der vaterlosen Gesellschaft bewegen wir uns – unter anderem im Zuge der dringend notwendigen Emanzipation der Frauen – auf eine *elternlose* Gesellschaft zu. Vater und Mutter realisieren sich im Beruf. Ihre Abwesenheit trägt zur Sprachverarmung bei. Die Entwicklung zur Einzelkindnation führt zu *Geschwistermangel* und läßt diesen unerschöpflichen Brunnen des Austausches versiegen. Freunde können diesen Verlust nicht gänzlich aufwiegen.

Die dritte starke Wurzel der Sprachverödung dürfte durch *Massenmedien* bedingt sein. Alexander Mitscherlich formulierte: Das Fernsehen

Ferner sehen
«Ich sehe fern, also bin ich»
Klaus Staeck

32

lenkt zu Hause von zu Hause ab. Als Soziologen die Einwohner der abgelegenen Galapagosinseln nach Einführung des Fernsehens befragten, was sich im Alltagsleben dadurch geändert habe, erhielten sie die lapidare Antwort: «Wir sprechen jetzt kaum noch miteinander.» Die Paare in den Paargruppen werden sich bald bewußt, daß sie durch alle Formen der Massenmedien (Fernsehen, Rundfunk, Zeitschriften, Zeitungen, seltener Bücher, heute mehr und mehr Personal-Computer) ihre Gespräche verlieren. Sie brauchen sich nur den durchschnittlichen täglichen Massenmedienkonsum eines durchschnittlichen Deutschen vor Augen zu führen und mit der durchschnittlichen Zeit für wechselseitige Gespräche eines Paares zu vergleichen, um mit einem Schlag das Mißverhältnis zu erkennen: 5,5 Stunden Massenmedienkonsum pro Tag, das sind 330 Minuten mit steigender Tendenz, gegenüber 4 Minuten täglichen Austausches, dessen Qualität wohl nicht hoch eingeschätzt werden sollte. Aber auch hier liegen die Verhältnisse komplexer: Massenmedien sind bislang Einbahnstraßen. Sie schließen einen Dialog aus, sie trainieren unbewußt den Nichtdialog. Von Ausnahmen abgesehen bietet das Gros der Sendungen einen Sprachsalat, dessen Vorbildcharakter gegen Null geht. *Man hat sich nichts zu sagen. Das darf man nicht sagen. Darum muß man ständig etwas sagen, um nicht sagen zu müssen, daß man sich nichts zu sagen weiß.*»

Überraschenderweise bringt also auch schon unter diesem Aspekt die sogenannte *Freizeit* keine Belebung der Gesprächskultur. Im Gegenteil: Sie trägt selbst als viertes Moment zur Sprachverödung bei, weil sie im wesentlichen eine Art *solitärer* Emanzipation darstellt. Freizeitforscher fordern eine partnerschaftliche und familiengerechte, also kommunikationsfördernde Kultur für die arbeitsfreie Zeit. «Freizeit entwickelt sich zunehmend zur Konsumzeit mit steigender Neigung zu Impuls- und Schnellkäufen.» – «*Die Unfähigkeit, mit sich und dem arbeitsfreien Teil des Lebens umgehen zu können, wird zu einem der Hauptprobleme des nächsten Jahrzehnts.*» Wo die Freizeit für die

Sex-Generation
«Teenager, die durchschnittlich fünf Stunden pro Tag vor dem Fernseher sitzen, ermittelte das Center for Population Options, sehen pro Jahr rund 14000 Geschlechtsakte, von denen kaum einer länger als wenige Sekunden dauert.»

Absagendes Reden
«Fast wieder ins Reden verfallen, / jenes Reden, das Liebe nicht einlädt zur Liebe, / sondern absagt...
Judith Herzberg

33

Selbstverwirklichung genutzt wird, entsteht ein kurioser Konflikt: Beide Partner eilen meist getrennt in ihre Workshops und Seminare – und verlieren sich und ihre Gespräche aus den Augen.

Die Sprachverarmung hat viele Gesichter. Sie kann, wie angedeutet, auch zum Vielreden, ohne etwas zu sagen, führen. Ein Mann erklärte in der Paarsprechstunde: «Wissen Sie, ich gelte als begabter Unterhalter, als Salonlöwe. Ich kann leicht eine ganze Party in Schwung bringen. *Über etwas* zu reden fällt mir leicht. Wenn ich aber *von mir persönlich* sprechen soll, schnürt sich mir die Kehle zu.» Die meisten Menschen können ganz gut reden, wenn es um Regelungen des Urlaubs, des Einkaufs, des Haushalts, der Kinderbelange geht. Dieses gleichsam *verwaltende, technische Reden*, in dem Empfindungen, persönliches Erleben und innere Wertungen kaum auftauchen, organisiert den Alltag, die Privatbürokratie. Ganz schwierig wird es aber, wenn wir *wesentlich, persönlich, gefühlsnah über unser inneres Erleben sprechen* sollen. Und das reicht direkt in die intimen Bezirke unserer Existenz. Wenn wir es schon im wesentlichen Gespräch nicht vermögen und auch nicht lernen, wie sollen wir es dann in der unmittelbarsten Begegnung, beim Liebemachen, können? Auch hier ist die Gefahr, daß wir Anleitungen – zum «dirty talking» beispielsweise – wie Konfektionsware übernehmen und als fertige Versatzstücke in unsere stumme Seele einbauen. Wir mögen Englisch, Französisch, Spanisch beherrschen – *Erotisch aber bleibt eine uns unbekannte Fremdsprache.* Es geht nicht um besonders spektakuläre Tabuworte – wie viele denken –, es geht genau um das Wort, das in einem oft flüchtigen Moment jene intensive erotische Bedeutung gewinnt, die sozusagen alles enthält.

Gabriela – seit vielen Jahren zwiegesprächserfahren und kundig geworden im wesentlichen Reden – bemerkte in der Paargruppe: «Inzwischen kann ich nach vielem Erproben auch beim Liebemachen ganz gut sprechen. Ich brauche mich nicht mehr besonders zu überwinden wie früher, als immer Berge vor mir standen und ich mich in den Schutz des Schweigens verkroch. Aber neulich hatte ich doch einen mächtigen Block. Ein harmloses Wort, das für mich in diesem Augenblick alles bedeutete, brachte ich nicht über die Lippen. Ich konnte beim Vögeln frei sprechen, nur auf diesem Wort lasteten Grabplatten.»

Bernd und Bettina erlebten trotz ihrer großen wechselseitigen Offenheit in Zwiegesprächen verblüfft, daß sich jeder über seine «intimste

34

Stelle» – wie sie formulierten – nicht zu sprechen traute. Als es dann doch geschah, staunten sie, daß unabhängig voneinander jeder dieselbe meinte: jene handtellergroße Fläche zwischen linker Schulter und Brust, in die man seinen Kopf schmiegen konnte. Aus einem bestimmten seelischen Grund war dieses Gebiet des zärtlichen Anvertrauens sehnsuchtserfüllt, zerbrechlich, ge-

Selbstentwicklung
«Man entwickelt sich mit seiner Sprache, mit dem, was man gern sagen würde. Denn auch die, die nur vor sich hin sprechen können, möchten etwas gesagt haben.»
Elazar Benyoëtz

fährdet und mit einem Bangen belegt, das keine Öffnung ins Wort erlaubte. Es ist klar, daß darin eine Dimension ihrer gesamten Liebesbeziehung eingefangen ist, die ihnen – tatkräftig und erfolgreich im Berufsleben stehend – Schwierigkeiten macht. «Das, was man altmodisch *Innigkeit* nennt», meinte Bettina, «es paßt überhaupt nicht in meine tägliche Arbeitswirklichkeit.»

So haben die schweigenden Berge im Bett ihre Vorgebirge im täglichen Leben. «Ich bin ein Mann, der gut allein sein kann, aber jemanden um sich haben muß», erklärte ein Partner, dessen Frau es mit dem Schweiger nicht mehr aushalten konnte. Sie brachte ihn nur deswegen zu mir.

Höllische Stille
«Was für eine Stille, wenn du da bist. Was für eine / höllische Stille.
Du sitzt, und ich sitze. / Du verlierst, und ich verliere.
János Pilinsky

Die Frau eines anderen Paares zog mächtigere Konsequenzen und erklärte im Erstgespräch ihrem Mann plötzlich: «Ich kann gut mit dir zurechtkommen, wenn nur deine Person nicht wäre.»

Es ist kein Zufall, daß in diesen Zitaten aus der Paarpraxis die Frauen an den stummen Männern leiden. Männer sind von Anfang an stärker funktionalisiert, auf Sachleistungen hin entworfen. Vieles spricht, wie gesagt, dafür, daß dieses Schicksal den stärker ins Berufsleben integrierten, den emanzipierten Frauen ebenfalls nicht erspart bleiben wird. Zur Zeit aber überwiegt noch ihre größere Offenheit Gefühlen, Gesprächen und Beziehungen gegenüber. Sie sind unzufriedener mit ihren Männern als die Partner mit ihnen, weil sie die Pro-

Ungenaues Sprechen
«So wenig man bemüht ist, genau zu sprechen, so wenig wünscht man sich auch, genau verstanden zu sein.»
Elazar Benyoëtz

blematik eher empfinden, das Eintrocknen der Beziehung deutlicher spüren und ihre Wünsche nach einem lebendigeren Leben wacher halten. Sie bringen ihre kaum noch bessere Hälfte in die Paarberatung, selten ist

35

es umgekehrt. Die Verwirtschaftung der Frauen, die nun den Männern auf dem Fuße folgen, wird Zeit brauchen. Das dürfte der Liebesqualität im Lande noch zugute kommen – so schmal der Zustrom auch sein mag. Die Gleichstellung der Frau wird beim heutigen Entwicklungstempo erst im Jahre 2230 erreicht sein, ermittelte und debattierte der Düsseldorfer Landtag. Das gesteigerte Selbstwertgefühl der Frauen durch Gleichrangigkeit im Arbeitsbereich müßte die Liebesfähigkeit beflügeln, doch zeigt sich, daß sich aufgrund des Berufsmilieus ihre Verschlossenheit der Wortkargheit der Männer angleicht und auf diese Weise die erotische Unmündigkeit des Paares eher zunehmen dürfte.

4. Das kleine und das größere Glück

Jeder Mensch hat ein Konzept der Liebe

Ob es ihm bewußt ist oder nicht: Jede und jeder haben ein persönliches Glückskonzept. Ich unterscheide zwischen dem **kleinen** und dem **großen Glück** der Liebe.

Mit dem **kleinen Glück** versuchen wir uns so lange zu arrangieren, bis es auffliegt. Es gründet auf wechselseitigem Mißverstehen: «*Sie leben gerade so viel zusammen, daß sie sich nicht kennenlernen können*», wäre die treffende Diagnose. Plötzlich drängt sich einem der Verdacht auf, daß die Sprachlosigkeit der Partnerschaften etwas mit der Scheu zu tun haben könnte, den anderen wirklich wahrzunehmen. Warum? Bleibt der andere unklar, haben wir ihn als unsere *Projektionsfläche* bewahrt. Was gewinnen wir dadurch? Eine Entlastung von eigener Angst. Denn die Projektion wie auch andere unbemerkte Verwandlungen des Partners sind ein unbewußter Abwehrvorgang, der uns in der Regel von unangenehmen Selbstaspekten befreit. Wir wollen uns gern von uns selbst entsorgen. In der Partnerwahl geschieht das auf beiden Seiten – nach dem Motto, doppelt genäht hält besser. So kann man eine Paarbeziehung als bipersonale Abwehrformation betrachten. Angstdosierung ist ein Geheimnis jeder Partnerwahl. Das Senken der unangemessenen Abwehrdimension einer Beziehung macht das Ziel der Paartherapie, aber auch der Zwiegespräche aus.

Das kleine Glück führt zu einem eigenartig blinden Zusammenbleiben – treffend wiedergegeben in den Worten des Lyrikers Franz Hodjak:

> *und weil wir uns nicht kennen,*
> *gibt es nichts,*
> *was uns trennt.*

Wenn auf diese leicht makabre Weise alles gutgeht, entsteht im konkreten Alltag des Paares das erwähnte reibungslose Nebeneinander statt eines lebendigen Miteinanders. Diese *«Beziehungslosigkeit in der Beziehung»* ist wesentlich ernster zu nehmen als die nach oben schnellende Rate der Scheidungen, unter denen es immerhin auch dringend gebotene, schöpferische Trennungen gibt. Die mit der Beziehung ummäntelte Selbstisolation macht den Kern der heutigen Partnerschaften aus. Sie wird von den Partnern nicht bemerkt, weil sie unbewußt auch erwünscht ist. Viele Paare, die Zwiegespräche lernen, stellen erst bei einem fließenden wesentlichen Austausch erschrocken fest, wie trostlos ihre Lage zuvor gewesen ist. Sie waren eher *Doppel-Singles* denn eine Zweierbeziehung. Andererseits wird nun auch verständlich, daß die aufdeckende Wirkung der Zwiegespräche nicht jedermanns Geschmack sein kann. Aus ihrer Potenz zur seelischen Aufklärung resultiert bei jedem ein unbewußt aufkommender Vorbehalt, ein Widerstand, wie er in der Psychoanalyse gut bekannt ist. Und das, obwohl unter ihrem breiten Panorama vielfältiger positiver Wirkungen – beginnend mit Reden- und Zuhörenlernen – die erotische Belebung so erfrischend deutlich ist. So stellt sich die Frage, warum das kleine Glück nicht solide bestehen bleiben kann, wieso es denn nicht langen soll. Die Antwort ist simpel: Es gelingt nicht viel, wenn beide das Geschehen fortwährend falsch wahrnehmen.

Selbstintegrierende Liebe

«Die einzige Kraft, die dich zusammenhält, ist deine Liebe zu Henry, und darum liebst du ihn. Er tut dir weh, aber er hält deinen Leib und deine Seele zusammen. Er integriert dich. Er geißelt und peitscht dich in eine sporadische Ganzheit. Ich habe Hugo.»

Anaïs Nin

Das große Glück – oder sagen wir bescheidener: das *größere Glück* – ist nämlich ebenfalls in jeder und jedem als Kraft und Ziel wirksam. Nehmen Sie an, es käme jemand an Ihre Haustür, einer der sonst lästigen Versicherungsvertreter, und angenommen, es wäre diesmal der liebe Gott mit einem attraktiven Angebot. Er sichert Ihnen eine Police zu, durch die zeit Ihres Lebens alles Unglück halbiert und alles Glück verdoppelt

37

wird. Wer würde da nicht zugreifen? Genau das ist aber das Grundgesetz der Beziehung nach dem hausbacken anmutenden, doch sehr realistischen Satz: «*Geteiltes Leid ist halbes Leid, geteilte Freude ist doppelte Freude.*» Meines Erachtens ist diese fundamentale Wirkung der Beziehung immer noch der entscheidende Grund, weshalb sich Paare auch in einer Zeit wie heute zusammenfinden, in der für langfristige Bindungen fast nur noch Behinderungen auszumachen sind.

Als Ideal der Partnerschaft gab Alexander beispielsweise an – wie viele mit ihm –, sie wollten *sich wechselseitig miterleben und dadurch das eigene Leben vielfältiger erfahren.* Das kommt einer *Selbsterweiterung* gleich. Angela nannte ein drittes Konzept des größeren Glücks: «Ich glaube, *mich mit ihm besser verwirklichen zu können als allein.*» In der Psychoanalyse wird die «longitudinale Kompensation» hervorgehoben: «*Wir wollen uns jene Mutterbeziehung erschaffen, die wir in der Kindheit vermißten.*» Im Zeitalter der narzißtischen Störungen gewinnt diese Dimension an Bedeutung, macht das Paarleben gleichsam zu einer therapeutischen Institution mit dem Nachteil, daß es in keiner Weise auf diese Aufgabe vorbereitet ist.

Denn so schön diese Glückskonzepte sind – wie sind sie umzusetzen?

Es gibt wissenschaftlich gut gesicherte Glücksbedingungen der Beziehung. Erforscht man beispielsweise Paare, die sich miteinander glücklich schätzen, im Vergleich zu jenen, die sich unglücklich fühlen, und versucht zu ermitteln, was ihr so unterschiedliches Befinden bedingt, dann ergibt sich ein klarer Befund: Glückliche Paare haben einen reichen Austausch miteinander, unglückliche nicht. Und auch die Gegenprobe zeigt es. Ein Paar, das viel miteinander spricht, wird glücklich, ein spracharmes nicht. Wer diese Zusammenhänge ernst nimmt, kann also wirklich seines Paarglückes Schmied werden, sofern nicht die grundlegende «Kombination zweier Lebensgeschichten», wie ich die Beziehung am liebsten definiere, geheime Unvereinbarkeiten birgt. Und das gilt nicht nur für die Harmonie des Alltags, für die Entwicklungsintensität und die erwähnte zentrale Eigenschaft eines genügend guten Paares, die Konfliktfähigkeit, für die allgemeine Lebendigkeit und Farbigkeit des Erlebens, sondern vor allem auch für ihr erotisches Glück. Alltag und Bett sind nicht zu trennen.

Angela und Alexander erlernten, wie gesagt, Zwiegespräche – zunächst autodidaktisch nach dem Buch, dann aber auch in einem Zwiegesprächsseminar. Dort führe ich in die den meisten unbekannten Zusammenhänge ein zwischen Alltagsorganisation, eigener Kindheit, Paardynamik und unvermeidlicher Prägung durch die beschleunigte Veränderung der Gesellschaft. Ein israelischer Dichter, Elazar Benyoëtz, hat mit seinen feinfühligen Zeilen Angela besonders berührt: «*Wir erkennen das uns Nötigende eher als das uns Nötige.*» Alexander meinte im Seminar, darin verfange sich das ganze Dilemma der Erledigungsbindung – und schnell wurde deutlich, daß es den meisten so geht, auch wenn sie nicht die Last eines bedrohten Geschäftes zu bewältigen haben. Fast alle sehen die Beziehung sinken, haben aber ununterbrochen scheinbar dringenderen Angelegenheiten nachzugehen. So beginnt der Einsatz für die Liebe mit dem schlichten Entschluß, für Zwiegespräche *Zeit bereitzustellen*, um dann – gestärkt durch ein stabileres Selbstbewußtsein als erste Wirkung dieser selbstreflexiven Entwicklung – auch den Mut zu finden, der Erotik genügend Entfaltungsraum zu geben. Sehr oft mündet dieser Werdegang in eine Umgestaltung des täglichen Lebens zugunsten der erotischen Lebendigkeit. Alexander: «Es gehörte viel Kraft dazu, uns gegen den Berufsdruck endlich einmal für uns selbst Zeit zu nehmen – erst sprachen wir, und dann lernten wir uns wieder lieben.»

«*Brachlieben*» – dieses Wort von Benyoëtz trifft den Kern des heutigen Beziehungsdilemmas. Vielleicht zeigt ein alter Bericht daraus einen Ausweg. Es handelt sich um einen Ausschnitt aus einer Geschichte, die von einem König berichtet, der nicht heiraten wollte. Er traf und liebte eine Prinzessin, die sich ebenfalls zu binden scheute. Bevor er sie nach ihren Gründen fragte, kam er selbst auf diese Begebenheit.

5. «Zwei Dinge sind nötig»

Worte der Liebe von Salomon und Bilqis

«Ich will dir eine kleine Geschichte erzählen, ehe ich die Frage stelle, und sie soll dir Mut machen, die Wahrheit zu sagen. Hör also zu: Als einst die Venus am Himmel Glück in der Liebe verhieß, saß König Salomo mit seiner Gattin Bilqis, der Königin von Saba, zusammen – so wie jetzt wir. Die beiden hatten nur ein einziges Kind, ein Söhnchen, und das war an Armen und Beinen gelähmt. ‹O Gesandter Gottes›, sprach Bilqis an jenem Abend zu Salomo, ‹wir beide sind doch völlig gesund – warum nicht auch unser Kind? Gibt es für sein Leiden kein Heilmittel? Laß uns suchen danach, und bitte du doch den Engel Gabriel, wenn er dir das nächste Mal eine Botschaft bringt, daß er dir von den himmlischen Schicksalstafeln das Geheimnis ablese! Vielleicht besteht für das Kind noch eine Hoffnung, gesund zu werden – wer weiß?› Damit war König Salomo einverstanden, und als einige Tage später der Engel bei ihm erschien, nannte er ihm seinen Wunsch. Darauf verschwand Gabriel, kam aber bald zurück und brachte dem König einen Gruß – was denkst du von wem? Vom Schöpfer des blauen Himmelsrades selbst! Und er sagte: ‹Wisse, zwei Dinge sind nötig, damit euer Kind Gesundheit erlange, und beide sind in dieser Welt recht selten und kostbar: daß nämlich der Mann der Frau und die Frau dem Mann die Wahrheit bekenne...› Als das Bilqis von Salomo hörte, wurde sie froh, und sogleich bat sie: ‹Frag du mich also, damit ich dir nach dem Willen Gottes antworten kann!› Nachdem Salomo ein wenig überlegt hatte, erwiderte er: ‹Deine Schönheit ist das Ziel aller Augen. Aber du selbst: empfandest du jemals Leidenschaft außer für mich?› – ‹Der böse Blick sei weit von dir!› entgegnete Bilqis. ‹Du bist strahlender für mich als die Sonne und übertriffst alle in allem – nicht nur durch Jugendschöne und Güte und Zärtlichkeit! Du bereitest dem Gast das Paradies auf Erden und bist selbst der Paradieseswächter, und jedes Ding hienieden, sei's sichtbar oder verborgen, ist dein Besitz, denn das Siegel deines Prophetentums ist die Bewahrung der Welt... Und trotz-

Fortsetzung meines Selbst
«Ein Schriftsteller kann sich nicht erlauben, etwas zu verbergen... So bleibe ich auch meiner Sprache verbunden – sie ist die Fortsetzung meines Selbst.»

Breyten Breytenbach

40

dem! Trotz deiner Schönheit und Jugend, deines Königtums und deiner Begnadung geschah es doch, daß ich, wenn ich den oder jenen Jüngling betrachtete, von Begehren nicht frei war...› Kaum hatte Bilqis dieses Bekenntnis über die Lippen gebracht, als auch schon – welch Wunder – das Kind neben ihr die bisher gelähmten Hände hob, sie ihr entgegenstreckte und rief: ‹Mütterchen, schau! Sie bewegen sich – sieh nur!› Glücklich wandte sich da Bilqis an Salomo und sprach: ‹Mein guter und weiser Herr über Dämonen und Feen! Jetzt beantworte auch du mir, wenn es dich nicht kränkt, eine Frage um des Kindes willen – damit durch dich seine Beine heil werden, so wie durch mich seine Arme. Du besitzest mehr Schätze auf dieser Erde als irgend jemand; sage mir nun, ob du trotzdem schon jemals ein Gelüst empfandest nach eines anderen Hab und Gut?› Darauf erwiderte ihr der königliche Prophet: ‹Du hast recht, kein Mensch besaß je solche Schätze und soviel Macht zwischen Himmel und Erde wie ich. Und dennoch – ich muß es gestehen – bin ich begierig nach noch mehr und blicke heimlich nach den Händen derer, die mich besuchen, um zu sehen, was sie mir mitbringen an Geschenken.› Die Worte waren noch nicht verklungen, als schon das Leben einströmte in die Beinchen des Kleinen und er vergnügt zu strampeln und zu krabbeln begann. Durch die Gnade Gottes war er gesund geworden, weil seine Eltern einander die Wahrheit über sich selbst nicht verschwiegen hatten...»

Das Märchen ist in seinem Gehalt kaum auszuloten. Es handelt von einer psychosomatischen Beeinträchtigung, einem seelisch bedingten, körperlich auftretenden Leiden, einer Lähmung. Bemerkenswerterweise ergreift beide Male die Frau das lenkende Wort. Das Kind hat viele Bedeutungen. Man kann den Bericht als familiendynamische Szene auffassen – und tatsächlich sind diejenigen, die am meisten aus den Zwiegesprächen gewinnen, die eigenen Kinder. Eine bessere Einbettung ins Leben, als sie durch seelische Offenheit der Eltern erreicht werden kann, ist für Kinder kaum denkbar. Das Kind steht aber wohl auch für das eigene Selbst von Bilqis und Salomon und gleichzeitig für die Identität ihrer Beziehung, für ihr gemeinsames Beziehungsselbst, wenn man so will. Die Lähmung entsteht dort, wo der Fluß der offenen, wahrhaftigen Kommunikation unterbrochen ist. Denn in diesem Moment tritt seelisch eine Art Spaltung ein, die das Ausgesparte nicht mehr in den inneren Reichtum aller Assoziationen einbettet. Es kann so seelisch nicht viel zum

41

Wachstum beitragen. Die beiden entscheidenden Geheimnisse betreffen das Verlangen nach anderen und die Gier nach noch mehr. Es dürfte heute kaum anders sein.

Zwiegespräche – vor allem die erotischen – entwickeln sich nach und nach zur Wahrhaftigkeit hin. Wir lügen allerdings bekanntlich von morgens bis abends in mehr oder weniger großem Umfang nach dem Maße unserer eigenen Schwäche. Keiner sollte von sich verlangen, sofort in der Lage zu sein, alles zu offenbaren. Mit der Zeit aber entdeckt man, daß größtmögliche Offenheit der fruchtbarste Weg ist. Über die Bedeutung für die Beziehung zu sich selbst und die seelische Integration hinaus hat sie nämlich auch eine vielen unbekannte, wesentliche Wirkung auf die Bindung zum Partner. Am stärksten hat mich das einmal in einem Seminar berührt. Ein Mann, der seit zwanzig Jahren verheiratet war, bemerkte: «Es fiel mir immer schwer, an meine Gefühle heranzukommen. Heute im erotischen Zwiegespräch gelang es mir erstmals, für vielleicht fünf Minuten.» Und seine Frau bewegte alle, als sie hinzufügte: «Noch nie habe ich mich ihm so nahe gefühlt wie in diesen Momenten heute. Ich habe nicht geglaubt, daß so etwas zwischen uns geschehen könnte.» Selbstoffenheit bewirkt also nicht nur eine Stärkung der eigenen Identität, sondern in gleichem Maße eine Vertiefung der Bindung, weil der Partner einen nun unmittelbarer empfinden kann.

Leidenschaft
«Nur wer die Liebe meidet, kann dem Schmerz entgehen. Es kommt darauf an, aus ihm zu lernen und durch Liebe verwundbar zu sein.»

John Brantner

Das Märchen zeigt aber auch die Bedeutung des Leidens für die seelische Entwicklung und die Entfaltung der Liebe. Ohne Schmerz wäre nichts geschehen. Mit dem Wort «Leidenschaft» hat die deutsche Sprache diese unauflösbare Verbindung nicht verleugnet. Den Unterschied einer Liebesbeziehung zu einer Freundschaft definierte Kahlil Gibran dementsprechend: *«Unter den Fittichen der Liebe wohnt die Verletzung.»* Wer hätte das nicht selbst erlebt.

42

6. «Uns ist nichts gegeben, es gibt nur uns» (Benyoëtz)

Mit diesem Buch möchte ich Sie also zur Entwicklung Ihres erotischen Erlebens verführen. Gemischt aus erotischen Zwiegesprächen von Paaren, Freunden und Freundinnen aller Altersklassen, aus Essays zu wesentlichen Momenten dieser Art liebesfördernder Dialoge und Ausschnitten aus Seminaren, in denen über die ersten Erlebnisse berichtet wird, soll Ihnen der Text als *eigenes* Aphrodisiakum dienen. Von zahllosen Lüsten hören Sie täglich. Nur eine zählt wirklich: Ihre eigene. Sie ist nichts anderes als Ihre Lebendigkeit. *Wir **haben** nicht Lust. Wir **sind** sie.*

Nur Sie können Ihre eigene Erotik entwickeln, niemand sonst. Gibt es einen anderen Weg?

«Wo fände ich den Traum, der mir sagte: Ich entlasse dich.» (Benyoëtz)

2. Lusteinblicke
Trigger, Gesten, scharfe Szenen

Trigger sind höchstpersönliche Auslöser plötzlicher Lust. Eine Geste, ein Geruch, ein Handgelenk, ein bestimmter Schwung der Hüfte – unversehens steht man im Auftrieb und weiß nicht, warum. In Heinrich Bölls «Gruppenbild mit Dame» erregt die sanfte, von der Fußsohle zu spürende Vertiefung eines Pflastersteins einen Orgasmus. Mit dem Leben lernt man sich und seine Trigger besser kennen. Auslöser sind meist von früher Zeit an gelernt – oft vergessene Merkmale geliebter Menschen der Kindheit, Eigenarten von Mutter, Vater, Geschwistern und anderen.

Trigger enthalten nach Art des Hologramms das Ganze – wie die Bucheckern die Buche. Es ist außerordentlich aufschlußreich, sich beispielsweise in der Ruhe eines Zwiegespräches die ersten Minuten der Verliebtheit zu schildern. Sie enthalten die Trigger und weitere wesentliche Eindrücke, die sich später in der Beziehungsstruktur des Paares abgebildet finden. Ein Paar lernte sich beispielsweise durch ständiges Streiten lieben, eine Methode, Nähe herzustellen und gleichzeitig für die nötige Distanz zu sorgen. Später lebten sie weitgehend getrennt – aus beruflichen Gründen, die sie sich selbst hergestellt

Vorgeschichtlicher, aktueller Trigger
«Die Psychologin Devendra Singh hat entdeckt, daß das Verhältnis von Taillen- und Hüftumfang ein bedeutender Indikator für die Attraktivität einer Frau ist... Danach finden Männer eine durchschnittliche Figur attraktiver als eine dünne oder dicke, ...doch diejenigen Frauen am attraktivsten, die einen ausgeprägten Unterschied von Taillen- zu Hüftumfang aufweisen. Frauen mit einer Verhältniszahl von 0,70 werden attraktiver eingeschätzt als Frauen mit einem Verhältnis von 0,80 zu 1, welche wiederum als attraktiver gelten als Frauen mit der Zahl 0,90...

Inzwischen gibt es viele Beweise dafür, daß das Verhältnis von Taille zu Hüfte ein exakter Indikator für die weibliche Gebärfähigkeit ist... auch für den langfristigen Gesundheitszustand.»
David Buss

Jenseits der Ejakulation
«Lange Zeit war die Art, wie sie ihren Wunsch äußerte, sich ficken zu lassen, wie sie sich auszog, war das sanfte, horizontale Hüpfen ihrer Brüste, wenn sie dalag, und das sanfte Beben, das sozusagen sehnenlose Hingestrecktsein ihrer Beine und ihres Unterleibs, mit dem sie mir mehr oder weniger zeigte, daß sie bereit war, für mich bewegender, unendlich viel wichtiger als jede bloße Ejakulation später, jeder Zielstoß in ihre Dunkelheit, jedes Hineinwirbeln künftiger Generationen in das geballte Universum.»
Harold Brodkey

hatten –, fanden aber auch immer wieder leidenschaftlich zusammen.

Ein Trigger umfaßt gleichsam in einem einzigen Zeichen einen ganzen Roman der Liebe. Es hat fast den Rang eines Symbols. Wer sich auf seine Auslöser besinnt und sich fragt, was sie alles heißen könnten, wird fündig: Eine unverwechselbare Schulter, die anderen Menschen gar nicht auffiel, trug Eigenschaften wie Verläßlichkeit und Abweisung zugleich, hinter denen sich eine ganze Geschichte gelebten Lebens und Liebens verbarg. Ein bestimmtes Wiegen des Beckens bei einem Mann bedeutete einer Frau Weichheit und Halt, aber auch die Fähigkeit, in Krisen nicht fortzulaufen. Es gilt also, den hochverdichteten Text des Triggers zu entschlüsseln. Das gelingt durch Assoziation wie bei einem Traum.

Offensichtlich können Trigger durch eine intensive, längere Liebe auch neu erworben werden. Meist aber weisen sie, wie gesagt, auf seelisch bedeutende Kindheitsfiguren – die sich allerdings durch spezifische Partnerwahl in den großen Geliebten wiederholen.

Scharfe Szenen, die oft den stärksten Lusterfahrungen im Leben entsprechen, wirken zwar wie zufällig, sind es aber selten. In ihnen steckt ein Muster, das man ebenfalls entschlüsseln kann, wie im Kapitel «Der Lust die eigene Gestalt geben» beschrieben steht.

Es folgen nun locker aneinandergereiht Einblicke in das Lustleben aus erotischen Zwiegesprächen.

*

Sebastian, führender Kopf einer Unternehmensberatergruppe in der Schweiz, und Felix, lebenszugewandter Industriemagnat, sind gut befreundet und haben bereits Tiefen und Höhen einer innerlich wie nun auch äußerlich reichen Existenz erlebt:

46

1. «Augen sind die Fenster der Seele»

FELIX: Sitzt du gut? Zur Lust braucht man Gemütlichkeit und Entspannung. Ich finde, das vergessen die meisten im Streß.

SEBASTIAN: Spannung aber auch. – Was mir unlängst passiert ist: Ich treffe eine Frau, und wir schauen uns in die Augen. Innerhalb von Minuten baut sich eine ungeheure Spannung auf, ein Flammenmeer, eine Energie, die sich nur durch das Anschauen immer stärker gesteigert hat. Toll. Dabei war die Frau gar nicht so mein Typ. Unglaublich.

FELIX: Bist du erstaunt gewesen?

SEBASTIAN: Ich kenne das Phänomen, habe es aber überrascht genossen. Ich habe ausgiebig gespielt damit, es war einfach ein hochintensives Erlebnis. Eine Vorlust, die kaum zu steigern ist.

FELIX: Das kenne ich so, wie du es schilderst, nicht. Es macht mich fast traurig. Eine spätere Geliebte von mir sah ich beispielsweise zuerst mitten im Publikum. Sie hatte sternenklare Augen. Sie schaute mich ganz unverwandt an, still, ruhig und haltend. Bei dir aber hat das einen ganz anderen Klang durch die Energie, die sich aufbaut. Und daß sie noch nicht einmal dein Typ war, finde ich sehr bemerkenswert.

SEBASTIAN: Mir fällt eine zweite Situation ein. Der Blick des Begehrens ist bei mir immer zentral. Vorher ist nichts, der Blick zündet an.

FELIX: Auch bei mir spielt der Blick eine enorme Rolle in der Erotik, aber in dieser besonderen Intensität kenne ich es eben nicht. Die Bewegungen der Frau spielen für mich die größte Rolle.

SEBASTIAN: Bewegungen? Bei mir überhaupt nicht. Die Szene, an die ich denke, fand im Sitzen statt. Und ein weiteres Moment ist humorvolles Interesse, fast eine Art Herumblödeln zu zweit. Das macht mich enorm an, da schmelze ich. Besonders in der Kombination mit dem

> **Liebeskarten**
> «Diese Liebeskarten sind von Mensch zu Mensch verschieden. Die einen fühlen sich durch einen Geschäftsanzug oder einen Arztmantel animiert, durch einen großen Busen, durch kleine Füße oder ein lebhaftes Lachen. Ihre Stimme, sein Lächeln, ihre Beziehungen, seine Geduld, ihre Natürlichkeit, sein Humor, ihre Interessen, sein Streben, ihr Ordnungssinn, seine Ausstrahlung – zahllose offenkundige, aber auch winzige, unterschwellige Elemente wirken zusammen und machen den einen anziehender als den anderen. Wir alle können Merkmale aufzählen, die uns attraktiv erscheinen; tief in unserem Unterbewußtsein finden sich viele weitere.»
> *Helen Fisher über John Money*

47

Der springende Punkt der Liebe

«Als die allererste Entstehung eines neuen Individuums und das wahre *punctum saliens* seines Lebens ist wirklich der Augenblick zu betrachten, da die Eltern anfangen einander zu lieben, – *to fancy each other* nennt es ein sehr treffender Englischer Ausdruck, – und, wie gesagt, im Begegnen und Heften ihrer sehnsüchtigen Blicke entsteht der erste Keim des neuen Wesens, der freilich, wie alle Keime, meistens zertreten wird. Dies neue Individuum ist gewissermaßen eine neue (Platonische) Idee: wie nun alle Ideen mit der größten Heftigkeit in die Erscheinung zu treten streben, mit Gier die Materie hierzu ergreifend, welche das Gesetz der Kausalität unter sie alle austheilt; so strebt eben auch diese besondere Idee einer menschlichen Individualität mit der größten Gier und Heftigkeit nach ihrer Realisation in der Erscheinung. Diese Gier und Heftigkeit eben ist die Leidenschaft der beiden künftigen Eltern zu einander.»

Arthur Schopenhauer
Metaphysik der Geschlechtsliebe

Blick. Es wird eine gegenseitige magnetische Anziehung, der ich nicht entkomme. Am Abend davor blödelten wir zwei Stunden. Hände sind mir beispielsweise auch sehr wichtig, vielleicht eher Finger. Sie aber hatte für mich gar keine schönen Finger.

FELIX: Eine Frau erzählte mir, sie werde sofort scharf durch ein aus dem Hemd herausschauendes Handgelenk. Es ist doch vollkommen irre, wie Menschen reagieren. Daran denke ich nicht einmal im Traum. Aber in einer Szene plötzlicher Verliebtheit traf mich die Art, wie eine Frau ein Brötchen zum Mund führte, wie ein Blitz, diese Gestik, verstehst du, diese Art der Armführung. Ich war völlig weg. Der Glanz der Verliebtheit lag über jeder ihrer Bewegungen, ich wußte überhaupt nicht, warum, ich kannte die Frau gar nicht, nichts war sonst besonders.

SEBASTIAN: Mit den Augen kann ich auch aktiv anzünden. Ich kann so hinschauen, wenn die Frau zurückblickt, daß es immer dichter wird und in die Höhe steigt. Schließlich bröselt jedes Nein einfach weg. Aber gerade deswegen habe ich im Normalfall gar kein Interesse daran. Ich bin glücklich in meiner Beziehung und habe jede Lust auf weitere Bekanntschaft verloren. Das hat sich total verändert. Andernfalls aber wäre ich total gefährdet. Ich bremse ab.

FELIX: Das aktive Herstellen ist natürlich eine enorme Versuchung.

SEBASTIAN: Ich glaube, der Blick selbst ist erotisch. Allein die Tatsache, daß du von einer Person nicht wegkommst, die dich längere Zeit anschaut, spricht dafür. Je länger der Blick, desto näher kommt man sich.

FELIX: Was waren denn die stärksten Lustsituationen deines Lebens?

48

2. Nackter als fremd

SEBASTIAN: Ein Freund empfahl mir einmal, in San Francisco eine Frau zu treffen. Ihr hat er gesagt, daß ich demnächst käme, und vielleicht auch, daß ich allein sei. Wir trafen uns im Café. Ich sehe noch heute, ein Jahrzehnt später, alles detailliert genau. Ich wußte nicht, wie sie ausschaut, sie kannte mich auch nicht. Blind date. Sie war eine Schönheit, schwarz mit grünen Augen, französischstämmige Amerikanerin, schlank. Ich habe ihr wohl auch sehr gefallen. Sie hatte sich einen verknöcherten business man vorgestellt, ich war aber frisch und jung. An dem Abend sind wir ineinandergefallen. Ich habe mit ihr acht- oder zehnmal gevögelt, jedesmal bis zum Schluß. Es war eine unbeschreibliche Nacht. Sie kicherte schon vor Freude: O, you are like a rabbit. Und dann ist es schon wieder weitergegangen. Der Begriff war so passend. Es war super.
FELIX: Es ist ja auch eine starke Leistung. Achtmal habe ich noch nie hingekriegt.
SEBASTIAN: Es ging die ganze Nacht, es war für mich eine absolute Ausnahmesituation.

3. Schöpfungsorgasmus

Die zweite riesige Lustsituation meines Lebens erscheint kurios. Das war zur Zeit, als im Parlament der Schweiz ein Gesetz beschlossen wurde, an dem ich jahrelang gegen größten Widerstand geschuftet hatte. Als ich im Parlament oben auf der Galerie saß und die unten handwerkten genau das, was ich wollte, stiegen mir Tränen auf. Nach Jahren der Tortur und Existenzangst war das ein überwältigendes Lustgefühl. Es war ein Orgasmus, größer als alle üblichen.

4. Relativität der erotischen Selbsteinschätzung

FELIX: Im großen Ganzen fühlte ich mich o.k., nur an meinen Oberschenkeln nörgelte ich herum. Sie waren nicht fett. Sie waren für meinen Geschmack einfach zu kräftig. Eines Tages sagte meine Frau zu mir: Das

49

Erotische Wahrnehmung
«Die kritische Skrupulo-
sität, mit der wir ein
Weib, das uns zu gefallen
anfängt, mustern, der
Eigensinn unserer Wahl,
die gespannte Aufmerk-
samkeit, womit der
Bräutigam die Braut
beobachtet, seine Behut-
samkeit, um in keinem
Theile getäuscht zu
werden, und der große
Werth, den er auf jedes
Mehr oder Weniger, in
den wesentlichen Theilen,
legt, – alles dieses ist der
Wichtigkeit des Zweckes
ganz angemessen. Denn
das Neuzuerzeugende
wird ein ganzes Leben
hindurch, einen ähnlichen
Theil zu tragen haben.»
Arthur Schopenhauer
Metaphysik der Geschlechtsliebe

**Eine Form
der Sinnlichkeit**
«Macht ist das stärkste
Aphrodisiakum.»
Henry Kissinger

einzige, was ich wirklich gut an dir finde, sind deine Oberschenkel.

SEBASTIAN: Meine Frau hat Traumbeine, Rehbeine. Allerdings leidet sie drunter. Und ich sage ihr, wie schön ich ihre schlanken, zarten Schenkel finde. Mir geht es wie dir, nur daß meine auch fett sind. Das findet meine Frau wiederum sehr attraktiv. So genießen wir wechselseitig, daß unsere Schwächen für den anderen zu unseren Stärken werden.

5. Macht und Lust

FELIX: Sie sieht dich also als Präsident. Hast du nicht auch Angst, deswegen geliebt zu werden – und nicht als Sebastian?

SEBASTIAN: Am Anfang oft. Ich halte mich deswegen auch ganz zurück. Dir wird es nicht anders gehen. Die Erotik der Macht ist sehr stark, der Machtphantasien, genauer gesagt.

FELIX: Das ist wichtig bei jeder Lust, leider Gottes. Die ewige Seelensensibilität ist eben auch nicht alles.

SEBASTIAN: Die Phantasie geht dahin, daß der Mächtige auch besonders geil sei. Der Potentat ist potent. Daher der Name.

FELIX: Fast wie im Tierreich. Macht und Lust, ein Zwillingspaar.

SEBASTIAN: Die Vorstellung, von einem Mächtigen genommen zu werden, haben mir viele Frauen erzählt, ist attraktiver, als mit einem zu schlafen, der ein Würstel scheint.

*

Jessica, Ende Dreißig, ist in einer Werbeagentur Düsseldorfs tätig. Daniel, Ende vierzig, ist Rechtsanwalt in derselben Stadt. Beide sind seit Jahren vertraut. Mitten aus ihrem Zwiegespräch stammt diese Szene:

50

6. Zärtliche Geste

DANIEL: Was ist die intimste, zarteste Geste, die du erinnerst?

JESSICA: Er war im Bad, und ich mußte pinkeln. Ich habe mich aufs Klo gesetzt, dabei habe ich – wenn ich jemanden liebe – wenig Hemmungen. Für ihn war das eine Neuigkeit.

Einige Tage später gab es wieder so eine Situation. Ich ging aufs Klo, er kam hinterher, setzte sich auf meinen Schoß und küßte mich. Dann stand er wieder auf. Wir beide flachsten: Erst kommen und dann kneifen, das ginge nicht, sagte ich ihm. Da setzte er sich wieder und hielt, während ich pinkelte, die Hand zwischen meine Beine mitten in den Strahl.

DANIEL: Eine schöne Geste, finde ich.

JESSICA: Sie ist völlig leicht aus dem Geplänkel entstanden.

DANIEL: Ein wunderschönes Bild.

JESSICA: Uns hat es sehr geil gemacht. Es ist aber nicht nur erotisch, es hat auch etwas tief Vertrautes.

DANIEL: Es ist so intim, wie Geschwister miteinander sind. Wir haben uns wechselseitig immer in der Badewanne angepinkelt, es war eine Wonne. Aber auf diese Idee bin ich noch nie gekommen.

7. Der pneumatische Unterarm

Es ist etwas witzig, gestehen zu müssen, daß Tobias und Paul zwei erfahrene Psychoanalytiker mittleren Alters sind, die sich erstmals ins Vergnügen eines Zwiegespräches über die Liebe

Landkarten der Liebe
«Wichtiger noch fürs Verlieben in ‹ihn› oder ‹sie› könnte das sein, was der Sexforscher John Money die persönlichste Liebeskarte nennt... eine innere Landkarte... die darüber entscheidet, was uns sexuell erregt und dazu treibt, uns eher in die eine als in die andere Person zu verlieben.
Laut Money entwickeln Kinder... diese Liebeskarten als Reaktion auf Angehörige und Freunde, auf Erfahrungen und Zufallsbeziehungen. So gewöhnt sich das Kind zum Beispiel an den Trubel oder die Ruhe im Elternhaus, an die Art und Weise, wie die Mutter zuhört, zankt oder streichelt, der Vater scherzt oder geht oder riecht... In der Jugend, wenn das Gehirn von sexuellen Impulsen überschwemmt wird, verdichten sich diese Liebeskarten und zeigen ziemlich genau Gesichtszüge, Wuchs, Rasse und Hautfarbe des oder der idealen Geliebten, von Temperament, Verhaltensweisen und so weiter ganz zu schweigen. Es entsteht ein inneres Bild des vollkommenen Partners, des Umfeldes, das man verführerisch findet, und der Gespräche und erotischen Aktivitäten, die einen erregen.»

Helen Fisher

51

stürzten und nicht immer hellsichtig genannt werden können, was ihre eigene Erotik betrifft:

TOBIAS: Bei mir haben bestimmte Frauen einen unglaublichen erotischen Vertrauensvorsprung vor anderen, die vielleicht viel mehr Zuneigung und Leidenschaft verdient hätten. Und zwar Frauen, die einen bestimmten Unterarm haben. Weißt du, ich nenne das den *pneumatischen Unterarm*.

PAUL: Kann ich mir noch nichts drunter vorstellen.

TOBIAS: Es ist eine besondere Beschaffenheit des Fleisches. Wie soll ich es ausdrücken? Wie ein nicht ganz fest aufgeblasener Luftballon: weich und doch elastisch zurückfedernd. Mit einer zarten, seidenglänzenden Haut. Meine frühere Frau hatte ihn, nicht meine jetzige. In Thailand haben es alle Frauen – obwohl ich natürlich nicht wegen Sex dort hinfuhr. Wenn ich jetzt überlege, meine ich, es könnte die Faszination, die gute Besetzung des Fremden, sein.

PAUL: War dir denn deine erste Frau fremd?

TOBIAS: Nein, du hast recht. Aber die Wirkung ist mächtig und unmittelbar. Es gibt übrigens auch das Gegenteil. Ich meine also nicht die neutralen Unterarme, die nicht pneumatisch sind, sondern für mich ekelhafte Unterarme bei Frauen, die mich sofort abstoßen, die mich anwidern, auch wenn die Frau eine Schönheit wäre. Es sind die *schwarzbehaarten Unterarme*.

PAUL: Wenn du das so erzählst, weht mich ein Verdacht an. Das ist doch so spezifisch, der pneumatische und der behaarte Unterarm, da muß doch was dahinterstecken.

TOBIAS: Das ist das Geheimnis der Erotik, mein Lieber, da ist nichts zu machen. Das ist nicht mit dem Verstand zu fassen. Das ist so. Da hilft keine Psychoanalyse.

PAUL: Darf ich dir mal die berühmte Frage stellen? *Woran erinnern dich die schwarzen Haare?* Betrachte sie mit deinen inneren Augen sorgfältig und warte auf die Einfälle.

TOBIAS: Lauter kleine schwarze Spinnen.

(abwehrend) Das bringt doch nichts.

PAUL: Warte ab.

Und der erotische Unterarm, diese seidige Haut?

TOBIAS: *(überrascht ausrufend)* Ach du liebes Lieschen, natürlich, mit einem Schlag: Tante Annemarie. Ich habe dir von ihr erzählt. Als kleiner Bub lag ich immer zu Mittag bei ihr im warmen Bett und fühlte die Geborgenheit und den Duft ihrer großen Brüste. Wir lagen löffelweise. Ich liebte sie innig. Sie hielt mich immer mit ihren Armen umfaßt, ich sehe ihre Unterarme direkt vor mir: total pneumatisch, die Urform. Tante Annemarie war so göttlich sinnlich und so lieb. Bei ihr war ich sicher und aufgehoben. Sie wohnte in der Nachbarschaft. Meine Mutter dagegen hatte immer zuviel im Geschäft zu tun und nie Zeit. Sie war so leicht gereizt und schlug mich oft. Ich suchte bei Tante Annemarie Schutz.

PAUL: *(mit gespieltem Stolz)* Siehst du, so einfach ist das mit der Psychoanalyse.

Aber ich bin ehrlich gesagt auch verdattert.

TOBIAS: Ich habe noch nie in diese Richtung gedacht. Warum bin ich nie selbst darauf gekommen?

PAUL: Wie schlug dich deine Mutter eigentlich?

TOBIAS: Mit der bloßen Hand. Sie krempelte die Ärmel hoch, und dann setzte es was. Bald jeden Tag.

PAUL: Fällt dir jetzt irgend etwas auf?

TOBIAS: Was soll mir auffallen?

PAUL: Wie sahen denn im Kontrast zu Tante Annemaries Armen die Arme deiner Mutter aus?

TOBIAS: Herrgottsakra, ja, scheußlich behaart, schwarz. Ich hatte solche Angst, wenn sie nur zu keifen anfing.

*

Zwei Freunde um die Fünfzig. Kevin ein Geschäftsmann, der viel in der Welt herumkam, und Marcel, Journalist einer angesehenen Tageszeitung, verabredeten sich zum ersten erotischen Zwiegespräch. Beide scheinen gute seelische Beobachter zu sein und sind mit Vergnügen und Ernst bei der Sache. Nach einer halben Stunde gesteht Marcel sein amüsiertes Befremden:

8. Bruder Haargenau

MARCEL: Ich wollte ja eigentlich ein heterosexuell orientiertes Zwiegespräch führen. Nun hat es einen anderen Drive bekommen. Ich finde dich ausgesprochen schön gekleidet, und zwar so schön, daß es mir schon auffällt. Es ist überglänzt. Die Farbe der Jeans finde ich toll, den Gürtel finde ich toll, das weiße Shirt erscheint mir so prächtig. Jetzt aber auch deine Haare, was für ein Schimmer!

Ich muß dem mal nachgehen. In die Haare sehend, finde ich sie überirdisch schön geschnitten. Und sie haben auch eine bestimmte Tönung, die ich traumhaft finde. Weißt du, wie in Märchen, wenn plötzlich alles verzaubert ist. Ich glaube, ich fange wirklich an zu spinnen.

(Kleine Pause)

(Plötzlich fast aufschreiend) Mensch, ich hab's, es sind genau die flachsblonden Haare meines Bruders Maximilian. Es ist doch wirklich verrückt. Im Grunde ist er ein ganz anderer Typ als du.

(Kleine Pause)

*

Fast jede Geschwisterbeziehung ist für die Erotik unbewußt hochbedeutend. Hölderlins Diotima, Susette Gontard, seine unsterbliche Geliebte, war bei der ersten Begegnung Anfang 1796 überrascht über seine Ähnlichkeit mit ihrem Bruder. Die große Liebe der beiden gründet lebensgeschichtlich auch in dieser Geschwisterbeziehung. Jede Liebe wiederholt die Fundamente der Beziehung zu Vater, Mutter, Bruder, Schwester. Sie ist schon angelegt, bevor sie entsteht.

*

9. Felder-Erotik

MARCEL: Nun fällt mir plötzlich etwas ganz anderes ein. In diesem glühenden Sommer schlafe ich nachts drüben in der Gartenveranda. Ich hatte abends das Fußballspiel Bulgarien gegen Italien gesehen. Als ich einzuschlafen begann – meine Frau war allein auf Ferien –, fühlte ich mich schon etwas erotisiert. Nach zwei Stunden wachte ich vor allem wegen der Hitze auf. Ich empfand mich in einem besonderen Zustand. Sagen wir einmal: ganzkörpererotisiert. Der Körper ist geladen. Ganz steifer Schwanz. Ich nehme ihn und beginne mich zu befriedigen. Währenddessen aber passiert etwas absolut Sensationelles, ein Erlebnis, das mich richtig glücklich macht. Ich habe nämlich nicht – wie sonst immer – Frauenphantasien. Es wäre mir auch viel zu anstrengend gewesen, mitten in der Nacht, hitzeaufgelöst, in Träumen schwebend, meine Konzentration und geistige Kraft zu sammeln, um mir sozusagen eine weibliche Gestalt zu formen, mit der ich es dann treiben könnte. Das war mir zu schwierig. Ich bleibe also hängen in diesen vielgestaltigen Netzwerken meiner Träume. Und was sehe ich? Mein ganzer Körper, mein Schwanz eingeschlossen, sind zwei Mannschaften, die Fußball spielen. Ich bin völlig platt. Es ist, als wären alle Beine der Fußballspieler mein Schwanz, verstehst du? Die Lustbewegung, die durch den ganzen Körper geht, ist die Bewegung des Balles, der über das Feld zieht. Der Schuß ins Tor ist eindeutig die Ejakulation, und zwar vollkommen klipp und klar, überhaupt nicht auseinanderzuhalten. Ich bin vielleicht zu einem Zwanzigstel wach, neunzehn Zwanzigstel träumen da erotisch vor sich hin und treiben sich auf dem Feld herum.

Ich denke, das kann doch wohl gar nicht wahr sein. Wie soll denn das mit der Lust gehen? Wo ist denn da eine Lustfigur, auf die alles abzielt?

(Beide lachen schallend)

Ich war in einer völlig verrückten Situation und fand sie toll. Das ganze Feld war prall vor Erotik, so ähnlich, weißt du, wie die Spannung, die man bei einem Fußballspiel empfindet. Das Treiben der Figuren und der Bälle sind genau die erotischen Kräfte, die da in meinem Körper herumströmen. Sie haben sich vor meinen Augen materialisiert. Indem nun das ganze Spiel so geht, wie es geht, überlege ich im Schlaf: Verdammt noch mal, wie soll ich denn jetzt zum Erguß kommen? Ich habe doch nirgends eine Figur, auf die hin sich alles zentriert. Oder – frage ich mich dann – geht das etwa über das Fußballspiel als Ganzes? Ich wurde neugierig und versuchte höhere Plateaus der Lust in der gesamten Fläche zu erreichen, aber diese Art Lust hatte einen völlig ungewohnten Aufbau. Es war nicht die Bergerklimmung bis zum Gipfel, dem Höhepunkt, sondern es war eine Hochebene, auf der sich ununterbrochen irgend etwas hin und her bewegt. Und dann sagte ich mir schließlich, immer noch breitgefächert und nicht zum Bündeln der Kräfte gekommen, ich sehe keinen Ausweg, ich muß wieder einschlafen *(lacht)*.

Aber ist das nicht verrückt? Jetzt onaniere ich mehrere Jahrzehnte mit ungebrochenem Vergnügen und habe so etwas noch nie erlebt. Es war ja nicht objektlos, aber so vielgestaltig.

Man könnte sich natürlich sagen, das muß homosexuell sein, was soll es denn sonst sein? Nirgends eine Frau – und Fußball ist doch die heiße Männerfreude.

KEVIN: Nur daß die Schwulen Fußball nun am allerwenigsten schätzen.

MARCEL: Wieso?

KEVIN: Hab ich mal gelesen, hat eine Untersuchung ergeben.

MARCEL: Es ist mir nur mit dir wieder so eingefallen, ich hatte es schon völlig vergessen.

Eigenartigerweise entdeckt Marcel zum erstenmal eine Erotik, die sich nicht stromlinienförmig auf den Orgasmus zuspitzt, sondern sich gleichsam wie ein magnetisches Feld über den ganzen Körper ausbreitet. Solche Lusterscheinungen kennen die meisten Frauen, aber nur wenige Männer. Die größten Tragödien entstehen aus dieser Unterschiedlichkeit erotischen Erlebens bei Mann und Frau. Im sogenannten «Hohen Sex» des Tantra wird Felderotik gelehrt und führt zum Ganzkörperorgasmus. Marcel, scheint es, versuchte diesen Weg ohne besondere erotische Bildung, war wohl aber zu müde und untrainiert, in diese Höhe zu kommen. Sie kann beim Mann ohne Ejakulation erreicht werden.

Die beiden Freunde sprechen nun eine dreiviertel Stunde weiter, bis Marcel gegen Ende die Frage nach dem *eindrucksvollsten erotischen Erlebnis* stellt. Dieses «Muß» in jedem erotischen Zwiegespräch kommt bei Paaren selten zur Sprache, weil es zu oft frühere oder anderweitige Beziehungen betrifft, mit denen man zu kränken fürchtet. Die Höhenerlebnisse sind aber persönlichkeitstypisch und bieten genaue Einblicke in die Art der Lust, die einen bewegt. Man sollte sich diese Chance – besonders als Paar – nicht entgehen lassen, weil das unbewußte Zusammenspiel auch hier sichtbar werden kann.

56

10. Bluttrophäe

KEVIN: In Australien traf ich die Eine und Einzige, als ich dreiundzwanzig war. Ich floh diese mehr als zehntausend Kilometer von zu Hause vor meiner Mutter und unglücklichen Beziehungen und wurde dort auch geschäftlich erfolgreich. Wenn ich mich erinnere, daß diese erste ältere Frau so liebevoll und liebesfähig war, werde ich meinem Schicksal und ihr tief dankbar. Die Reste meines pubertären Ungestüms waren in ihr eingebettet. Ganz wichtig war, daß alle meine Ängste aufgehoben wurden. Wir waren einmal verabredet, sie war verheiratet, sie wollte auch von ihrem Mann weg, und wir haben bei Freunden übernachtet. Ich bekam in meinem Sturm nicht mit, daß sie ihre Tage hatte, und war an diesem Körper (*lacht*) rauf und runter beschäftigt. Am Morgen, als ich mich im Waschspiegel ansah, war ich zuerst tief erschrocken, weil ich aussah wie ein Indianer auf dem Kriegspfad – überall das geronnene Blut. Ich war verschmiert von Kopf bis Fuß. Aber alles, was ich gelernt hatte, dieses Bäh und Das-geht-Nicht und die Säfte, war wie weggespült. Ich habe vor diesem Spiegel gestanden und gejauchzt. Ich war plötzlich ein Indianer. In Riesensprüngen entwickelte sie mich erotisch. Ein phantastisches Erlebnis.

MARCEL: Ich habe mal aus Frankreich gehört, daß Jungen und Mädchen üblicherweise von Tanten und Onkeln in die Liebe eingeführt wurden und dadurch einen ganz anderen erotischen Start bekamen als bei diesem modernen Laisser-faire-Freistil der Gleichaltrigen, der doch nichts anderes als eine der tausend Formen von Vernachlässigung durch hilflose Eltern darstellt.

Hunger
«Der Hunger konnte als Vertreter jener Triebe gelten, die das Einzelwesen erhalten wollen, die Liebe strebt nach Objekten; ihre Hauptfunktion, von der Natur in jeder Weise begünstigt, ist die Erhaltung der Art.»
Sigmund Freud

Erotischer Kannibalismus
«In der Liebe gibt es am wenigsten Erbarmen. Es gehört zur Liebe, daß das Kleinste zählt und nichts vergessen wird: diese Vollständigkeit und Genauigkeit macht sie aus. Wenn man sagt: ich will alles, *meint* man alles. Vielleicht wäre hier nur der Kannibale konsequent. Aber der seelische Kannibalismus ist komplizierter. Auch kommt dazu, daß es sich um zwei Kannibalen handelt, die einander gleichzeitig essen.»
Elias Canetti

Frei von Sattheit
«In jedem Menschen ist ein Hunger und verhält sich wie ein reißendes Tier – und ist kein Hunger, sondern etwas, das frei von Gier und Sattheit, zärtlich wie eine Traube in der Herbstsonne reift.»
Robert Musil

57

Kann natürlich auch eine Projektion aufs Nachbarland sein. Aber diskussionswürdig.

11. Britische Teestunde

KEVIN: Ich wollte aber etwas ganz anderes berichten. Ich glaube, mich hatte noch dein Körperfußballfeld beeindruckt, so daß ich ebenfalls auf eine Ganzkörperphantasie kam. Was ich aber im Sinn hatte, war eine kurze Begegnung in Hawaii.

Ich hatte eine Freundin dort, eine Engländerin. Sie war mit einem anderen Mann liiert. Eines Tages bestellte sie mich um 16 Uhr zum Teetrinken. Sie hatte ein grünes, glockenförmiges Kleid an mit weißen Blumen. Wir saßen ganz manierlich beim Tee. Ich hatte bereits ausgetrunken und sprach mit ihr. Und während ich redete, öffnete sie meine Gürtelschnalle, zog die Hose runter und beugte sich über mich. Ich war ganz perplex, es war aus dem Stand, ich fand es unglaublich. Sie trieb mich mit dem Mund zum Orgasmus, nahm den Samen auf, da klingelte es an der Tür. Ich hatte gerade noch Zeit, die Hose zu schließen – ich wußte nicht, wer kam. Sie öffnete die Tür. Ihr Freund kam rein. Sie gab ihm einen Kuß auf den Mund. Das war für mich die Inkarnation des Verbotenen, ein absolutes Tabu. Ihr Mund war gefüllt von meinem Samen. Ihre Infamie verblüffte mich und riß mich gleichzeitig absolut hin. Es wurde ein stilles Dreierspiel. Wir saßen uns gegenüber, ich konnte keinerlei Konversation machen, hatte eine eher unbeteiligte Position. Sie war unglaublich aufgedreht und redete mit uns beiden.

Das ist nun keine besondere Nachtseite der Lust, und doch war es für mich ungeheuer verrucht. Es war ein unglaubliches Erlebnis. Die innere Qualität ist mir gar nicht klar. Es ging um das Stürzen eines Tabus.

Gleichzeitig – dachte ich nachträglich – sind wir, die beiden Männer, von ihr auch vorgeführt worden. Das entwertet aber das Erlebnis nicht. Unter ihrem Mund und ihrem Glockenrock war ich wie begraben, in einer völlig passiven Situation.

Unendlich erleichternd war das Gefühl, das ich sonst oft habe, es diesmal nicht «bringen» zu müssen. Ich war wie ein Baby. Es war sehr befriedigend bis hin zur Drehung am Ende, als der Dritte auftauchte.

MARCEL: Auch beeindruckend eingebettet: *Die britische Teestunde.* Ich werde sie wohl nie vergessen.

Lust entflammt durch *Überschreiten des Verbotenen, durch Mauernübersteigen,* lautet eine ernst zu nehmende These in der Erotik. Sie erweitert damit mit einem Schlag den eigenen autonomen Bereich. Was man machte und erlebte, vergrößert das Selbst. Selten wird wie hier der enge Zusammenhang von Unabhängigkeit und Sexualität deutlich. Es geht um eine wirkliche Individuation; denn ganz persönlich setzt man neue Maßstäbe: seine eigenen. Was landläufig pervers genannt wird, ist meist nur eine eigenständige, besondere Lust. Sünde kommt von Sonderung, das heißt von seelischer Ablösung zum eigenen Selbst. Pathologisch ist die Fixierung: nur so und nicht anders. So wäre die Missionarslage für viele eine Normopathie, das heißt die Krankheit, sich nur nach dieser Form richten zu können.

*

Julia, Anfang Dreißig, ist Schauspielerin. Mit Max hat sie kein erotisches Verhältnis, ist aber mit ihm seit Jahren gut befreundet. Er, Mitte Dreißig, arbeitet als Filmemacher für das Fernsehen. Aus ihrem erotischen Zwiegespräch folgen zwei Blitzlichter:

12. Glamour d'amour der Positionen

MAX: Wonach richtet sich denn die Lust bei dir?
JULIA: Ich kann mich an Zeiten erinnern, in denen ich total lustlos war mit Philipp. In diesen Jahren hatte ich nur zwei Orgasmen, während wir miteinander schliefen, sonst waren immer andere Lösungen angesagt – mit Hand oder Mund. Er kam immer, ich nie. Davor hatte ich das andere Extrem erlebt. Mit Alain war ich *immer* zusammen zum Höhepunkt gekommen. Und ohne großartige Kreativität, was Stellungen anbetrifft. Wir haben nur über den Geist, über die Augen Erotik erlebt. Ich habe nicht einmal gestöhnt. Viel mehr als auf irgendwelche Stellungen fahre ich darauf total ab, daß mein Partner meine Seele liest, anerkennt und sieht.
MAX: Daß ihr euch also anseht in der stocknormalen Missionarslage?

59

JULIA: Genau, aber wirklich immer. Wir haben natürlich alles andere auch ausprobiert; es gefiel mir nur deutlich weniger. Das Seelenvögeln war für ihn wie für mich immer ein total tolles Erlebnis. Jedesmal erzählten wir uns danach, wie begeistert wir wieder waren und was wir erlebt hatten.

MAX: Aha, das ist aber doch leider selten der Fall, diese seelische Dimension des Liebemachens bleibt doch sonst fast stumm.

JULIA: Es steigerte sich ja von Mal zu Mal. Jedesmal stellten wir fest, wie sehr es das letzte Mal übertroffen hatte. Und so ist es ja wirklich, man lernt nie aus, man erlebt auch nie aus.

MAX: Ist es nicht komisch? Mir geht es in einer guten Liebe auch so: Diesmal, habe ich dann das Gefühl, ist es so, wie es noch nie gewesen ist. Als wäre jedes Vögeln ein neuer Anfang, ein Urfick, ein einmaliger Schöpfungsakt. Das finde ich ganz toll.

JULIA: Mit dieser Vorerfahrung ging ich dann natürlich in die anderen Beziehungen. Und das war eine Pleite. Mein Spanier hatte dauernd die Augen geschlossen, er nahm mich überhaupt nicht wahr – und das machte mich zu Anfang so fertig. Er mochte seinen eigenen Körper nicht – und das komplizierte alles. Wenn man sich selbst nicht liebt, kann man auch schwer einen anderen lieben. Immerhin, in drei, vier Monaten konnte ich es ihm vermitteln, und wir hatten schließlich einen wirklichen Seelenkontakt, sehr über den Körper, nicht über die Augen. Es war echt schön. Dabei entdeckte ich auch den Spaß an allen möglichen Stellungen. Trotzdem ziehe ich die Missionarslage vor, weil man sich dabei eben sehen kann. Man kann sich fühlen und hat den ganzen Körper in der Hand. Ist einer hinten und ich beispielsweise auf allen vieren, sehe und spüre ich ihn zuwenig. Selten einmal, nur wenn ich totales Vertrauen habe, ist es geil, und ich kann mich auch da gehenlassen. Aber selbst mit diesen Experimenten habe ich immer noch nicht verläßlich herausgefunden, was mir eigentlich gefällt und was ich nicht leiden kann.

MAX: Ja, ist es nicht schrecklich, wie lange das dauert, wenn man sich überhaupt erst einmal traut? Mir ging es auch so. Aber jetzt weiß ich es. Es ist bei mir überraschenderweise überhaupt nichts Festgelegtes, es ergibt sich aus der völlig spontanen Phantasie des Moments, und die auszusprechen kostet Mut und eine gute Partnerschaft, die nicht nur den Sex heruntervögelt. Fast möchte ich sagen, ich brauche eine Lustbesinnung. Dann wird es für mich am schärfsten.

JULIA: Nun habe ich doch mit ziemlich vielen Männern erotische Beziehungen aufgenommen und fühlte mich immer unter dem Zwang, großartige Aktionen zu machen. Ihnen etwas zu geben, was sich in Taten äußert. Sich also in verschiedenen Stellungen zu winden und ganz besonders sexy zu sein. Das habe ich aufgegeben, weil ich dabei ganz kalt geworden bin und einfach keine Lust mehr entwickelte.

MAX: Es ist aber auch für einen Mann verwirrend. Er wird ja getäuscht, weil du von dir aus beginnst und es aussieht, als wärest du darauf scharf.

Ich erinnere mich an eine Beziehung, in der ich das zum erstenmal erlebte. Wir waren sehr verliebt und gingen ins Hotel. Da begann sie Dinge zu machen, die mir völlig fremd vorkamen. Ich hatte den Eindruck, sie turnte herum, fand es auch rührend, weil ich merkte, daß sie mir damit etwas Gutes tun wollte, aber ich kam völlig aus der inneren Aufmerksamkeit heraus, wozu ich sonst gar nicht neige. Als wir darüber sprachen, entdeckte sie überhaupt erst, daß sie damit ganz besonders sexy auf mich wirken wollte und vor allem hoffte, mir etwas geben zu können. Allerdings hatte sie sich auch selbst damit völlig verloren.

JULIA: Mittlerweile ist mir das auch völlig klar, es bringt nichts. Der andere merkt, daß du keine Lust mehr hast – wenn er nicht total ignorant ist und ich mir nicht einen Hirsl ausgesucht habe. Es gibt aber auch ein Herumturnen, wie du sagst, das anders ist. Mit Philipp war es manchmal ein so harmonisches Umeinanderfließen, daß es keinen von uns befremdete. Wir wußten danach überhaupt nicht, wie oft wir uns eigentlich ge-

Verwirrte Glieder
«Aber ich wies sie darauf hin, daß ein Mann, mit dem sie Geschlechtsverkehr hatte, nur mit Verwirrung reagieren werde, wenn sie sich dabei derart aufführte und sich herumwarf, nach rechts oder links oder womöglich auch noch hochauf nach vorn; und wenn ihr Verhalten derart unberechenbar und regellos sei, könne man ganz leicht seine Erektion verlieren; wenn sie sich derart herumwürfe, bestünde die beste Aussicht, daß sie damit den Verkehr überhaupt unterbräche, es sei denn, der Mann wäre sehr agil und balgte entsprechend mit, aber dieses Mitbalgen wäre dann kaum ein sexuelles Agieren für ihn: es wäre eher eine Art Fangspiel. Der Mann würde in einer Art Belagerungszustand ficken müssen, fortwährend bestürmt und zermürbt; ohne jede Ahnung, was wohl als nächstes von ihr käme, würde er ficken und sich beeilen, damit über die Runden zu kommen und wieder aus ihr heraus. Orra hatte bei dieser ersten Gelegenheit gesagt: Das klingt alles einleuchtend. Kein Mensch hat mir das bisher erklärt. Kein Mensch hat mir das bis jetzt richtig klargemacht.»

Harold Brodkey

61

dreht und gewendet hatten, weil es stimmig war. Jetzt teste ich Positionen nur an und höre sofort auf, wenn es mir blöd vorkommt.

13. Die Dürre plötzlichen Mißtrauens

JULIA: Wenn ich keine Lust mehr habe beim Vögeln, werde ich sofort trocken, es reizt, und ich kriege schnell eine Harnwegsentzündung. Ich muß mich also genau nach mir selbst richten und notfalls mit meinem Partner den Akt unterbrechen, weil ich mir die nachfolgenden Beschwerden nicht antun möchte. Ich sage also manchmal einfach und plötzlich stop. Das wirkt oft total lächerlich, weil es von einer Sekunde zur anderen passiert, ich werde knochentrocken. Die Männer fühlen sich natürlich total überrumpelt. Inzwischen bin ich schon in allen möglichen Sprachen routiniert, das Phänomen meinen Partnern verständlich zu machen. Einige Freundinnen haben das auch.

MAX: Ich habe diese schlagartige Trockenheit auch einmal bei einer Frau erlebt, doch bin ich mit meinen Vorstellungen nie bis zur Harnwegsentzündung gekommen.

Warum nimmst du denn kein Gleitmittel, die sind doch heute wirklich gut geworden?

JULIA: Warum sollte ich Gleitmittel benutzen, um eine Lust vorzutäuschen, die nicht da ist?

MAX: Ja, natürlich.

JULIA: Gynäkologen und Urologen haben es mir auch aufs zarteste empfohlen. Ich aber warte auf eine Beziehung, die so ist, wie ich sie auch schon erlebt hatte – völlig ohne Trockenheit. Harnwegsentzündungen, sage ich dir, sind ein herber Lusttöter, du fühlst dich deines Geschlechtes total beraubt. Du hast ja genau da schreckliche Schmerzen. Da liegt also neben dir einer, den du sehr gerne magst und dem du so gern Liebe entgegenbringen würdest, und statt dessen könntest du ihn einfach nur anschreien oder heulen. Morgens beginnt es, und abends hast du die Schmerzen.

MAX: Es könnte ja etwas bedeuten, meinst du nicht?

JULIA: Es ist natürlich nicht nur Hygienemangel oder Streß oder die Länge des Aktes mit Einmassieren der Bakterien oder Kälte oder zuwenig

62

Flüssigkeit oder falsche Ernährung oder die Tage oder ohne Kondom. Nein, trocken werde ich – das habe ich nun nach intensiven Selbstrecherchen herausgefunden – vor allem durch aufflammendes Mißtrauen. Plötzlich überfällt mich eine Aversion gegen das Sexmachen, gegen das zügellose, nur gierige Ficken vieler Männer, die mich überhaupt nicht mitempfinden. Ich gerate dann in beobachtenden Abstand, habe Schwierigkeiten, mich gehenzulassen und mich hineinzuleben. Ich gucke mir das von außen an, bin nicht drin. Ich beginne zu denken und frage mich, was wir da eigentlich machen. Gleichzeitig finde ich mich selbst nicht besonders attraktiv, obwohl alle sagen, ich hätte einen ausgesprochen hübschen Körper...

MAX: Das möchte ich auch versichern. Ich bin ganz verblüfft, daß du ausgerechnet deine Schönheit nicht wahrnimmst...

JULIA: ...und wenn ich an uns beiden Vögelnden so runterblicke, finde ich mich auch gar nicht geil – mitten im Akt, weißt du. Schön finde ich mich, aber nicht sexy.

14. Lust duftet nach Heimat

JULIA: Ich habe einen gefunden, der riecht genau wie mein Vater. Genau diese Nuance. Ich könnte mich mit meiner Nase in seine Achselhöhle reinbohren. Ein intensiver männlicher Geruch. Früher, wenn mein Vater uns vorlas, lag ich in seinem Arm und roch seinen Schweiß von der

Vaterbindung
«Selbst der größte Liebhaber ist nur zweite Wahl. Der Vater stellt alle in den Schatten.»
Bonmot der Psychoanalyse

Feldarbeit. Mein Freund hat auch noch den gleichen Oberarm. Meine große Schwachstelle ist das Schlüsselbein. Hat einer das, was ich meine, könnte ich alles dafür aufgeben.

3. Plötzliche Anwesenheit eigentlich Abwesender

Wie führt man erotische Zwiegespräche?

Erotische Zwiegespräche sind so einfach wie jedes wesentliche Gespräch, nur spannender, aufregender. Schwierigkeiten aus unbewußten Widerstandsquellen kommen erst später. Im Unterschied zu üblichen Zwiegesprächen gibt es hier einen thematischen Rahmen, der allerdings sehr weit gefaßt ist: *das eigene erotische Erleben*.

In diesen Dialogen werden Erlebnisse nicht nur abgeschildert, vielmehr vollzieht sich eine Weiterentwicklung der eigenen Lust auf vielfältigem Wege, wie in den folgenden Kapiteln ausgeführt ist. Wer Lust als die innerste Lebendigkeit eines Menschen empfindet, muß in diesem sexuellen Werden die zentrale seelische Selbstentwicklung sehen. Das bedeutet erotisches Mündigwerden und damit nichts anderes, als sich die Kraft wieder anzueignen, die alle menschliche Welt im Innersten zusammenhält. Sie wurde uns allzuoft in langer Erziehung enteignet. Es sieht beinahe so aus, als hätten wir vergessen, daß wir ausnahmslos der Lust unsere Existenz zu verdanken haben.

Es geht um die Lust. Sie ist die Achse eines jeden Lebens, selbst wenn sie sich als Arbeitswut, Askese, resignativer Masochismus oder flammende Lustfeindlichkeit äußert. Nichts geschieht ohne Lust, und so gesehen wird erstaunlich wenig für die Lust getan. Erotische Zwiegespräche sind ein Entwurf für eine Änderung der üblichen fruchtlosen Passivität: Wollen wir unsere Existenz nicht im gewohnten Zustand der Magerlust belassen, ist *Eigeninitiative für das erotische Glück* nötig.

In der Liebe bleibt alles anders
«Selbst ihre Abwesenheit ist etwas, was bei mir ist.»
Alberto Caeiro

65

Über den Wandel heterosexueller Beziehungen

«In einem kleinen College am Ohio, in Antioch, USA, wurde die neue sexuelle Ordnung idealtypisch entwickelt. Dort beschloß die Vollversammlung der Studenten und Studentinnen für beide Geschlechter und alle sexuellen Orientierungen einen Katalog sexueller Korrektheit, Regeln fürs Flirten, Küssen, Streicheln, Schmusen und Beischlafen. Das Prinzip ist einfach: explizite Fragen und explizite verbale Zustimmung für jede neue Ebene des sexuellen Kontakts, also: ein klares Ja zum Kuß, zur Körperberührung, bei jeder erogenen Zone, zu jeder Form der Stimulation. Die Universitätsverwaltung mußte das Reglement in ihre Verfassung aufnehmen und ihren Sanktionskatalog für die Relegation von Studenten der neuen Moral anpassen. Die Geschichte aus Antioch ist bizarr, beleuchtet aber grell und wahrhaftig eine allgemeine und verblüffende gesellschaftliche Tendenz: die Abschaffung der Sexualmoral und ihre Ersetzung durch eine Interaktionsoder Verhandlungsmoral der Geschlechter oder der Partner.»

Gunter Schmidt

«*Eine Beziehungskrise besteht aus zwei Liebesbriefen, die nicht zustellbar sind.*» So formuliere ich manchmal ein tragisches Dilemma heutiger Paare. Die Liebe, die beide ersehnen und fühlen, kommt beim anderen nicht mehr an. Nicht, weil er nicht zuhört, sondern weil er dieselben Worte anders versteht, ja weil er grundlegend anders fühlt.

Die heute vorwiegenden narzißtischen Störungen, denen keiner mehr entkommt, führen zu mehr oder weniger stark ausgeprägten neuen Liebesformen, etwa nach den Sätzen: «*Wer mich liebt, ist nichts wert*» oder: «*In dieser Beziehung ist kein Platz für zwei*» oder: «*Wenn du mich liebst, bleibst du mir fern.*» Das sind Dimensionen der Liebesbehinderungen durch *grundgestörte* Empfindungen.

Im Zeitalter der *Sprachlosigkeit* der Beziehungen – ich meine die *seelische*, nicht nur die faktische Sprachlosigkeit – entsteht darüber hinaus zunächst eine *Bewußtlosigkeit* für die eigene Beziehung. Auf ihrem Boden wird die Verwirrung noch größer, als sie ohnehin schon ist. Keiner begreift mehr, wie sorgfältig und ausdauernd er sich dem anderen übersetzen muß, bis endlich das, was er sagen wollte, bei ihm Wirklichkeit wird.

In einer gruppendynamischen Übung, dem «*Kontrollierten Dialog*», darf einer nur weitersprechen, wenn der andere zuvor mit eigenen Worten den gerade gesagten Satz sinngemäß richtig wiedergegeben hat. Selbst in dieser fugendichten Unterhaltung versteht der andere nur etwa 35 Prozent des Gesagten. So muß man bei den einfachsten Dingen beginnen, bevor tiefe Einsichten greifen können: *Dieselben Momente mög-*

66

lichst mit anderen Worten häufig wiederholen. Die sogenannte Redundanz der Alltagssprache hat ihren Sinn.

Gemeinsamer Entschluß: Die Vereinbarung mit Ihrem Partner sollte wirklich gemeinsam erfolgen und einen einsamen Beschluß «zugunsten» des anderen vermeiden.

Keine Störungen: Ungestörtsein verhindert auch die lästigen Erwartungen, das Telefon könnte klingeln, die Kinder könnten hereinstürzen oder Überraschungsbesuche vor der Tür stehen. Damit schließen sich in der Regel auch Caféaufenthalte oder Kneipenbesuche aus.

Neunzig Minuten: Anderthalb Stunden erscheinen den einen zuwenig, den anderen zuviel, sie sind jedoch wohlbegründet. Die durchschnittliche Konzentrationsdauer einer durchschnittlichen Zweierkombination in einer durchschnittlichen Situation beträgt etwa neunzig Minuten – Gruppentherapie, Selbsthilfegruppensitzungen, Kino und Theater folgen diesem Erfahrungswert. Vereinbaren Sie lieber ein weiteres Gespräch, statt zu sehr zu überziehen und sich den Genuß zu schmälern.

Face to face: Zwiegespräche wirken stärker durch die *wortlosen* Bereiche der Stimme, Pausen, Mimik und Gestik als durch den verbalen Inhalt. Deshalb ist die Angesicht-zu-Angesicht-Position empfehlenswert. Die unbewußte Wahrnehmung ist vielfach umfangreicher als die bewußte und vermittelt, wie gesagt, mehr als Worte. Allein die Stimme kann strohtrockene Informationen in Flammen aufgehen lassen.

> **Das Unverzeihliche**
> Wenn ihr Freunde
>   vergeßt,
> Wenn ihr den Künstler
>   höhnt /
> Und den tieferen Geist
> klein und gemein
>   versteht, /
> Gott vergibt es, doch stört
>   nur
> Nie den Frieden der
>   Liebenden.
>   *Friedrich Hölderlin*

Themenkreis: Thema ist das eigene erotische Erleben. Viele scheuen sich zunächst davor. Sie brauchen sich jedoch nicht zu sorgen, es kommen Ihnen mit Sicherheit die ersten Einfälle, an die sich die anderen auffädeln. Sie brauchen sich nur hinzusetzen und in den ersten Minuten abzuwarten, bis vor Ihrem inneren Auge die ersten Erinnerungen oder auch aktuellen Wahrnehmungen an Ihrem Gegenüber auftauchen. Versuchen Sie zu erzählen, was Ihnen in den Sinn gerät, ohne viel daran zu ändern. Das spontane Auftreten der Erlebnisse ist in sich schon eine unbewußte Auswahl. Die Berichte der beiden Beteiligten stimmen sich unbemerkt

- Vereinbaren Sie mit Ihrem Wunschpartner eine **ungestörte Zeit von neunzig Minuten**.
- Setzen Sie sich möglichst so, daß Sie sich **wechselseitig sehen** können.
- Thema ist Ihr eigenes **erotisches Erleben** von Kindheit an bis heute. Mit Liebespartnern rückt die *gemeinsame* Sexualität in den Mittelpunkt. Die Goldader aufkommender Einfälle folgt der Frage: Was bewegt mich im Moment am stärksten? Das kann sich von Minute zu Minute ändern oder sich durch das ganze Gespräch ziehen. Das Zwiegespräch reguliert sich so von selbst.
- Versuchen Sie gemeinsam, **Reden** und **Zuhören** nach freiem Rhythmus über die anderthalb Stunden ungefähr **gleich** zu **verteilen**.
- In einer **Serie** von freien erotischen Zwiegesprächen können auch tiefere Schichten auftauchen und Lustentwicklungen in Gang kommen.
- Der allumfassende Lustbereich kann in aufeinanderfolgenden Gesprächen auch noch **gezielter zentriert** werden – beispielsweise auf die *großen Geliebten*, die eigenen *erotischen Perioden*, die *Kernerlebnisse* oder die *besten Lustbedingungen*.
- Erotische Zwiegespräche **mit unterschiedlichen Personen** aus Freundeskreis, Familie (Eltern, Kinder, Geschwister) und Liebespartnerschaften beleuchten sehr unterschiedliche Facetten des eigenen erotischen Lebens, geben ihm eine klarere Identität und erweitern den erotischen Horizont in der Regel ganz unerwartet.

aufeinander ab. Daher gibt es in der Regel große Unterschiede in den Zwiegesprächen, die man mit einem Liebespartner oder einem befreundeten Menschen führt. Liebesbeziehungen sind meist verletzbarer und dichter gewoben; Alltagsmomente und kleine seelische Feinheiten spielen eine stärkere Rolle. Verständlicherweise wird das gemeinsame Liebemachen bei Partnern zum Zentrum. Aber das ist nicht der einzige Unterschied. Sie finden in diesem Buch mehrere Zwiegespräche zwischen Paaren und zwischen Freunden, die Sie vergleichen können.

Selbstregulation des Zwiegespräches: Einfälle fließen ununterbrochen, wenn sich ihnen nicht ein innerer Widerstand entgegenstellt. In der Mehrzahl der Fälle merkt man von diesen Barrieren nichts, da sie durch andere Einfälle umströmt werden. Kommt es zum Stopp, dann hat das den Sinn einer Angstdosierung. Man kann die innere Blockade erleben und sehen, was einem dazu einfällt. Sie ist nie zufällig. Die lebende Quelle der eigenen Lust ist allerdings meist so stark, daß selten ein Zwiegesprächler die Zeit für ausreichend hält – anders also als beispielsweise Michael *(Kapitel 11)*. Oft drängt es einen am Ende, noch schnell auf ein besonderes Thema zu kommen, bevor die Zeit ganz um ist, etwa auf das stärkste oder schlimmste Liebeserlebnis. Auch das ist ein Einfall, dem man folgen kann. Das Gespräch benötigt keine Führung, selbst wenn manche mit Notizzetteln hineingehen, um Wesentliches nicht zu vergessen. Der an Intelligenz und Einsicht weit überlegene unbewußte Bereich reguliert Minute für Minute das Geschehen von selbst. Ich betone das, weil leider die meisten Menschen diese Art Selbstvertrauen verloren haben.

Reden und Zuhören: Wie auch bei üblichen Zwiegesprächen ist die Gleichverteilung nicht immer einfach. Während Ludwig und Andreas *(Kapitel 9)* damit überhaupt keine Schwierigkeiten haben, müssen sich Katharina und Michael große Mühe geben, eine annähernde Balance zu finden. Meist steuert sich allerdings auch diese Verteilung problemlos. Bei krassen Unterschieden empfehle ich die gemeinsame Absprache, daß derjenige, der leichter zu Wort kommt, sich zurücknimmt, wenn seine Schilderungen etwa die Hälfte der Zwiegesprächszeit eingenommen haben, damit der andere einen freien Raum ohne Erwartungsdruck zur Verfügung hat, den er nach seinem inneren Tempo bestimmen kann. Auch eine Verteilung von einer zu einer halben Stunde Sprechzeit ist noch im erträglichen Rahmen. Sie kann mittelfristig durch Umkehr auch einmal ausgeglichen werden. Im Wortloseren sam-

Deutschlands erotischste Stimme, behaucht und atemlos.
Susanne Müller, die Blondine mit der Streichelstimme, soll über die Wellen von NDR 2 das Nachmittags-Programm moderieren.
17.27 Uhr. Susis samtweiche Stimme macht die Programmtips für viele zum Erlebnis. Zart ist sie und ein wenig atemlos: Susi gibt ihr sanfte Vibration und süße Leidenschaft. Sie ist das «Herzblatt» der Nation. Ihre Stimme betört, ist dunkel, schmachtend, rastlos. «Sexy Susi» klingt so, wie die Monroe sang. Leise, mit leicht erotischem Zungenschlag.
Ein Stau klang wie eine Liebeserklärung. «Die wollen wissen, wie ich aussehe.» Doch Susi Müller bleibt das heimliche Erotikum unter der «Tarnkappe». Sie säuselt: «Ich finde das gut. Denn meine Stimme ist wirksamer als ich.»

Die Stimme Canettis
«In seiner Stimme entstand ein ganzer Kosmos, ein ganzes Drama mit all seinen Figuren und Schattierungen.»

69

meln sich oft Themen, die für beide von großer Bedeutung sind, sozusagen das Abgewehrte. Es ist deshalb wesentlich, daß auch er zur Sprache findet.

Serie erotischer Zwiegespräche: Einmal ist keinmal, sagen die meisten und beginnen, sich ihre Erotik in mehreren Dialogen zu erschließen. Schicht um Schicht wird dadurch freigelegt, und das setzt eine Entwicklung des Liebeslebens in Gang, was neben den zahllosen Wirkungen der Zwiegespräche vielleicht das schöpferische Hauptziel ist.

Besondere Interessen: Es bleibt nicht aus, daß man scharf wird auf spezielle Themen – bei sich selbst oder beim anderen. Dann kann man die Themenzentrierung verfeinern, sich beispielsweise den *besten Lustbedingungen* widmen, wozu eine gesonderte Art der erotischen Selbstbesinnung in Zwiegesprächen nötig ist. Im Abschnitt «Der Lust die eigene Gestalt geben» finden Sie zahlreiche Anregungen, unter denen die acht Kernereignisse der eigenen Liebeslebensgeschichte besondere Spannung versprechen.

Unterschiedliche Zwiegesprächspartner: Sie bereichern die eigene Liebeswirklichkeit erheblich – und wer möchte nicht sein erotisches Selbst erweitern? In der Regel sind Zwiegespräche mit

Freunde
Maria Braun: «Und sie ist eine Freundin, der einzige Mensch, dem ich immer alles sagen kann.»
Willy Klenze: «Weil sie nicht zuhört.»
Maria Braun: «Vielleicht brauchst *du* einen Menschen, der zuhört, und *ich* einen Menschen, der nicht zuhört.»
Aus dem Film
«Die Ehe der Maria Braun»

Freundinnen und *Freunden* am einfachsten, wenn nicht gerade ein unerfülltes Verlangen nach einer sexuellen Beziehung hereinspielt. Nicht nur erlaubt einem der Vergleich mit anderen Liebeswelten, ein Gefühl zu entwickeln für die unverwechselbare eigene Lustidentität, vielmehr noch verstärken die Berichte der anderen die eigenen Liebeserfahrungen und ändern oft genug die bisherigen Überzeugungen. Die Bedeutung der *Freundesgespräche* für eine Liebesbeziehung und die eigene Identitätsbildung ist nicht zu überschätzen. Fast könnte man sagen, ohne sie seien auch Liebe und Selbst zum Scheitern verurteilt.

Aber Willy Klenze (im Randtext), dessen ungeliebte Frau die Freundin ist, legt den Finger auf die Wunde. Offen bleibt, ob Maria Braun wach genug ist, zu erkennen, daß ihr Sprechen ohne wirklichen Zuhörer

70

doch genügend Selbstgestaltung erlaubt, oder ob sie selbst schon stromlinienförmig an die kontaktreiche Beziehungslosigkeit angepaßt ist, kurz: ob sie sich noch sucht oder schon verloren hat.

Für *Liebespartner* ist der Austausch der erotischen Selbstporträts Grundbedingung zur Weiterentwicklung der Liebe. In der Regel sprechen Paare jahrzehntelang das nicht aus, worauf es in der Sexualität ankommt. Selbst einfachste Wünsche kommen nicht fein genug ins Wort. Die Erlebnisse und Vorstellungen dazu fehlen erst recht. Ich habe im erotischen Selbstverstärkerkreis angegeben, wie sich das Glück der Lust meist von selbst herstellt, beachtet man als Paar nur die wenigen Rahmenbedingungen.

Erotische Zwiegespräche zwischen *Eltern und Kindern* sind den einen unvorstellbar, den anderen so natürlich wie ein Gespräch über den Sinn des Lebens. Mir ist keine einfühlsamere und ehrlichere Möglichkeit bewußt, voneinander zu erfahren, wie die Lust erlebt wird, die uns alle unterschiedslos erschaffen hat. Manche kennen schon ganz gut Ort und Art ihrer Zeugung, über die es schwerer fällt, als über die Geburt zu sprechen, aber das ist nicht das entscheidende. Wesentlicher ist gerade bei der typisch deutschen Beziehungsschwäche zwischen Eltern und Kindern, hier eine Chance zu haben, eine unmittelbare offene, mit allen Feinheiten und Schwächen versehene Begegnung mit den Kindern oder Eltern zu verwirklichen, kurz: Beziehung statt Erziehung zu realisieren. Manche argwöhnen eine Sexualisierung der Eltern-Kind-Beziehung, doch ist sie in der Realität völlig unabhängig von Worten – ja, wird durch Wortlosigkeit und Mangel an freiem Gespräch im Gegenteil eher zementiert. Im übrigen ist die Eltern-Kind-Beziehung ohnehin von allersinnlichster Qualität, eben die Basis alles Liebesbeziehungen.

Geschwister, die heute im Zuge der Entwicklung zu Einzelkindnationen bekanntlich aussterben und mit ihrem Ausfall auch für eine weitere Verkleinerung der Sippe ohne Tanten und Onkel sorgen, sind in ihrem Wert für die eigene sexuelle Grundstruktur gar nicht zu überschätzen. Sie haben dieselbe Familiendynamik verinnerlicht und dennoch eine andere Familienposition innegehabt. Die Vertrautheit von Geschwistern miteinander dürfte in der Regel die Geschwisterrivalität überwiegen und fördert den intimen Dialog. In ihm kommt es deswegen zu wertvollen Erkenntnissen, weil wechselseitig Hintergrund und Vordergrund vertauscht sein können: was bei einem selbst unscheinbar bleibt, ist bei einem Geschwi-

71

ster eventuell ganz offenkundig. So werden sich Brüder und Schwestern zu den besten Seelenspiegeln.

Erotische Zwiegespräche stehen im größeren Kontext meiner Arbeit zu sinnvollen Anwendungen der Psychoanalyse. Für mich steht außer Frage, daß der klassische professionelle Raum in Zukunft ergänzt werden muß durch zusätzliche Leistungen einer Psychotherapie und *Psychoanalyse vorbeugender Lebendigkeit*, die noch über Gesundheit hinausgeht, indem Experten *selbstreflexive Räume* aufgreifen oder entwerfen und sie Interessierten mit den nötigen Informationen, Ermutigungen und Begleitungen zur Verfügung stellen. Ich praktiziere diesen ungewohnten Weg in Workshops, Seminaren und sogenannten Gesamttreffen seit zwei Jahrzehnten. Zwiegespräche, Meditationen, Methoden wie die des Opening-ups und Gesprächsselbsthilfegruppen sind einige verbreitete Beispiele dafür. Eine rein expertenorientierte Beratung der strapazierten Alltagsseele ist schon aus Kapazitäts- und Kostengründen völlig unrealistisch, doch gerade aus diesem täglichen Raum erwächst sich über Jahrzehnte verfilzendes, unsagbares und oft unnötiges Elend – nicht zuletzt im ungeübten Paarleben.

4. «Seit ein Gespräch wir sind und hören voneinander» (Friedrich Hölderlin)

1. Lust ist eine seelische Sprache

Jedes Lusterleben kann man als einen seelischen Text auffassen, als ein Zwiegespräch mit sich selbst und mit dem geliebten Menschen. Dieser Text ist in erotische Wünsche und Handlungen eingekleidet. Er wird nur selten entziffert. Könnten wir ihn entschlüsseln, begegneten wir uns selbst, aber das scheuen wir wie der Vampir das Tageslicht. Die offenkundige Lust, die uns entflammt, hat geheime Abgründe, die uns erschaudern lassen könnten. So weit wollen wir gar nicht kommen. Was wir regelmäßig bei der Annäherung an die Lust verdrängen, ist die Tatsache, daß wirkliche Lust angst macht, bevor, nachdem oder während sie uns belebt.

Doch die wirklich unendliche Macht der Lust, der die ganze Menschheit von Anbeginn entstammt, gibt in uns nicht nach. Ununterbrochen sind wir unseren seelischen Tiefen mit ihr verbunden. Manche erleben dieses lebenslange Lustgebundensein als Fesselung und entwickeln aus einer seelischen Wendung in die Aktivität die Leidenschaft, den Geliebten zu fesseln. So sind sie mit der Lust identifiziert und ihr weniger ausgeliefert. Die aktive Inszenierung der eigenen lebensgeschichtlichen Beziehung zur Lust ist die

Ein stärkeres Wort für Liebe
«Ein stärkeres Wort für Liebe finden, ein Wort, das wie Wind wäre, aber von unter der Erde, ein Wort, das nicht Berge braucht, aber ungeheure Höhlen, in denen es haust, aus denen es über Täler und Ebenen hervorstürzt, wie Gewässer, aber doch kein Wasser, wie Feuer, aber es brennt nicht, es leuchtet durch und durch, wie Kristall, aber es schneidet nicht, es ist durchsichtig, und es ist ganz Form, ein Wort wie die Stimme der Tiere, aber sie verstehen sich, ein Wort wie die Toten, aber sie sind alle wieder da.»
Elias Canetti

O-Ton
«Hör mal,
ob Dein Herz noch
schlägt.»
Sprühspruch
über einer Autobahnbrücke.

Essenz aller erotischen Sehnsüchte. So gibt es keine allgemeine, einheitliche Sexualität, sondern eine Fülle einzigartiger, individueller Sexualitäten.

2. Zu einer großen Liebe gehört ein großes Ich: Die Bereitschaft zu begehren

Alles, was ich tat, war
Sprache.
«Alles, was ich tat, war
Sprache, es waren Hiero-
glyphen, Bilder, die ich
auf ihre Nervenenden
projizierte; es war das,
wofür männliche Autorität
da ist, es war die Qualität,
von der Mut und be-
stimmtes Auftreten und
starke Muskeln angeblich
vermuten lassen, daß ein
Mann sie mit ins Bett
bringt. Oder hervorragen-
des Tanzen oder Musika-
lität oder melancholische
Klugheit. Ich leckte sie,
ich hielt ihren Bauch, ich
streichelte ihren Bauch mit
ziemlich planlosen
Bewegungen.»
Harold Brodkey

Beziehungsgeschichte
der Liebe
«Die Entstehungs- und
Beziehungsgeschichte der
Liebe macht es uns
verständlich, daß sie so

Unsere Bereitschaft zu begehren ist abhängig von unserer gesamten Beziehungsgeschichte – vor allem von den frühkindlichen Erlebnissen mit Mutter, Vater und Geschwistern – und damit auch vom Werden unseres Selbst, das sich immer schwerer tut, den Ansturm innerer Lust aufzunehmen, angstfrei zu genießen und phantasievoll zu gestalten. *Zu einer großen Liebe gehört ein großes Ich.* Das ist eine meiner Grunderkenntnisse aus zwei Jahrzehnten Paarpsychoanalyse. Um die Lustfähigkeit ist es schlimm bestellt. Die traurige Bilanz lautet: Große Lieben werden selten verwirklicht, ja oft erst im nachhinein erkannt. Je weniger wir uns trauen, der Lust zu begegnen, desto mehr verlieren wir auch die Kraft, mit starken Lustmengen umzugehen. Daraus stammt eine weitere Grunderkenntnis: *Die Gewalt in der Liebe ist die Gewalt der Liebe über uns.* Schuld, Scham und wachsende Schwäche angesichts der Lust machen angst, sie machen Leben wie Lieben schal.

Das aber sind nur die *inneren* Bedingungen der Lust. Die *äußeren* würden schon reichen, der Lust gänzlich den Garaus zu machen: Wir haben weder genügend *Zeit* für die Liebe noch im täglichen Streß jene *innere Ruhe*, die eine hohe Lust-

74

spannung entstehen lassen könnte. Die Entsexualisierung der festen Beziehungen ist der
Kernbefund internationaler Sexualforschung.
Diese Lustlosigkeit kann paargruppenanalytisch
bis in feinverwurzelte seelische Alltagsgeflechte
nachgewiesen und aufgearbeitet werden. Das
beschleunigte Veralten allgemeinverbindlicher
erotischer Werte kommt hinzu. Sogenanntes
Fremdgehen, einst ein Verbrechen, gilt heute
eher als sexueller Entwicklungsschritt. Keinem
Paar bleibt auf Dauer erspart, sich hier die eigene
Ethik zu entwerfen. Dennoch bleibt die Kultur
persönlicher Erotik durch und durch gesellschaftlich geprägt. In unseren Wertvorstellungen
rangiert Leistung eindeutig vor Lebendigkeit.

häufig ‹ambivalent›, das
heißt in Begleitung von
Haßregungen gegen das
nämliche Objekt auftritt.
Der der Liebe beige-
mengte Haß rührt zum
Teil von nicht völlig
überwundenen Vorstufen
des Liebens her, zum
andern Teil begründet er
sich durch Ablehnungsre-
aktionen der Ichtriebe, die
sich bei den häufigen
Konflikten zwischen Ich-
und Liebesinteresse auf
reale und aktuelle Motive
berufen können.»
Sigmund Freud

Hier ist durch ein Jahrtausend religiöser Triebverdammnis, der gegenüber
die stiller existierende erotische Tradition des Christentums zu schwach
blieb, nicht nur die unselige Polarisierung von Prüderie und Obszönität
entstanden, sondern auch ein über hundert Generationen zugeschliffenes
triebfeindliches Gewissen. Man gewinnt den Eindruck, daß dieser Gott
im Schöpfungsakt Mösen, Schwänze und die pure Lust der Gläubigen auf
bizarre Weise aussparte. Ob aber gläubig oder atheistisch: *Das westliche
Über-Ich ist christlich.* Aus ihm eine persönliche Lustethik zu schaffen ist ein
mühseliges Unterfangen, das keinem erspart bleibt.

Die Triebunterdrückung hätte sich aber auch allein aus der Entwicklung der Leistungsgesellschaft ergeben, für die das Christentum gleichsam
Zulieferant passender Entsagungsnormen wurde
und sich gerade deswegen als Religion empfahl.
Der wachsende Zwang zur Selbstkontrolle ergibt
sich seit Jahrhunderten aus der immer stärkeren
Verflechtung der Menschen. Arbeitsteilung
macht Abhängigkeit. Auf diesem Wege sorgte
die Kanalisierung der Leidenschaften, Erotik und
Aggression für seelische Notlagen und für die
Geburt der Psychoanalyse zu deren Behebung
während der zweiten Hälfte des 19. Jahrhunderts. Im Informationszeitalter

Dilemma
der Emanzipation
«Das ist Dein Geld, Maria,
und Dein Leben. Ich lebe
nur das meine und lass mir
kein anderes schenken.»
Hermann Braun
aus dem Film
«Die Ehe der Maria Braun»

75

ist die gesellschaftliche Zwangsjacke der Erotik unübersichtlich, aber desto durchgreifender. Der zentrale Wirtschaftszwang zur Mobilität zerreißt Beziehungsnetze, führt direkt und indirekt zur Single-Revolution und verwandelt Liebesbindungen zu kürzerfristigen sexuellen Liaisons oder gar zu einer kontaktreichen Beziehungslosigkeit. Diese sogenannte *Individualisierung* setzt einen zentralen erotischen Konflikt in jedem Menschen: Sein Lieben wird *unmöglicher* und gerade deswegen *ersehnter* als je zuvor.

3. Wer seinen Alltag erotisieren möchte, steht vor einer doppelten Aufgabe: die persönliche Kultur der Lust

Liebesakademie
«...es wäre nützlich, eine antike Institution wiederzubeleben: nämlich die Errichtung einer Liebesakademie, wo die Ars amandi gelehrt würde.»
Sigmund Freud

Vor allem fehlt jedes große Vorbild für eine gute erotische Kultur. Es mangelt an realistischen Vorstellungen für eine liebesfähige und gesprächsreiche Beziehung.

Wer seinen Alltag erotisieren möchte, steht also zunächst vor einer doppelten Aufgabe: einer inneren seelischen und einer äußeren strukturierenden Arbeit. Beides erreichen erotische Zwiegespräche: sie bieten den inneren langfristigen Entfaltungsweg für das eigene erotische Erleben, und sie erlauben, sich themenzentriert auch den besten äußeren Lustbedingungen zuzuwenden, das heißt den eigenen Alltag im Sinne einer erotischen Organisationsentwicklung umzustrukturieren.

4. Indem wir zeugen und gebären, zeugen und gebären wir uns selbst: Einheit von Lust und Selbständigkeit

Unsere Lust ist also zunächst eine uns selbst verschlossene Geheimsprache, die schon im Mutterleib mit dem seligen ozeanischen Gefühl unendlichen Gleichgewichts beginnt. Nicht ohne Sinn sagen wir, wir *schwimmen* in

76

Glück. Nach dieser paradiesischen Einheit sehnen wir uns in jeder Lust zurück. Sie gibt das Urbild der Liebe bei Platon ab, nach dem Mann und Frau – einst gemeinsam eine Kugel bildend – zerfielen und seitdem von Sehnsucht nach dieser Einheit erfüllt sind. Beim Liebemachen inszeniert sich eine Umkehr der Geburt mit verteilten Rollen: die Frau bietet den Ort des Ursprungs, und der Mann kehrt zu ihm mit geistergleicher Genauigkeit zurück. Beide nehmen als gemeinsame Urheber dieser Schöpfungsgeschichte an beiden Positionen teil. In der homosexuellen und lesbischen Liebe wird dasselbe Thema variiert. Wie das Hintergrundrauschen unseres Kosmos noch heute vom Moment der Entstehung des Alls kündet, so gibt es kein Lieben ohne die Urphantasie des eigenen Werdens im Hintergrund, ohne die stille Vorstellung vom eigenen Gezeugt- und Geborenwerden: *Indem wir zeugen und gebären, zeugen und gebären wir uns selbst.* Das ist die tiefe Einheit von Lust und Autonomie. In der Pubertät flammt die zweite Sexualblüte des Menschen auf und führt über die Ablösung von der Familie in eine selbständige Identität. Und in der ersten erotischen Blüte, der ödipalen Zeit, entsteht unsere Selbständigkeit durch die Verinnerlichung elterlicher Gebote zu einer eigenen seelischen Struktur, welche die Grundlagen unserer Persönlichkeit vollendet.

Ort des Redens
«Von einem ‹kulturellen Weichbild›, einem ‹Ort des Redens›, welches sich um die Liebe in ihrer vielfachen Gestalt kümmert, könnte im Deutschland des 20. Jahrhunderts überhaupt nicht die Rede sein, hätte nicht die Psychoanalyse von Sigmund Freud einen Großteil der Aufgaben übernommen, die die zerbrechenden Institutionen hinterlassen haben – denn die Liebe selbst ist ja nicht aus der Welt verschwunden, gottseidank.»
Claudia Schmölders

Geburt der Aphrodite
«Mit jedem offenen Blick auf das Wesen der Erotik assistieren wir gleichsam einem uralten, uranfänglichen Schauspiel, – einem Geburtsvorgange des Psychischen in seiner ganzen Pracht aus dem großen, allumfassenden Mutterleibe des Physischen…»
Lou Andreas-Salomé

Wiedergeburten
«Denn was ist die Psychoanalyse anderes als eine endlose Suche nach Wiedergeburten vermittels der Liebeserfahrungen, die immer wieder gemacht wird… als verheißungsvolle Voraussetzung für… ständige Erneuerung… Nicht-Tod?»
Julia Kristeva

77

5. Die dritte sexuelle Blüte des Menschen: Erotische Selbstintegration

Alle Geschichten reden von Liebe
«Als Psychoanalytiker weiß man, daß alle Geschichten letztlich von Liebe reden. Die Klage derer, die in meiner Gegenwart stammelnd erzählen, rührt stets von einem Mangel an Liebe – sei es in der Vergangenheit oder in der Gegenwart; sei es ein wirklicher oder ein imaginärer Mangel. Unsere Gesellschaft verfügt über keinen Liebescode mehr. Wir sind gezwungen, in jeder privaten, intimen Erzählung die Spuren jenes Leidens zu entziffern. Als Idealisierung, als Erschütterung, als Übersteigerung, Leidenschaft, Bedürfnis nach Vereinigung und Unsterblichkeit bildet die Liebe *die* Figuration unlösbarer Widersprüche, ist sie das Laboratorium unseres Schicksals. Philosophie, Religion, Gedicht, Roman? Alles Liebesgeschichten. Von Platon bis Thomas von Aquin, von Romeo und Julia bis Don Juan, von den Minnesängern bis zu Stendhal, von der Madonna Raphaels bis Baudelaire und Bataille: Die großen, künstleri-

Wer aber nun in den Jahren danach dieser eigenartig unablässigen Strömung der Liebe und der Lust nachzuspüren versucht, beginnt eine Wirklichkeit jenseits der von uns so hochgeschätzten Leistung und Weltvernutzung zu entdecken. In unverstellter Offenheit blieb die allererste Einsicht den Blicken völlig entzogen: Lust bewegt die Welt. Natürlich trägt sie auch zeitlebens die eigene Existenz. *«Nur was Ihr tut mit Lust, gedeiht»*, läßt Shakespeare in «Der Widerspenstigen Zähmung» bemerken.

Mit diesem Erkenntnisinteresse der Leidenschaft könnte es auch in Zeiten der Lustlosigkeit gelingen, das erotische Selbst zu erschließen und die eigene erotische Identität wachsen zu lassen. Wie Heinrich von Kleist in seinem Essay über das Marionettentheater die drei Stufen der Bewußtwerdung entwarf – die ursprüngliche Naivität, die hohe Irritation durch die beginnende, noch ungewohnte Selbstwahrnehmung und schließlich die selbstintegrierte Unbefangenheit –, so zeichnet sich nach der polymorph-perversen Unschuld der Kindheit und den Wirrungen der Jugend im erwachsenen Leben *die dritte sexuelle Blüte* ab. Um sie geht es in den Zwiegesprächen. Sie wäre am besten als *vollständige erotische Selbstintegration* charakterisiert. In ihr lebe ich nicht *gegen* den Trieb, dem drachentötenden Heiligen Georg gleich, sondern *mit* ihm – wie jene chinesischen Weisen, die auf dem Drachen als Symbol der sexuellen Energie reiten. Wann

78

und inwieweit diese *seelische Geburt der Sinnesfreuden* eintritt, bleibt zwar ungewiß, doch kann allein der Weg dorthin schon Erfüllung genug bedeuten.

schen Werke reden von nichts anderem als dem, was Tag für Tag, im Stillen laut wird.»

Julia Kristeva

5. Der Kampf und die Lösung des Rätsels der Erotik

Erotisches Zwiegespräch eines Paares, Valerie und Matthias

Die Grundlage der sehr sporadischen, aber leidenschaftlichen sexuellen Beziehung von Valerie und Matthias formulierte Oskar Wilde: *«Das Glück der Verheirateten hängt von den Partnern ab, die sie nicht geheiratet haben.»* Beide erlebten miteinander, was sie in ihrer Ehe nicht erleben konnten, obwohl sie es sich dort sehr wünschten.

Sie wohnte in Paris, er in Stuttgart. Das aber war nicht der einzige Grund für ihr sporadisches Sehen. Vielmehr schlug bei einer ihrer Begegnungen auf heftigste Weise der Blitz ein, und beide schienen vor Erregung und Angst schlotternd heimzukehren, beseelt von dem Wunsch, nicht so weit zu gehen, daß die Ehen auf dem Spiel standen. Andererseits wollten sie ihr heißes Verhältnis nicht ganz opfern, vielleicht mit dem hintergründigen Gefühl, so die Ehen besser zu bewahren – ganz wie es schon Augustinus mit seinen Worten im Sinn hatte: *«Unterdrückt die öffentlichen Dirnen, und die Gewalt der Leidenschaften wird alles über den Haufen werfen.»*

Gegensätzen entsprechend, die sich bedingen und zusammengehören wie hier die ekklesiogene (kirchlich bedingte, durch die christliche Kultur verursachte) Askese fester Beziehungen einerseits und andererseits der freie Markt der Lust, fanden sich also auch Matthias und Valerie zu einer genußreichen erotischen Gemeinschaft zusammen auf dem Hintergrund ihrer lustbegrenzenden Ehen. Sie trieben ihre erotischen Abenteuer wie das wohl berühmteste mittelalterliche Liebespaar, der spätere Abt Abälard und seine junge Geliebte Héloise, ebenso entzückt wie entsetzt immer weiter – zuletzt bis zum Peitschen.

Matthias ist Lektor, Valerie arbeitet psychotherapeutisch in einem französischen Gemeindeprojekt, so daß beide wie selbstverständlich auch die seelischen Beweggründe ihrer Lust reflektieren. Solche Art Selbstaufklärung gerät oft zu einer etwas verklausulierten Entschuldigung. Es trägt das schlechte Gewissen der nackten Lust ab. Doch sind ihre Überlegungen auch verblüffend und enthüllen, was die Lust zu sagen hat.

Diesmal wollten sie sich also nur treffen, um miteinander über ihr Liebeserleben zu sprechen. Sie erhofften sich einige Einsichten durch das erotische Zwiegespräch, das sie so zum erstenmal führten. Es kam ihnen auch gelegen, weil sie stärker als sonst um ihre häuslichen Bindungen fürchteten. Dennoch geschah wie in einer Übersprunghandlung etwas nicht gerade Alltägliches: Kurz vor dem Gespräch gerieten beide spielerisch in einen lustvollen Ringkampf, in dem Matthias schließlich die sich mit aller Kraft wehrende Valerie bezwang. Dieses Geschehen scheint mir bemerkenswert, weil es gleichsam ein Zwiegespräch ohne Worte, ein stummes Unterreden im Handeln, darstellt. Ich habe mir das von beiden ausführlich schildern lassen und gewann den Eindruck, daß es solche «agierenden» (blind handelnden) Äquivalente zu einem stark aufeinander konzentrierten wesentlichen Gespräch tatsächlich gibt – wie ich es bisher nur vom Liebemachen selbst annahm.

MATTHIAS: Merkwürdig, was mir gerade durch den Sinn geht: Wenn es mir nicht gelingt, über meine erotischen Erlebnisse mit allen schönen und schrecklichen Phantasien, mit allen nahen und fernen Empfindungen, kurz: mit allen Details, zu reden, dann… *(er sucht zögernd nach einem Wort)* …

VALERIE: …kommt man sich verkrüppelt vor…

MATTHIAS: Ja, genau. Ich habe das Bild eines Felles vor Augen, das zerschlissen, löcherig, von Motten zerfressen ist, in seinen Stücken kaum noch zu erkennen, wie ein Puzzle, das man nicht zusammenbringt.

VALERIE: Es ist im Grunde eine Art seelischer Selbstmord, ein Suizid … *(sie hält inne)* … des *erotischen Selbstes* – verstehst du, was ich damit meine? Je weniger man in Worte bringen kann, desto fragmentarischer bleibt dieses ganz große Gefühl, das man beim Liebemachen hat.

MATTHIAS: Meinst du, daß du dich selbst nicht mehr siehst, daß dein erotisches Selbst – ich finde das ein gutes Wort – nicht sichtbar wird?

82

VALERIE: Ja.

MATTHIAS: Ja, so empfinde ich es auch. Du läßt dich selbst sozusagen im innersten Kern liegen. Das ist wirklich eine Variante des Selbstmordes, ein Abschlagen des Lebens, dort, wo es am lebendigsten ist. Anders kann man es gar nicht auffassen. Während du lebst, nimmst du deine ureigene innerste Lebendigkeit, dein Zentrum, einfach nicht wahr.

VALERIE: Jedenfalls nicht bewußt. Du akzeptierst es einfach nicht. – Aber es gibt ja auch noch mehr: die *Gemeinsamkeit* des Erlebens. Nicht nur ich selbst bekomme mich nicht genügend mit, auch du erfährst nichts von mir. Wir lieben nebeneinander, als wären zwei black boxes zusammengelegt.

MATTHIAS: Das geht sogar noch weiter: Ich will ja nicht nur hören, was du alles empfindest, vielmehr verbindet sich dein Erleben natürlich im selben Moment auch mit meinem Erleben. Das hängt doch zusammen, steigert sich wechselseitig, läßt das tiefere Zusammenspiel erkennen. Es ist also noch mehr als eine Erweiterung meines eigenen Erlebens, wenn ich höre und erkenne, welche – sagen wir einmal – Melodien in dir meine innere Musik begleiteten.

VALERIE: Das ist der gemeinsame Reichtum, den man sich ohne Worte üblicherweise verschenkt... Mir fällt dazu übrigens gleich unser Kampf ein, den wir eben hatten, unser Ringen.

MATTHIAS: Ich habe da so ohne weiteres mitgemacht, weil ich schon früher einmal mit Überraschung bemerkt habe, wie sehr du das magst. Ich kenne das sonst nicht. Es ist mir fast etwas fremd gewesen. Hätten wir unsere gemeinsame Geschichte nicht, alle erotischen und nicht-erotischen Erfahrungen, wäre es gar nicht dazu gekommen. Ich hätte es gar nicht begriffen. Es sähe so aus, als wäre unsere Sexualität ohne jeden Hauch von Ringkampf. Ist es nicht faszinierend, wie sehr die Liebe durch die Geschichte sozusagen entpuppt wird? Die Erotik erhält durch sie erst ihre wirkliche Gestalt. Unsere Geschichte macht uns reich. Daß ich mich da mit dir auf dem Teppich wälzte und wirklich nicht aufhörte, bis ich dich nach und nach niederzwang, war nur möglich, weil du mir irgendwann einmal gesagt hattest, daß du Kämpfen und Ringen scharf findest.

VALERIE: Darf ich dir erzählen, wie ich es erlebe? Zunächst fühle ich vor allem die pure Kraft. Eine erotische Potenz ist da. In sie möchte ich

83

mich hineingeben. Und ich möchte die Stärke erleben, bis ich überwältigt bin und sich dieses anstrengende Gefühl in einer Ohnmacht auflöst. Ich treibe das gern bis an die Grenze meiner eigenen Kraft. Vielleicht hätte ich mich eben noch viel mehr wehren müssen, bis ich in eine endgültige Kraftlosigkeit zurückfalle, die einer Auslieferung gleichkommt. Es ist ein phantastisches Gefühl für mich, überwältigt worden zu sein und verloren zu haben – ein reines, pures erotisches Empfinden.

MATTHIAS: So hab ich das noch nie gehört – weder von dir noch von anderen. Und doch fällt mir gleich dazu ein, daß hier etwas im puren Fleisch stattfindet, was ich auch seelisch mit dir erlebe. Ich meine unsere Lust, zu beherrschen und zu gehorchen. Weißt du, ich habe doch schon oft gesagt, wie schwierig es für dich zu sein scheint, ein einfaches Verlangen von mir zu erfüllen. Als wir neulich in den Wald fuhren und ich noch im Auto nur von dir wollte, daß du deine Brüste offen zeigst, machtest du nichts – als hättest du es nicht gehört –, sondern wolltest mich küssen und mehr und mehr. Du bordest dann sozusagen über. Du kannst in diesem Moment nicht an dich halten. Befehl und Gehorsam zerfließen. Statt zu tun, was ich von dir wünsche, nämlich dich zu zeigen, wälzst du dich schon auf den Fahrer. Und jetzt merke ich zum erstenmal, daß das wie beim Ringen ist.

VALERIE: Der Kampf...

MATTHIAS: Ja, genau.

VALERIE: Aber auch Macht. Macht und die Abwehr dagegen. Für mich liegen die Elemente dieser Liebe ganz eng nebeneinander.

MATTHIAS: Ich suche nach einer konkreten Szene. Für mich hat sich unsere Beziehung einmal richtig aufgelöst – möchte ich beinahe sagen –, weil du nicht gehorchen konntest. Aber mir wird jetzt klar, daß du damals vielleicht bewußt oder unbewußt eine Art Rebellentum praktiziertest, damit ich dich überwältigen und in die Schranken weisen sollte. Es wäre dann genau wie beim Ringen: du bäumst dich auf und bäumst dich auf, bis es schließlich in deiner Ohnmacht endet.

VALERIE: Ja, so ist es. Und vielleicht war dieser Moment eben damals noch gar nicht erreicht.

MATTHIAS: Einmal irgendwann wollte ich dich doch ohrfeigen, weißt du noch?

VALERIE: Ja, du meinst, als du es zum erstenmal wolltest.

MATTHIAS: Ich wollte dir einen heißen erotischen Schlag geben, der nichts mit Strafe oder Verletzung zu tun hat.

VALERIE: Das spüre ich genau; das kann ich unterscheiden.

MATTHIAS: Ich erlebte es als wahnsinnig erotisch. Ich glaube, ich phantasiere dabei, daß du dadurch zum Orgasmus kämst. Aber dann bekam ich auch Angst davor.

VALERIE: Ein Schuldgefühl vielleicht?

MATTHIAS? Ja, ich dachte plötzlich, ich benehme mich wirklich unmöglich.

VALERIE: Aber damals war *ich* es ja auch noch gar nicht gewöhnt, und ich habe das Gefühl, du hast meine Abwehr miterlebt. Das fühle ich noch gut nach. Ich konnte die Ohrfeige noch gar nicht richtig annehmen. Und zwar nur deswegen, weil ich sie nicht zugelassen habe. Und das könnte bei dir das Schuldgefühl ausgelöst haben.

MATTHIAS: Vielleicht ist mein Schuldgefühl aber genauso groß wie deines. Jedenfalls erkenne ich das jetzt. Deine Abwehr war mir gar nicht so klar.

Nun aber fällt mir dazu etwas Besonderes von dir ein. Ich meine, ich könnte eine seelische Uhr danach stellen, wann deine Abwehr schwindet. Es dauert drei Tage, höchstens eine Woche. Dann hast du diesen unverschämten Impuls plötzlich so aufgesogen wie ein Schwamm. Und dann wird er plötzlich deine eigene Lust. Das ist mir schon sehr oft bei dir aufgefallen.

VALERIE: Das war ja auch bei den Ohrfeigen so, erinnerst du dich noch? Kurze Zeit später gestand ich dir meine neue erotische Phantasie am Telefon: bei einem nächsten Treffen wirst du mich sofort zu Beginn links und rechts ohrfeigen und mich danach heftig küssen. Die Schläge durchglühen mich, und ich schmelze dann unter deinen Lippen einfach weg *(sie lacht, fast jubelnd)*. Später hatte ich dazu eine Variation: Wir fahren beide sozusagen ahnungslos im Wagen. Plötzlich stoppst du und gehst raus. Ich folge dir nach, knie vor dir, die heißen Schläge fallen, du küßt mich – und es ist, als ob unsere beiden Köpfe im Kuß verschmelzen würden, es ist, als ob sich die Energie des Schlages total im Kuß auflöste.

MATTHIAS: So hast du das noch nie gesagt. Ist es so, als wäre eine Kraft zusammengeballt?

VALERIE: ...die sich im Kuß entlädt.

85

(Pause)

MATTHIAS: Mich bewegt im Augenblick diese neue Entdeckung des seelischen Ringens. Könnte es sein, daß du – ohne es zu merken – an mich appellierst: Beherrsche mich noch stärker, damit ich in die Lust dieser Auflösung komme?

VALERIE: Das dämmert mir jetzt auch. Erinnerst du dich noch, als du mir im Wald sagtest, ich sollte mich hinlegen und mich vor dir selbst befriedigen?

MATTHIAS: Ja, wir hatten uns davor lange Zeit, zwei Jahre, glaube ich, nicht gesehen. Weder auf dem Weg zu dir noch während unseres Streifens durch den Wald hatte ich irgendwie eine besonders festgelegte Phantasie, nur vielleicht den Wunsch, irgendwann plötzlich etwas von dir zu verlangen, dir also einen Befehl zu geben, was im Grunde nichts anderes ist als ein ganz intensiver Wunsch.

VALERIE: Damals aber gehorchte ich nur zum Teil. Ich zog mich aus und legte mich hin, machte dann aber einfach nicht weiter.

MATTHIAS: Ich hatte das Gefühl, du wärst plötzlich aus dem ganzen Spiel herausgesprungen. Du stopptest einfach, machtest nicht mehr mit. Das entsetzlichste daran ist diese plötzliche Ernüchterung für mich. Die ganze erotische Spannung verpufft. Das Spiel ist aus. Oder ich bekomme Schuldgefühle, daß ich das von dir verlangt habe. Und selbst diese Schuldgefühle scheinen mir unpassend. Fast bekomme ich Schuldgefühle, daß ich noch Schuldgefühle habe.

VALERIE: Aber das ist ja auch genau meine Situation, und ich sagte dir deswegen, du solltest trotz meiner Weigerung weiter fordern und strenger befehlen.

MATTHIAS: Ja, das war damals wirklich anders als sonst. Bevor meine Ernüchterung sich richtig ausbreiten konnte, hast du auch dein Inneres enthüllt – ich hatte mich mit der Äußerung meines Wunsches geöffnet. Ich fand das sehr beziehungsstark von dir, du hast dich sozusagen seelisch nackt gemacht. Das befreite meine und unsere erotische Strömung, und ich wurde energischer.

VALERIE: Jetzt, wenn wir es so besprechen, wird es mir ganz klar: Nur wenn du mir *streng* befiehlst, kann ich dich in solchen Momenten wirklich ernst nehmen. Ich kann es sonst nicht richtig innerlich annehmen. Es verwässert. Es ist zu sehr ein Spiel. Durch die Stärke der Forderung kommt der für mich zwingendere Charakter, es dann auch wirklich zu tun.

MATTHIAS: Aha, jetzt verstehe ich.

VALERIE: Es geht aber nur dann, wenn ich mich auch wirklich fallenlassen kann und nicht wieder die Abwehrschranke einschalte. Wenn ich sie dazwischenschiebe, bin ich plötzlich ganz hellwach und frage mich, was ich hier überhaupt tue, ob ich nicht blöd bin oder so was. Wenn ich aber auf dem Weg bin, es zuzulassen, dann entwickelt es sich sehr intensiv. Es sei denn, es kommt wieder Angst auf, sie erscheint dann übrigens wie eine Art Licht, das mich völlig herausreißt. Und du spürst das auch, glaube ich, du bekommst den Zeitpunkt genau mit. Und ich fühle es jetzt genau, es ist Angst, es ist wirklich Angst, wenn ich ... aus der Spur springe.

MATTHIAS: *Aus der Spur springen*, dieses Bild trifft es genau, so empfinde ich das auch. Am fürchterlichsten ist für mich dann die Ernüchterung bei mir und bei dir, eine Doppelernüchterung sozusagen. Die erotische Stimmung ist mit einem Schlag weg. Das finde ich wirklich schrecklich. Bevor du das aber jetzt eben mit dem Hellwachsein gesagt hast, war mir gar nicht klar, daß du die Ernüchterung genauso intensiv erlebst wie ich.

VALERIE: Ich erinnere noch eine Szene, in der ich auf diese Art herausgesprungen bin.

MATTHIAS: Warte, ich möchte schnell noch etwas bemerken: Ich finde im Augenblick den Begriff «*aus der Spur springen*» so gut, weil wir beide ja wirklich eine Lust auf*spüren*, wenn wir erotisch zusammen sind.

VALERIE: Ja, mir kommt diese «Spur des Erspürens» jetzt auch so geradlinig vor. Unsere gemeinsame Phantasiebewegung führt schnurgerade immer weiter und tiefer – von Akt zu Akt. Es gibt immer noch etwas dahinter. Aber man kommt dorthin erst, wenn man die Stufe vorher wirklich hingekriegt hat. Das haben wir übrigens früher schon öfter gesagt, und ich wünschte mir, die dazwischenfahrende Ängstlichkeit auch auflösen zu können. Ich möchte so gern an die jeweils heiße Stelle kommen... *(Pause)*.

Ach, verdammt noch mal, jetzt ist mir der Gedanke ganz weggerissen.

MATTHIAS: Das könnte jetzt ja genau die Abwehr sein, um die es geht.

87

VALERIE: Es ist jetzt völlig weg – siehst du, das ist jetzt das «*Aus der Spur springen*».

MATTHIAS: Da haben wir es direkt. – Vielleicht bekommst du den Faden aber wieder: Du hattest gesagt, daß du die Stufe davor erst wirklich vollenden müßtest...

VALERIE: Ach ja, jetzt kommt es mir wieder. Ich wollte dir sagen, daß ich beim Liebemachen oft schon viel mehr tue, ich meine, mache und mitmache, als ich fühle. Ich nehme immer schon einen Schritt vorweg, den ich noch überhaupt nicht empfunden habe. Und das ist für mich ein ganz wichtiges Moment meiner Abwehr. Das ist der Knackpunkt. Um da herauszukommen, müßte ich zunächst sehr bewußt darauf achten, daß ich auch wirklich fühle, was ich tun möchte. Daß ich innerlich also mit meinen Gefühlen wachse und nicht gleich dort hinkomme, wo ich noch gar nicht bin. Und womöglich tue, als wäre ich da schon. So verpasse ich das Eigentliche.

MATTHIAS: Aha, ja, das leuchtet mir ein. Toll, wie du so etwas entdeckst. Es scheint mir wirklich wesentlich für deine eigene Erotik zu sein.

VALERIE: Ich habe das übrigens früher schon einmal mit dir geübt.

MATTHIAS: Ach, davon weiß ich gar nichts.

VALERIE: Das kannst du auch gar nicht wissen. Damals haben wir über unser Erleben gar nicht so gesprochen wie heute.

Also: Wir schliefen zusammen, und du warst ganz tief in mir drin. Vielleicht hast du mich auch gefragt, zu sagen, was ich fühle. Jedenfalls versuchte ich zu üben. Ich trainierte zu warten, bis ich fühlte, was ich wirklich fühlte. Das hab ich dann später auch alleine mit mir gemacht. Ich habe mich auf die Couch gelegt und habe ganz langsam angefangen, mich selbst zu befriedigen. Ich habe mich nicht gedrängt, sondern mich einfach einmal ruhig der Situation überlassen. Ich versuchte, auf meine Gefühle zu hören und zu spüren, was ich wirklich fühlte. So hab ich mich wirklich mitgekriegt – statt etwas zu machen, ohne es richtig zu fühlen und dann schon das Nächste zu wollen. Das schönste war für mich, das Wachstum richtig in mir zu fühlen, diese Leiter, Sprosse für Sprosse, bis hin zu einem ganz und gar durchgehenden Orgasmus. Und das geschah ohne irgendeine besondere Technik, ohne Anstrengung, ohne muskuläre Kraft oder Anspannung, ja sogar ohne die Absicht, ein Ergebnis zu produzieren. Das wäre zwar auch in Ordnung gewesen, aber dann hätte mir eben dieses innere Wachstum gefehlt. Es ist, wie wenn ich ganz mit Knospen übersät wäre, die sich sehr langsam zu Blüten öffnen. Leider mache ich es üblicherweise so, daß ich einfach die Stengel sehe und die Blüte dazu sofort kaufen möchte, ihr also gar keine Zeit lasse, sich zu entfalten. Mir scheint es daher zu kommen, daß ich einen starken inneren Druck spüre, etwas ganz schnell zu produzieren – und dazu noch nicht für mich selbst, sondern für den anderen.

MATTHIAS: Vielleicht kommt noch eine Schwierigkeit hinzu. Wenn wir uns in den großen Abständen von ein bis zwei Jahren treffen, dann entspinnt sich in mir – beispielsweise auf der Fahrt zu dir – schon eine ganze Fülle von Phantasien. In mir läuft dann unglaublich viel ab. Ich habe manchmal das Gefühl, es ist bei mir im Vorfeld so intensiv wie bei dir *nach* unserem Treffen.

VALERIE: Toll, daß du das noch so in Erinnerung hast. Es ist wirklich so, daß ich eine Begegnung von uns, selbst wenn sie einen ganzen Tag dauert, Sekunde für Sekunde in mir wiederholen, also richtiggehend nachspielen kann. Das beginnt unmittelbar, nachdem wir uns getrennt haben. Es kommt mir wie eine Prägung vor. Ich erlebe alles bis ins kleinste Detail noch einmal nach.

MATTHIAS: Mir ist das Treffen später gar nicht so plastisch im Sinn wie dir. Ich bewundere das. Ich würde es auch gern können. Aber *vor* unserer Begegnung scheint mir meine Phantasie, ja schon meine Gegenwart, um ein Vielfaches stärker als bei dir zu sein. Aus einem Chaos, einem Durcheinander von Wünschen und Realitäten spiele ich unser kommendes Sehen vielfach durch, bis sich schließlich ein innerer roter Faden zeigt, der meiner aktuellen Lust entspricht. So eine Vorfreude ist natürlich toll, weil sie den Raum der Begegnung nicht nur vorbereitet und intensiviert, sondern mit einem solchen Vorgriff ziemlich stark erweitert. Es beginnt in dem Moment, in dem die Realität unseres Treffens fest-

> **Nur an sie denken**
> «Wenn ich ihr zu begeg-
> nen wünsche, /
> wäre es mir beinahe lieber,
> ihr nicht zu begegnen, /
> um sie nicht später
> verlassen zu müssen. /
> Kaum weiß ich, was ich
> will; was
> ich will, will ich gar nicht
> wissen.
> Ich will nur an sie
> denken. /
> Ich will nichts, von
> niemandem,
> auch nicht von ihr, ich will
> nur an sie denken.»
> *Alberto Caeiro*

steht. Aber es liegt auch eine Gefahr darin, über die ich mir sehr bewußt bin. Denn erstens legt sich da in meiner freien Phantasie etwas fest, was

89

im Moment der Begegnung meist ganz anders ist. Zweitens befürchte ich, ich könnte dich mit meinen Phantasien zu sehr dominieren, obwohl ich dich gleichzeitig auch dominieren möchte. Allerdings ist mir auch klar, daß sich die wirklich heiße Dominanz erst aus dem unmittelbaren Zusammenspiel zwischen uns beiden ergibt. Natürlich sage ich mir, daß meine Phantasien auch vorher schon von allem beeinflußt sind, was du bist oder wie ich dich erlebe. Vermutlich würde ich mit einer anderen Frau vollkommen andere Sachen phantasieren. Also: Was ich als meine ureigene, persönliche, private, geheime Phantasie ansehe, das hat sich immer wieder als ein seelisches Kind von uns beiden herausgestellt. So gesehen haben wir eine Vielzahl seelischer Kinder, anders kann ich es gar nicht auffassen – die Ohrfeige zum Beispiel oder – weißt du noch? – der heiße Wunsch, dir ein Brandzeichen einzubrennen. Diese Wünsche empfinde ich als sehr wahrhaftig; richtiger als in der Gestalt, in der sie mit aller Heftigkeit auftauchen, können sie gar nicht mehr werden. Darauf kommt man nicht durch Denken. Sie entstehen aus der Lust.

VALERIE: Ich habe das Brandzeichen noch genau im Sinn. Ich habe dir ein Hemd geschenkt und es dort eingestickt. Es geht mir jetzt wieder durch und durch, aber es fällt mir auch heute noch nicht leicht, das offen einzugestehen. Zuerst habe ich das Brandmal ja mit Entsetzen und Empörung abgelehnt. Erinnerst du dich noch an meinen Protestbrief und meine kalte Abweisung?

MATTHIAS: Nachdem ich ihn gelesen hatte, war ich selbst ganz erstarrt und unsicher, ob ich nicht hochpathologisch wäre. Ich kann es heute kaum fassen, wie sehr ich mich in früheren Zeiten wegen solcher Wünsche verdammt habe. Vielleicht hat meine Selbsterfahrungsgruppe das wirklich verändert.

VALERIE: Allerdings weißt du ja auch, wie es weiterging. In einem großen Bekenntnisbrief habe ich dir – ich glaube ein halbes Jahr später – genau das Gegenteil geschrieben. Ich hatte geradezu ein heißes körperliches Verlangen danach, daß du es wirklich machst. Ich *wollte* das Brandzeichen. Und es war, als wäre es ganz meine Idee, das Innerste, das Herzstück meines Verlangens.

MATTHIAS: Und doch stehe ich im Moment ganz stark unter dem Eindruck deiner damaligen Abwehr. Ich fand mich ganz schlimm, dachte, ich müßte zur Besinnung kommen. Ich wäre viel zu weit gegangen, ja, alles wäre vollständig verrückt. Ist solche Phantasie überhaupt erlaubt, fragte ich mich.

VALERIE: Da habe ich aber meine ganze Abwehr auch in dich hineingepumpt.

MATTHIAS: Es könnte sein, daß ich ein Zwiegespräch mit mir selbst führte, in dem ich mich mit den gleichen Vorhaltungen anschuldigte, die deine Abwehr ausmachten, unter Umständen also entsprechend allen Verboten und Haltungen der Erotik gegenüber, die du von seiten deiner Eltern erlebtest.

(Kleine Pause)

Aber ich wollte vorhin auf etwas ganz anderes hinaus.

VALERIE: *(heftig drängend)* Nein, ich muß jetzt unbedingt etwas sagen. Was wir jetzt so beschrieben haben, bringt mich auf die Idee, zu erkennen, daß die Dinge, die ich ganz stark ablehne – auch beispielsweise die ganze Hinternerotik, gegen die ich mich zu Anfang mit aller Macht wehrte –, genau das ist, was ich mir am intensivsten wünsche, sozusagen der heiße Punkt. Wogegen ich mich also sehr heftig sträube, ist genau das, was ich eigentlich will. Wenn ich darüber hinwegwachse und das zulassen kann, dann erlebe ich die Lust, die darin liegt, wirklich total.

MATTHIAS: Und das geht, finde ich, bei dir erstaunlich schnell, dieser Wechsel von Abwehr zur offenen Lust. Das ist natürlich auch eine große Verlockung für mich, dich sozusagen umkippen zu sehen.

Übrigens wußte ich gar nicht, daß du so sehr gegen die Liebe durch den Hintern warst. Ich habe da an dir gar nichts Widerstrebendes bemerkt.

VALERIE: Inzwischen ist das ja auch eine heiße Lust. Nur zuerst fand ich es völlig abartig. Ich hatte auch noch nie etwas davon gehört, geschweige denn erfahren und erlebt. Ich hatte es für sehr verboten und verpönt gehalten. Aber du hast es einfach durchgesetzt. Und ich erlebte meine ganze Abwehr – fast gleichzeitig mit der erotischen Flut, die in mir aufstieg. Dagegen war mein Nein einfach zu schwach. Und da ging es mir tatsächlich so wie mit dem Kampf: ich konnte es zulassen, von dir einfach genommen zu werden, noch während es geschah, und erlebte dieses heiße Gefühl der Auslieferung, der Ohnmacht, des innersten Lustzentrums. Es gibt mit dir immer wieder in diesen großen Abständen ähnliche

Momente: die Abwehr, die Auseinandersetzung, den Kampf, die Über-wältigung und als Endergebnis ein Ausgeliefertsein und eine Ohnmacht, die völlig erfüllt ist, mit aller Lust erfüllt ist. Insofern doch etwas anderes als eine übliche Ohnmacht, die man als eine Art Unterdrückungsergebnis negativ sieht, eher also eine positive Ohnmacht, in der ich ganz aufgehen kann.

MATTHIAS: In Ohnmacht aufgehen, das ist schön gesagt, das kann ich fast miterleben.

(Pause)

VALERIE: Klar, das ist für mich eine ganz heiße Erkenntnis, daß *das, was ich gar nicht will, genau das ist, was ich wirklich will.* Du siehst, es geht auch ohne therapeutische Hilfe. Es geht jetzt eigentlich für mich nur darum, wie ich die Abwehr abbröckeln lassen könnte, ich hab ja jetzt ge-nug Beispiele, wie das funktioniert.

MATTHIAS: Natürlich geht es mir in Situationen deiner Abwehr in-zwischen auch ganz anders. Ich habe eine große Sicherheit gewonnen und eine innere Ruhe in der Beziehung zu dir. Ich lasse mich nicht mehr so vollständig verjagen, wenn du nein sagst.

VALERIE: Ja, weil du es jetzt auch weißt, daß dieses Nein wie ein Zaun vor einem riesigen Ja steht. *(Lacht dazu)*

MATTHIAS: Aber mir wird auch sehr bewußt, daß wir beide das nur des-wegen so hinbekommen, weil wir eben eine gemeinsame Geschichte ha-ben; weil unsere gemeinsame Erfahrung uns das schließlich beigebracht hat.

(Pause)

(Lebhaft ausrufend) Das Allertollste, was ich mit dir in dieser Hinsicht er-lebt habe, muß ich mit dir jetzt doch noch einmal besprechen. Das war vor acht Jahren. Wir wollten uns nach langer Unterbrechung wiedersehen und meinten, damit wir uns nicht so fremd gegenüberstünden, sollten wir uns vorher in Telefongesprächen näherkommen. Und wir vereinbarten – weißt du noch? – 14 Tage lang ein tägliches Telefongespräch, in dem wir uns ganz unmittelbar die aufkommenden sexuellen Phantasien erzählen wollten.

VALERIE: Das waren ganz heiße erotische Zwiegespräche am Telefon. Ich erinnere mich genau.

MATTHIAS: Es war das erste Mal in meinem Leben, daß ich so etwas klar, ruhig und entschlossen vorschlug und mit dir ganz bewußt plante. Und es lief alles so gut, wie wir es uns nur wünschen konnten. **VALERIE:** Aber du siehst, was geschieht, wenn man die Lust ruft. Ich habe keine Details mehr in Erinnerung, aber ich weiß, daß die Drähte glühten. **MATTHIAS:** Es war wirklich ganz offen, ganz ungestört, schöner ging es gar nicht mehr, eine heiße Kiste. **VALERIE:** Das fand ich auch. Aber ich hatte auch etwas Angst. Das hab ich dir aber – glaub ich – gar nicht gesagt. Je öfter du anriefst, desto stärker wurde die Spannung in mir. Ich schämte mich deswegen auch etwas, aber ich wollte dich vor allem nicht verletzen, indem ich mich einfach plötzlich wieder zurückzog. **MATTHIAS:** Das hast du während der Telefongespräche auch überhaupt nicht getan. Dann aber kam der Hammer: Am Donnerstag vor dem Wochenende, an dem wir uns treffen wollten, warst du auf einer Fete und hast dich total in einen anderen Mann verknallt. Ich hab das damals ganz naiv verstanden, als Pech, herbes Schicksal, unglücklichen Zufall. Jedenfalls war unser Treffen dadurch ganz sinnlos geworden. Ich respektierte und achtete dich und deine Gefühle und sah diese Verliebtheit von dir zunächst überhaupt nicht im Zusammenhang mit unserer scharfen Vorbereitung. Ich dachte höchstens, daß du dadurch vielleicht auch für andere Männer empfänglich geworden wärst. Erst am Dienstag darauf, als du erstaunt bemerktest, daß die ganze angeblich so große Verliebtheit zu einem Häufchen Asche zusammengefallen war, kam mir der Verdacht, daß es auch eine *Abwehr namens «Verliebtheit in einen anderen»* geben könnte. **VALERIE:** Ja, danach hab ich das auch klar gespürt und vor allem die Entlastung durch diese ganze Eskapade empfunden. Die Verliebtheit in den anderen war wirklich eine gelungene Legitimation, mich mit dir nicht zu treffen. Das Argument, es würde eben dann einfach nichts bringen, war wirklich ebenso glänzend, wie es falsch war. Es war weniger die angefachte Lust, die mich meine Antennen für andere nach außen fahren ließ, sondern die intensive Angst und der Wunsch, dem Ganzen aus dem Weg zu gehen. **MATTHIAS:** Was steckt eigentlich wirklich hinter der Angst? Hast du

93

noch Erinnerungen, inwieweit du Angst während unserer damaligen Hotline hattest?

VALERIE: Ich war damals ja in einer ganz anderen Entwicklungsphase. Die Phantasien, die ich so überhaupt noch nicht kannte, haben mich schon neugierig gemacht und mich auch teilweise ganz mitgerissen. Und doch stieg damit auch die Angst an. Aber wovor? Ich hab mich das noch nie gefragt. Laß mich nachdenken.

(Pause)

Ja, ich glaube, daß das auch heute immer wieder deutlich wird: es ist einerseits die heißgewünschte Auslieferung, andererseits aber auch die Vernichtung, die ich darin fürchte.

MATTHIAS: Es gibt doch aber auch Menschen, die das gleiche sagen, die also in der Liebe auch die völlige Auslieferung und Vernichtung erleben, aber genau das als tiefste Sehnsucht, nicht als Angst, beschreiben. Bei denen scheint doch die Angst in Lust verwandelt zu sein. Hast du eine Ahnung bei dir, was die Vernichtung so angstvoll macht?

VALERIE: *(nach einigen Momenten des Nachdenkens)* Ja, da gibt es zwei Ebenen. Die Vernichtungsängste damals während unserer Telefonatszeiten...

(sie stockt und kommt nicht weiter)

Jetzt reißt mir immer wieder der Faden, der Gedanke kommt und geht... Ja, sie entsprachen dem Gefühl, daß ich selbst nicht mehr existieren kann, daß ich in der Auflösung so stark an den anderen gebunden bin, daß ich alleine nicht mehr zurechtkomme.

MATTHIAS: Aha. *(Pause)* Du meine Güte, das ist ja wirklich stark.

VALERIE: Und vielleicht hat es auch mit meiner Zwillingssituation etwas zu tun.

MATTHIAS: *Waas* meinst du?

VALERIE: Die Situation ... verdammt, jetzt ist es schon wieder weg ...

MATTHIAS: Es ist aber auch immer genau im entscheidenden Moment. Ich kann richtig sehen, wie die Verdrängung einsetzt. Du mußt wirklich genau auf dem seelischen Boden stehen, der die Ängste wirklich mit sich bringt. In Miniaturbewegungen der Verdrängung geht es dir einfach aus dem Kopf.

(Lange Pause)

VALERIE: Es geht mir während der Schweigezeit jetzt so: Dauernd kommen Gedanken auf, die sofort wieder weggehen.

MATTHIAS: Merkwürdig, ich bin mit meinem inneren Auge auch dauernd in einem Sehen, das hin und her geht. Immer wieder fällt mir etwas ein, was gleich danach verschwindet. Das kenne ich sonst gar nicht von mir. Gleichzeitig fühle ich mich sehr erotisiert dir gegenüber. Ich fühle mich in einer heißen Strömung, eigentlich ein schönes Gefühl.

Noch einmal zurück. Du hattest dich gefragt, ob das mit deinem Zwilling zusammenhängt...

VALERIE: *(plötzlich ausrufend)* Ja, jetzt kommt es mir gerade. Wenn ich den Kampf mit meinem Zwilling verliere, dann fühle ich mich vernichtet. Das ist eine Rivalität zu meinem Bruder, in der ich immer um die Vorherrschaft ringen mußte. Ich mußte Stärke zeigen, Leistung und alle anderen Vorzüge. Nur dann hatte ich Oberwasser. Mein Vater hatte meinen Bruder völlig verherrlicht, ich wäre sonst ganz zu einem Anhängsel geworden. Ich hätte ohnehin auch fehlen können. Nur im siegreichen Kampf konnte ich glänzen. Dann wurde ich angenommen. Dann konnte ich mich als die Prinzessin in der Beziehung zu meinem Vater erleben. Jetzt fällt mir auf, daß das in der Kindheit auch wirklich gelang. Mir ist nur gar nicht klargeworden, daß mein Bruder mich jetzt weit überflügelt hat. Jetzt hat er letzten Endes doch gewonnen, will aber von meinem Vater nichts wissen. Aber vielleicht treibt der überlegene Bruder mich auch jetzt besonders an. Der Vater leidet sehr darunter, daß zum Sohn kein Kontakt mehr ist. Auf mich, die ich ihn nicht ablehne, legt er keinen besonderen Wert. Letztlich ist das eine Bestätigung für das, wogegen ich so stark kämpfte. Aber meine Kindheitserlebnisse sind noch viel brisanter. Es muß auch etwas Erotisches, Sexuelles zwischen uns gelaufen sein. Oha, da fällt mir jetzt aber eine Szene ein. Ich war natürlich auch als hübsches junges Mädchen von ihm begehrt. Sonntags lagen wir immer in den Betten der Eltern, meine Schwester und ich besonders. Und es gab ein besonderes Bettspiel. Ich denke, das war eine Art erotisches Spiel. Jedenfalls lag ich auf der linken, meine Schwester auf der rechten Seite meines Vaters, alle lagen wir auf dem Rücken. Das Spiel hatte genau mit Kraft etwas zu tun. Jedenfalls versuchte mein Vater, uns jeweils mit einem Arm hochzuheben und auf die andere Seite zu bringen. Ich sollte mich also wehren und tat das auch mit aller Kraft. Heute habe ich eine Phantasie dazu, die mir von damals her nicht in Erinnerung ist: daß ich nämlich über seinen Körper rollen sollte. Diese Ahnung hat mir eine gewaltige Kraft gegeben, mich dagegen zu sperren, aus Angst auch, ich würde da vielleicht sein Geschlechtsteil berühren. Und witzigerweise hat das mit der Kraft und mit dem Ohnmachtsgefühl zu tun, das für mich vorhin im Kampf zwischen uns zweien entstand.

MATTHIAS: Und ich darf dich an deine neueste Erkenntnis erinnern, daß du dort am stärksten abwehrst, wo du die größte Lust hast. Wenn du dich so gegen deinen Vater gewehrt hast, dann muß es insgeheim auch eine große Lust gewesen sein, die du dir natürlich gar nicht eingestehen durftest. Erst jetzt, im Ringen mit mir, kannst du das gut fühlen. – Aber was geschah mit deiner Schwester?

VALERIE: Die hat sich immer rollen lassen und war sozusagen der Schlappschwanz *(lacht)*. Sie hatte keine Kraft, und ich gewann immer, war stark genug und zog meinen Gewinn daraus. Vielleicht fühlte ich mich auch besonders männlich, wie mein Bruder.

MATTHIAS: Ich finde, du könntest auch einen Schutz in dieser Männlichkeit haben, wie ich auch manche weibliche Seite in mir fühle. Ich mag das sehr an dir. Ich verbinde das auch mit Durchsetzungskraft und hab das Gefühl, daß du dich beispielsweise wirklich für deine eigenen Bedürfnisse einsetzen kannst – trotz tausend Schwierigkeiten und Barrieren.

VALERIE: Ach, toll, es ist ein richtiges Spinnennetz an Erkenntnissen entstanden.

MATTHIAS: Spinnennetz – da fällt mir deine Mutter ein; welche Rolle spielt sie denn eigentlich für deine Erotik? Dein Vater steht ja ganz klar da in seiner Lust mit den Töchtern. Sie ist ja auch ein starker Zustrom, eine erotisierende Belebung, die dir im ganzen Leben zugute kommt, falls sie nicht zuviel angst macht – aber wo steckt überhaupt deine Mutter?

VALERIE: Wenn ich es ganz offen und direkt sage: Sie hat immer signalisiert, daß sie eigentlich keine Lust hat. Sie bräuchte die Erotik nicht. Sie fand «es» belanglos. Ganz selten sahen wir als Kinder einmal die Schlafzimmertür verschlossen und hatten unsere Phantasien, daß da irgendwas passiert, aber erotisch und lustvoll habe ich meine Mutter nie erlebt. Und so erlebe ich mich ja auch in der Ehe. Mein Mann sagt, ich sei völlig unerotisch. Und tatsächlich, sage ich mir, bin ich das auch in der Beziehung zu ihm. Manchmal denke ich sogar, ich wäre es überhaupt. Aber dann komme ich in andere Männerbeziehungen und erlebe meine ganze Lust. Am liebsten *(sie lacht dazu)* würde ich ihm einmal eine Videoaufnahme meiner vollständigen Lust vor die Nase halten. Es kränkt mich auch, uns so haargenau in der langweiligen Rolle der Eltern zu sehen.

MATTHIAS: Merkwürdig, daß du mit ihm so ganz lustlos bist.

VALERIE: Ganz lustlos nicht. Aber die Lust muß sich sammeln, so etwa über eine Woche hin. Dann tut sich auch in der Beziehung etwas. Dann hab ich auch Lust und lasse mir Lust machen. Aber auch da wehre ich ab: Ich lasse es nicht geschehen, sondern muß ganz stark steuern. Und ich lasse ihn nicht in die Größe wachsen, daß er mich ganz beherrschen kann.

MATTHIAS: Das könnte vielleicht auch für uns gelten – doch im Moment geht mir – meine ich jedenfalls – etwas ganz anderes durch den Sinn. Siedend heiß fällt es mir ein. Es bezieht sich auf die Geschichte mit dem Brandzeichen. Es ist doch erstaunlich, daß du regelmäßig meine Bindung und meine Anhänglichkeit an dich übersiehst. Du stellst dir doch immer vor, ich tauchte auf und wieder weg, ohne weiter an dich zu denken. Es ist, als wäre für dich meine Beziehung zu dir gar nicht existent, als wäre sie wie verdunstet. Es kommt mir so vor, als müsse für deine Phantasie der *Gebieter*, wie du mich gern nennst, unabhängig sein.

VALERIE: Ja, genau so erlebe ich das. Du bist für mich dann souverän, cool und locker. Du hast kein Leid. Du bist oben auf dem Thron. Dir geht es immer gut *(lacht und vergnügt sich darüber)*.

MATTHIAS: Wenn es nicht so wäre, würdest du vielleicht gar nicht in die Tiefe der Hingabe kommen?

VALERIE: Ich glaube, es würde nicht gut gelingen.

Oben und unten
11 Prozent der Frauen und 11 Prozent der Männer in den USA haben persönliche Erfahrungen mit erotischen Sklavenrollen und Dominanz.

Janus-Report

MATTHIAS: Weißt du, was mir erst jetzt klar wird? Ein ganz unabhängiger Gebieter und eine ausgelieferte Sklavin sind zwei Gesichter ein und derselben Beziehung. Eines bedingt und erzeugt das andere. Je mehr du Sklavin sein willst, desto mehr werde ich dein Gebieter, und je mehr ich Gebieter werde, desto mehr wirst du Sklavin.

97

VALERIE: Und hinzu kommt, daß zur Sklavin das Leiden gehört, und der Gebieter hat ohne Leiden zu sein.

MATTHIAS: Ist dein Leiden nicht dadurch bedingt, daß du mich verlieren könntest?

VALERIE: Natürlich.

MATTHIAS: Und jetzt wirst du staunen: Das entspricht genau meinem Gefühl. Ich befürchte nämlich ebenso, dich zu verlieren. Du müßtest es insgeheim seit langem genauso wissen wie ich. Denn was heißt denn überhaupt die Phantasie mit der Brandmarke, fragte ich mich gerade. Sie ist doch das Zeichen für einen sozusagen ewigen Besitz. Ich spüre in ihm deutlich die Sicherheit, daß du mit dieser Marke mir gehörst und nie verlorengehen kannst. Außerdem wirst du keinem anderen gehören – wie beim Vieh, ohne daß ich jetzt darin eine Abwertung von dir erlebe, es ist die reine feste Zugehörigkeit.

VALERIE: Ja, so fühle ich es auch.

MATTHIAS: Mit anderen Worten: Wenn du mir immer gehörst, so muß ich natürlich auch ebenso dir gehören. Das weißt du natürlich auch *(Valerie lacht dazu, als wäre sie ertappt)* – und trotzdem erlebst du es im Bewußtsein anders. Vielleicht gehört es zu der Rolle der Sklavin, diese Lustangst offener zu erleben. Vielleicht erlebst du sie ja auch für mich mit. Das soll es in Zweierbeziehungen geben.

VALERIE: Natürlich läßt sich über das Leiden auch Schuldgefühl abtragen. Es wäre eine Form der Buße. Ich könnte mich mit einem überstark erlebten Verlustgefühl bestrafen und komme seelisch durch die Entlastung innerer Strafbedürfnisse ins Gleichgewicht. Meine Balance ist wieder hergestellt. Dann darf ich mir wieder mehr Lust gönnen.

MATTHIAS: Manchmal aber denke ich auch, daß Leiden unvermeidlich zu einer großen Leidenschaft gehört. Auf eigenartige Weise ist es der Stoff der Lust – nicht etwa nur als masochistische Neigung, vielmehr im Sinne eines Zeichens der Lust selbst, eines Symptoms der Lust. Es kommt mir gerade so vor, als wäre das Leiden durch und durch aus Lust beschaffen. Merkwürdig, aber im Augenblick scheint mir das sonnenklar; denn das Leiden ist ja die Strömung und Spannung der Lust, solange sie noch nicht ganz erfüllt ist, verstehst du?

VALERIE: Bedenke aber bitte, daß ich das Gefühl habe, nur *ich* leide und *nur* ich, während mir dein Leiden vorkommt, als bewege es sich auf einer ganz anderen Ebene, kurz: ich leide als Sklavin und du als Gebieter, nämlich dann, wenn die Sklavin einfach nicht gehorcht *(lacht dazu)*.

MATTHIAS: Aber in der Rolle des Gebieters, im Befehl – findest du das nicht eigenartig? –, liegt das Verlangen nach einer *absoluten Bindung*. Sie steht viel mehr im Zentrum als Gewalt, Macht und die Bedeutung des Beherrschens...

Verdammt, jetzt beginnt bei mir der Faden zu reißen...

(Pause – er sucht nach Worten)

In der Lust, dich zu beherrschen, ist vor allem enthalten, daß ich dich dann am intensivsten bei mir habe.

VALERIE: Und bei mir ist es umgekehrt genauso, daß ich im Gehorchen dich mir ganz nah weiß und noch mehr: in der Auflösung mit dir eins sein kann.

MATTHIAS: Ja, das ist unsere Paßform, unsere erotische Paßform. Sie stimmt einfach. Unsere Lebensgeschichten passen zusammen, findest du nicht auch?

VALERIE: Jedenfalls sind wir glücklich, und was wollen wir mehr?

MATTHIAS: Ich glaube übrigens, unsere auffällige Liebesform kann auch kein Zufall sein. Ich meine die seltsame Art, sich in langen Abständen wiederzusehen. Es scheint mir, als tauchten unsere heißen Treffen in großem Abstand wie Oasen in einer weiten Wüste auf. Vermutlich würde so ein Liebesverhältnis beispielsweise bei einer kontinuierlichen alltäglichen Beziehung in seiner ganzen Struktur zerfallen. Es würde sich wie ein Kristall in Lösungsmitteln einfach auflösen. Deswegen bin ich glücklich über unser erotisches Verhältnis. Es hält sich gleichsam nur in der freien Natur aufrecht und bewahrt deswegen die Essenz dieser Lust.

VALERIE: Aber gerade jetzt habe ich das Gefühl, ich könnte mich neben der Ehe gar nicht auf dich einlassen.

MATTHIAS: Wieso kommst du denn gerade jetzt darauf? Mir fällt direkt ein: das ist auch die einzige Waffe der Abwehr, die du zur Zeit hast.

VALERIE: *(lacht vergnügt, fast verschmitzt)* Aber um mich in die Auslieferung zu begeben, muß ich mit dir ganz tief verbunden sein. Wenn das aber nicht kontinuierlich sein kann, weil unser Leben eben so ist, dann geht von diesem Gefühl an Nähe, Geborgenheit und Vertrauen so viel verloren, daß ich auch in den Tiefgang der Auslieferung nicht hineinkomme.

MATTHIAS: Wäre es dann nicht eine Aufgabe für uns, uns so zu vereinbaren, daß wir beispielsweise genau den Kompromiß finden zwischen möglicher Kontinuität und Vermeidung des Alltags?

VALERIE: Es kommt aber noch der zweite Konflikt hinzu: der mit meiner Ehebeziehung. Ich möchte ja auch meinem Mann, meiner Lebensbeziehung, nahe sein. Eine intensive, wenn auch sporadische Beziehung zu dir ändert nichts daran, daß ich mich irgendwie aufspalte. Ich werde dann innerlich so gefangengenommen durch unsere Beziehung, daß ich zu Hause lustlos werde. Wenn es von ganz tief innen kommen soll, kann ich immer nur mit *einem* Mann zusammensein. Es gelingt mir nicht, das zu dosieren, hier viel, dort mittel und da ein bißchen. Die Spaltung setzt für mich dort ein, wo ich ganz bei dir bin und plötzlich den anderen nicht mehr mag. Das macht mich zusätzlich natürlich auch sehr unzufrieden mit meinem Leben.

MATTHIAS: Ich bin ja in derselben Situation wie du, und doch erlebe ich es anders. Wenn wir uns treffen, bin ich für diese Zeit total bei dir und spüre in dieser Konzentration keinerlei Konflikt mit meiner Ehebeziehung. Es sind wirklich in diesem Moment zwei ganz unterschiedliche Welten.

VALERIE: Ich kann aber danach nicht von dir lassen. Ich kann nicht sagen, ich habe das erlebt, und es wird wiederkommen. Das hilft mir nicht. Ich hänge dann an dir, und es nützt mir auch nicht die innere Sicherheit, die ich nun *(lacht vergnügt)* seit mehr als einem Jahrzehnt habe, daß du wieder da sein wirst.

MATTHIAS: Dein Empfinden wundert mich so sehr, daß ich dich fragen möchte, ob du diesen Verlust vielleicht so stark erlebst, damit du ein gutes Argument hast, dich überhaupt nicht mehr mit mir zu treffen.

VALERIE: Das könnte sein, aber ich habe nicht das Gefühl, daß das alles ist.

MATTHIAS: Und ich habe nicht den Eindruck, daß ich dir und deinem Mann etwas wegnehme. Im Gegenteil, die große Lebendigkeit, die zwischen uns entsteht, erscheint mir wie ein Geschenk unseres Schicksals. Ich kann es gar nicht anders fühlen. Und wenn du dich mit mir wirklich einläßt, entwickeln wir unsere eigene Lebendigkeit. Und das muß schließlich deinem Mann irgendwo zugute kommen. Wie sollte es anders sein?

VALERIE: Ja, das finde ich auch, aber wie soll ich meinen Konflikt auflösen? Wenn ich ohne große Schuldgefühle zwei Männer habe, dich und meinen Mann, dann kommt es bei mir irgendwann und unversehens doch zu einem Ungleichgewicht. Meine Gefühle werden dann ganz unterschiedlich, und meine Sehnsucht führt zu einer Spaltung.

MATTHIAS: Aber du kannst mich ja in jedem Fall immer nur dann haben, wenn ich überhaupt bei dir sein kann – selbst wenn wir soviel Zeit wie in einem Alltag hätten. Das ist weniger, als man so denkt. Mit deinem Mann hast du auch nur eine bestimmte Zeit zur Verfügung. Machst du dir da nicht etwas vor, wenn du sagst, du teilst den Alltag mit ihm? Dein Mann arbeitet ganztags und meist viel mehr, als dir lieb ist, die Zeit für die wirkliche wechselseitige Zuwendung ist sehr begrenzt.

VALERIE: Gut, das sehe ich auch so, aber die Qualität der Beziehung, die ich mit dir in unserer begrenzten Zeit habe, wird dann so wertvoll und so dominant, daß ich schließlich die Beziehung zu meinem Mann richtiggehend abwerte. Es fehlt mir mit ihm die Einzigartigkeit, die ich mit dir habe, die Einzigartigkeit sozusagen als Gerüst.

MATTHIAS: Ich begreife es schon. Aber sollen wir deswegen diese Einzigartigkeit fallenlassen? Wie sollen wir sie sonst erleben? Mir geht es eben einfach anders als dir. Meine Abgrenzung bringt mir die Ruhe. Mir sind die Beziehung zu dir und meine Ehebeziehung auf ganz unterschiedliche Weise wertvoll. Ich komme nicht in den Konflikt, den du hast. Vielleicht kann ich deswegen auch so gut abgrenzen. Jetzt beispielsweise ist die Beziehung zu meiner Frau zwar innerlich ganz unversehrt, aber doch weit weg. Ich bin ganz auf dich konzentriert. Ich habe vielleicht auch deswegen keine Probleme, weil mir sehr bewußt ist, immer nur dort sein zu können, wo ich bin.

VALERIE: Natürlich weiß ich auch, daß mein Mann mir etwas bietet, was du nicht bieten kannst. Wie umgekehrt du mir etwas bietest, was er nicht bieten kann. Aber das Problem bei mir ist, daß ich dann ja immer alles möchte, alles auf einmal. Daß er eben nicht nur Lebenspartner und Vater meiner Kinder, sondern auch der große Geliebte ist.

MATTHIAS: In dem Augenblick, wo ich mit dir zusammen bin, will ich auch alles von dir, dich mit Haut und Haaren.

VALERIE: Aber wenn das Treffen vorüber ist, taucht der Unterschied auf: Dann will ich dich weiterhin haben, auch für den Alltag, eben für al-

101

les. Das Aufgliedern nach unterschiedlichen positiven Qualitäten bei unterschiedlichen Liebhabern gelingt mir einfach nicht. Ich werde total.

MATTHIAS: Aber denke doch einmal ehrlich über deine Freundinnen und Freunde nach, an denen du wirklich hängst. Du wirst feststellen, daß keiner den anderen ersetzen kann. Das geht einfach im Leben nicht. Es gibt keine Austauschbarkeit unter Menschen. Du findest deswegen auch nie wirklich einen Ersatz.

VALERIE: Ja, das leuchtet mir natürlich ein, das kenne ich natürlich auch. Aber in der erotischen Lust kommt etwas anderes in Gang.

MATTHIAS: Natürlich kenne ich das auch aus meinem Leben: erotisch total und ganz und auch über lange Zeit gebunden zu sein an eine einzige Frau. Und doch kommt es mir so vor, als ob es vielleicht wirklich Geschlechtsunterschiede gibt. Vielleicht betont eine Frau stärker als ein Mann die einzige Bindung, weil im Hintergrund jeder Erotik Zeugen, Gebären und Kinderaufziehen stehen. Und dafür ist die Beziehung zu einem einzigen Mann, dem Vater, so gut wie lebensnotwendig. Männer dagegen haben vielleicht den inneren Auftrag, die Zeugung in die Welt hinauszutragen. Ich hörte das einmal in einer Radiosendung. Aber es können auch vorschnelle Schlüsse sein. Und im übrigen, was hilft es uns jetzt?

VALERIE: Es ist ohnehin ein Konflikt, in dem jeder sich für sich entscheiden muß.

(Kleine Pause)

MATTHIAS: Was mich jetzt viel mehr bewegt, ist ein ganz anderes inneres Ziel. In der Erotik gehe ich mit dir auf eine Art Weltreise, eine Art kosmischer Reise, wenn du mal von dem etwas kitschigen esoterischen Gehalt absiehst. Ich möchte mit dir irgendwohin, weiß genau, was ich meine, kenne es aber nur in Bruchstücken. Es ist nur mit Schwanz und Möse erreichbar, liegt aber wie eine Landschaft dahinter. Die Geschlechtsorgane sind nur die Eingangspforte.

Das verflixte vierte Jahr
«Die heutzutage weltweit zu beobachtende höchste Scheidungsziffer nach rund vier Ehejahren deckt sich mit dem traditionellen Vierjahresabstand der Geburten. Meine Theorie lautet daher: Wie die Paarbindung bei Rotfüchsen, Wanderdrosseln und vielen anderen Arten, die sich nur für eine Brutperiode zusammenschließen, bestand auch die Paarbindung des Menschen ursprünglich nur so lange, bis ein Einzelkind die Kleinkindphase beendet hatte, nämlich vier Jahre, es sei denn, es kam zu einer zweiten Empfängnis.»

Helen Fisher

102

VALERIE: Das ist vielleicht genau die Gegend, in die hinein ich durch die Auflösung komme. Ich habe schon das Gefühl, daß wir beide dahin *beamen*, wenn wir zusammentreffen. Andererseits, finde ich, sind sowohl die Angst und Abwehr wie die Kürze unserer Zeit ein Hindernis, diese Erfahrung wirklich intensiv zu machen. Wir fahren wie in einem Tunnel ab, und es geht nicht einmal um den Orgasmus. Er wäre doch auch nur der Beginn dessen, was sich hinter ihm öffnet – das meinst du doch auch – oder?

MATTHIAS: Ja, ich habe gerade ein Bild vor Augen: Es ist die innere Entfaltung der ganz besonderen erotischen Landschaft, die wir miteinander erschaffen. Sie ist wirklich das, was uns und nur uns sozusagen zusteht. Nur mit dir kann ich sie so erleben. Mir kommt es so vor, als ob jedes Paar seine ganz besondere, eigentümliche, einzigartige und unersetzliche Landschaft als Möglichkeit in sich trägt. Ich kann sie mit einem einzigen Wort oder Ziel gar nicht benennen. Jedenfalls ist in dieser vollständigen inneren Offenheit alles mit allem verbunden. Es ist wie die Ganzheit.

VALERIE: So was erlebe ich annähernd nach einer heftigen Anspannung wie beispielsweise dem Kampf. Oder damals, als du mich durchgepeitscht hattest. Und erinnerst du dich noch, daß es dir ähnlich ging? Du hattest doch erzählt, wie du nach der ganzen aggressiven Heftigkeit, der Anspannung, der Kraft, plötzlich in einem Meer von reiner Zärtlichkeit geschwommen bist, in der alles vorüber war, was dich vorher zur Übermächtigung und Gewalt gebracht hatte.

MATTHIAS: Ja, das war wirklich wie ein inneres Wunder. Und es kam mir wie selbstverständlich vor. Es war, wie wenn die Heftigkeit alles fortgeschwemmt hatte, was jemals zärtliche Gefühle beeinträchtigte. In einem Meer von Zärtlichkeit schwimmen – ich kann mich an meine Worte kaum noch erinnern – aber sie treffen genau dieses Gefühl von Seligkeit und unendlich weicher Verschmelzung, nachdem sich doch vorher meine ganze Lust in aller Härte nur auf die Schläge und die Peitsche konzentriert hatte. Es war unglaublich. Es kommt mir jetzt wirklich so vor wie die Auflösung von dir. Es war, als hätte die Heftigkeit die Zärtlichkeit aufgestaut, bis sie mich von innen her überflutete. Aber mir geht es ja manchmal auch umgekehrt so: Wenn ich lange Zeit sehr zärtlich mit dir bin, erwacht mittendrin die heftige aggressive Lust, dich herzunehmen, in dich einzudringen, manchmal direkt durch deine Haut, nicht nur durch die vorgegebenen Öffnungen. Ich möchte dann irgendwie an deinen innersten Kern. Ja, jetzt wird es mir deutlich: auch Zärtlichkeit und Heftigkeit erzeugen sich natürlich wechselseitig. Eines gibt es ja ohne das andere auch gar nicht. Kein Mensch wäre imstande, ein zärtliches Gefühl zu fühlen, wenn er es nicht von einem heftigen abgrenzen könnte – und umgekehrt.

VALERIE: Jetzt packt mich doch auch eine brennende Neugier, was geschieht, wenn wir auf diesem Weg weitermachen. Die höchste und letzte Stufe der Heftigkeit war für mich damals erreicht. Aber es gibt ja immer noch mehr dahinter. Mehr wäre aber damals nicht gegangen – ganz abgesehen von den Realitäten, wann Striemen wieder unsichtbar werden. Obwohl die Zeichen auf der Haut für mich ein unersetzliches Andenken an unser Treffen waren. Ich habe sie betrachtet wie einen Schmuck, wie deine Gegenwart. Und doch kann ich es natürlich nur heimlich machen. Im Alltag läßt sich das eben nur schwer rechtfertigen. Andererseits sind diese Bedenken auch nicht die entscheidende Behinderung. Wir können sicher auch etwas erfinden, was keine Spuren hinterläßt. Oder wir schaffen es einmal, uns für einige Tage zu sehen. In solcher Zeit könnte sich etwas entwickeln, wir könnten anknüpfen, wir könnten Dinge auffangen, wir könnten auch ausführlicher über unser Erleben sprechen, was an ein, zwei Tagen praktisch unmöglich ist.

MATTHIAS: Ich habe ja, wie gesagt, den Eindruck, daß der Rhythmus unserer Treffen eine geheime Gesetzmäßigkeit ist – wie eine große Dünung im Meer. In den letzten Monaten spürte ich genau, wie du dich in mir wieder nähertest. Ich entwickelte deutlicher und intensiver erotische Phantasien mit dir – beispielsweise in der Selbstliebe. Im Grunde ist das ein ganz falsches Wort, weil ich mich dabei ganz stark mit dir zusammen empfinde und mich selbst dabei viel weniger im Sinn habe.

VALERIE: Wie beginnen denn deine Phantasien überhaupt? Das hast du mir noch nie erzählt.

MATTHIAS: Es ist zunächst eine fast undefinierbare Stimmung. Ich merke verschwommen, daß ich Lust auf dich habe, aber es gibt keine Phantasien und keine genaueren Gefühle. Wenn ich dann irgendwo entspannt liege, meistens abends, wenn ich allein schlafe, manchmal auch nachmittags, dann weiß ich beim Beginn der Onanie noch überhaupt nicht, was geschehen könnte.

104

VALERIE: Du fängst einfachst ins Blinde an?

MATTHIAS: Ja, und dann entwickeln sich aus einer chaotischen Vielfalt von Möglichkeiten nach und nach immer konkretere Szenen. Voraussetzung ist nur, daß ich mich mir selbst völlig überlassen kann. Ich glaube, daß ich das auch erst nach und nach gelernt habe – etwa wie man Schreiben und Lesen lernt. Heute ist das selbstverständlich für mich, es geschieht ohne Zutun. Es ist wie ein innerer Kosmos aller Möglichkeiten, die ich dann ja in der Phantasie wirklich habe – und die laufen schließlich auf eine zentrale erotische Phantasie zu, in der ich etwas ganz Bestimmtes von dir will. Wenn wir uns lange Zeit nicht getroffen haben, kreist die Phantasie immer um den Moment der Begegnung und die Zeit, die unmittelbar darauf folgt. Es ist wie eine Hingabe an das eigene Innere, in der die immer stabiler und klarer werdenden Phantasien hochkommen, als hätte ich sie selbst gar nicht gemacht. Es ist eine Mischung aus Traum und aktiv planender Phantasie. Weißt du, es geschieht mit mir dasselbe, was wir vorhin zu unseren Liebesspielen sagten: Ich habe das deutliche Gefühl, daß ich einer Spur folge, die ich nicht sehen, nicht riechen, nicht hören kann und die trotzdem unsichtbar in mir angelegt ist. Sie entfaltet sich vor meinen Augen im Grunde nur durch die innere Konzentration. Oder besser vielleicht durch eine Art gelassener Meditation. Ich bin immer selber ganz überrascht, was da passiert. Auf der Spur bleibe ich, wenn ich ganz offen sozusagen jeden Millimeter, jede Sekunde zulassen kann, wozu ich jetzt im Moment am meisten Lust habe. Ich bin mir ja meiner inneren Freiheitsmöglichkeiten voll bewußt. Letztlich läuft es dann immer darauf hinaus, daß du mir von dir aus ganz zu Willen bist, ganz gehorchst, aber auch erst nach Überwindung von Widerständen. Vielleicht wird durch dieses innere Übersteigen von Barrieren auch die Lust ganz besonders freigesetzt.

Es sind aber nicht nur deine Barrieren, sondern auch meine inneren Grenzen, die ich dann sozusagen immer weiter hinausschiebe. Die ganze Entwicklung, die sich währenddessen vollzieht, ist wie eine Selbsterweiterung. Ich möchte also sozusagen hinter meine eigenen Horizonte kommen. Und das möchte ich am liebsten natürlich gemeinsam mit dir, weil es dann durch deine Phantasien noch viel aufregender, noch unerwarteter, noch lebendiger wird.

VALERIE: Es hat sich aber zwischen uns schon allerhand erweitert *(lacht)*. Wenn ich denke, wie klein ich meine frühere erotische Welt heute erlebe und wie sehr ich jetzt das Gefühl habe, so gut wie alles mit dir erleben zu können. Aber wahrscheinlich geht es ja eben gerade um das Begrenztsein dessen, was ich als «alles» empfinde. Es ist schon verrückt, wie unterschiedlich in unterschiedlichen Lebensphasen – aber wohl auch zwischen unterschiedlichen Menschen – «alles» ist. Alles ist einfach nicht alles. Es ist gar nicht so leicht, das zu verstehen.

Mir fällt eine Kindergeschichte ein, in deren Zentrum ein junger Terrier steht. Vielleicht kennst du sie: Er war nur in der Wohnung von Herrchen und Frauchen zu Hause. Eines Tages geht er wenige Stufen den Treppenflur hinunter, stellt sich mit den Vorderpfoten ans Fenster, betrachtet das Häusermeer draußen und sagt: «Es muß im Leben doch mehr als alles geben.» Denn sein Herrchen und Frauchen hatten sein ganzes Leben immer zu ihm gesagt: «Du hast doch alles; was willst du denn mehr.»

Ich erfinde jetzt ein «Alles-Gesetz»: *«Alles ist zu jedem Zeitpunkt deines Lebens ziemlich beschränkt, jeder erkennt es im Rückblick sofort als ein sozusagen umgrenztes Gebiet.»* Wie findest du das?

MATTHIAS: Hinreißend – im wahrsten Sinne des Wortes.

VALERIE: *(scherzhaft bedeutungsvoll)* Das ist übrigens vor allem ein erotisches Gesetz. Es dürfte mir ja mit meinem jetzigen «Ich-will-alles» auch so gehen. Die Entwicklung geht einfach weiter und weiter.

MATTHIAS: Ich bin mir auch gar nicht sicher, ob unsere Liebesform, die wir mit Herrschen und Ausliefern im Augenblick so heiß finden, auf Dauer wirklich so bleibt. Vielleicht kommt etwas völlig Neues auf, was wir im Augenblick noch gar nicht im Sinn haben können. Zur Zeit aber bin ich mit unserer jetzigen Erotik sehr einverstanden, ich finde sie gut und weitgehend. Sie erfüllt mich, ich genieße sie.

VALERIE: Sie ist ganz schön sadomasochistisch eingefärbt.

MATTHIAS: Mich wundert aber, daß es nie dabei bleibt. Es ist doch jedesmal nur eine Passage, und dann endet es wieder in irgendeiner Fickform. Es ist schon erstaunlich, welche ungebrochene, höchste Anziehungskraft Schwanz und Möse haben.

Am schönsten finde ich es, wenn wir zu zweit rauskriegen, was wir uns in jedem einzelnen Moment am allermeisten wünschen. Leider gelingt mir das nicht allzuoft. Meist geht es bei mir in irgendeine Stereotypie hinein. Plötzlich liege ich in der Missionarslage mit dir und weiß nicht, wie

106

mir eigentlich geschehen ist. Häufig wollte ich es gar nicht so, aber ich bin es halt gewohnt, und dadurch bietet es sich an. Es ist aber wohl auch ungefährlicher.

VALERIE: Ich glaube auch, daß ich nur dann in die wirkliche Erfüllung hineinkomme, wenn wir im jeweiligen Moment zu zweit genau das herausbekommen, was wir am liebsten haben. Das erfordert einigen Mut und einige Übung, finde ich. Es könnte sich kurz danach schon wieder eine ganz andere Lust auftun. Vielleicht ist es dann auch so, daß ich dich besser loslassen kann nachher.

MATTHIAS: Oder die große Lust bindet uns noch stärker aneinander. Sie ist wirklich verwirrend: einerseits bindet sie ganz stark aneinander, je offener sie wird, andererseits macht sie alles mit allen anderen auch möglicher. Sie schützt und öffnet die Bindung gleichzeitig.

VALERIE: In deinem Bild gesprochen, geht es mir aber so, daß ich ruhiger die nächste Oase erwarten kann.

MATTHIAS: War es das letzte Mal wirklich so?

VALERIE: Nein, da hast du recht, das Verlangen ist viel stärker geworden, und die Unterbrechung hat mich geradezu verletzt. Einerseits hätte ich mir dann mehr von derselben Lust gewünscht, andererseits durchzieht mich aber auch ein Gefühl, als ob unsere heftige Liebe nur der Weg wäre, der noch zu ganz anderen Gegenden unserer erotischen Landschaft führt.

Normal pervers
«Ich muß noch etwas hinzufügen, um die Würdigung der sexuellen Perversionen zu vervollständigen. So verrufen sie auch sein mögen, so scharf man sie auch der normalen Sexualbetätigung gegenüberstellt, so zeigt doch die bequeme Beobachtung, daß dem Sexualleben der Normalen nur selten der eine oder andere perverse Zug abgeht. Schon der Kuß hat Anspruch auf den Namen eines perversen Aktes, denn er besteht in der Vereinigung zweier erogener Mundzonen an Stelle der beiderlei Genitalien. Im Übrigen kann man erfahren, daß Betasten und Beschauen des Objektes für den einen unentbehrliche Bedingungen des Sexualgenusses sind, daß ein anderer auf der Höhe der sexuellen Erregung kneift oder beißt, daß die größere Erregtheit beim Liebenden nicht immer durch das genitale, sondern durch eine andere Körperregion des Objektes hervorgerufen wird, und ähnliches in beliebiger Auswahl mehr.»
Sigmund Freud

MATTHIAS: Ich werde jetzt doch wieder etwas realistisch. Die inneren Barrieren können wir nicht einfach übersehen. Vielleicht können wir uns diese Intensität der Erotik überhaupt nur in so großen Abständen leisten. Du hast es ja selbst eben angedeutet – und ich denke, der Konflikt mit dem Ehemann ist harmloser als der Konflikt mit dir selbst. Und was ich dazu noch bemerken wollte: Deine schnelleren Barrieren schonen auch mich, sie lassen mir vielleicht nicht einmal die Gelegenheit, an meine eigenen Ängste heranzukommen.

VALERIE: Und noch einmal: ich komme an meine eigenen Gefühle nicht heran, weil ich genau diese Barrieren überrenne; weil ich mich immer schon jenseits von meinen Barrieren bewege, weil ich Gegenden durchstreife, denen meine Gefühle noch gar nicht gewachsen sind.

MATTHIAS: Gut, daß du das noch einmal sagst. Ich glaube, daß ich es jetzt wirklich begreife. Weißt du, mir ging es so, als ich dir beim letztenmal im Wald, mitten im Farn, langsam und kräftig den Arm umdrehte. Ich war völlig sprachlos, weil du mir vorkamst, als würdest du schon in einem Zustand sein, in dem du keinen Schmerz mehr empfindest. Da bekam ich wirklich Angst. Ich dachte, ich könnte dir den Arm auskugeln, ohne daß du einen Mucks sagst. Du hast so wahnsinnig viel ausgehalten.

VALERIE: Ja, ich halte wirklich viel aus. Ich habe das auch früher schon gemerkt, daß es dir angst macht, wenn ich meine Grenzen erreiche. Aber es ist ein kippliger Weg, es kann für mich hin und her schwappen, also einmal gut auszuhalten sein und dann plötzlich überwältigend weh tun. Das hängt gar nicht mit äußeren Dingen zusammen, nicht einmal damit, wie und was du mit mir machst und so weiter. Es kommt von innen und ist ganz unberechenbar. Aber ich weiß, daß ich viel aushalten kann und daß ich auch viel aushalten will. Es ist so ein Drang wie im Kampf, indem ich den Schmerz meiner eigenen Kraft aushalte – bis an den Rand der Vernichtung. Vielleicht ist das immer mein letztes Ziel, das wir dann doch nicht ganz durchspielen können, weil immer vorher Ängste und Barrieren auftauchen.

MATTHIAS: Wenn ich an unser jetziges Gespräch denke, liegt für mich sein größter Gewinn darin, daß ich endlich deine besondere Lust, die «erfüllte Ohnmacht», verstehen und miterleben kann. Das hab ich wohl wirklich begriffen. Du wehrst dich, du bäumst dich auf, du forderst zum Kampf heraus, indem du alle deine Kräfte freigibst, um dann, wenn sie erschöpft sind, in diese verschmelzende Auslieferungslust zu geraten.

VALERIE: Ja, ich bin richtig glücklich, daß ich besiegt bin und daß ich nicht gewonnen habe. Das dürfte ich ja heute in Emanzipationszeiten gar nicht laut sagen. Aber ich erlebe es als meine wirkliche erotische Emanzipation. Und merkwürdigerweise fühle ich mich in dieser lustvollen Niederlage ganz angenommen, seelisch wirklich akzeptiert. Vielleicht kann ich mich so überhaupt erst selbst annehmen.

MATTHIAS: Das finde ich ja interessant, das hätte ich nie gedacht. Meinst du, daß du dich dann auch in deiner Schwäche annehmen kannst?

VALERIE: Ja, das trifft mein Gefühl, was immer Schwäche nun heißen soll. Ich kann zwischen Schwäche und Stärke gar nicht wirklich unterscheiden. Es sind zwei Lustformen, die irgendwie ganz ebenbürtig sind, sie gehören zusammen, obwohl sie so unterschiedlich scheinen.

Ja *(ausrufend)*, jetzt fällt mir doch noch etwas ein, nämlich die Szene mit meinem Vater: In meiner Kraft und Stärke wehre ich mich ja gegen seine Kraft und Stärke und bin natürlich in diesem Kampf ganz eng mit ihm verbunden. Wenn ich tatsächlich in der Phantasie eine Niederlage erlebe, dann läge ich ja auf ihm, dann berührte ich ja sein Geschlecht, wie ich immer befürchtete, und dann wäre diese Liebe vollkommen. Und vor allem, ich bin ganz unschuldig, weil ich ja überwältigt wurde. Richtig, das ist ganz wichtig.

(Pause)

Und das hat auch mit meinem Fesselbedürfnis etwas zu tun.

MATTHIAS: Ganz verrückt, seit wenigen Minuten denke ich auch ans Fesseln, wußte aber gar nicht, wie ich gerade jetzt darauf kam und wohin das gehörte.

VALERIE: Gefesselt habe ich einfach die Verantwortung nicht. Das Sich-ausstrecken- und Sich-festmachen-Lassen ist für mich ganz klar eine Befreiung von meinen Schuldgefühlen. Mein Vater hat Sexualität und Erotik wirklich mit Schuldgefühlen durchsetzt. Das ging so weit, daß alle Liebe hoch angstbesetzt war und für mich fast zu einem Tabu wurde. Ich durfte mich auf Erotik und Sexualität innerlich gar nicht einlassen, es war einfach verboten. Wenn ich *nicht* gefesselt bin, hab ich die volle Verantwortung. Ich könnte mich ja wehren und alles verhindern, aber dann habe ich eben keine Sexualität. Wenn ich aber gefesselt bin, sage ich mir so etwa: Tut mir leid, dafür kann ich nichts. Die innere Bestrafung geht sozusagen an mir vorüber. Es entlastet mich sehr, ich spüre es richtig.

MATTHIAS: Ich hatte eine ganz bestimmte Fesselphantasie im Sinn. Wir streifen durch den Wald. Plötzlich mach ich dich an einem starken

Ast stehend fest. Und dann peitsch ich dir die Kleider vom Körper, bis du nackt bist, oder so lange, bis du es selbst nicht aushältst.

VALERIE: Ich krieg schon jetzt eine Gänsehaut. Vor Erregung. Aber ich bin ganz unschuldig – ein hilfloses Opfer.

MATTHIAS: Das kommt übrigens aus dem Buch, das du mir gegeben hast, «Neun Wochen und drei Tage». Was heißt es eigentlich, daß ich deine Hüllen wegpeitsche? Ich finde den Gehalt der Phantasien und Handlungen immer so spannend. Es ist wie ein Symbol dafür, daß du alle alltägliche Wirklichkeit, alle Barrieren verlieren solltest. Die Frau in dem Bericht beschrieb ihre ganze Entschlossenheit, nicht zu schreien, wenn ihr Geliebter sie peitschte – und doch mittendrin brach es gegen ihren Willen aus ihr heraus – und ähnlich beschrieb sie die Verwandlung von Schmerz in Lust. Genau das ist der Moment, auf den es mir in der Phantasie ankommt. Ich finde es eine wahnsinnig tolle Geschichte, wie es überhaupt geschehen kann, daß eine extreme Unlust in höchste Lust umschlägt. Es kommt mir so vor, als ob du mir das zeigen solltest. Du machst es sozusagen für mich, dieses Wunder der Alchimisten, die immer darauf aus waren, aus gewöhnlichen Elementen durch die entscheidende Mischung Gold zu gewinnen.

VALERIE: Es würde ja schon reichen, wenn schönes Porzellan entstünde. Ist es nicht so gewesen, daß ihnen das bei ihren Goldversuchen versehentlich gelang? Vielleicht hat das die Welt noch mehr verändert.

MATTHIAS: Ja, wie Schmerzen zu Lust werden, das möchte ich an deinen Augen, an deiner Seele ablesen. Bei mir kenne ich es nur aus dem seelischen Bereich, nicht über körperliche Schmerzen. Im tiefsten Leiden einer beendeten Liebesbeziehung ist mir plötzlich klargeworden, daß meine ganzen Schmerzen, die mich zerrissen – ich sagte das ja schon –, nur aus dem Stoff der Lust gemacht sind. Wäre die Lust, die Bindung, diese wahnsinnige Sehnsucht, nicht da, hätte ich keine Leiden, gäbe es keine Leidenschaft. Das Leiden in der Liebe hängt mit der Lust in der Liebe so unmittelbar zusammen, wie ein ungeborenes Kind und seine Mutter über die Nabelschnur verbunden sind. Der Schmerz ist ein Symptom der Liebe, eine weitere Form von Lust, einfach eine andere Erscheinungsform.

VALERIE: Ja, wenn ich an dir leide, weil du weg bist, ist es wirklich nur möglich durch die Lust, die ich an dir habe. Das geht mir jetzt auch auf: Der Schmerz ist eine andere Erscheinungsform der Lust. Es reicht nicht zu sagen, die Abwesenheit der Lust mache Schmerzen, weil die Lust in mir ja noch vibriert. Wäre die Lust wirklich abwesend, dann würde mich auch nichts mehr berühren können.

MATTHIAS: Vielleicht haben wir jetzt das Wort Leidenschaft verstanden.

VALERIE: Noch komme ich unter der Peitsche nicht direkt zum Orgasmus. Es kommt erst der Schmerz, und dann folgt die Lust, nicht gleichzeitig also, sondern kurz nacheinander. Es kommt mir jetzt überhaupt so vor, als würde der Schmerz nur dadurch entstehen, daß ich die Lust, die darin steckt, abwehre.

Aber hast du eigentlich irgendeine Ahnung, warum *du* diese Verwandlung von Schmerz in Lust bei mir so gerne sehen möchtest? Es muß ja auch mit deiner Lebensgeschichte etwas zu tun haben, meinst du nicht? Ich brauche die Auslieferung, das hab ich jetzt verstanden, aber warum brauchst du das Herrschen, die Dominanz, die Bestimmung?

MATTHIAS: Ich kann das auf einen Schlag schwer nachvollziehen. Eine Zeitlang dachte ich, daß es mit meinen eigenen Schuldgefühlen zu tun hat. Über lange Zeit war Peitschen für mich völlig unmöglich. Ich habe es sogar heftig abgelehnt. Es schien mir unmenschlich, entsetzlich, total verboten, abartig. Heute finde ich es schon fast grausam, daß ich eine solche erotische Lust, die man inzwischen in jedem fortgeschrittenen Erotik-Führer als eine normale Lust erwachsenen Liebeslebens nachlesen kann, so verdammen mußte.

VALERIE: Früher war das aber allgemein so. Da wurde das als Perversion richtig abgelehnt. In meinem Pariser Freundeskreis läßt es vielleicht höchstens die Hälfte wirklich zu, die anderen verpönen das immer noch ... und können sich kaum vorstellen, daß beide das Spiel spielen.

MATTHIAS: Mit den Schuldgefühlen wollte ich sagen, daß ich sie sozusagen nach draußen gekehrt, daß ich den Spieß umgedreht habe. Ich habe einmal gelesen, daß der russische Dichter Leo Tolstoi sich selbst als Sechzehnjähriger auf dem Dachboden blutig gepeitscht hat, weil er erotische Phantasien hatte. Das war ganz offensichtlich eine Bestrafung, eine Selbstbestrafung. Mit ihr verschmolz aber seine Lust total. Und so dachte ich mir, zunächst

> **SM**
> 14 Prozent der Männer und 11 Prozent der Frauen in den USA haben einige persönliche Erfahrungen mit Sadomasochismus.
>
> *Janus-Report*

111

würde ich mir meine Schuldgefühle, statt nach innen gegen mich zu richten, nach draußen peitschen.

Heute geht mir aber zunächst etwas ganz anderes durch den Sinn: Wie immer ich es wende und drehe, es ist für mich eine direkte pure, vielleicht männliche Lust. Ich kann es anders gar nicht ausdrücken. Ich kann das jetzt im Gegensatz zu früher viel unbefangener sehen, weil ich ja auch alle anderen Liebesformen intensiv erlebt habe. Peitschen ist eine vergleichsweise seltene Lust. Stell dir die Lust als eine große Symphonie vor, dann wäre die Peitsche nur ein einziges Instrument im Ensemble. Ich fühle mich darauf gar nicht besonders fixiert, wenn es auch manchmal besonders scharf wird. Oder ein anderes Bild: Ich sehe die ganze Erotik wie eine Alpenlandschaft vor mir liegen – und da wäre einer der vielen Gipfel diese Form der heftigen Liebe.

VALERIE: Trotzdem müßte es bei dir ja auch bestimmte Grunderfahrungen geben, die dich dazu gebracht haben.

MATTHIAS: Ja, mir fällt noch eine andere Umkehrung ein. Meine Mutter beherrschte meinen ausgesprochen dickköpfigen und trotzigen jüngeren Bruder. Ich liebte ihn sehr und er mich auch. Ich konnte mit seinem Trotz noch am besten umgehen, aber die Erwachsenen brachte er wirklich zur Verzweiflung. In ihrer Ausweglosigkeit – fällt mir jetzt leuchtend klar ein – zwickte und schlug meine Mutter ihn – ich weiß gar nicht, ob wirklich mit einer Peitsche, denn alles spielte sich immer hinter verschlossenen Türen ab, und das auch nur in einer vergleichsweise kurzen Zeit, als ich vielleicht fünf Jahre alt war und er drei. Aber ich hörte natürlich, wie sie ihn schlug, und es zerschnitt mir das Herz. Ich donnerte gegen die Tür, bis sie aufhörte. Mich hat sie nie geschlagen, auch unsere drei jüngeren Schwestern nicht. Aber ich hatte auch ein schlimmes Erlebnis mit ihr, als sie mich einmal verriet. Trotz ihres Versprechens, mich nicht für die Sommerferien in ein Kinderheim abzugeben, tat sie es doch. Und ich flehte sie am Tag zuvor in meiner Verzweiflung auf Knien an, es nicht zu tun. Sie steckte mich doch in diese scheußliche Kinderkaserne, und ich erlebte das noch viel schlimmer als das Geschlagenwerden, das meinem Bruder widerfuhr. Nun könnte ich die ganze Sache in mir verschmolzen haben und die Rolle meiner Mutter übernehmen, womit ich aus dem Elend heraus wäre. Das könnte sein ... es ist aber wohl nur ein Baustein zum Ganzen, denn es ist ja mehr das Vermeiden einer Unlust als Lust selber.

112

VALERIE: Warum hat deine Mutter das überhaupt getan?

MATTHIAS: Sie war in finanzieller Not und mußte in dieser Zeit arbeiten. Später sagte sie mir, sie brauchte das Geld einfach, um uns ernähren zu können. Und sie wollte mir vorher nichts sagen, weil ich zu unglücklich gewesen wäre und sie mein Leid und die Schwierigkeiten auch nicht ausgehalten hätte. Kurz: Es war auch in ihren Augen ein übler Verrat. Sie sah einfach keinen anderen Weg. – Für mich aber muß es natürlich schon eine große seelische Entlastung sein, aus dieser ohnmächtig ausgelieferten Situation herauszukommen, indem ich die mächtige Mutterrolle übernehme.

VALERIE: Vielleicht ja auch noch weitergehend so, daß ich als Mutter von dir in die geschlagene Position hineinbefördert werde. Daß du mich also schlägst und angreifst, indem ich stellvertretend für deine Mutter bin.

MATTHIAS: Das könnte auch noch dazukommen.

VALERIE: Andererseits hab ich doch das Gefühl, daß solche psychologischen Überlegungen beinahe schon einer Art Entschuldigung gleichkommen für unser erotisches Verlangen. Wir legen uns dies und jenes zurecht, leiten es ab und stehen dann doch nicht mehr offen und direkt zu dem, was wir tun. Die Lust sollte in der Lust der einzige Maßstab sein.

MATTHIAS: Das finde ich auch. Und doch gibt es für die Lust sozusagen ein sehr verästeltes Strombett – und das wird genau durch das eigene Lebensschicksal gebildet. So betrachtet wird jede Kleinigkeit bis hin zur größten Perversion unschuldig. Unser großer Luststrom kann nur in dem Flußbett fließen, das er sich im Gelände der Lebensgeschichte bahnt. Mit Kampf und Niederlage im Ringen mit deinem Vater hast du einen beneidenswert direkten Zugang zu deiner zentralen Lust. Das prägt dann alles Kommende.

VALERIE: Aber darin liegt übrigens noch gar nicht so sehr das Moment des Leidens und des Schmerzes – mal abgesehen von der grenzwertigen Kraftanspannung. Da muß ich noch etwas anderes erzählen: Mein Vater hat uns auch oft genug mit Prügel bestraft. Es war nicht allzu schlimm, wir waren es gewöhnt. Aber eine wirklich traumatische Szene ist mir noch ganz im Sinn: Wir standen als Kinder auf der Straße, ich war vielleicht elf. Da waren natürlich auch Jungs dabei. Plötzlich kam mein Vater von der Arbeit um die Ecke und empörte sich. Was weiß ich, was er für Phantasien hatte. Jedenfalls mußte alles hoch in die Wohnung, und dort

113

sagte er plötzlich: Wo ist die Peitsche? Ich dachte, es kann doch nicht wahr sein, daß er dich jetzt schlagen will. Ich glaubte es auch wirklich nicht; denn ich hatte wirklich nichts gemacht, ich fühlte mich völlig unschuldig. Ich habe damals ein Pferd geritten. Ich stieg also auf den Stuhl und holte meine Reitpeitsche vom Schrank und überreichte sie ihm mit beiden Händen, fast wie eine Opfergabe. Ich dachte aber immer noch, er würde es nicht tun. Und dann hat er mich doch geschlagen. Das hat mich wirklich verletzt.

(Pause)

Aber wer weiß natürlich, was er sich gedacht hat, als er uns Mädchen mit den Jungs unten stehen sah. Es muß ja etwas Erotisches in ihm in Gang gekommen sein, sonst hätte er sich nicht plötzlich so empört.

MATTHIAS: Das glaube ich auch. Mit einem Schlag ging seine Lust los. Er ist sicher angeheizt gewesen, vielleicht sogar eifersüchtig. Das muß ihm gar nicht bewußt geworden sein. Das Peitschen war einfach eine verhüllte Variante eines sexuellen Aktes.

VALERIE: Das muß mir auch damals schon gedämmert haben. Mir fällt jetzt ein, daß ich natürlich genau wußte, warum er mich schlägt: Er phantasierte sicher, ich würde mit den Jungs gleich im Gebüsch liegen. Und außerdem hab ich natürlich auch selbst erotische Gefühle meinem Vater gegenüber empfunden. Allein deswegen ist es natürlich auch witzig, daß die Strafe mit so einem Lustinstrument Peitsche vollzogen wird.

MATTHIAS: Beide kleiden das Ereignis als Schmerz und Bestrafung ein, um zu vertuschen, daß es eigentlich um Lust geht. Und die Lust wird ja außerdem durch innere Abwehr tatsächlich zum Schmerz.

Flagellantismus
«In den Niederlanden gründeten die Jesuiten unter vornehmen und reichen Frauen eine förmliche Brüderschaft, deren Mitglieder sich einmal wöchentlich geißeln ließen. Sie bekamen aber nicht die ‹Buße› auf den bloßen Rücken, die disciplina secundum supra, sondern, angeblich aus Rücksichtnahme, die weit beliebtere, doch durchaus umstrittene ‹spanische› disciplina secundum sub, die auf den nackten Unterleib, auf Beine, Lenden und Gesäß. Gerade bei Mädchen und Frauen soll sie häufig angewandt worden sein und natürlich geile Bewegungen ausgelöst haben. Die niederländischen Damen genossen damals diese Art des Strafens sehr und spornten die Patres an, ‹mit der väterlichen Zucht immer fortzufahren›.»

Karlheinz Deschner

114

VALERIE: Ja, das bringt mich wieder auf die Idee, daß der Schmerz sich in Lust verwandeln müßte, wenn man ihn völlig unabgewehrt annehmen könnte. Dazu war ich damals überhaupt nicht in der Lage. Aber im Ansatz hab ich es so bei unserem Kampf vor dem Zwiegespräch erlebt. Es war nicht sehr schmerzvoll, nur eine Andeutung, aber das war sehr lustvoll. Ich hätte mich noch mehr erschöpfen müssen, mich mehr aufbäumen müssen, bevor ich aufgegeben habe. Ich hatte noch Kraft. Aber die Erlösung war spürbar, entlastend, erleichternd, nicht über den Kopf, sondern ganz körperlich, ein scharfer erotischer Kick. Genau in dem Moment, wo ich aufgegeben habe und auch aufgeben konnte. Und endlich einer einmal stärker war als ich. – Aber warum hab ich es eigentlich so mit der Stärke?

MATTHIAS: Findest du das nicht sehr durchsichtig? Der Starke war früher immer dein Vater. Jede Stärke ist demnach für dich die innere Gegenwart des Vaters. Die väterliche Strömung der Lust fließt sozusagen erst in dein Leben, wenn die Stärke aufkommt, wenn also ein solcher Kampf geschieht.

VALERIE: Aber nach dem Vater kamen ja auch noch viele andere, bis hin zu dir. Du bist ja nicht mein Vater, du bist grundverschieden, eben Matthias. Und selbst meine vorangegangenen Liebhaber haben alle Spuren in dem Bild, das ich von dir habe, hinterlassen. Der Luststrom des Lebens hat also nicht nur diese eine Quelle, hat sozusagen viele Zuflüsse, und im Augenblick fließt er hier zwischen uns zusammen.

MATTHIAS: Da fällt mir übrigens noch etwas zum Peitschen ein: Ich bin ältester meiner Geschwister. Und wir hatten unter Geschwistern – wir waren ja zu fünft – die ganze Kindheit über die Angewohnheit, abends nach dem Abendbrot in den Keller zu gehen, um dort richtig miteinander zu ringen, meist ich gegen alle anderen. Wir nannten das «unterkriegen».

VALERIE: *(lacht)* Genau so haben wir das auch gemacht – ist ja wirklich witzig.

MATTHIAS: Das war natürlich wahnsinnig lustvoll. Und ich war als der Älteste und Stärkste auch immer gegen alle anderen der Sieger. So floß vielleicht meine Lust einfach in die Siegerrolle. Wäre ich immer Verlierer gewesen, dann hätte sich die Lust in der Verliererposition gesammelt. Ich sehe das gerade ganz unvoreingenommen, wertfrei, verstehst

115

du? Es gibt dabei keine bessere oder schlechtere Lust. Die Lust liegt genauso scharf in der unterlegenen Position wie in der überlegenen.

VALERIE: Ja, genau wie sie für mich nach dem Kampf – der aber muß vorher geschehen – in der Niederlage liegt.

MATTHIAS: Und jetzt fällt mir noch was ein: Tatsächlich weiß ich von meinem jüngeren Bruder, daß er in der Liebe durchaus masochistische Lüste genoß. Mensch, das wird mir jetzt erst richtig klar: Ich glaube, meine Mutter zwickte ihn und stach ihn auch mal mit Nadeln, denn zum Schlagen erwischte sie ihn einfach nicht richtig. Und genau das, hat er mir mal anvertraut, liebte er auch in der Liebe. Komischerweise ist mir das nie im ganzen Zusammenhang aufgegangen. Ich hatte es wie üblich für sich allein, also isoliert gesehen, eben als die spezielle masochistische Lust, mal gezwickt oder gestochen zu werden. Aber jetzt ist es wirklich leicht zu sehen: genau das hat ja meine Mutter mit ihm früher gemacht. Wie einfach sich das Rätsel der so unterschiedlichen Lustvorlieben auflöst.

VALERIE: Wenn du mit deinen Geschwistern so gerungen hast, dann bist du ja auch ganz schön vorgeprägt für mich, die ich das Ringen so liebe.

MATTHIAS: Ja, das geht mir jetzt auch auf. Im Grunde ist alles Lieben von der Pike auf gelernt. Learning by doing sozusagen, findest du nicht? Man merkt gar nicht, wie sehr das die eigenen Lustformen prägt.

Aber laß mich noch mal etwas zu meinem Bruder sagen: Die große Liebe in seinem Leben konnte er nicht realisieren – wie ich glaube, aus Schuldgefühlen. Er ist nach Mexiko ausgewandert und dort vor einigen Jahren gestorben. Und im Moment kommt mir diese Liebestragik vor wie eine gigantische Vergrößerung seines ursprünglichen, sozusagen detaillierten Masochismus. So geht die Lust schließlich doch immer wieder um Leben oder Tod. Denn nicht nur in der Beziehung zu mir, sondern vor allem in der Beziehung zu meiner Mutter hat sich bei ihm die unterlegene Position mit Lust gefüllt. Genau wie sich meine Lust über das ganze Leben hin in Stärkehandlungen entwickelte.

VALERIE: Dann bin ich aber in unserem Liebesverhältnis teilweise auch dein Bruder. Also müßte in unsere Beziehung auch noch die entsprechende Homosexualität einfließen.

MATTHIAS: Das war mir noch nicht klar … Aber es muß so sein. Warte mal … *(er hält eine Weile inne)* … tatsächlich erinnerst du mich mit deiner Kopfform ganz an Hermann, und zwar dann, wenn ich deinen Hinterkopf in die Hand nehme. Jetzt fühle ich es genau. Das ist mir nie vorher bewußt geworden.

VALERIE: Du hattest nicht die richtige Brille auf. Die Lebensgeschichte kommt mir vor wie eine Brille.

MATTHIAS: Aber noch was anderes: du hast eindeutig Züge meiner Mutter, und gleichzeitig bist du auch mein Bruder. Weißt du, was mir dabei durch den Kopf geht? Wie soll man da heterosexuelle und homosexuelle Lust überhaupt auseinanderhalten?

VALERIE: Sehr schön! *(wird lebhaft engagiert)* Hier zeigt sich endlich, daß es eben nicht geht. Soll ich das fortsetzen? Wer seine Mutter und seinen Vater liebt und anerkennt, daß die Grundformen der Liebe aus der Kindheitsbeziehung zu ihnen stammen, fühlt immer beide Lustströme zur selben Zeit. So ist jeder hetero und homo gleichzeitig.

Houw, die Squaw hat gesprochen.

(Kleine Pause)

MATTHIAS: Ich möchte noch einmal auf die Stärkehandlungen kommen. Es schießt wirklich das Blut durch meine Adern, wenn ich dich in irgendeiner Form überwältige. Das ist inzwischen die pure Lust geworden, mein Flußbett sozusagen. Anfangs war das nicht so stark. Jetzt kommt das so unmittelbar, als wäre es angeboren. Und vielleicht ist es in diesem Zustand für mich nicht wirklich die Hölle, wenn du abwehrst – wie ich vorhin sagte –, sondern wenn du überhaupt nichts fühlst. Denn dann greift unser ganzes Liebesspiel überhaupt nicht mehr.

VALERIE: Du hast ja auch immer bedauert, daß meine Brustwarzen so unempfindlich sind. Ich habe nur ein einziges Mal in meinem Leben plötzlich eine heiße Lust in ihnen erlebt, als ich meine Tochter stillte. Aber das war nur ein einziger Tag.

MATTHIAS: Das kommt mir so vor, als wärst du ein Mann. Jedenfalls, wie man ihn sich üblicherweise vorstellt. Inzwischen will man ja herausgefunden haben, daß Männer ihre Empfindlichkeit an den Brustwarzen deswegen nicht erleben, weil sie es einfach unterdrücken. Meine Empfindlichkeit ist plötzlich in einem ganz bestimmten Moment entstanden: als Mitte Zwanzig meine große Liebe unterging, die Frau trennte sich von mir. Da ging ich monatelang wirklich – wie man so sagt – auf dem

117

Zahnfleisch. Ich war total unglücklich. Unsere Erotik war wild und heiß. Sie war ganz besonders empfindlich an den Brustwarzen und kam allein dadurch schon zum Orgasmus. Und plötzlich entdeckte ich inmitten der Trauer bei mir, daß meine Brustwarzen empfindlich wurden. Es ist genau so, wie ich es in einer Zeichnung bei Leonardo da Vinci gesehen habe: Es scheint mir, als gäbe es eine direkte Verbindung meiner Brustwarzen zum Schwanz. Die Süße der Lust ist ganz unbeschreiblich – ebenso stark wie meine Schwanzlust.

Ich habe also sozusagen von meiner großen Liebe dieses Moment übernommen. Ich habe mich mit Sylvie in dieser Hinsicht identifiziert.

VALERIE: Und wenn man so will, spendet sie dir ununterbrochen bis heute Lust. Es ist, als wenn du damit die Trennung wenigstens teilweise umgangen hättest und sie für immer behalten hast.

MATTHIAS: Aber ich erlebe es jetzt natürlich bewußt gar nicht mehr in Verbindung mit ihr, sondern als ein ureigenes Element von mir. Die Intensität der Lust, die von den Brustwarzen ausgeht, durchzieht meine Eingeweide, meinen ganzen Körper.

VALERIE: Es ist schon komisch, daß ich mich als Frau von dir über diese Gefühle aufklären lassen muß. Aber immerhin, damals, an diesem einen Tag, von dem ich sprach, beim Stillen, wurde meine Lust auch so intensiv, daß ich mit dem Kind auf dem Arm während des Stillens gleichzeitig mich selbst befriedigte.

MATTHIAS: Ich kann es gar nicht anders auffassen, als daß du diese Brustwarzenlust einfach abschaltest, meinst du nicht?

VALERIE: Aber warum? Jedenfalls würde ich mich sehr auf den Moment freuen, in dem die Lust in meine Brustwarzen einschießt.

MATTHIAS: Da fällt mir übrigens gerade ein, daß meine Mutter mich nicht gestillt hat. Und daß das ja vielleicht auch noch mit einfließen könnte. Denn so bin ich ja die spendende Mutter, wenn man diese Brusterotik mit dem Fließen der Milch gleichsetzt – wie es in deinem Bild, deinem Einfall, ja auch tatsächlich war. Und ich würde es gern so weit bringen, daß du durch mich in den Brustwarzen ganz empfindlich wirst.

VALERIE: Du willst wirklich alles bei mir bewirken. Das gehört sicherlich auch in dein Beherrschen hinein, daß du bei mir alles hinkriegst, daß du herauslockst aus mir, was mir fehlt. Ich wünsche es natürlich auch. Aber hier fehlt es doch vor allem dir.

118

MATTHIAS: Ja, *(es mit Freude und entschlossen betonend)* es ist natürlich eine besondere Herrschlust, dir die Lust zu geben. So könnte man tatsächlich im Kern verstehen, was wir miteinander erotisch wollen und machen. Deine erregbaren Brustwarzen sind nur ein einziges Bild dafür.

VALERIE: Und vielleicht hängt das viel tiefer mit deiner Mutter zusammen, als wir denken: *Du machst mich in der Liebe* zu einer dir lustvoll entgegenkommenden Frau, *zu einer dich stillenden Mutter, die du in deiner Kindheit vermißt hast.* Durch die Lust, die du mir machst, fühlst du dich schließlich von mir ganz angenommen.

MATTHIAS: Ja, das ist wirklich wahr, genau so erlebe ich es.

Vielleicht hast du damit nicht nur *meine* Situation entschlüsselt, sondern das Rätsel der Liebe überhaupt gelöst.

VALERIE: Die Zeit ist um.

(Pause)

Komm, zieh mich aus.

6. «Das sprechende Tier der Liebe»

Alles Erleben möchte sich mitteilen

Viele fürchten das Wort in der Liebe, weil es alle Lust zerrede. Zerreden ist als scheiterndes Sprechen tatsächlich sehr verbreitet. Wer aber zerredet, wehrt die Lust ab – und das wird er auch ohne Worte tun.

Vielleicht ist das schönste und tiefste Liebeserleben wirkliches, wortloses Verstehen. Denn die Liebe ist viel älter als die Sprache. Die Menschheit liebte, bevor sie sprach, und wir alle liebten, bevor wir sprechen lernten, vielleicht intensiver und ganzheitlicher als je später. Dennoch ist das Wort eine unersetzliche Liebesgabe. Mit der primären Liebe zur Mutter wuchsen wir in die Sprache hinein. Sie ist allein deswegen von ihr nicht zu lösen. Viele sterben an der Liebe, weil sie ihr Wort nicht mehr hören. Viele laufen von Liebesworten berauscht durch den Tag.

Wieviel Worte in der Lust bedeuten, habe ich in zehn Thesen zusammengefaßt. Sie entsprechen unterschiedlichen Ebenen des erotischen Geschehens. Noch mächtiger wird der Einfluß der Sprache im Reich der Sinne, wenn man sich die unüberschätzbare Wirkung des *Opening up* und des *erotischen Erzählens* im einzelnen vor Augen führt. *(Siehe Kapitel 8 und 10)*

Das sprechende Tier der Liebe
«Der Mensch, recht eigentlich das sprechende Tier, ist das einzige, das auch zur Fortpflanzung der Gespräche bedarf. – Und nicht nur, weil er ohnehin spricht, tut er es auch dabei, sondern anscheinend ist seine Liebesseligkeit mit der Redseligkeit im Wesen verbunden, und das so tief geheimnisvoll, daß es fast an die Alten gemahnt, nach deren Philosophie Gott, Menschen und Dinge aus dem ‹Logos› entstanden sind, worunter sie abwechselnd den Heiligen Geist, die Vernunft und das Reden verstanden haben.»
Robert Musil

Erfahrung
«Gerade, weil die Erfahrung nur uns angeht, / ist sie frei von Belehrung und unaussprechlich, / verliert sich in Selbsterfüllung…»
Györgi Petri

121

Warum das Wort zur Lust gehört

Aufrichtige Schönheit
«Als sie wieder aus der
Dunkelheit kam, schien
sie für mich noch schöner
zu sein als zuvor. Außer-
dem schien sie aufrichtiger
zu sein. Ich sagte mir: ‹Bei
Hugo sind die Menschen
immer aufrichtiger.›»

Anaïs Nin

Ganzes Verlangen
«Einen Gelehrten sah ich in
Liebe zu jemand befangen /
Und das Gespräch mit ihm
war sein ganzes Verlangen.»

Sa'di

1. Wenn ich mit Liebespartnern oder Freunden über meine sexuellen Erlebnisse spreche, lerne ich mich in der Lust kennen:
Erotische Identität

2. Soweit es mir gelingt, mich meinen sexuellen Wünschen und Pro-
blemen zu öffnen und darüber zu sprechen, kann ich meine inneren
Unterdrückungen erkennen und aufheben:
Erotische Selbstbefreiung

3. Im erotischen Gespräch mit meinem Liebespartner lerne ich seine
Lüste und Ängste kennen:
***Wie* liebst du mich?**

4. Erst wenn mein sexueller Partner und ich miteinander reden,
können wir uns wechselseitig abstimmen, klären und entwickeln:
Gesteigerte Einfühlung, gesteigerte Lust

5. In erotischen Gesprächen mit anderen lerne ich die Vielfalt der
gelebten Liebe kennen:
Reichtum der Lust

6. Stimme, Worte und Gespräche erregen am unmittelbarsten die
zärtliche wie die heftige Lust:
Wahres Aphrodisiakum

7. Durch Miteinandersprechen können wir die schönste Lust des
Augenblicks am besten enthüllen:
Gestaltung der Liebe

122

8. Liebe, Lust und Leidenschaft finden ihren intensivsten, menschlichsten Ausdruck im Wort:

«Ich liebe dich auch ohne Bier.»[*]

9. Ihr Ergriffensein durch die himmlische Macht des Eros fassen Menschen aller Kulturen in Worte, Gedichte, Gesänge:

Künden von der Macht der Liebe

10. Erotische Erzählungen erweitern und beflügeln jede Lust von Anbeginn:

Tausendundeine Nacht

[*] So lautet das älteste Liebesgedicht, aus der Pharaonenzeit.

7. Schöner Wirbel früher Jahre

Erotisches Zwiegespräch zweier junger Frauen

Lucie, 17, und Lena, 15, sind seit Jahren befreundet und verbergen keine Geheimnisse voreinander. Wer sie sprechen hört, wird begreifen, warum Frauen seelisch in der Regel so viel entwickelter sind als Männer: Sie entfalten sich initiativreicher im wechselseitigen Gespräch. Jedes Wort ist aktive Selbstgestaltung, ohne daß sich die Freundinnen darüber bewußt werden. Es gibt keinen schöneren Grund für die elterliche Verzweiflung stundenlanger Telefonbesetzung als diese spontane und radikale Selbstentwicklung in lebendigen Freundschaften. Das Telefon hätte es verdient, deswegen erfunden worden zu sein. Wer es sich leisten kann, sollte um einer gutgewachsenen Seele willen Heranwachsenden sobald wie möglich einen eigenen Apparat überlassen.

Gespräch der Frauen
«Außer vom Gespräch der Frauen wird die Welt von den Träumen in ihrer Umlaufbahn gehalten.»
José Saramago

Beide kommen allerdings auch aus Familien, in denen ihr Reden Gehör findet. Die Bereitschaft, sich zu öffnen, ist für mich die seelisch bedeutendste Mitgift, die Eltern ihren Kindern mit auf den Lebensweg geben können.

Hier nun sprechen beide ohne Telefon über ihr jüngstes Liebesleben in einer sehr vergnügten Stimmung. Es ist nicht unwichtig zu erwähnen, daß beide ausnehmend hübsch sind. Der Ausschnitt aus diesem ausgewachsenen und in seinem freien Einfallsfluß geradezu vorbildlichen

Erotisches Muttervorbild
Mutter zur Tochter:
«Wenn du schon so schöne Beine hast, dann sollst du sie auch zeigen.»
Tochter zur Freundin:
«Irgendwie ist mir nie in den Sinn gekommen, daß meine Mutter auch eine Frau ist.»
Aus dem Film «Die Ehe der Maria Braun»

125

Zwiegespräch bietet einen Einblick in den täglichen Strom millionenfacher erotischer Gespräche, der jede Sexualaufklärung und selbst die Flut aller Lustbücher in den Schatten stellt. Daraus erwachsen schließlich die Lustkultur eines Landes und der Boden für die allgemeine Beziehungsqualität.

Die verheerendste Mitgift für die Kinder ist der Mangel an Erotisierung der Elternbilder, die jeden Menschen zeitlebens unbewußt leiten. Die Eltern klagen in der Besinnung der Zwiegespräche selbst über ein solches Erbe. So wird der Lust in der Mehrgenerationenperspektive der Garaus gemacht. Die Wurzel liegt nicht nur in der Lustlosigkeit der Eltern, sondern im Ausschweigen ihrer Lust, als wäre sie Verderben statt pure Freude.

Als Psychoanalytiker muß man hinzufügen, daß diese unerotischen elterlichen Verhältnisse dem ödipalen Trachten gelegen kommen, kann man sich im Gegenzug doch auf noch so kleinen Füßen als der begehrenswertere Teil Hoffnung machen.

In einer Zeit, in der die hochintensive Erotik der Eltern-Kind-Beziehung auch in ihrer einfühlsamen und nicht-übergriffigen Form Gefahr läuft, als Mißbrauch verzerrt statt als Fundament der späteren Lebendigkeit erkannt zu werden, wird das vermurkste Knäuel familiärer Lustlosigkeit noch verworrener.

Das erste Mal

LUCIE: Wir sind ja nun älter geworden, und vielleicht sehen wir unser «erstes Mal» anders als früher. Ich hätte Lust darauf, es mir und dir noch einmal zu erzählen. Jedenfalls fällt es mir sofort ein.
LENA: Ja, ich könnte auch davon berichten, aber ehrlich gesagt weiß ich gar nicht, wann und was das «erste Mal» war.
LUCIE: Das ist aber auch schon ganz interessant.
LENA: Schon, aber ich finde es schwierig, ein «erstes Mal» aus dem ganzen Wirrwarr herauszufinden.
LUCIE: Vielleicht fang ich einfach mal an, und wir sehen dann.

Ich sagte ihm – das erinnere ich noch deutlich –, das erste Mal wolle ich es gern bei mir zu Hause machen. Ich weiß gar nicht, warum. Als ich vorher mit meiner Mutter darüber geredet hatte, meinte sie wohl, vielleicht sei es besser bei mir. Mir wäre es eigentlich egal gewesen. Aber ich wollte ihm wohl auch zeigen, daß ich es nicht so einfach und schnell machte *(lacht herzlich und amüsiert)*. Wir vereinbarten irgendwann, daß er erstmals bei mir übernachtete, was er vorher aus irgendeinem Grunde nicht mochte.

LENA: Es war ihm wahrscheinlich peinlich.

LUCIE: Ja, ganz peinlich. Später erzählte er mir, ich hätte doch alles genau geplant, er sei sich ganz sicher gewesen.

LENA: Hattest du es denn vorgehabt?

LUCIE: Ich hatte nichts geplant, aber doch daran gedacht. Ich war der Meinung, er wollte es unbedingt. Denn er hatte mal leise angefragt: *(flüsternd)* «Willst du denn mit mir schlafen?» Damals wußte ich gar nicht, daß er auch noch mit keiner geschlafen hatte. Er hatte großen Schiß davor. Ich finde es so komisch *(lachend)*. Jahre später, nachdem wir nun so lange fest zusammen sind. Aber mich regt es auf, daß er keinen Ton davon gesagt hat.

Okay, er kam also zu mir und schlief bei mir. Zuerst haben wir endlos erzählt und dann so rumgemacht. Rummachen war damals noch ziemlich dumm. Ich bin nie so geil oder erregt dadurch gewesen. Ich hatte Schiß, mir war es peinlich. Besonders wenn es um mehr ging, verstehst du? Wenn es also an und in die Hose ging. Damit konnte ich noch nicht richtig umgehen. Dann wollte er schließlich mit mir schlafen.

LENA: *Er* wollte es jetzt?

LUCIE: Na ja, es war halt so: Er hatte nichts gesagt, aber er lag so auf mir und wollte sein Teil reinmachen, seinen Schwanz. Da meinte ich, wie es denn mit Verhütung sei. «Muß das sein?» fragte er.

Ich glaube, er ist schon sehr verantwortlich, aber es war das erste Mal, es war ihm peinlich, und außerdem mußten wir das Ganze unterbrechen, damit er das Kondom anzog. «Ich habe schon irgendwo eines», sagte ich. Aber er hatte auch schon welche mitgenommen. Er wußte also, worum es ging *(lacht)*.

LENA: Er wußte es, aber ihr hattet es nicht abgesprochen.

Liebe, Eltern

«Meine Mutter sagte immer: ‹Hör bloß auf mit deinen saublöden Liebesgeschichten, und mach lieber deine Schularbeiten.› Die Liebe, behauptete sie, sei ein Scheißdreck, ein einziger gigantischer Schwindel, und ich sollte mir doch nur meinen Vater ansehen.

Ich hatte selten Gelegenheit dazu, mir meinen Vater anzusehen – er war fast nie da.»

Elke Heidenreich

127

LUCIE: Genau. Er kam dann also und zog das Ding drüber. Es sah ganz professionell aus, ich hätte schwören können, daß er schon zehntausendmal mit anderen Tussen geschlafen hatte.

LENA: Das hatte er dir doch auch gesagt, oder?

LUCIE: Ja.

LENA: Weißt du noch, wie wir einmal gewettet haben? Ich war der Meinung, er hätte noch nicht mit einer geschlafen. Du meintest, doch.

LUCIE: Ja, du hast recht behalten. Damals fand ich es aber auch gut, daß er schon mit einer anderen geschlafen hatte – die Vorstellung, verstehst du? So alt, so erfahren! *(Beide juchzen)*

Dann fand ich es noch etwas seltsam, was er mir gesagt hatte. Als wir so richtig anfangen wollten, meinte er: «Machen wir es doch mal anders; tun wir mal so, als wärst du die Professionelle.» Wenn ich mir das von heute aus vorstelle, ist es besonders witzig. Er hatte ebensoviel Angst, deswegen wollte er es umdrehen. Ich dachte damals, okay, es hatte aber überhaupt nicht geklappt.

LENA: Es war abends, oder?

LUCIE: Ja. Es hatte also nicht geklappt, daß ich so professionell tue und alles mache, ihm das Kondom überziehe, ihn ganz geil mache und mich auf ihn setze. Ich konnte einfach nicht. Da lag ich also neben ihm, hab ihn angeguckt, mir war es peinlich, und es hat mir so leid getan für ihn.

LENA: Wie lange wart ihr damals zusammen? Und wie alt wart ihr eigentlich?

LUCIE: Drei Monate bestand die Beziehung. Ich war gerade vierzehn und er sechzehn. Kurz, findest du nicht?

LENA: Allerdings.

LUCIE: Jedenfalls hatte er, wie gesagt, das Kondom übergezogen, und wir wollten nun miteinander schlafen, aber es hat echt nicht geklappt. Sein Schwanz ging nicht rein, ich weiß nicht, weshalb.

LENA: Bist du nicht feucht gewesen?

LUCIE: Doch, ich glaube schon. Ich sagte mir auch *(lachend)*, Lucie, entspann dich, man muß sich doch entspannen; und dann war ich noch verkrampfter.

(Beide schütten sich aus vor Lachen)

128

Weißt du, das erste Mal und ein paarmal danach war es auch nicht so geil.

LENA: Aber erzähl erst mal, wie es weiterging.

LUCIE: Okay. Mir war es also peinlich, daß es nicht geklappt hatte. Er ist dann irgendwann mal aufgestanden, hatte wohl auch keinen Steifen mehr – ich weiß nicht, ob er gekommen war, ich konnte es ja nicht merken, weil er ein Kondom anhatte. Natürlich hat er auch nichts gesagt. Er hat überhaupt nichts gesagt. Das hatte mich auch so aufgeregt. Ich hatte mich auch nicht getraut, etwas zu sagen, weil ich keine Ahnung hatte. Aber er eben auch nicht.

Er ging aufs Klo und machte das Kondom weg. Ich lag in meiner Peinlichkeit, habe mich ganz als Versager gefühlt, als dumme Kleine, bei der es nicht klappt – vor allem, weil ich dachte, er hätte es schon öfter gemacht. Ich lag, konnte nichts sagen, wurde plötzlich ganz müde und bin eingeschlafen.

Als wir am nächsten Morgen aufwachten, war er aber ganz süß. Er hat mich gestreichelt, war wirklich sehr lieb. Aber dann – nachträglich regt mich das total auf – haben wir ohne Kondom zusammen geschlafen.

LENA: Wirklich blöd.

LUCIE: Es regt mich so auf. Ich könnte mich umbringen deshalb. Verstehst du, was da alles hätte passieren können? Ich finde es so bescheuert von mir. Aber ich hatte so Schiß davor, daß es wieder nicht klappt; da wollte ich keine Unterbrechung und nichts.

> **Jäger der Urzeit**
> «Der Mann bleibt der Jäger der Urzeit. Er durfte keine Angst zeigen, weil Tiere Angst spüren und dann angreifen. Er mußte furchtlos erscheinen, weil seine Gefährten ihn sonst ausgeschlossen hätten. Er mußte angstlos erscheinen, damit eine Frau ihn als Beschützer des Hauses auswählt. Das steckt bis heute in den Genen.»
> *Stanley Cohen*

Zum Glück ist nichts passiert.

Wir haben also zusammen geschlafen, es war auch alles gelungen.

LENA: Ich kann mir vorstellen, daß jeder irgendwann mal ohne Kondom und ohne Verhütung Liebe gemacht hat. Manchmal denkt man gar nicht daran, was das für Folgen haben kann. Es passiert einfach.

LUCIE: Man denkt zwar dran, aber irgendwie na ja...

LENA: Dann hofft man nur, und der Rest ist einem egal. Es ist so blöd.

LUCIE: Dabei weiß es nun wirklich jedes Kind.

LENA: Wenn ich aber in so einer Situation bin, dann denk ich eben auch ganz anders. Ich sag zwar, nein, hör auf, aber irgendwie passiert es eben doch – höchstens, daß ich darauf achte, daß er nicht in mir kommt.

LUCIE: Ich habe noch genau gedacht: Lucie, jetzt ist es passiert. Jetzt merk dir diesen Moment.

Ich war nicht so geil und bin auch selbst nicht gekommen; das ging da nicht. Aber ich war total froh, daß es passiert war, sehr glücklich – nicht, daß ich es hinter mir, sondern daß ich es nun erlebt hatte. Ich war glücklich und stolz.

LENA: Hat es eigentlich lang gedauert?

LUCIE: Es war relativ kurz, würde ich mal sagen. Er lag auf mir, das war alles. Wir haben nicht groß Stellungswechsel gemacht. Aber ich habe dabei gedacht: Finde ich es nun geil? Was habe ich für Gefühle dabei? Wie könnte ich sie benennen, damit ich mir merke, wie es war?

Was ich am geilsten fand, war einfach, wie sein Schwanz rein und raus ging; verstehst du, das war so etwas Neues. Das kannte ich eben aus meiner Selbstbefriedigung noch nicht. Das fand ich gut.

Aber gekommen bin ich nicht. Immerhin hatte ich das erste Mal hinter mir, und danach konnte es luststeigernd werden. Die Neugier war befriedigt. Ich wußte jetzt, wie es ist. Später konnten wir die Lust genauer ausprobieren.

LENA: Wie lange hattet ihr gebraucht, bis ihr sehr vertraut damit wart? Bei mir dauerte es nämlich sehr lange.

LUCIE: Bei uns auch.

LENA: *(lachend)* Bei mir hat es sozusagen *über Freunde* gedauert.

Erotisches Reden

LUCIE: So ganz offen, als wir dann auch richtig geredet haben dabei…

LENA: Wie, dabei…?

Erotisches Stummen
«Wüßtest du auch den Koran auswendig herzusagen,
liebeskrank vermagst du nicht mehr ABC zu sagen.»
Sa'di

LUCIE: Darüber und dabei – daß er beispielsweise gesagt hat «Du machst mich so geil» oder daß ich so etwas sagte –, das fiel mir zunächst sehr schwer. Oder auch aussprechen, was ich mir wünsche – das hat ziemlich lange gedauert, ein bis zwei Jahre. Nach anderthalb Jahren, nachdem wir eine Krise hinter uns hatten, begann es wirklich gut. Zwar war es davor auch sehr schön, aber eben eher stumm, nicht soviel mit Reden. Wir haben allerdings hinterher darüber gesprochen, was wir gut fanden und was wir ändern wollten, aber eben nicht während des Miteinanderschlafens. Wir haben uns auch nicht mehr Sachen ins Ohr gesagt außer «Ich liebe dich» oder so.

Die erste Stellung

Beim nächsten Treffen nach dem ersten Mal übrigens saß ich auch kurz auf ihm. Aber es hatte überhaupt nicht geklappt *(beide brechen in Lachen aus)*. Heute kann ich mir gar nicht mehr vorstellen, wie so was *nicht* klappen kann.

LENA: Stefanie und Angelika meinen, daß sie oben immer einen Krampf im Arsch kriegen. So etwas hatte ich noch nie. Das kann ich überhaupt nicht verstehen.

LUCIE: Krampf im Arsch – kann ich auch nicht verstehen.

LENA: Ja, und beide an genau der gleichen Stelle – sie können einfach nicht oben sein, es tut ihnen weh.

LUCIE: Vielleicht machen sie irgend etwas falsch. Aber das kann ich mir auch nicht vorstellen.

Bei mir hat es ja überhaupt nicht geklappt. Aber ich wußte auch gar nicht, was ich da oben machen sollte.

(Beide lachen vergnügt)

LENA: Es ist wie zusammengepappt.

LUCIE: Die Bewegungen waren so merkwürdig. Bis man sich auf den Rhythmus des anderen eingewöhnt hat, das dauert ganz schön lange. – Bis wir also so einigermaßen vertraut waren, ich es auch geil fand, gekommen bin und auch wußte, daß ich gekommen bin, brauchte es seine Zeit.

Orgasmus erkennen lernen

Kennst du es eigentlich auch, daß man manchmal nicht richtig definieren kann, ob man zum Orgasmus gekommen ist oder nicht?

LENA: Früher war das oft ungewiß, aber jetzt bin ich mir sicher.

LUCIE: Ja, jetzt habe ich auch keine Schwierigkeiten, aber zu Anfang wußte ich das oft nicht richtig, etwa vier bis fünf Monate.

LENA: Als ich so dreizehn, vierzehn war, war ich ja schon älter als meine Freundinnen und wußte auch mehr. Das kam durch meine ältere Schwester und dann durch dich. Dennoch kam ich mir so klein und dumm vor. Vor allem Jungens gegenüber. Es nützte wenig, daß die mir das Gegenteil sagten. Ich hatte immer das Gefühl, ich habe *die* hübschen Freundinnen, *die* Schönheiten, die jeder einfach gut findet. Da gibt es kaum Leute, denen sie nicht gefallen. Es würde nie einer sagen, die seien nicht hübsch. Denen gegenüber fühlte ich mich beinahe wie das häßliche Entchen. Jedesmal, wenn ein Junge mir etwas Nettes gesagt hatte – und sei es auch nur, weil er mit mir schlafen wollte –, dachte ich: O Gott, das mußt du jetzt ausnutzen, damit er dich noch besser findet.

Das erste Mal bei mir also war kein erstes Mal, weil es überhaupt nicht geklappt hatte. Georg war damals so ein Cooler, so ein In-Typ. Wenn ich ihn heute sehe, denke ich, was für ein Spaß das war – aber es ist mir auch peinlich. Damals also war er total süß zu mir, obwohl ich natürlich wußte, daß er mich betrügt. Ich war eben einfach stolz, mit so einem Coolen zusammenzusein. Andererseits habe ich mir was vorgespielt. Ich hätte schwören können, daß er mich nur ausgenutzt hat.

Jedenfalls wollte er dann mit mir schlafen. Okay, ich habe nicht nein gesagt. Aber er war noch nicht einmal drin; er hat es probiert, es klappte nicht. Mit ihm war irgendwie gar nichts.

LUCIE: Noch nicht einmal biologisch gesehen, meinst du?

LENA: Ja, es war beschissen.

Brave Mädchen kommen in den Himmel. / Böse Mädchen kommen überallhin

Die Zeit danach kamen andere. Es war ja auch, weil *es* noch nichts geworden war. Heute bin ich schon etwas stärker und merke, wie ich logisch nachdenke und mein Selbstwertgefühl korrigieren kann. Damals war es gar nicht so. Sobald ein Junge mir Gutes sagte und auch was von mir wollte, habe ich mich gleich da reingestürzt.

132

Ich hatte Angst, daß er sein Interesse an mir wieder völlig verliert. Aber das ist ja genau das falsche. Ich habe ganz schnell wieder die Freunde gewechselt. Von Georg habe ich mich getrennt, weil er mir fremdgegangen ist. Das ging nicht, es war zu schrecklich. Dann bin ich, glaube ich, mit... mit wem war ich denn dann zusammen?

LUCIE: Mit... mit Dingsbums, der mit seiner Freundin extra Schluß gemacht hat...

LENA: Heino.

LUCIE: Ja, genau.

LENA: Aber gleich danach, ja schon während Georg hatte ich einen besten Freund – seitdem ich zwölf war. Mit ihm habe ich über alles reden können.

LUCIE: Franz?

LENA: Ja. Er hat sich während der Zeit, in der ich mit Georg zusammen war, oft mit seinen Freunden und mir getroffen. Georg kam ja nur mal einen Abend in der Woche, Beziehung kann man das gar nicht richtig nennen, finde ich. Also – einer von Franzens Freunden verknallte sich in mich, alle fanden mich damals so geil, ich habe das natürlich total genossen, und so war ich auch immer in dieser Clique. Ich brauchte meine Bestätigung. Und schließlich hatte sich auch Franz in mich verliebt. Ich war froh darüber; denn, bevor ich mit Georg zusammen ging, war ich immer in Franz verliebt, während er einer alten Liebe nachgetrauert hatte und mit mir nichts anfangen wollte. Sie hieß übrigens auch Lena. Kurz, jetzt hatten auch wir mal was zusammen, nicht viel, einen Nachmittag, nur Küsse, ganz komisch. Es war mir so fremd; ich kannte ihn ja nur als Freund. Er rief aber täglich an und hatte mich dann auch auf eine Party mitgenommen. Nur war ich nicht mehr so verknallt in ihn. Es hat mit uns eben nie so richtig zur selben Zeit hingehauen. Auf der Fete war ein Freund von ihm, der gerade Streit mit seiner Freundin hatte. Er machte sehr nette Bemerkungen zu mir. Wir übernachteten alle in dem Haus, und ich lag die ganze Nacht neben ihm; es passierte nichts, aber er hat mich die ganze Nacht ganz süß gestreichelt, nur am Arm, aber es war total geil. Zwar tat mir Franz leid, aber ich war dem Wahnsinn verfallen, ich müßte jetzt allen gefallen und sie heiß machen. So kam ich natürlich aus den Konflikten gar nicht raus. Denn nun dachte ich, Franz fände mich ganz beschissen.

133

Unsterbliche Liebe
«Warum demnach hängt der Verliebte mit gänzlicher Hingebung an den Augen seiner Auserkorenen und ist bereit, ihr jedes Opfer zu bringen? – Weil sein UNSTERBLICHER Theil es ist, der nach ihr verlangt, nach allem Sonstigen immer nur der sterbliche. – Jenes lebhafte, oder gar inbrünstige, auf ein bestimmtes Weib gerichtete Verlangen ist sonach ein unmittelbares Unterpfand der Unzerstörbarkeit des Kerns unsers Wesens und seines Fortbestandes in der Gattung.»
Arthur Schopenhauer
Metaphysik der Geschlechtsliebe

LUCIE: Ich hatte auch solche Zeiten.

LENA: Na ja, dann Heino. Er war schon ewig mit seiner Freundin zusammen und hatte sich nur meinetwegen von ihr getrennt. Nach einiger Zeit merkte ich, daß er auch nicht das Wahre war. Dann bin ich auf Klassenfahrt gefahren. In meiner Parallelklasse war ein Junge, der schon einmal sitzengeblieben und damit der Älteste von allen war, der Coolste für die damaligen Verhältnisse. Ich fand ihn sehr gut. Meine Freundin Isabella, die ich zwar hübscher fand als mich, die aber im Denken nicht so weit war, hat mir immer alles nachgemacht. War ich in einen verliebt, war sie es auch; sie nervte mich. Zumal sie alle hübscher fanden und ich dann gar keine Chancen hatte, meinte ich. Heute weiß ich, daß mich die anderen wegen meines Charakters netter fanden. Gut, Isabella machte ihn die ganze Zeit an, irgendwie noch kindisch, mit Schlagen und so, sehr blöd. Georg fand es wohl auch nicht gut. Irgendwie – ich weiß nicht mehr – sind wir dann zusammengekommen.

LUCIE: Du hattest doch mal erzählt, ihr hättet sehr lange geredet.

LENA: Ja, das war wahnsinnig schön. Wir waren allein in seinem Zimmer. Es war so aufregend, weil wir das nicht durften. Wir redeten andauernd miteinander. Dann stellten sich merkwürdige Zufälle heraus: daß wir zum Beispiel am selben Tag Geburtstag haben und seine Schwester auch Lena heißt. Da fand ich ihn süß – die ganze Skifreizeit. Im Schnee war es geil, wir fuhren zusammen Schlitten und so weiter. Aber so richtig lernte ich ihn in dieser kurzen Zeit auch nicht kennen. Noch zu Hause war ich total happy, hab es dir erzählt, alle fanden es so cool, und ich fand es eben geil. Nach einiger Zeit hatte sich dann herausgestellt, wie er wirklich war. Ich finde es zwar von mir fies, aber es ist eben auch schwierig, wenn die Familie und das soziale Umfeld so zerbrochen und so anders sind – ach, ich weiß jetzt gar nicht weiter.

LUCIE: Du meinst, nicht so viel Geld, immer nur Konflikte zu Hause und so weiter.

LENA: Na ja, er hatte schon Autos geklaut...

LUCIE: Kraß.

LENA: Schon etwas kriminell. Aber ich weiß ja auch, daß es nur durch sein Umfeld kommt. Beispielsweise hat es ewig gedauert, bis er mich in die Wohnung mit hochnahm. Er wollte es nicht. Ich fragte, warum denn nicht. Er: Also, ja, meine Mutter ist so schrecklich. Tatsächlich sind seine beiden Schwestern von zu Hause ins Heim abgehauen, um ihr zu entkommen. Die Mutter hätte seitdem was gegen Mädchen in diesem Alter. Ich glaubte es. Eines Tages aber kam die Mutter selber auf mich zu und fragte, warum ich denn nie hochkäme. Aber sie war schon etwas durchgedreht; zwar nett, aber aufdringlich. Sie erzählte mir gleich ihr ganzes Leben und mit wem sie es hatte, irgendwie primitiv und doch auch intelligent.

(Beide lachen)

Es war noch nie ein Mädchen oben bei denen. Er war dann ganz süß, machte mir dauernd Geschenke. Sein Vater war Jugoslawe. Seine Auffassung war aber, daß die Frauen putzen, kochen und die Kinder verwahren. Wenn wir uns stritten, hob er die Hand wie zum Schlagen gegen mich. Ich merkte, wie ich immer mehr eingeschüchtert wurde und einfach Schiß bekam – als wäre ich sein Untertan.

LUCIE: Aber geschlafen hast du doch mit ihm, oder?

LENA: Ja, aber ich hatte auch das Gefühl, er hätte Flöhe. Die Wohnung sah aus wie bei einem Penner.

Bei uns zu Hause war er immer ganz willkommen, das ist bei uns ja eh so. Da hat er gesehen, wie schön der Tisch beim Essen gedeckt war und wie alle immer zusammen aßen. Er tat mir so leid, als er das nachzuahmen versuchte. Es ging einfach alles daneben. Er hat bei sich den Tisch gedeckt und Blumen darauf gestellt. Es war ja nicht nur ärmlich, es war vor allem alles so dreckig. Es liegt, würde ich sagen, einfach an der Mutter *(seufzt tief)*.

LUCIE: Aber mit ihm war es doch dein erstes Mal, oder?

LENA: Ja, aber ich fand es auch eklig. Ich habe mich und ihn so dreckig erlebt. Er hatte mich auch nicht so angetörnt. Ich war auch nicht so richtig verknallt. Und er wollte dauernd, daß ich es geil fand. Er hat es dann bei mir mit der Hand gemacht, aber das Gefühl am Kitzler war viel zu extrem, es hat mir richtig weh getan.

135

LUCIE: Das kenn ich.

LENA: Es ist kein richtiger Schmerz, aber man kann es nicht aushalten. Ich wollte seine Hand weghalten, aber er versuchte es dann mit Gewalt. Er wollte, daß ich auch komme, aber das ging so nicht. Schrecklich.

Ich hatte meiner Mutter davon nichts erzählt. Meine Eltern sind zwar sehr tolerant, aber doch auch anders. Sie wären nicht sauer gewesen, hätten es aber nicht so gut gefunden. Außerdem war es ja auch für mich selbst nicht gerade das Wahre. Deshalb wollte ich nichts sagen. Andererseits sagte er ständig: «Hol dir doch die Pille.» Aber ich wollte nicht, ohne daß meine Mutter es gewußt hätte. Also mußte ich öfter den Schwangerschaftstest machen, ganz schrecklich.

Wir haben uns oft sehr gestritten, wobei ich immer ziemlich heulte. Er war dann wirklich mies, ganz kühl, ekelhaft. Letztes Jahr hatte es dann mit der Trennung glücklich geklappt. Er sollte auf die Wohnung eines Freundes aufpassen und die Blumen gießen. Dorthin lud er nun immer alle seine Freunde ein. Und dann auch mich. Er hatte nämlich eine Woche später bereut, daß nach einem Streit Schluß war. Auf jeden Fall interessierte ich mich dann gar nicht mehr für ihn. Ziemlich schnell hatte ich mich verliebt, vielleicht war ich vorher gar nicht so sehr an ihn gebunden.

Aber unter den anderen war einer, der mir beim Videosehen auffiel. Ich merkte, daß er Sympathien für mich empfand – wie ich für ihn. Das ist ein besonderer Kitzel, diese Zeit finde ich immer am schönsten in einer Beziehung. Ich hatte so geile Gefühle im Bauch, als wir so ganz zufällig dauernd nebeneinandersaßen. Ganz zufällig berührten sich unsere Hände. Wir konnten es nicht so offensichtlich machen, weil Georg ja da war. Der paßte auf und wollte mich dauernd anmachen. Das mochte ich schon deswegen nicht, weil der Neue – Sim, du weißt – nicht denken sollte: «Von der lasse ich lieber die Finger.» Nachher habe ich wirklich gehört, daß alle ihm Vorwürfe machten, wie er nur seinem Freund die Freundin hätte ausspannen können. Dabei wollte ich ja gar nicht mehr mit Georg.

Dann sind wir zusammengekommen. Das Schreckliche dabei war, daß Georg gesehen hatte, als wir es uns zum erstenmal offenkundig bekannten. Er war sehr enttäuscht und ganz sauer. Aber er hatte es sich ja auch selber zuzuschreiben. Am nächsten Tag fuhren meine Eltern zwei Wochen in Urlaub. Er war die ganze Nacht bei mir. Wir haben nichts gemacht, haben nur die ganze Nacht geredet.

LUCIE: Geil.

LENA: Morgens um sechs ist er gegangen, hat mir nur einen Kuß auf den Mund gegeben, mehr ist nicht passiert.

Er wollte mich tagsüber anrufen und tat es auch – als ich allerdings gerade weg war. Ich wartete und wartete und war ganz fertig. Schließlich stellte sich bei seinem nächsten Anruf das Mißverständnis heraus. Ich meinte, ich sei noch von der Nacht her so müde, meine Eltern seien weg und ob er nicht Lust hätte, herzukommen und einfach neben mir zu pennen. Er kam. Ich hatte gerade neue Bettwäsche bekommen, die wir gleich ausprobierten. Wir waren noch ganz schüchtern, es geschah nichts außer Küssen. Wir pennten bis abends, spielten dann mit meiner älteren Schwester und ihrem Freund Monopoly und tranken Sekt dazu. Dann in der nächsten Nacht war es zuerst schrecklich. Plötzlich war es mir peinlich, ich kannte ihn doch noch gar nicht so gut, alles war so neu, gerade mal zwei Tage alt, und er war gleich in meinem Bett.

LUCIE: War es dir peinlich, deine Figur zu zeigen?

LENA: Nein, es war ja dunkel, und im übrigen habe ich damit nie Komplexe. Aber es war eben alles so komisch. Ich kam mir so unbeholfen vor: Huh, was mache ich denn jetzt, verstehst du? Wir haben uns schließlich wieder geküßt und rumgemacht.

Na ja, und dann haben wir ziemlich bald miteinander geschlafen.

LUCIE: War das noch am selben Tag?

LENA: Ja.

LUCIE: Und wie war das?

LENA: Ich bin zwar nicht gekommen, aber es war schön. – Ich hatte es gar nicht vor – und er auch nicht. Wir haben vor kurzem darüber gesprochen. Er meinte, ich hätte es gern gewollt. Ich finde, er hat es ganz gewollt. Total bescheuert. Er sagte, er sei total überrascht gewesen.

(Beide prusten lachend. Kleine Pause)

137

Attraktion der Farbigen

LUCIE: Wir haben doch neulich davon geredet, daß wir Schwarze so geil finden. Wenn wir uns erotische Situationen im Bett vorstellen, stellen wir uns doch zumindest jemanden vor, der dunkel ist – oder?
LENA: Ja, auf jeden Fall, mich törnt es viel mehr an.
LUCIE: Woher kommt das nur?
LENA: Sim ist ja selbst Farbiger. Er hat zu mir gemeint, er mag überhaupt keine dunkelhäutigen Frauen. Er findet sie unerotisch. Mit ihnen könnte er nie schlafen. Er mag sehr gern Weiße.
LUCIE: Vielleicht ist es immer das Gegenteil, weißt du, das Fremde.
LENA: Ja, das zieht einen an. Es kann sein, aber ich weiß es nicht. Komisch, wirklich.

Angstoffenheit

LUCIE: Ich muß dir noch etwas anderes erzählen, was mir sehr peinlich ist, total peinlich. Du bist die erste, die das erfährt. Lena, es ist mir so peinlich, du glaubst es gar nicht.
LENA: Ich finde es bestimmt nicht so peinlich wie du.
LUCIE: Doch, ich weiß es. Es ist gar nicht schlimm, aber du denkst sicher: «O Gott!»

Also, es ist der Moment, als ich meinen ersten Orgasmus hatte. Wir haben schon mal darüber geredet.
LENA: Ich hatte meinen ersten mit Sim – und das nicht auch gleich am Anfang.
LUCIE: Also, ich hatte früher schon oft Selbstbefriedigung gemacht...
LENA: Komisch, ich gar nicht. Und ich weiß gar nicht, warum eigentlich nicht. Ob ich mich geschämt habe? Zwar hab ich das beim Duschen und mit der Dusche gemacht, aber nie bewußt im Bett.
LUCIE: Bei mir war es zuerst auch nicht richtig bewußt. Das erste Mal habe ich es so richtig bewußt – *ich* mit meiner *eigenen* Hand – auf Ferien gemacht. Wir hatten ein kleines Haus gemietet. Ach, ich muß dir jetzt wahnsinnig viel erzählen, hoffentlich merke ich mir das alles.

Zunächst war ich in einem seltsamen Alter: wo ich auch immer rumgelaufen bin und auch bei irgendwelchen Szenen im Fernsehen bin ich total erotisch erregt worden...

LENA: Das kenn ich gut.

LUCIE: Ich habe den Puls zwischen meinen Beinen gespürt...

LENA: Total, ich auch. Selbst wenn ich Pornofilme sah, die ich ganz doof fand und doch gucken wollte. Ich sagte den anderen, mach das doch mal weg, aber es war gelogen.

(Beide lachen über die gleichen Empfindungen und Gedanken)

LUCIE: Genau! Es hat mich eben so geil gemacht. Kennst du das? Als wenn du geil auf einen Typen bist und mit ihm schlafen willst.

Gut, zurück zu meinem ersten Orgasmus. Früher habe ich mit Freundinnen, Martha und Isabella, oft Spielchen gemacht. Das macht ja jeder: Du bist jetzt der Typ, und ich bin die Tuss, dann ficken wir und so weiter. Einmal, bei mir zu Hause, haben Martha und ich so gespielt – und zwar Vergewaltigung. Komisch, es waren immer so fiese Sachen, in denen die Frau eigentlich unterdrückt ist; sie wird festgehalten, gezwungen und so weiter. Jedenfalls war ich gerade der Typ – wir haben es hunderttausendmal gespielt und immer die Rollen gewechselt – ach, es ist mir jetzt so peinlich – stell dir vor, es war mit Martha; ich finde es so schrecklich, wenn ich daran denke. Ich habe mich auf sie gelegt, habe sie festgehalten...

LENA: Sag mal, wie alt warst du da eigentlich?

LUCIE: Sehr jung, sagen wir mal sechste Klasse. Glaube ich jedenfalls. Ich hatte das Erlebnis völlig verdrängt, es ist mir erst vor kurzem wieder eingefallen. Ich mache also auf ihr Bewegungen wie ein Mann. Es sah aus, als würden wir wirklich zusammen schlafen. Und plötzlich kriege ich das Gefühl, daß ich total ausraste. Mein Kinn ist so runtergefallen. Ich meinte, ich werde gleich verrückt. Aber es war das ganz geile Gefühl. «O Gott, ich werde gleich verrückt», habe ich auch wirklich mit diesen Worten gedacht. Es war plötzlich total geil – und dann war es plötzlich wieder weg. Und ich war fast im Schock: Hey, was war denn das? Ich war völlig fertig und hab mich erst mal neben Martha gelegt. Sie hat es nicht gerafft, überhaupt nicht gerafft.

LENA: Klar.

LUCIE: Und dann wollte ich es noch mal und hab weitergemacht. Es war aber sehr ekelhaft. Du kennst das doch, wenn du mal einen Orgasmus

139

hattest, und einer macht gleich weiter, obwohl du für einen Moment gar keine Lust darauf hast.

Also, so war das, aber ich wußte gar nicht, was das war. Es war mir überhaupt nicht bewußt, daß das ein Orgasmus war. Komisch, ich finde das total peinlich und will es auch Martha nicht erzählen. Ich habe es nicht einmal Johnny erzählt, obwohl ich mit ihm nun drei Jahre zusammenbin.

LENA: Jetzt muß ich auch einmal erzählen, was mir sehr peinlich ist. Als ich zwölf war, war ich oft mit Isabella zusammen. Wir haben heimlich die erste Zigarette gemeinsam geraucht und so. Also, ich bin noch nie bei der Selbstbefriedigung gekommen. Einmal haben wir aneinander herumgespielt, und dann haben wir es zusammen gemacht. Wir haben uns gegenübergesetzt dabei – ich weiß nicht, es ist mir ganz peinlich. Warum ist das bloß so komisch?

Sex im Sinn
«Gefragt, ob ihnen in den letzten fünf Minuten Sex in den Sinn gekommen wäre, bejahten 51% der 16- bis 17jährigen und 20% der 40- bis 55jährigen. Für 14% der Jungen und 4% der Älteren war Sex sogar das Thema, an das sie in den letzten fünf Minuten am intensivsten gedacht hatten.
In einer anderen Studie schätzten Jungen zwischen 12 und 19, daß sie ungefähr alle fünf Minuten einmal an Sex dächten; 40 bis 49 Jahre alte Männer meinten, sie dächten etwa jede halbe Stunde daran.»
Der neue Kinsey-Institut-Report

LUCIE: Ja, merkwürdig, ich weiß es auch nicht. Dieses Alter, in dem sich der Körper so sehr verändert, ist eben komisch. Wenn ich jetzt zurückdenke, habe ich das Gefühl, als hätte ich aber auch in allem etwas Geiles gesehen – selbst bei einer Tuss, die mit nackten Titten auf einem Foto abgebildet ist. Auf den Ferien habe ich mit meinem jüngeren Bruder Lego gespielt, immerhin schon die Phase nach Playmo, aber eben noch richtig Kinderzeit. Da kamen wir schon auf solche Spielchen.

LENA: Ja, wir haben auch mit Barbies Vergewaltigung gespielt.

LUCIE: Das fand ich das höchste.

LENA: Wir wollten es die ganze Zeit spielen, nur noch das.

LUCIE: Mit Playmomännchen spielten wir es: ein kleines Mädchen wurde gefangengenommen, wurde die Dünen runtergeschubst, hatte dann einen Stab zwischen die Beine bekommen – lauter ekelhafte Sachen.

Ich hab dir doch mal erzählt von dem Typen, der mich in der Bahn befummelt hat. Das fand ich total schrecklich, überhaupt nicht geil. Aber wenn ich erotische Gedanken kriege, denke ich zwar meist an Typen, die

140

mich geil küssen, aber das macht mich nicht so *notgeil*. Und das ist mir so peinlich. Wenn ich beispielsweise mit Johnny schlafe, dann denk ich nicht an einen Typen, der mich vergewaltigt, das nicht; aber Gedanken, die mich heißmachen, etwa bei der Selbstbefriedigung, die sind auch härter. So oft mache ich es jetzt ja nicht gerade...

Selbstliebe

LENA: Wie kommst du überhaupt auf den Gedanken, dich selbst zu befriedigen? Liegst du dann so da und willst es machen? Ich kann es mir eben einfach nicht richtig vorstellen.

LUCIE: Das letzte Mal war es, als ich längere Zeit weg war, auch Johnny fehlte mir. Durch irgend etwas – einen Film, einen Jungen – hatte ich Lust, einen Orgasmus zu bekommen. Das ist also keine Lust, mit einem Typen zu schlafen, vielmehr eine Lust, dieses Gefühl zu kriegen. Ich weiß eigentlich auch nicht so ganz genau, wie es anfängt. Manchmal lag ich abends im Bett, hatte gar keine ausgesprochene Lust darauf, sondern so eine Stimmung: «Jetzt mach ich es mal.» Ich kann es auch gar nicht vergleichen mit der Lust, die ich im Bett mit Johnny habe. Es ist nicht besser, nicht schlechter, es ist einfach etwas anderes.

Ich möchte dann mit meinem eigenen Körper Lust empfinden. Aber dann denke ich auch an heftigere Sachen, nicht gerade Vergewaltigung, aber ein Typ hält eine Tuss fest oder hält mich fest. Und dann quält er mich: ich will eigentlich nicht, aber er macht da so rum und schläft mit mir, während ich schreie: «Nein, nein, nein, bitte nicht!» Im Grunde aber finde ich es geil, sogar, daß er mich damit richtig quälen will. Und das ist eben das komische mit dem Bahntypen: Ich finde es eigentlich total ekelhaft, würde ihn auch anschreien und umbringen – wenn es aber nicht ich oder eine Phantasie von mir wäre, würde es Lust für mich bedeuten, verstehst du, das finde ich scheußlich, das ist mir peinlich.

LENA: Ich finde es auch sehr ekelhaft, aber ich kann es nachempfinden. Ich sagte ja schon: Selbst als Kleinste habe ich schon Vergewaltigung gespielt. Das Zwingen spielte immer eine entscheidende Rolle.

LUCIE: Ja, genau, ich verstehe das auch nicht. Oder Gefesseltsein und Nein-nein-Schreien.

141

Die Gewalt in der Liebe ist die Gewalt der Liebe über uns.

LENA: Es ist aber wirklich so. Selbst heute ist das scharf, wenn dein Freund dich gröber behandelt statt so sanft vor sich hinzusäuseln.

LUCIE: Es ist auch unterschiedlich. Manchmal ist auch nur Zärtlichsein geiler. Aber wenn es so gerade kurz vor dem Orgasmus ist, dann muß es auch härter sein. Daß er mich richtig stößt zum Beispiel.

LENA: Oder einen so richtig festhält – am Arsch...

LUCIE: Ja, das ist dann nicht so ein Tirili.

LENA: Ich habe allerdings noch nie einen Orgasmus erlebt, bei dem es ruhiger zuging.

LUCIE: Ja, aber auch jenseits von Orgasmus gibt es doch viele, die sagen, ach, es war so sanft und schön, wir haben zusammen geschlafen, und es war so zärtlich, wir waren so aufeinander abgestimmt. Weißt du, das kann ich einfach nicht so nachempfinden. Gleichzeitig finde ich es peinlich und Vergewaltigung ekelhaft. Aber als Gedanken finde ich es lusterregend.

Wende zur eigenen erotischen Beziehung

LENA: Was ich noch sagen wollte: Manchmal träume ich intensiv erotisch. Wenn ich aufwache, halte ich das noch für Realität und finde es so schön. Neulich habe ich geträumt, ich hätte mit dir geschlafen. Und ich fand es sehr gut, aber andererseits war es mir auch sehr peinlich, und ich mußte es schnell verdrängen. Ich lag da und dachte: «O Gott, was ist denn das jetzt!» Obwohl es so schwierig ist, fand ich es aber schön und würde das auch gern in die Realität umsetzen. Aber vor diesem Gedanken flüchte ich dann wieder und finde es so peinlich.

LUCIE: Ja, verstehe ich. Hast du auch manchmal Träume, in denen du einen Orgasmus kriegst oder kurz davor bist?

LENA: Nein, aber ich bin sehr erregt. Ich habe auch schon einmal von einer Vergewaltigung geträumt.

LUCIE: Einmal habe ich in den Ferien einen Traum gehabt, in dem ich viele Orgasmen bekam. Eigentlich finde ich das peinlich. Es ist gar nicht so geil, aber ich denke, was die Leute sich denken würden, wenn ich das erzählte. Ich bin doch gar nicht so sehr auf Sex und renne jedem Typen hinterher.

Aber ich muß dir noch etwas erzählen, was mit dir zu tun hat, das ist mir ziemlich peinlich.

LENA: Erzähl doch, ich find es sicher gut. Weißt du, manchmal bin ich deinetwegen auch sehr eifersüchtig.

LUCIE: In welchen Situationen, meinst du?

LENA: In den Ferien, als wir Evelyn und Sonja kennenlernten und du auch mit denen zusammenwarst. Ich fand, du bist irgendwie mein. Ich wollte dich nicht mit anderen teilen.

(Beide lachen)

LUCIE: Das denke ich auch immer.

LENA: Und guck mal, wir hatten doch schon darüber geredet, daß wir uns vorstellen könnten, miteinander zu schlafen. Ich wollte es damals so gerne, aber ich hatte so Schiß davor, und deswegen ging es nicht weiter.

LUCIE: Ich finde es auch sehr gut, aber mir ist es auch sehr peinlich.

(Verdutzt über ihre Offenheit und ihren Mut, glucksen beide vor sich hin)

Ich hatte die ganze Zeit das Gefühl, es hätte gut passieren können. Es war eine gute Gelegenheit, draußen am Strand zum Beispiel oder auch in den Zimmern. Gleichzeitig hätte es nicht geklappt, denn wenn ich daran dachte, mußte ich noch immer lachen. Hätten wir wirklich miteinander rumgemacht, hätte ich sicher kichern müssen wie eine bescheuerte kleine Kuh.

LENA: Ich dachte, es ginge vielleicht, wenn man etwas beschwipst ist. Wir haben uns doch schon einmal richtig geküßt, zu Silvester, da hatten wir ja auch etwas getrunken.

LUCIE: Als wir in den Ferien auf der langen Busfahrt nebeneinandersaßen, haben wir uns doch beide gestreichelt. Und ich fand es so gut, dich zu streicheln, und ich wollte so sehr, daß du es gut findest, und ich wollte auch, daß andere es sehen.

(Beide geraten in entzücktes, immer mehr befreites Lachen)

Andere sollten gucken und sich sagen: «Wie süß die beiden!» Ich wollte es bezeugen: «Hier, meine Freundin!» Das tun wir ja auch mit dem

143

Zwiegespräch, wenn wir es hergeben. Es war ein ganz starkes Gefühl. Wenn jemand gekommen wäre und hätte dich beispielsweise irgendwie dumm angemacht, dir etwas Blödes gesagt oder dich gar geschlagen oder so, dann wollte ich dich total verteidigen. Ich war ganz für dich bereit.

LENA: Es tut mir so gut, daß es dir genauso geht.

Guck mal, anfangs fand ich es so blöd. Es ist ja schon länger her, daß wir vorsichtig darüber geredet hatten, wir könnten doch mal mit einer Frau schlafen. Du sagtest aber: «Mit dir als meiner besten Freundin könnte ich es mir gar nicht vorstellen, eher mit einer ganz fremden Frau.» Ich fand das überhaupt nicht so, habe dir aber doch zugestimmt.

LUCIE: Es war eben zu peinlich.

LENA: Aber innerlich fand ich es überhaupt nicht schlimm, mit dir jetzt ins Bett zu gehen – im Gegenteil, besser als mit anderen. Deswegen war deine Bemerkung eben auch enttäuschend.

LUCIE: Ich wollte der Beschützer sein: groß, kräftig, intelligent. Am liebsten wäre es mir gewesen, einer hätte dir was tun wollen, damit ich ihn hätte schlagen können.

Als du mich dann streicheltest, fand ich das selbst so geil, ich habe meine Scheide richtig gespürt, wegen der zärtlichen erotischen Berührungen. Aber es war mir auch peinlich.

Weißt du noch, wie uns neulich in der Disco die beiden lesbischen Frauen so angeguckt haben? Wenn das Typen gewesen wären, hätte ich es nie so interessant gefunden.

LENA: Ich hätte es aufdringlich gefunden. Wäre es ein sehr guter Typ gewesen, wäre es wieder was anderes gewesen.

LUCIE: Mich hat es zwar nicht erotisch erregt, aber eben angeregt. Ich mußte immer hingucken, wie die da so liegen und sich im Arm halten. Ich fand es interessant, mal zu erleben, wie man von so einer Tuss angemacht wird. Ich könnte mir jetzt auch sehr gut vorstellen, mit dir zu schlafen, besser als mit irgendeiner anderen. Aber mit einer, die viel Erfahrung hätte, fühlte ich mich geborgen, fast babymäßig, so wie die ältere, männliche von beiden. Ich weiß nicht, wie es mit der sein würde. Ob ich nun deren Titten anfassen würde...

Andere Männer

LENA: Das kann ich mir auch nicht vorstellen.

Was ich noch sagen wollte und was ich so fies finde: Wenn ich mit Sim schlafe und schlaf bei ihm ein, dann träume ich oft von anderen Typen und daß ich mit denen was mache. Das finde ich so gemein. Manchmal aber finde ich es gut. Ich stelle es mir mit vielen vor.

LUCIE: Geht mir auch so. Mit Typen, die ich in der Straßenbahn sehe, stelle ich mir zum Beispiel vor, wie es mit denen im Bett wäre.

LENA: Bei mir ist das nicht so. Ich phantasiere es eher von Jungen, die ich kenne. Ich würde es dann allerdings auch gerne wirklich machen.

LUCIE: Das kann ich verstehen. Mit Werner beispielsweise hatte ich Phantasien oder mit dem Typen im Englisch-Leistungskurs. Wenn es sich realisieren ließe, würde ich es gern machen. Aber wenn du mit denen schläfst, dann wollen die ja noch mehr, denke ich jetzt mal so, und außerdem stehst du dann wieder als dumme Schlampe da: Das finde ich für Mädchen auch irgendwie ungerecht im Vergleich zu Jungen. Die können sich das eher erlauben, es ehrt sie sogar.

(Kleine Pause)

Romantische Liebe

LENA: Ich träume manchmal tagsüber von romantischer Liebe und finde es traurig, daß ich noch nie einen Freund hatte, mit dem ich das erleben könnte. Ich hätte gern eine Liebe, die so richtig geil ist und in der sich mein Freund so richtig auf mich konzentriert. Mit ihm würde ich dann alles zusammen machen können. Das fehlt mir auch bei Sim. Ich finde ihn so gefühlskühl. Wenn er versucht, süß zu sein, sagt er nur: «Ah, mein Schatzi» – es klappt überhaupt nicht. Wenn ich es gern möchte, merkt er das und wird eher sauer. Ekelhaft. Dann muß ich oft vor Wut heulen und wünsche mir, am liebsten nicht mehr mit ihm zusammenzusein. Er kann vor allem nicht reden, dadurch wird alles so schwierig.

Manchmal weiß ich dann selber nicht weiter und sage nur dumme Sachen wie: «Leck mich am Arsch», weil ich ihm weh tun will – aber es klapp überhaupt nicht. Er redet dann erst recht nicht, und ich bin noch mehr genervt. Wenn ich dagegen dich und Johnny sehe, werde ich richtig eifersüchtig, neidisch. Wieviel ihr redet! Und allein, wie er dich anguckt, wenn du kommst. Das wird dir gar nicht bewußt sein.

LUCIE: Überhaupt nicht.

LENA: Und wie er dir einen Kuß gibt, er sehnt sich total danach. Bei Sim scheint das überhaupt nicht so zu sein.

LUCIE: Am Anfang einer Beziehung finde ich es immer am besten; weißt du, was ich meine? Wenn ihr beide total verknallt seid, dann freut sich der Typ dauernd nur auf dich...

LENA: Es ist alles so neu, und es gibt viel zu entdecken.

LUCIE: ...und du dich auf ihn natürlich. Sim, finde ich, war am Anfang auch so. Da war ich sehr eifersüchtig auf euch.

LENA: Ich glaube, Sim hatte noch nie so richtig eine Freundin und war erst mal glücklich, überhaupt eine zu haben. Seine Schwester fand es gut, seine Eltern begrüßten es, ich wurde herzlich willkommen geheißen. Das fand ich geil. Das war auch etwas Neues für mich. Vor Sim hatte ich nur Freunde, die andauernd bei *mir* in der Familie waren, so daß ich nie deren Familie kennengelernt habe. Es war eine einseitige Beziehung. Ich habe mich sehr danach gesehnt, eine andere Familie kennenzulernen.

Willst du einen Geliebten, schau dir seine Eltern an.

LUCIE: Wenn du und Sim euch streitet, versuche ich zwar so objektiv wie möglich zu sein, aber ich versuche auf jeden Fall, daß ihr zusammenbleibt. Ich fände es ganz schrecklich, wenn ihr getrennt wäret. Kennst du das auch?

LENA: Natürlich. Meine Schwester hatte mit ihrem Freund Schluß gemacht, und ich mußte sehr heulen. Sie fand es gar nicht so schlimm; sie war eher glücklich. Und ich fand es total traurig. Als er ihr eine Musikkassette schickte und ich sie hörte, weinte ich nur noch.

LUCIE: Du und Sim, finde ich, seid ein gutes Paar.

LENA: Manchmal erlebe ich Sachen mit ihm, weswegen ich ihn umbringen könnte, aber am anderen Tag kann ich sie gar nicht mehr wiedergeben. Mir fallen nur einzelne Worte ein, ich kann es anderen gar nicht mehr vermitteln. Richtig süß und geil ist er, wenn er leicht angetrunken ist. Das ist doch Scheiße.

LUCIE: Das kann ich verstehen. Johnny ist dann auch ganz lieb. Dann kriegen die so Lust auf einen.

Über-Ich
Das Über-Ich ist eine Phase, die sich in Alkohol auflöst.
Psychoanalytisches Sprichwort

LENA: Das geht mir dann aber auch so.

LUCIE: Ich werde so liebesgeil, wenn es nicht zuviel Alkohol ist. Mitten auf der Straße fangen wir an, ausgiebig zu knutschen, was wir sonst nie tun.

LENA: Ich will Sim so oft an anderen messen, obwohl ich weiß, daß das fies ist. Ich sage ihm: «Der und der sind doch so romantisch», und dann wird er nur sauer. «Geh doch mit ihm», sagt er – und das verletzt mich noch mehr. Ich weiß gar nicht, wie ich es ihm beibringen könnte. Ich versuche es ja, aber er macht es nicht, er hört gar nicht richtig darauf.

Songs
«Meine Texte sind wie ein Interview. Songwriting ist ein emotionales Ding. Wir bringen im Alltag unsere Gefühle nicht mehr zum Ausdruck. In der Musik geht das noch. Das ist verdammt heilsam. Das ist meine Art der Kommunikation.»
Heather Nova

LUCIE: Ich finde beispielsweise Kerzenlicht und Musik auch sehr erotisch oder sich irgendwie den Raum anders als normal zu gestalten, also romantisch. Aber gleichzeitig finde ich, daß Romantik, Zärtlichkeit und Erotik nicht immer zusammengehören – weißt du, was ich meine? Es ist dazu da, um in Stimmung zu kommen, für den Anfang. Dann aber muß auch anderes passieren, heftigere Liebe, finde ich.

LENA: Musik macht mich übrigens sehr an. Sim aber mag die Musik nicht, die mir gefällt. Dann hätte ich gern einen, dem meine Musik ganz liegt, der sie mitsingt und mich dabei anmacht. Es ist so scharf, wenn einer mal seine Gefühle zeigt. Aber das ist so selten.

Wünsche nicht aussprechen können

LUCIE: Manchmal schlaf ich mit Johnny und ärger mich, daß ich ihm einen Wunsch nicht sagen kann. Ich liege etwa auf dem Rücken und hätte Lust, daß er mich streichelt, ohne daß ich irgend etwas machen muß – nur für fünf Minuten. Daß er mir zwischen die Beine geht, und ich liege ganz still. Das finde ich manchmal total gut. Dann könnte ich auch alles machen, was er gerne möchte. Ich rede nicht, aber ich drehe ihn so hin, daß er genau weiß, was ich mag. Ich nehme seine Hand und tue sie dahin, wo ich sie gern hätte. Dann dreht er sich aber um und zieht mich so auf sich oder so was. Dann werde ich so sauer, habe keine Lust, mit ihm zu schlafen – nur wegen so einer Kleinigkeit. Ich merke, er wird beleidigt, wenn ich es nicht tue, und auf sein Beleidigtsein habe ich dann auch keine Lust.

LENA: Was mir dazu einfällt: Ich finde, Jungen wollen immer ein so schnelles Vorspiel. Ich hätte es aber so gern, wenn es langsam ginge. Wenn er mich nur streichelt und vielleicht noch gar nicht mit dem Finger reingeht, sondern nach einiger Zeit gleich mit dem Schwanz eindringt. Das hätte ich viel lieber. Er will mich aber total beim Vorspiel erregen, weil Jungen eben total beim Vorspiel erregt sind.

LUCIE: Langsam fände ich auch viel besser.

LENA: Er will es tack-tack-tack machen. Es nervt mich, wenn er viel zu intensiv und viel zu oft mit seinen Fingern an die Möse und den Kitzler geht. Sanfter und langsamer wäre viel geiler. Oder – was ich besonders gern habe – wenn er mit seiner ganzen Handfläche käme und mich da nur so drüberstreichelte, zwischen den Beinen und die Beine entlang. Dann werde ich ganz feucht, viel stärker als mit dem Batzbatzbatz.

LUCIE: Bei mir, oder besser bei uns, ist das Vorspiel auch ziemlich schnell, obwohl es Ausnahmen gibt. Aber Johnny macht gar nichts mit den Fingern, wie du es erzählt hast. Ich wünschte mir auch, daß er mal mit der ganzen Handfläche was machte. Vor allem langsam und nicht so schnell. Und so wünschte ich es mir auch beim Miteinanderschlafen: zuerst langsam und dann schneller. Bei uns geht es normalerweise so: wir machen herum, dann zieht er mir schon die Hose aus und legt sich gleich auf mich.

LENA: Es ist immer das gewohnte Timing. Man weiß schon, was gleich drankommt. Das hasse ich.

LUCIE: Ich auch, total. Natürlich ist es ja nicht immer so, das zu behaupten wäre zu gemein. Oft ist es ja auch wirklich gut.

LENA: Manchmal liegen beide auch nebeneinander, und jeder ist zu faul, anzufangen. Dann sollte man es lieber ganz lassen.

LUCIE: Wenn wir manchmal so daliegen, vorher schon viel geredet und gekuschelt haben und ich langsam müde werde, dann möchte ich auch gern schlafen. Nicht, daß ich keine Lust auf ihn hätte, aber ich habe einfach nicht an die Lust gedacht. Sie ist sozusagen nicht von allein gekommen. Dann aber wird er sauer und macht mir Vorwürfe, daß ich nie anfange. Alles bliebe an ihm hängen. Ich meine dann oft, es sei doch nicht so schlimm, dann schliefen wir eben nicht zusammen. «Was ist denn daran so schlimm?» frage ich ihn. «Ich raff es einfach nicht.»

LENA: Ich würde auch gern schmusig sein, ohne miteinander zu schlafen. Nur im Arm gehalten zu werden...

Fast drei Viertel der Frauen wünschen in Umfragen nur Zärtlichkeit ohne sexuellen Verkehr.

LUCIE: Genau. Morgens, abends, mittags – wenn es immer das gleiche ist, geht der Reiz einfach weg. Das muß doch nicht sein.

LENA: Unsere Zeit ist um. Machen wir das nächste Mal weiter.

8. Opening up
Unüberschätzbare Selbstoffenheit

Wie Sie die Luft zum Atmen brauchen, brauchen Sie dieses Kapitel für Ihre Lust und Lebendigkeit. Opening up ist für mich zum bedeutendsten Fundament eines guten seelischen Daseins geworden. Es ist nicht einfach zu übersetzen, denn dieses Sich-Öffnen bedeutet etwas Doppeltes: *Zu sich selbst* und *zugleich zu anderen* offen sein. *Selbstoffenheit* ist noch die beste Annäherung an den Gehalt des Begriffes, doch für manche auch ein neues, fremdes Wort. Sie kennen vielleicht den Ausdruck «Er ist ein Buch mit sieben Siegeln». Eine solche Person der großen Verschlossenheit wäre genau das Gegenteil des selbstoffenen Menschen, von dem man sagt, er zeige sich «wie ein offenes Buch».

Wie eng Selbstoffenheit mit allen intensiven Momenten unseres Lebens verbunden ist, erkennen Sie am besten an eigenen Verliebtheiten. Dann nämlich öffnen sich die beiden Seelen in der Regel zu langen wechselseitigen Gesprächen. Aus der Zeit kurz davor, wenn wir uns noch nicht offenbart haben, kennen wir allerdings auch das krasse Gegenteil: Die innere Spannung und Abgründigkeit der plötzlichen, starken Empfindungen schließen unseren Mund manchmal so mächtig, als wäre er zugewachsen.

Die Bedeutung des Opening up für menschliche Beziehungen und für die seelische Gesundheit ist kaum zu überschätzen. Ich möchte sie Ihnen in einigen Thesen faßbar machen. Zum Glück brauchen Sie die Erkenntnisse nicht wie

Ich bin eine Kraft, die mir abhanden kommt
«Und sie ist mir so lieb, daß ich nicht weiß, wie ich sie begehren soll. / Seh ich sie nicht, so steht sie vor meinen Augen, und ich bin stark wie die hohen Bäume, / seh ich sie aber, so erbebe ich und weiß nicht mehr, was ich vordem fühlte, als sie abwesend war. / Ich bin eine Kraft, die mir abhanden kommt.»

Alberto Caeiro

151

Regeln oder gute Vorschläge erst zu beherzigen und schließlich fallenzulassen, weil im Zuge Ihrer Selbstentwicklung das Wesentliche wohl schon getan ist: Die entscheidende Förderung des Opening up ist das übende Erleben der Zwiegespräche. Diese Dialoge sind die Tätigkeitsformen der Selbstoffenheit.

1. *Lust vertieft sich auf vielfache Weise durch das Wort:*
Miteinander reden, das stärkste Aphrodisiakum
Interessanterweise gibt es reichlich Forschungsbefunde über die *Glücksbedingungen* der Beziehung. Allein, sie wollen nicht recht bekannt werden und lagern in den Archiven der Welt. Die Hintergründe sind klar: Die Wissenschaft hat ein anderes Ziel als die Menschen im Alltag. Sie will forschen und publizieren. Was mit den Befunden geschieht, liegt meist jenseits ihres Interessenhorizontes. Erstaunlich ist jedoch die Homogenität der Ergebnisse: Untersucht man eine Gruppe glücklicher Paare und vergleicht sie mit unglücklichen, so wird klar, daß das Glück mit einem intensiven wechselseitigen Austausch verbunden ist, während sich umgekehrt das Unglück mit Spracharmut koppelt. Geht man nun anders vor und erforscht die gesprächsreichen Paare im Vergleich zu den gesprächsarmen, so zeigt sich das gleiche: Wer viel miteinander spricht, wird glücklicher.

Diese Ergebnisse lassen sich noch verfeinern. So hat man herausgefunden, daß nicht große Katastrophen und mächtige Belastungen über Glück und Unglück einer Beziehung entscheiden, sondern die Umgangsform mit den täglichen kleinen Strapazen. Für diese Teufel im Detail des Beziehungsalltags hat die entsprechende Wissenschaft den eindrucksvollen Namen *Mikrostressoren* erfunden. Es ist klar, daß der Staub auf der Kommode oder die geöffnete Haargeltube so schwerwiegend werden, weil sie eine *unbewußte Bedeutung* in sich tragen – beispielsweise Vernachlässigung oder Lieblosigkeit. Ohne Opening up könnte man diese symbolischen Zusammenhänge nicht entschlüsseln. Wesentlich ist nun die Art der Mikrostressorenverarbeitung, die Art also, wie ich mit diesen Detailstrapazen umgehe. Es gibt eine *unangemessene*, eine *ausweichende*, eine *passive* und eine *angemessene* Form. Glück und Zufriedenheit in der Beziehung sind mit der angemessenen Form verbunden. Sie enthält zwei Anteile. Zum einen ist sie dadurch gekennzeichnet, daß ich *aktiv* auf den anderen zugehe und nicht auf seine Initiative warte – zum anderen muß ich ihn bitten, mit mir zu *sprechen*. Dieses Ergebnis enthüllt auch die Unglücksseite. Sie ist nämlich nicht – wie man denken sollte – mit dem unangemessenen, aufbrausend feindseligen Verhalten verbunden, sondern mit dem *passiven* Umgang, der alles liegenläßt. Durch ihn besonders häufen sich die ungelösten Konflikte und rieseln als täglicher feiner Enttäuschungsstaub auf den Boden der Beziehung. Wer aber spricht, befreit sich von inneren Belastungen ununterbrochen. Bekanntlich sind die besten Krisen diejenigen, die gar nicht erst auftreten. Es ist klar, daß sprechende Paare *Konfliktvorbeugung* ersten Ranges betreiben – und eben dadurch erotischer werden.

Sexuelle Schwierigkeiten entstehen fast immer durch ungelöste *seelische* Konflikte. Wer sie durch Miteinanderreden abträgt, befreit sich selbst zur Lust. Aber das Sprechen erlaubt auch, die eigenen erotischen Wünsche und die des Partners nach und nach zu entdecken und aufeinander abzustimmen. Die Liebe wird dadurch erfindungsreich und kreativ. Sie realisiert ihre Chancen. *Die erotische Entwicklung hat wie die Kunst und das Spiel kein Ende in sich. Sie steigert sich wechselseitig.*

2. *Wer sich öffnet, stärkt seine seelische und körperliche Gesundheit:*
Opening up
Lust ist nicht Gesundheit, aber was ist Lust ohne Gesundheit? Es leuchtet ein, daß intensive Lust auf dem Boden blühender Gesundheit bessere Chancen hat. Neuere Forschungen ergaben, daß Selbstoffenheit nicht nur zu seelischem Gleichgewicht beiträgt, sondern auch direkt und positiv auf die milliardenfachen Körpervorgänge einwirkt, die in jeder Sekunde in uns ablaufen. Dies geschieht über Wege, die von der Psychoimmunologie untersucht werden. Kurz gesagt, stärkt offenes und am Wesentlichen bleibendes Reden das körperliche Abwehr- oder Immunsystem. Damit wird so gut wie allen Krankheiten von Entzündungsprozessen bis zur Krebsentstehung durch innere und äußere Offenheit entgegengewirkt.

Die vielfach belegte Wirkung des Opening up ist im übrigen der erste allgemeine Erfolgsnachweis aller Gesprächspsychotherapien einschließlich der Psychoanalyse, aber auch aller eigenständiger Selbstentwicklungswege wie Gesprächsselbsthilfegruppen und Zwiegespräche. Ja, Opening up begründet auch den hohen Heilungswert jeder genügend guten Beziehung und der heute leider vom Aussterben bedrohten Freundschaften. Der Psychoanalytiker Hans Strotzka fand in seiner Untersuchung einer österreichischen Gemeinde heraus, daß jene Menschen am besten seelische Krisen überwinden, die gute Freundschaften hatten.

3. *Wer sich verschließt, macht sich krank:*
Stop Stopping
Dieser Umkehrsatz der vorigen These charakterisiert den alltäglichen wie unnötigen Eigenbeitrag zum persönlichen Verfall. Verschweigen ist der erste Schritt zur unbewußt ablaufenden Verdrängung. Damit werden Konflikte und seelische Belastungen wie Enttäuschung, Neid und Trauer im Sinne einer luftdichten Konservierung im Unbewußten frischgehalten und zur chronischen Behinderung. Der verheerend falsch gebrauchte Satz «Schweigen ist Gold» gilt nur für das Aussprechen unhaltbarer Behauptungen, also für Kolonialisierungen, auf das lebendige Leben aber trifft er nicht zu. Mit Verschlossenheiten und Ausschweigen bauen wir unser eigenes Gefängnis, wir zementieren unsere innere Unfreiheit.

Opening up, closing off.
«Ich hab es auch fast ganz verlernt, so ganz vertrauend einem Freunde mich zu öffnen. Ich möchte bei dir sitzen und erst an Deiner Treue wieder recht erwarmen – dann sollt es wohl von Herzen gehn! – O Freund! ich schweige und schweige, und so häuft sich eine Last auf mir, die mich am Ende fast erdrücken, die wenigstens den Sinn unwiderstehlich mir verfinstern muß.»
Friedrich Hölderlin

Frauen sind die Pioniere des wesentlichen Sprechens. Männern wird das oft zuviel, weil sie zuwenig Seelisches verstehen und zudem vor größeren inneren Problemen stehen. Im Zuge überfälliger Emanzipation und Berufstätigkeit erleiden allerdings mehr und mehr Frauen das bisher männliche Schicksal funktionaler Verwirtschaftung. Sie avancieren zu Retterinnen der Tabakindustrie, Herzinfarkte und Lungenkrebs steigen, ihre Gesprächsbereitschaft sinkt. Auch Frauen verbergen mehr und mehr ihre Gefühle – nicht nur am Arbeitsplatz, sondern auch in der Partnerschaft. *Wie eine Eiszeit legt sich das Ausschweigen über das Geflecht der menschlichen Beziehungen.*

Stop stopping: Höre auf, damit aufzuhören, dich zu äußern.

154

4. *Sprich aus, was immer dich bewegt:*
Redlichkeit
Die Alten hätten gesagt, Gott habe uns eine Zunge zum Sprechen gegeben. Wer einen Blick gewinnt für die Selbstorganisation, die mit Leben identisch ist, wird die hohe Bedeutung, den evolutionären Gewinn der menschlichen Sprache wertschätzen. Sie kann nicht dafür da sein, unterschlagen zu werden. Jedes stärkere Gefühl hat einen drängenden Charakter. Wohin? Zum Aussprechen. Gefühle sind selbst kaum etwas anderes als Impulse, sich zu äußern. In südlichen Ländern, die weniger durch Industrialisierung auf «speed and efficiency» hin diszipliniert sind, kann jeder es befreiend erleben. Diese strömende, nicht aufgestaute Art der Begegnung stärkt also die körperliche Gesundheit. Die ausdrückende Sprache gibt uns erst die Chance, uns mit uns selbst zu befassen. Glück und Schmerz, Liebe und Haß, ja *alles, was mich innerlich bewegt*, gehört idealerweise *in dem Moment, in dem es mir einfällt*, ins Wort. Das ist nicht immer realisierbar, doch jeder kennt die Wirkung: wie lebendig, wie erfrischend, wie mitreißend, wie anregend, wie erregend wird eine Liebe, die ihre Empfindungen auch im spontanen Wort wiedergibt.

5. *Was ins Wort gebracht ist, wird begreifbar:*
Entwicklungsfähigkeit
Die Verknüpfung seelischer Empfindungen und Vorstellungen mit Worten ist so selbstverständlich, daß uns die Arbeit, die dafür nötig ist, gar nicht bewußt wird. Zu lange her ist das langwierige Sprechenlernen in unseren frühen Kindheitsjahren. Später gibt es erhebliche Unterschiede in der Verbalisierungsfähigkeit. Gelingt es, was ich fühle, in Worte zu fassen? Nur was ich ausspreche, ist für den anderen begreifbare Wirklichkeit. Doch geschieht noch viel mehr: auch in mir selbst wird eine Freude, ein Schuldgefühl, ein Stress, eine unerkannte Trauer überhaupt erst zugänglich für die seelische Verarbeitung, wenn ich die inneren Vorgänge zur Sprache bringe. Sie werden verknüpfbar und entwicklungsfähig, wenn sie ausformuliert sind. *Aussprechen ist eine Zubereitungsarbeit für das Verstehen.* Die Lust gewinnt ihre eigentliche Größe und Qualität, weil sie durch innere Verknüpfungen ihre wirkliche Bedeutung erhält. Michael assoziiert zur Lust die Enge der Dusche und Auslieferung, Katharina das spontane, noch hautnasse Geschehen *(Kapitel 11)*.

155

Und die Möglichkeit, sich zu entwickeln, geht noch weiter: Sie betrifft sogar den Partner. Denn alles, was ich ausspreche, betrifft auch zentrale Erlebnisbereiche des Partners. Wie ich ihn oder sie erlebe, spiegelt oft Seiten von ihm oder ihr, die er selbst noch gar nicht bewußt erlebt. So sagte Hugo, über fünfzig Jahre alt, treffend: *«Ich wünsche mir eine Frau, die mich verwörtert.»* Er war sich aus seiner Lebensgeschichte heraus im klaren über die Neigung, sich in männlich tapfere Stummheit zurückzuziehen, in der er seinen überforderten Eltern nicht zur Last fiel, auch wenn ihm selbst das Wasser bis zum Hals stand. Ein ganzes Leben lang fehlte ihm dann der Strom der Worte, in denen er sich selbst begreifen konnte.

6. *Aussprechen heißt gestalten:*
Integration
Aussprechen wird von vielen als eine Art Entlastungsvorgang angesehen, gleich einer Ventilfunktion beim Dampf-Ablassen. Diese Katharsis, wörtlich Reinigung, ist eine so verkürzte Sicht des Geschehens, daß sie am besten als falsch einzustufen ist. In Wirklichkeit *gestalten wir das, was wir aussprechen, wie ein Künstler völlig neu.* Es geschieht also viel mehr, nämlich ein schöpferischer Akt in zahllosen aufeinanderfolgenden Schritten; und das ist auch für erotische Zwiegespräche belebendes Wissen:

Was in mir in überwältigender Menge und mit großer Schnelligkeit geschieht, wird zunächst *verlangsamt.* Dann kann es Wort für Wort im Nacheinander *dosiert* werden. Auf diese Weise kann ich mich vom inneren Geschehen etwas *distanzieren.* Nun sehe ich es in *neuen Perspektiven.* Durch nachfolgende Assoziationen wird das, was ich erlebe, in meinen ganzen Erlebnisraum und in mein Selbst *integriert.* Es gehört nun zu mir. Ich habe es mir angeeignet. *Ich habe mich selbst als neue Gestalt in Besitz genommen.*

Sie wissen, daß es der Lust schon seit «unschuldigen» Kinderjahren selten erlaubt wurde, sich im ganzen, farbigen Umfang auszusprechen. Denn in diesem Augenblick nähmen wir sie als unsere innerste Lebendigkeit wahr und dienten nicht mehr so gern fremden Herrschaften.

Sexualität, Erotik und Lust hängen so eng mit *Autonomie* zusammen, daß sie fast identisch mit ihr sind. Ich erinnere noch einmal daran, daß die zweite sexuelle Blüte, die Pubertät, zu einer Entwicklungszeit eintritt, in der sich die Jugendlichen von der Herkunftsfamilie lösen und ihre eigene

156

Identität ausbilden. Und auch mit der ersten sexuellen Blüte des Menschen, der ödipalen Zeit zwischen dem vierten und sechsten Lebensjahr, entsteht die autonomisierende Grundformation der seelischen Struktur, die zeitlebens die Persönlichkeit eines Menschen ausmacht. Später verbieten wir uns selbst das Reden über, von und in Lust. Denn mit dem Wort wird die Lust als unser Eigenes sichtbar und wir für sie voll verantwortlich. Wer sich aber von dieser Angst befreien kann, erfährt eine kreative Lustentwicklung, wie er sie in stummeren Zeiten selten erlebte. Er integriert sich zu seinem erotischen Selbst und erlebt damit die dritte sexuelle Blüte des Menschen.

7. *Probleme zurückhalten ist seelische Schwerstarbeit:*
kräftezehrende Verschlußsachen
Was man für sich behält, kostet dauernd Kraft. Man muß teuer dafür bezahlen, wie wenn man einen Container zum Lagern alter Besitztümer mietet. Ein Geheimnis bewahren zehrt an seelischen Energien. Ungelöste Probleme, Kränkungen und Sorgen, die man vor dem Partner versteckt, werden zu einer kräfteraubenden Schwerstarbeit, die man selbst nicht einmal registriert. Große Energien sind für Verschlossenheit und Unterdrückung drängender Gefühle nötig, weil es nicht wie im Containerbild um starre Dinge geht, sondern um sehr dynamische, sozusagen flüssige Strömungen. Im Bereich des Unbewußten wird analog die Verdrängung durch eine Kraft besorgt, die in der Fachsprache *Gegenbesetzung* heißt. Ein erheblicher Teil der Befreiung durch Psychoanalyse stammt aus der Freisetzung dieser Energien. Man kann sie für Besseres als die eigene Wortkargheit verwenden, für die schöpferische Gestaltung des eigenen Lebens beispielsweise. Es gibt erschütternde Beispiele für krankmachende Sprachlosigkeit und befreiendes Reden. Dazu gehört sexueller Mißbrauch, der mit strengster Bedrohung oft zeitlebens unter Verschluß gehalten wird und zudem durch die Gesamtkomplizenschaft der Familie kaum einen Partner zum Reden fände, oder dem KZ entkommene Opfer, unter denen diejenigen, die über ihr Schicksal sprechen, körperlich weniger erkrankten als die Stummen.

Diese energieverschwendenden Verhältnisse gelten gleichermaßen für tägliche Belastungen. Wir kennen alle das befreiende Reden. Im erotischen Zwiegespräch öffnet sich vielleicht erst zum Ende hin die geheime

157

Verschlußsache Eifersucht. Das wäre ein lustbringender und gesundheitserhaltender Akt zugleich. Die Selbstunterdrückungsenergien stehen Michael danach eher für seine Erotik zur Verfügung, statt ihr das Wasser abzugraben *(Kapitel 11)*.

8. *Probleme sind unabgeschlossene seelische Vorgänge und damit nicht integrierbar:*
Unerledigte Aufgaben
Zwei Eigenschaften von Problemen sind bemerkenswert: sie gleichen haargenau *unerledigten Aufgaben*, und sie sind allein deswegen *kaum integrierbar*. Sie kennen sicher die unangenehme Charakteristik unerledigter Aufgaben. Sie melden sich immer wieder, weil es für Menschen vermutlich etwas Widernatürliches hat, sich mit unerledigten Angelegenheiten vollzustopfen. Anders betrachtet ist der Impuls der Probleme, sich immer wieder zu melden, ein Selbsthilfeakt: Sie wollen gleichsam unter neuen Umständen die Chance nutzen, gelöst zu werden. Nichts hemmt also die weitere seelische Entwicklung und damit auch die Lebendigkeit der Lust mehr als durch Schweigen archivierte Probleme.

9. *Leben und Lieben machen ständig Probleme, weil Barrieren den üblichen Aufgabenfluß unterbrechen:*
Konfliktfähigkeit
Probleme können durch Lösungen nicht gänzlich aus der Welt geschafft werden, weil das Leben selbst ständig Probleme macht. Statt also dem goldenen Kalb der *Konfliktlosigkeit* nachzujammern, heißt das ideale Ziel erotischer Partnerschaft *Konfliktfähigkeit*. Der Aufgabenfluß der täglichen Existenz leidet ständig an Unterbrechungen, wodurch liegengebliebene seelische Vorgänge sich nicht nur am Boden der Beziehung ablagern, sondern sich dort auch verwickeln. Manche in den Paargruppen sagen schon hellsichtig, wir Hochgeschwindigkeitsmenschen hätten nicht einmal mehr Zeit, die Gefühle zu Ende zu fühlen, die in uns aufkommen, geschweige denn Zeit, ihre konflikthaften Verflechtungen zu klären. Allein durch *das starke Gift der psychosozialen Beschleunigung* des Alltags häufen sich also die Probleme.

Zu allem Überfluß leiden die Probleme noch selbst an einem Hauptproblem. Dieses *Problem der Probleme* liegt darin, daß sie nicht im schönen Nacheinander auftreten, sondern im *verknoteten Durcheinander*. Wir leiden

158

nie an einem, immer an vielen, gleichzeitigen Problemen. Zwanzig, sage ich den Medizinstudierenden in meiner Vorlesung, sollte jeder bei sich entdecken können. Das ist das Dilemma – auch für unsere Lust.

Immerhin kann trösten, daß Zwiegespräche ein problembehebendes Verfahren sind – auch die erotischen. *Reden ist eine konfliktlösende Kraft.* Und in diesem Zusammenhang darf ich nochmals das offene Geheimnis verraten: Die aphrodisische Wirkung der Zwiegespräche beruht wesentlich auf dieser konfliktlindernden Potenz.

10. *Was ausgesprochen ist, gibt seelische Energie:*
Selbstverstärkung
Reden befreit. Dieses Freiheitsempfinden ist das Gefühl der freigesetzten seelischen Energien, das Durchatmenkönnen. Sie stehen der Lust für ihre eigene Entwicklung zur Verfügung und machen sie zum sich selbst verstärkenden Vorgang. *«Lust und Liebe sind die Fittiche zu großen Taten.»* Damit hat Goethe diese Energie gemeint.

11. *Opening up verbindet:*
Beziehungsstiftende Kraft
«Daß wir miteinander reden, macht uns zu Menschen», sagte der Philosoph Karl Jaspers. Wenn es kriegerischen Feinden gelingt, miteinander zu sprechen, schaffen sie Verbundenheit statt Zerstörung. Wenn in einer Gesprächsgruppe eine Angst verschwiegen wird, droht der Gruppe der Zerfall durch inneres Getrenntsein, wird dieselbe Angst aber ausgesprochen, vereint sie alle. Fast könnte man sagen, daß die sogenannten negativen Gefühle – Haß, Sorge, Neid, Scham, Trauer, Ärger und so fort – nicht ungünstig wirken, weil sie negativ sind, sondern weil sie unausgesprochen bleiben. Reden verbindet auch die Liebenden. Deswegen sprechen Verliebte soviel miteinander: Sie kennen die *beziehungsstiftende* Kraft der Worte.

12. *Die Gründe, nichts zu sagen, sind «so gemein wie die Brombeeren»:*
Vorwand vor der Wand des Schweigens
Natürlich hat das Schweigen in uns tausend Argumente: «Ich möchte das endlich vergessen», sagt die Verdrängung. Der Slogan «Du kannst mich einfach nicht verstehen» setzt auf generelle Uneinfühlsamkeit. «Ich

159

Zum Reden bringen
«Um sie überhaupt dazu
zu bringen, daß sie über
Sex sprach, kam ich ihr
mit dem Argument, die
Analyse einer Sache sei
natürlich deren Zerstö-
rung, aber Blätter faulten
auf dem Boden und
bereiteten dort den Weg
für das, was als nächstes
darauf wachsen würde. So
fing sie an zu reden.»
Harold Brodkey

möchte niemanden belasten», sprechen die Kinder depressiver Mütter. «Dafür interessiert sich
keiner», argumentieren die Enttäuschten. «Ich
wollte dich nicht beunruhigen», verteidigt sich
der Aushäusig-Verliebte, nachdem es herausgekommen ist. «Man muß mit allem allein fertig
werden» – aber warum eigentlich? «Ich habe
Angst, dich zu verletzen», spricht der Partner, der
nicht begreift, daß Schweigen noch verletzender
ist. Hinter dieser Art Schweigen steht das un-
heimliche Totschweigen: Friedhofsruhe statt
Unruhe.

13. *Opening up braucht genügend Raum:*
zeitkritisches Projekt
Zeitkritisch meint hier nicht etwa «kritisch unserer heutigen Zeit gegenüber», sondern die Tatsache, daß der kritische Punkt für die Selbstoffenheit schlechthin die Zeit ist, die wir ihr einräumen: Alles hängt von
der Zeit ab. Man muß schon über einen kräftigen Silberblick verfügen,
um sich noch die Illusion bewahren zu können, wir hätten genügend Zeit
für spontane Vorhaben wie beispielsweise, miteinander zu reden. Wir
haben sie so gut wie nicht. Deshalb lauten die drei besten äußeren
Lustbedingungen: Zeit, Zeit, Zeit. Der Freizeitraum der Deutschen
schrumpfte in den letzten zehn Jahren um ein Drittel(!). Hätte es sich um
eine entsprechende Gehaltsminderung gehandelt, wären ein nationaler
Aufschrei und die Abwahl der Regierung sicher. Doch wie gesagt: Um
die zeitintensive eigene Lebendigkeit, die schließlich auch das Fundament
jeder kreativen Arbeit ist, kümmert sich niemand. Nicht nur keine Lobby,
sondern auch die Betroffenen selbst nicht.

Wir leben nach den Ausführungen des Sozialphilosophen Paul Virilio
im Zeitalter der *Dromokratie*, der Geschwindigkeitsherrschaft. Alles wird
immer schneller schneller. Die durch die technologische Innovations-
intensität angeheizte *psychosoziale Beschleunigung* macht weder vor der privaten Sphäre noch vor der Lust halt. Sie ist für mich das unerkannte zentrale seelische Gift unserer Zeit. Menschliches Wachstum braucht Zeit,
braucht sogar Muße. Lust entfaltet sich in der Spannung der Ruhe am

stärksten. Sexuelle Quickies heißen die typischen Modernitäten eroti-schen Fast foods. Natürlich schmeckt ein Essen auch einmal, wenn man es hinunterschlingt. Die Plötzlichkeit der Befriedigung gehört zur Vielfalt der Lust. Hier aber geht es um die zunehmende und *andauernde Zeitenge.* Es läuft alles darauf hinaus, *die Zeit sehr bewußt selbst in die Hand zu neh-men, statt sie sich nehmen zu lassen.* Das Zeitbudget ist genauso kostbar wie das eigene Leben. Die Selbstentwicklung, die Beziehung, die Lustent-wicklung und das Gespräch brauchen ein Naturschutzgebiet, das mit großer Energie gegen die Verhältnisse verteidigt werden muß. Seit Jahren genieße ich es, meine persönlichen Treffen mit Kindern, Freunden und Partnerin als so bedeutend anzusehen wie meine beruflichen Belange. Diese Gleichsetzung öffnete mir viele Augen. Eine Fachbereichsratsitzung darf an Wichtigkeit ein Gespräch mit einem Freund nicht übersteigen. Für das Opening up als die bedeutendste Handlung bei jeder seelischen Verarbeitung und Entwicklung und – nicht zu vergessen – als das beste Aphrodisiakum ist *genügend Zeit* die entscheidende Grundausstattung. Zum Glück sind Menschen im Privatbereich auch verheerende Zeit-schlampen. Sie meinen damit die Entspannung zu fördern, die ihnen im beruflichen Zeitkorsett fehlt. Leider ist das eine Fehlkalkulation aufgrund einer geheimen Sehnsucht nach kindlichen Verhältnissen, als Zeitberech-nungen nur eine geringe Rolle spielten. Zeitverschwendung durch nach-lässigen Umgang mit den eigenen Wünschen ist der große Stil des Alltags. Wer sich hingegen bewußter etwas vornimmt und damit auch zeigt, daß er sich etwas wert ist, kann auf einen unbekannten Schatz hoffen, den ich in Seminaren behelfsmäßig «*herumliegende Zwischenzeiten*» nenne. Der er-ste Schritt aus dem Zeitgefängnis ist das einfache Zeitbewußtsein. Das er-ste Geschenk an die Liebe wie an das überlebensnotwendige Gespräch ist die Zeit.

Opening up
Unüberschätzbare Selbstoffenheit

1. *Lust vertieft sich auf vielfache Weise durch das Wort:*
Miteinanderreden, das beste Aphrodisiakum

2. *Wer sich öffnet, stärkt seine seelische und körperliche Gesundheit:*
Opening up

3. *Wer sich verschließt, macht sich krank:*
Stop Stopping

4. *Sprich aus, was immer dich bewegt:*
Redlichkeit

5. *Was ins Wort gebracht ist, wird begreifbar:*
Entwicklungsfähigkeit

6. *Aussprechen heißt gestalten:*
Integration

7. *Probleme zurückhalten ist seelische Schwerstarbeit:*
Kräftezehrende Verschlußsachen

8. *Probleme sind unabgeschlossene seelische Vorgänge und damit nicht integrierbar:*
Unerledigte Aufgaben

9. *Leben und Lieben machen ständig Probleme, weil Barrieren den üblichen Aufgabenfluß unterbrechen:*
Konfliktfähigkeit

10. *Was ausgesprochen ist, gibt seelische Energie:*
Selbstverstärkung

11. *Opening up verbindet:*
Beziehungsstiftende Kraft

12. *Die Gründe, nichts zu sagen, sind «so gemein wie die Brombeeren»:*
Vorwand vor der Wand des Schweigens

13. *Opening up braucht genügend Raum:*
Zeitkritisches Projekt

9. Lustbewirkendes Kindheitsmilieu

Zwei Freunde, Ludwig und Andreas, im erotischen Zwiegespräch

ANDREAS: Vor allem merke ich gerade, wie allein das Thema – erotisches Zwiegespräch – mein Körpergefühl verändert. *Champagnerwirkung* würde ich es nennen. Es ist, als hätte sich mein Blut verändert. Es fließt leichter, flüssiger, durchsichtiger durch die Adern, *glitzernd*: das ist es.

LUDWIG: Merkwürdig, die ersten Bilder, die in mir aufkommen, stammen nicht aus der Gegenwart, sondern aus der Sexualität der Kindheit und Jugend. Dort liegt das stärkste, prickelndste Gefühl.

Ich wohnte ja in einem großen Haus in der Stadt. Viele Angestellte lebten mit uns in demselben Gebäude, vor allem viele junge Frauen, wenigstens fünf oder sechs. Sie bedienten im Laden. Wohnungen waren damals kaum zu bekommen. Für mich war das als etwa Fünf-, Sechs-, Siebenjähriger eine heiße erotische Situation. Die Frauen kochten auch bei uns. Eine Szene erinnere ich jetzt sehr deutlich: Ich sehe eine Frau die Treppe hochgehen – damals war ich schon sehr eifersüchtig, weil einige der Mädchen Liebesgeschichten mit den Gesellen hatten, die ja auch in dem Haus wohnten –, und da habe ich sie – wie öfter mal – herbeigerufen und ihr einen Kuß gegeben.

ANDREAS: Als so kleiner Knirps? Toll.

LUDWIG: *(lachend)* Ja, es war ein Hochgenuß. – Ich bin mit denen auch auf die Kirmes gegangen. Eines Morgens sagte die Mutter: «Geh nur mit der Ursula auf die Kirmes.» Wir sind dann Achterbahn und Geisterbahn gefahren. Ich erinnere mich noch, wie verliebt ich war. Ich saß hinter ihr und habe währenddessen immer ihre Brüste gestreichelt.

ANDREAS: Das finde ich ja unglaublich. Wie alt warst du?

LUDWIG: Vielleicht sieben Jahre alt.

ANDREAS: Ich staune nämlich, daß bei dir damals schon seelische Verliebtheit und körperliche Sexualität so unmittelbar zusammengingen.

LUDWIG: Berühren, umarmen und bestimmte Küsse geben, das war meine Erotik als Kind – wie ich sie von den Gutenachtküssen meiner Mutter gewöhnt war.

Aber, es geschah auch noch anderes. Wir hatten in unserer Wohnung eine Badewanne, die jungen Frauen aber nicht. Sie wollten natürlich gern ein Bad nehmen. Und wenn die Mutter und der Vater abends mal weggegangen sind, dann konnte ich durch eine hintere Spezialtür aus der Wohnung heraus und den Mädchen Bescheid sagen, daß sie jetzt baden können. Da aber habe ich heimlich immer geguckt *(lacht)*.

ANDREAS: Da warst du ja schon ganz schön scharf. Von unschuldiger Kindheit kann man nicht gerade sprechen.

LUDWIG: Die kann ich wirklich nicht erinnern.

Ich hatte auch hocherotische Träume damals. Ich denke an Helga. Mit ihr hatte ich so einen Halbschlaftraum. Ich stellte mir vor, sie steht an der Haustür, und ich komme von unten an sie ran und fahre mit meinen Händen an den Beinen hoch und komme schließlich an ihr Geschlecht.

ANDREAS: Wahnsinnig – und das mit sieben Jahren.

LUDWIG: In dieser Zeit habe ich mit den Mädchen übrigens auch schon im Bett gelegen.

ANDREAS: Wie alt waren die Frauen eigentlich?

LUDWIG: Zwischen sechzehn und einundzwanzig Jahren. – Ich durfte mit ihnen unter die Decke, während sie ihre Liebesromane lasen. Sie lasen mir vor, und dabei durfte ich sie auch mal drücken. Es war immer hochaufregend, wenn ich zu ihnen raufgehen durfte. Insofern hatte ich wirklich eine klassische Beziehung zum Personal.

ANDREAS: Wirklich früh gelernt. Das muß sich ja wie eine Bahnung auf das ganze Leben auswirken. Mich begeistert an deinen Liebesgeschichten, wie gesagt, daß Sexualität und Verliebtheit so früh zusammengingen. Das war bei mir ganz anders. Bei mir waren diese beiden Entwicklungslinien ganz getrennt. Ich verstehe es bis heute nicht. Einerseits gab es die Doktorspiele und die Sexualität mit Freundinnen und Freunden von der Straße. Das waren Gemeinschaftsspiele in ganzen Gruppen. Andererseits war ich seit meiner Geburt durchgehend verliebt;

aber körperlich sexuelle Vorstellungen haben sich nie mit derjenigen verbunden, in die ich gerade verliebt war. Die lückenlose Reihe von Verliebtheiten bis zu meiner Pubertät habe ich noch gut im Sinn: zuerst war es, in den ersten beiden Jahren – meine Mutter, dann – wahrscheinlich nach Geburt meines Bruders – mein Kindermädchen, bis etwa fünf; dann folgte eine sehr junge Tante, die Schwester meines Vaters, die damals vielleicht zwanzig war. Es folgte ein engelblondes Mädchen aus der Nachbarschaft, Christiane, mit deren jüngerer Schwester ich fast täglich spielte, Christiane war elf, ich war damals vielleicht acht. Schließlich eine erste Klassenkameradin, Gabriela. Ich kam gar nicht wirklich an sie heran, erlebte sie nur als sehr lieb und anziehend. Das höchste meiner Gefühle war die Vorstellung, nachts bei vollem Mondschein nur mit ihr allein auf einem stillen See zu rudern. Ein deutlicher Kontrast zu deinem Verlangen, der jungen Frau den Schenkel hochzugehen. Die Wege der Lust sind wirklich vielfältig. Für mich war meine Mondscheinsonate unendlich aufregend, vielleicht so stark wie dein direkt sexuelles Vorhaben, aber eben doch ganz anders. Zur selben Zeit aber hatte ich meine konkreten sexuellen Spiele mit einer ganzen Crew von der Straße. Unser geheimer Treffpunkt waren alte, abgestellte Eisenbahnwaggons neben einem heißen, sonnendurchglühten Bahndamm. Im Bremserhäuschen trafen sich alle Kinder der Straße, wenigstens zehn. Ich erinnere mich noch an ein Ritual, das alle vor den Augen der anderen durchführen mußten: Mädchen mußten die Röcke heben und ihr Höschen runterziehn, Jungs mußten ihre Hose runterlassen, und nun kam es darauf an, daß die Schwanzspitze die Möse berührte. Damit war der Akt vollzogen. Alle waren scharf darauf, es wirklich zu sehen. Aber selbst einen Steifen habe ich weder bei mir noch bei anderen im Sinn. Das war die eine sexuelle Entwicklungssträhne. Was mich aber viel mehr bewegte, waren die Doktorspiele. Meines Erachtens waren sie geprägt durch meine Unaufgeklärtheit. Die Rahmenhandlung der Doktorspiele bestand im Fangen- und Kriegenspielen. Da ich eine Art Anführer war, hatte ich immer Gelegenheit, mir genau die Mädchen auszusuchen, mit denen ich es machen wollte. Ich war nur scharf auf Mädchen, nicht auf die auch beteiligten Jungen, was ich damals schon als eine gewisse Ungerechtigkeit erlebte. Ich wunderte mich, daß Jungen für mich einfach weniger interessant waren. Zwei Nachbarstöchter, mit denen ich mich schon von Geburt an im Paidi-Bett herumtrieb, waren meine höchste sexuelle Lust. Aber ich war nicht verliebt in sie. Ich war scharf auf sie, als gelte es, zwischen ihren Beinen das Zentrum der Welt zu entdecken. Immer mit schlechtem Gewissen. Aber durch die Heimlichkeit des ganzen Geschehens auch gut abgesichert. So zog sich das bis zur Pubertät hin. Und erst dann – ich weiß genau den Moment, als es geschah – vereinte sich die Sexualität mit der Verliebtheit. Es passierte auf Ferien in Schweden. Ich war vierzehn, sie war zweiundzwanzig. Sie war blond wie die Sonne, und das Zusammenfließen von Seele und Körper ergab sich wie selbstverständlich. Außer einer hohen erotischen Spannung konnte in der Gastgeberfamilie, in der sie auch nur zu Besuch war, allerdings nicht viel geschehen. Aber ich spürte, wie meine Verliebtheit ganz direkt sexuell wurde, und ich war ganz starr vor Aufregung, als ich sie, nur mit einem BH bekleidet, im Zimmer vorfand. Die körperliche Erregung entsprach jetzt ganz meiner seelischen. Und es war zudem ein magisches Zusammenkommen: Ich wollte ihr meine Adresse geben – es war kurz vor ihrem Abschied –, und genau das gleiche hatte sie gerade für mich getan, obwohl wir vorher nicht ein Wort über unsere Liebe gesprochen hatten. So küßten wir uns. Das war also der große Moment, an dem mein eigentliches erotisches Leben begann. Monatelang später schrieb ich ihr Briefe auf schwedisch – eine Sprache, die ich gar nicht beherrschte, die aber mein Vater in seiner Jugend kurzzeitig gesprochen hatte. Von ihm hatte ich noch die Lexika, sozusagen die männliche Grundausstattung für diese Liebe. Sie hat nie geantwortet.

LUDWIG: Mein Anfang war aber auch ähnlich. In der allerersten Zeit, noch vor der Schule, so etwa mit vier und fünf Jahren, spielte ich mit einer Nachbarstochter gern in einem zerfallenen Haus, bei uns in der Nähe. Sie war so alt wie ich. Besonders gut gefallen hat mir, wenn sie mir in die Hand gepißt hat. Das war das allertollste.

ANDREAS: Daß sie sich das getraut hat, daß ihr beide auf eine solche Idee kamt! Das ist ja kaum zu glauben. Machte sie es aus einer Art Liebe?

LUDWIG: Wir verstanden uns ganz gut, sie war damals meine Freundin. Wir spielten jeden Tag zusammen. Und manchmal haben wir uns allein zu zweit in der Ruine versteckt.

ANDREAS: Da wart ihr ein richtiges Liebespaar?

LUDWIG: Ja, das kann man schon sagen. Das Gefühl, wie sie mir in die Hand pißt, habe ich heute noch in meinen Händen.

166

ANDREAS: Mir kommt es so vor, als wärst du wirklich glücklich im erotischen Leben aufgewachsen. Diese Erlebnisse müssen ja deine ganze spätere Zeit prägen – übrigens nicht nur in der Erotik. Diese große Offenheit finde ich richtig unschuldig, vor allem finde ich sie einfach lieb.

LUDWIG: Später in der Schulzeit hatte ich auch Erlebnisse mit Jungen. Wir haben zusammen onaniert. Und Fisch gegessen. Die Eltern eines Freundes hatten einen Fischladen. Ich aß am liebsten Heringe in Aspik, die wir mit unseren Holzmessern teilten. Natürlich haben wir uns auch über Mädchen unterhalten. Zum erstenmal kam das Wort Ficken auf. Ficken, sagten wir, hätten doch die Weiber erfunden; das gäbe es eigentlich gar nicht *(beide lachen vergnügt)*. Und wir onanierten *auch* auf dem Bahndamm.

ANDREAS: Erzähl mal, ich kenne das gar nicht. Ich hatte nur sehr viel später einmal ein homosexuelles Erlebnis, das aber weniger durch die Lust als durch Zuneigung und Herzlichkeit geprägt war. Wie war es denn bei dir? Ist es ein Ausdruck der Liebe gewesen oder so etwas wie eine parallele Handlung? War das auch auf Mädchen bezogen?

LUDWIG: Nein, nein. Es ging eindeutig um das Glied. Ich kann mich gut daran erinnern. Die Vorstellung, daß der andere so ein schönes steifes Glied hat, das man so kräftig in der Hand fühlt, das war das entscheidende. Es mußte auch wechselseitig sein: du onanierst mich und ich dich.

ANDREAS: Gleichzeitig oder nacheinander?

LUDWIG: Zunächst haben wir uns wechselseitig den Schwanz gezeigt: Ach, zeig doch mal deinen, wie fühlt er sich denn an. Dann haben wir uns gezeigt, wie man es machen kann.

ANDREAS: Klingt gut.

LUDWIG: Dann sagten wir uns: Ach, mit den Weibern, das ist doch nichts. Wir machen das miteinander. Natürlich wußten wir, daß es verboten war. Wir haben uns immer unter den Büschen versteckt. Das war schon etwas später in der Schulzeit, genau in der Zeit, als ich der einen jungen Frau im Haus die Schenkel hochfahren wollte.

Übrigens ist der entscheidende Unterschied wohl darin zu sehen, daß ich sehr früh mit Frauen im Bett lag. Ich hatte einfach viele junge Frauen erlebt, die wahrscheinlich auch deswegen so besonders herzlich zu mir waren, weil ich der Sohn ihres Chefs war. So habe ich mich immer sehr ernst genommen gefühlt, wenn die neben mir im Nachthemd in den al-

167

ten Drahtbetten lagen. Äußerlich war alles ja ganz harmlos. Aber ich hatte ein starkes Verlangen, ihre Brüste durch das Hemd hindurch zu fühlen, wollte sie drücken, habe mich mal auf sie gelegt und so weiter. Nach meiner kleinen Stippvisite haben sie mich natürlich jedesmal wieder anständig runtergebracht in die Wohnung.

ANDREAS: Ich beneide dich wirklich. Meine Welt in der Kindheit war deutlich gebrochener. Ich habe so viele Kinderheimzeiten erlebt. Da gab es natürlich nichts von diesen Dingen. Immerhin, als ich diese Aufenthalte schon gewohnt war, habe ich es so weit gebracht, mich in eine der Kinderfrauen zu verlieben. Andererseits gab es auch gute Verhältnisse. Beispielsweise mochte ich meine fünf Tanten so gerne, daß meine Gefühle ihnen gegenüber an der Grenze der Verliebtheit waren. Eine nannte ich ja schon, die Schwester meines Vaters. Aber da waren noch Tante Eva, Tante Marianne, Tante Tite, Tante Elisabeth, Tante Cläre, ein großes erotisches Matriarchat. Alle Beziehungen allerdings unter vollständigem Inzesttabu. Dennoch ein glückliches Milieu, eine Art seelischer Sinnlichkeit.

Die jungen Mädchen bei euch zu Haus waren natürlich wirklich in einer pikanten Situation – den Sohn des Chefs im Bett zu haben. Das war ja nicht irgendwer, der da bei ihnen lag. Es war heiß und doch vergleichsweise ungefährlich. Du warst ein süßer kleiner Junge, sie merkten, wie geil du warst, das muß für sie eine wunderschöne Atmosphäre gewesen sein.

LUDWIG: (genießerisch) Sich mal ein Küßchen geben, es war herzlich, es war neckisch, mit viel Lachen.

ANDREAS: Hast du einen Steifen gehabt?

LUDWIG: Ja.

ANDREAS: Ich wollte vorhin schon fragen, als du bei den Jungenspielen warst: Damals konntest du doch noch keinen Samenerguß haben, oder?

LUDWIG: Nein. Wir machten das eine Weile, und dann ging es zu Ende.

ANDREAS: Irgendwie süß.

LUDWIG: Später bin ich ins Internat gekommen. Da setzten sich meine Jungenspiele mit anderen fort; da sind wir auch zur Ejakulation gekommen. Zu zweit, zu dritt, auch mal zu viert. Alles natürlich hochverboten.

168

Manchmal war es mit leicht sadistischen Spielchen vermischt. Von einem wußten wir, daß er immer laut wurde, wenn er onanierte. Mit dem haben wir es oft gemeinsam gemacht, aber er mußte zeitlich vor uns onanieren. Man hörte ihn deutlich in den Räumen, eine gefährliche Situation, aber er mußte es machen. Zwar haben wir ihn damit etwas aufgezogen, aber gleichzeitig erregte es uns sehr.

Ach, da fällt mir noch eine ganz andere Geschichte ein: Im Hinterhaus bei uns wohnten Gesellen und Lehrlinge. Ich erinnere mich an eine perverse, hochgeile Situation, nachdem einer eine Prüfung bestanden hatte. Es wurde über den Lagerhallen gefeiert. Alle waren schon leicht angetrunken, und es begannen sadistische Spiele. Ich war auch dabei, etwa zehn Jahre alt. Der erfolgreiche Prüfling hatte einen riesigen Schwanz, vor allem natürlich aus meiner Perspektive. Er lag nackt und besoffen in dem alten Bett, sein Schwanz stand hoch, und man band ihn an der Wurzel mit einem Faden fest *(beginnt sich schüttelnd zu lachen)*, das andere Ende wurde unten am Bett festgemacht. An diesem Faden zogen alle. Außerdem gab es Schälchen mit Apfelmus. Man bestrich seinen Schwanz damit und lutschte ihn ab. Eine Wahnsinnsszene.

ANDREAS: So ging es ja noch einigermaßen. Im ersten Moment hatte ich mir vorgestellt, sie hätten ihm die Vorhaut wie ein Säckchen zugeschnürt.

LUDWIG: Nein, es war unten festgemacht. Ich hab noch das Bild eines dicken, kräftigen, dreieckigen Schwanzes im Sinn, steif und gespannt, ein tolles Ding.

ANDREAS: Pralle homosexuelle Lust, mein lieber Mann. Hast du eine Ahnung, wie homosexuelle und heterosexuelle Lust bei dir verteilt sein könnten?

LUDWIG: Ich schätze mal 80 Prozent heterosexuell, 20 Prozent homosexuell. Aber das schwankt natürlich auch.

ANDREAS: Ja, so würde ich es bei mir auch sagen. Ein Freund von mir – das fällt mir zum großen Schwanz ein – lebt in Brasilien. Er ist mehrheitlich homosexuell, wiewohl auch verheiratet. Er gab gerade den umgekehrten Wert an, den du nanntest: 80 Prozent homosexuell, 20 Prozent heterosexuell. Er erzählte eine tolle Geschichte. Es gab damals in Rio einen berühmten klassischen Pianisten, Jack Revolver. Er löste in der Gay-Szene, sagte mein Freund, immer einen Schauder aus, wenn er sich näherte. Alle hatten Angst vor seinem riesigen Schwanz, dem größten, den es je gab. Das machte mich natürlich auch neugierig. Das besondere aber war seine kongeniale musikalische Begabung. Eines Abends saßen sie beim türkis beleuchteten Swimmingpool unter den Palmen auf einem wohlhabenden Landsitz. Es wurde in einer spontanen Idee ein Flügel herangeschoben, und Jack Revolver spielte ohne irgendeine Vorbereitung aus dem Kopf das ganze *Wohltemperierte Klavier* von Bach. Ist das nicht wirklich Potenz? Er war die Vaterliebe meines Freundes, ein hochkultivierter Mann. Mein Freund Sergio erregte im übrigen fast noch stärker mein Interesse und meinen Neid, wenn er mir von den traumhaften Wochenenden berichtete: Alle sieben Tage erschienen die schönsten Jünglinge und Männer zu einer freien erotischen Versammlung, auf der gleichzeitig viel musiziert und Theater gespielt wurde. Fassungslos hörte ich von dieser Lustwelt, die mir in meinem heterosexuellen Bereich gar nicht möglich schien. Die «Perlenkette» ist mir noch besonders im Sinn. Ich habe es selbst nicht miterlebt, kenne nur einige dieser wirklich schönen Männer von Besuchen her. Sie sollen einmal zu fünfundzwanzig hintereinander, am Swimmingpool stehend, gevögelt haben. – Das ist wie ein Symbol, weil es sich nur unter Homosexuellen realisieren läßt. Entscheidend für mich war diese Geschichte deswegen, weil ich in alter europäischer Tradition dicke Schwänze und geistige Kultur nur schwer zusammenbrachte. Ich dachte, daß die einen eben in ihre fleischlichen Bezirke eingewickelt sind und die anderen mehr oder weniger asketisch sublimieren. Auch da – fällt mir jetzt auf – kamen der geistige und der sinnliche Bereich plötzlich für mich zusammen.

LUDWIG: Die Größe des Schwanzes macht ja nicht die Intensität des Erlebens aus.

ANDREAS: Natürlich nicht, das ist mir schon klar. Aber der große Schwanz hat eine Faszination. Mir ist übrigens bei deinen Schilderungen durch den Sinn gegangen, daß die Faszination des großen Schwanzes vor allem durch die Kindheitsperspektive entstehen dürfte. Du hattest diesen Blickwinkel kurz angedeutet, als du von dem Gesellen sprachst. Als kleines Kind erlebt man den Schwanz des Vaters – in der Realität oder nur in der Vorstellung – doch als riesenhaft. Alle väterliche Potenz liegt eben in dem *großen* Schwanz. Und so wirkt er in Erwachsenenjahren sicher als untergründige Vorstellung bei Männern und bei Frauen auch weiter.

Bei meinen Doktorspielen mit den Mädchen war ich übrigens auf der Suche nach dem mir bis dahin unbekannten Orgasmus. Das finde ich nachträglich gesehen eine spannende Geschichte. Ich weiß, daß ich auf der Suche nach einer höchsten Erregung bei den Mädchen war. Ich bin auf eine fast sadistische Lösung gekommen, und zwar durch Kneifen oder Zwicken an dem noch ganz unentwickelten, wie ein Milchbrötchen daliegenden Geschlechtsteil. Meine ganz verschwommene Vorstellung war, daß sie laut stöhnen und aufschreien müßten – und irgendwie spürte ich dumpf, müßte das über den Schmerz in der richtigen Richtung liegen. Aber weder war es ein mir bewußtes Suchen, noch hätte ich das Ziel benennen können. Das ist doch verrückt: etwas zu suchen, das man gar nicht kennt, findest du nicht auch? Ich habe es nie soweit gebracht, daß die Mädchen wirklich schrien, aber die Vorstellung befriedigte mich irgendwie. Ich frage mich wirklich, welche tieferliegenden Orgasmusphantasien Menschen so haben. Das kann ja gar nicht erst in der Pubertät entstanden sein. Das wäre ja viel zu spät für eine so bedeutende, elementare sexuelle Orientierung. Aber ich habe noch nie etwas davon gehört oder gelesen. Es ist mir auch ein Rätsel, woher ich überhaupt als Kind auf so etwas wie Orgasmussuche kommen konnte. Bewußt kannte ich es überhaupt nicht.

LUDWIG: Mir leuchtet das aber ein. Du wolltest eine große Reaktion der Mädchen erreichen.

ANDREAS: Aber woher weiß man das? Wieso überhaupt? Ich könnte höchstens sagen, daß ich meine Eltern mal im Bett gehört hätte, doch waren das Kinderzimmer und das Elternzimmer so weit auseinander und mein Vater auch in der Kindheit so viele Jahre im Krieg, daß es mir sehr unwahrscheinlich vorkommt. Vielleicht hat man da tatsächlich eine innere Ahnung, selbst wenn man es noch nie erlebt hat.

LUDWIG: Meine Eltern jedenfalls habe ich nie im Bett gehört. Sie haben auch praktisch nichts mehr miteinander gemacht. Aber ab und zu hatte ich Phantasien, daß sie es machen könnten.

Erlebt habe ich es aber dramatisch bei meinem fünfzehn Jahre älteren Bruder. Ich weiß noch, wie ich wahnsinnig eifersüchtig wurde, als ich herauskriegte, daß seine Frau Pariser gekauft hat.

ANDREAS: Ah ja.

LUDWIG: Um Gottes willen, das war eine Tragödie, ich wollte nichts

171

mehr essen, habe ein furchtbares Theater gemacht. Ich ging mit einem langen, traurigen Gesicht herum, und Cornelia, seine Frau, wandte sich mir zu, fragte, was ich denn hätte. Aber ich konnte nichts sagen. «Mir geht's nicht gut», sagte ich nur, aber ich wollte es eben unbedingt allein mit ihr machen. Das war mit zwölf.

ANDREAS: Da war dein Bruder sicher an Vaters Stelle, meinst du nicht?

LUDWIG: Ja. Mit Cornelia habe ich immer heftigste erotische Phantasien gehabt. Meine Mutter realisierte überhaupt nicht, daß ich schon ein wirklich erotisches Verlangen hatte. So erlaubte sie ohne weiteres, daß ich auf Reisen mit Cornelia übernachtete. Wenn Cornelia sich zur Nacht auszog, sagte sie zwar: «Dreh dich um», aber nachdem ich mich im Bett herumgewälzt hatte, wartete ich fieberhaft, daß sie auch unter die Decke kam. Ich näherte mich dann ganz langsam, weil ich unbedingt ihre Riesenbrüste berühren wollte. Irgendwie wollte ich dahinkommen. Und es haben sich auch kleinere Geschichten zwischen uns entwickelt. Aber erst später wurde es sozusagen handfest. Beispielsweise, wenn wir zu Weihnachten schon etwas getrunken hatten und gemeinsam um den Tisch spielten. Die Stimmung wurde lustiger und deftiger. Wir begannen mit Geld zu setzen. Ich war inzwischen fünfzehn, und wenn Cornelia auf die Toilette ging, folgte ich ihr unauffällig, und wir küßten uns heftig.

ANDREAS: Was sagte denn Cornelia dazu?

LUDWIG: Ihr war das nicht unangenehm – auch wenn sie sagte: «Was soll denn das?» Ich merkte eben, daß sie mich nicht ganz wegschob. Am Tisch hatte ich eine Hand auf ihrem Schenkel und pirschte mich immer höher. Sie trug Strümpfe, die hoch oben endeten, also keine Strumpfhosen. Ich merkte genau, wann der Strumpf endete und ich das nackte Fleisch erreichte. – Oh, oh, ha, ha, ha *(er stöhnt vor Wonne, schließlich auch Andreas, sie lachen beide).* – Da war sie so heiß, ein unbeschreiblich schönes Gefühl.

Ein Jahr später entspann sich mit Annelie, der Frau eines Nachbarpaares, Freunde meines Bruders, auch ein kleines amouröses Abenteuer. Sie war über zwanzig Jahre älter als ich. Ich ging bei Besuchen abends gern mit. Dabei merkte ich unter dem Tisch kleine Füßeleien von ihr und dachte mir, aha, aha. Ich glaube, mein Bruder hatte mit ihr einmal eine kurze Liebesbeziehung. Auch dabei erleichterte mir etwas Alkohol die

172

Lage. Alle tranken Schnaps und Bier – und eine Kleinigkeit kriegte ich auch immer ab. Und wie bei Cornelia kam es auch bei ihr nach der Toilette zur ersten Begegnung. Wir haben uns mal kurz gedrückt. Vor allem aber erinnere ich eine aufregende Autofahrt. Annelie lud mich eines Tages zum Eisessen ein. Sie fuhr den großen Wagen ihres Mannes, der in Urlaub war. Vor der Eisdiele leckten wir unser Eis, und ich merkte schließlich, ich würde auch gerne mit ihr. Es entwickelte sich eine fiebrige Situation, ganz spannend, ganz aufgeladen. Wir saßen dann im Auto, und sie rückte etwas näher. Schließlich haben wir unser Eis aus dem Fenster geworfen und uns wild abgeknutscht – es war ein Wahnsinn.

ANDREAS: Diese Zeiten — was sind das für Erlebnisse!!! *(Beide lachen.)*

LUDWIG: Damals war ich rasend glücklich. Kannst du dir das vorstellen? So eine erwachsene Frau, und die will was von mir.

ANDREAS: Ja, ja.

LUDWIG: Das Allerschärfste aber kam noch, da hätte ich fast platzen können. Weil ich in den Ferien nicht wegfahren konnte, sagte ich zu meiner Mutter, Tante Annelie würde gerne an die Ostsee fahren – ob ich nicht mitkommen dürfte. Statt daß meine Mutter abwehrte, sagte sie im Gegenteil: «Ja, ist doch prima, dann nimmt die Tante Annelie dich mit» *(beide prusten vor Lachen).*

ANDREAS: Da hast du ja von deiner Mutter geradezu ihren Segen mitbekommen.

LUDWIG: Ja, genau *(er spricht jetzt in voller Nachfreude fast aufgeregt).* Wir saßen im Zug – das Abteil war leer *(vergnügtes Lachen).* Es gab ein Gehobel und Gejuckel, ich habe es gar nicht abwarten können. Koffer schnell ins Gepäcknetz, es war ja keiner da, und dann haben wir uns sofort geknutscht und angefaßt. Wir sind sechs Stunden gefahren. Ich war naß wie sonst was, und es war schon längst passiert.

ANDREAS: Alles angezogen, in Kleidern?

LUDWIG: Ja, ja – gedrückt, gefaßt und viel geküßt. Dann aber sind wir in den Gasthof rein. Im Zimmer haben wir nur die Koffer hingeschmissen, die Tür zugeworfen. Annelie hatte ihren Pelzmantel nicht ausgezogen. Ich habe mich gleich auf sie gestürzt. Ich habe bis heute noch die Brandblasen auf den Knien – vom aufgeregten Vögeln auf dem Teppich.

ANDREAS: Ach, zeig mal *(Ludwig zieht die Hosenbeine hoch und zeigt sie).* Ach, wirklich!

173

LUDWIG: Ich habe mir völlig die Knie durchgescheuert und es überhaupt nicht gemerkt.

ANDREAS: Das kenn ich auch – auch von einer Frau auf dem Rücken, dort, wo die Wirbelsäule auf dem Teppich liegt. Das hat mich anfangs sehr erschreckt, aber auch fasziniert.

Im übrigen, was soll man dagegen machen? *(Beide lachen.)*

LUDWIG: Mit Annelie war ich zwei Wochen zusammen. Es war der Wahnsinn.

ANDREAS: Dann habt ihr aber auch richtig miteinander geschlafen?

LUDWIG: Im Hotelzimmer sofort.

ANDREAS: Wie habt ihr denn überhaupt verhütet?

LUDWIG: Null.

ANDREAS: Ist ja nicht zu glauben.

LUDWIG: Sie hatte zwar anfangs noch gesagt: «Wir müssen aufpassen.» Aber dann ging das unter. Nur später habe ich gehört – es war ja ein riesiger Altersabstand, und sie gehörte zu der Welt der Erwachsenen –, daß irgend etwas passiert sei. Aber ganz sicher bin ich mir nicht. Es kann auch sein, daß es sich auf die erotische Spannung bezog, die dann natürlich zu Hause alle spürten. Meine Mutter hat das später einmal angesprochen und noch erwähnt, daß Annelie immer mal wieder nach mir fragen würde.

ANDREAS: Verhütung ist bei mir ja mit der ersten Freundin das allergrößte Problem gewesen. Ich war vierzehn, aber in dieser Hinsicht überhaupt nicht aufgeklärt. Meine Freundin hatte eine panische Angst vorm Kinderkriegen. Wir wußten noch nicht einmal, wie man es wirklich macht, hatten aber instinktiv richtig angefangen. Das ist mir überhaupt ein Rätsel, wie man etwas wissen kann, wenn man es vorher nie erfahren hat. Wir lagen in der Missionarslage. Aber bevor ich wirklich zur Sache gehen konnte, wehrte sie wegen eines möglichen Kindes in großer Angst ab – wie mir heute scheint, wirklich zu Recht. So lagen wir eben nackt zusammen, und ich war voller Angst, wieviel Angst ich ihr gemacht hatte. Das ging über Jahre, ohne daß wir richtig zusammen gevögelt haben.

LUDWIG: Bei mir hatten die sehr viel älteren Frauen, die mich sozusagen in die Liebe einführten, einfach alle Verantwortung übernommen. Diese Last war ich wirklich los. Ich konnte wirklich ganz loslassen.

ANDREAS: Ja, da hattest du im Vergleich zu mir paradiesische Zustände. Mir geht überhaupt bei deinem Erzählen auf, daß du für die Erotik in goldenen Verhältnissen aufgewachsen bist. Das ist ähnlich, wie wenn man von erogenen Zonen des Körpers spricht. So kann man das eigentlich auch von der Qualität der Gesamtbedingungen sagen, die eine erotische Entwicklung fördern. Das erogene Milieu entscheidet über die Liebe im Leben. Es ist bei unterschiedlichen Menschen ganz unterschiedlich ausgeprägt. Und wie ich an deinem Beispiel und an uns wahrnehme, läßt es sich von jedem Menschen leicht in einem Gespräch wie diesem erzählen. Es beeinflußt lebenslang deswegen so gewaltig die große Strömung von Begehren und Unbehagen, weil durch die Stärke deiner inneren Lustbereitschaft auch die Gelegenheiten mitbestimmt werden. Du bist in einer oasenartigen Situation gewesen. Dafür müßtest du deinem Schicksal wirklich dankbar sein: die vielen jungen Frauen, die bei euch angestellt waren. – Die vielen Chancen, die dir sozusagen in den Schoß fielen. – Die ganze Umwelt des erotischen Fluidums, wodurch alle Augenblicke etwas Spannendes und Aufregendes geschehen konnte – all das hatte ich beispielsweise überhaupt nicht. Gut, ich hatte Kindermädchen, doch wechselten die – mit Ausnahme des ersten – häufig, und es entspann sich nichts.

LUDWIG: Ja, die kenne ich auch. Mit denen passierte nichts – wenn ich auch unter ihren Rock guckte, sobald sie die Treppe emporstiegen oder auf eine Leiter kletterten.

ANDREAS: Ja toll, du bist sexuell wenigstens wach gewesen. – In mein erstes Kindermädchen beispielsweise war ich völlig verliebt – und mir war klar, daß sie nach meiner Mutter meine zweite große Geliebte war –, aber es geschah überhaupt nichts Sexuelles. Obwohl es eine heiße Liebe war, gab es keine Spur von direkter Sexualität. Wahrscheinlich bin ich viel bürgerlicher erzogen worden als du.

LUDWIG: Behüteter, scheint mir. Demgegenüber kann man sagen, daß ich fast etwas verwahrlost aufgewachsen bin.

ANDREAS: Ja, so könnte es wirklich sein. Aber bist du nicht einfach mitten in einem sehr lebendigen Gesinde aufgewachsen?

LUDWIG: Verwahrlost in dem Sinne, daß sich meine Eltern um mich einfach nicht besonders gekümmert haben. Darüber hinaus hatte meine Mutter zum erotischen Leben offensichtlich eine sehr offene Einstellung. Beispielsweise hatte ich eines Tages große Skrupel gekriegt wegen Cornelia, weil ich ihr an einem Weihnachtsabend ganz schön stark an die Wä-

175

sche gegangen war. Das war wohl auch aufgefallen; denn am nächsten Tag merkte ich, daß sie mit meinem Bruder Ärger hatte. Das erzählte ich meiner Mutter zu Silvester, auf einem kleinen Spaziergang. Ich sagte ihr, das sei vielleicht doch nicht so gut gewesen; ich hätte zuviel getrunken und Cornelia vielleicht doch zuviel geküßt; das sei doch nicht in Ordnung gewesen. Kurz, ich war etwas zerknirscht. Da sagte sie ganz trocken: «Sag mal, hast du keine anderen Sorgen?»

ANDREAS: Ach ja – toll.

LUDWIG: Es entstehen dann ja häufig Situationen, in denen solche Vorfälle problematisiert werden und Vorwürfe fallen wie: «Was hast du gemacht?» – «Welche Schweinereien!» – «Du mußt ihr doch nicht gleich zwischen die Beine greifen!» Aber meine Mutter blieb da ganz gelassen. Es war wie eine Absolution.

ANDREAS: Schön.

LUDWIG: Einerseits schon, aber andererseits hatte ich doch auch das Gefühl, daß ich gegenüber meinen Freunden verwahrlost bin. Ich hatte einen Freund, der hochskrupulös war. Ihm gegenüber fühlte ich mich irgendwie weniger sensibel, ich habe gar nicht mitbekommen, weswegen er sich überall Gedanken machte. Ich fuhr mit ihm und unseren Freundinnen mal auf eine kleine Tour. Nach dem ersten Tag erzählte ich ihm naiv und frei, wie toll es mit meiner Freundin im Bett war, wie wir gevögelt hätten. Und dann merkte ich langsam, wie er mit seiner Freundin immer die größten Schwierigkeiten hatte; wie er sich Gedanken machte; wie ihm alles peinlich war. Er litt an Selbstzweifeln. Und ich dachte, irgendwie bin ich auch ein Schwein. Anständiger sei es doch, wenn man sich auch mal Gewissensbisse macht.

ANDREAS: Aha, so habe ich das noch nie gesehen.

LUDWIG: Ich bin ja auch als junger Mann ohne große Skrupel ins Bordell gegangen. Ich fuhr mit meinem Vater zu einer frischen Schlachtung. Gegenüber von der Schlachterei stand das Bordell. Im Laufe der Jahre kamen wir oft daran vorbei. Ich konnte die Frauen in den Fenstern liegen sehen. Ausladend waren sie in ihrer Unterwäsche ausgebreitet *(lacht genüßlich)* – und dann bin ich doch neugierig geworden. Schon als Kind, fällt mir jetzt ein, bin ich gelegentlich mit dem Fahrrad da hingefahren. Ich habe durch den Zaun geguckt, bin mal vorbeigegangen und so weiter. Als ich etwa sechzehn war, hatte ich ein bißchen Geld gespart. Dann habe ich

176

mir eine ausgesucht. Sie hatte ein schneeweißes, knappes Höschen an, einen weißen BH... und weiße Strümpfe!! ...genau... weiße Strümpfe – und ich habe sie erlebt wie eine *Braut*. Ich war so verliebt in sie, in diese Hure.

Sie war eine richtige Hure, eine Puffhure – und ich fand sie traumhaft, überirdisch. Und dann sind wir die Treppen raufgegangen, ich hinter ihr her, ihren knackigen Po vor Augen, und sie hat richtig mit mir gefickt – was sie ja sonst meist nur imitieren. Und ich war sooo glücklich und habe einen so wunderschönen Orgasmus gehabt. Ich hatte auch das Gefühl, daß sie das sehr toll fand.

ANDREAS: Kann ich mir gut vorstellen.

LUDWIG: Ach *(seufzt vor Wonne)*. Dann entdeckte ich noch, daß ich Geld für den Friseur dabeihatte, und das habe ich ihr nachträglich noch dazugelegt. Fast orgiastisch – und ich konnte nicht mehr zum Friseur gehen. Ganz glücklich lief ich durch die Stadt.

ANDREAS: Wunderschön.

LUDWIG: Ach toll, ja. – Häufig bin ich nicht gerade im Bordell, aber vor einigen Jahren war ich mit einem Bekannten wieder dort. Das fand ich auch wunderbar. Unsere Frauen saßen zu Hause mit den Kindern – während des Besuches. Wir sagten, wir wollten mal ein bißchen wegfahren, um uns in der Stadt dies und das anzuschauen. – Dann standen wir an der Theke des Etablissements, tranken unseren Sekt, freuten uns, und die Frauen begannen, sich liebenswürdig um einen zu kümmern. Und dann erschien eine so wunderschöne, filigrane, zarte Südamerikanerin. Natürlich ist mir jetzt als erwachsenem Mann klar, daß die ganze Inszenierung auch ein erotisches Theater ist. Aber dieses Spiel habe ich voll mitgemacht und mitgenossen. Die Frau war wie Ebenholz. Sie ist wunderbar auf alle meine Wünsche eingegangen. Es entstand eine so schöne Atmosphäre zwischen uns. Wir haben während des ganzen Koitus nur lachen müssen, so herrlich war das.

ANDREAS: *(lacht)* Toll.

LUDWIG: Das ist nun eine Weile her. Jetzt lebe ich in einer Liebesbeziehung, die ebenso offen ist. Wir reden sehr viel miteinander, sagen uns, wie wir es gerne hätten und was wir erleben. Wir werden auch diese erotischen Zwiegespräche einführen, glaube ich. Wir wissen in der Liebe voneinander wirklich, was uns guttut.

177

ANDREAS: Das finde ich beneidenswert. In meinen Beziehungen habe ich das leider nur ganz selten erreicht. Obwohl ich es selbstverständlich finde, daß man über das Liebemachen und auch während des Liebemachens reden sollte, geht das in meiner Beziehung zur Zeit völlig verloren. Ich habe im Augenblick sogar nicht einmal richtig in Erinnerung, inwieweit wir überhaupt darüber sprechen oder nicht. Merkwürdig, aber auch verdächtig, daß mir das nicht sofort einfällt.

LUDWIG: Mit Irene, meiner Geliebten, hat es sich gut entwickelt. Wir erleben alle Spielarten, die uns Freude machen. Manchmal gibt es natürlich kleine Unterschiede. Es gehört nicht zu meiner heißen Zone, aber ich finde es dennoch geil, wenn sie während des Vögelns möchte, daß ich meinen Finger in ihren Hintern stecke. Ich kann meinen Penis dann fühlen, und ich habe das Gefühl, ich habe sie so ganz.

ANDREAS: Ja, das habe ich genauso erlebt – und finde es auch sehr lustvoll. Aber bei Christiane schwankt das sehr, je nach Stimmung. Es gibt Situationen, in denen sie sich erst etwas wehrt, dann aber dadurch direkt zum Orgasmus kommt; es gibt aber auch Zeiten, in denen es für sie überhaupt nicht in Frage kommt. Es ist verrückt, wie unterschiedlich die Lust gelagert sein kann. Wie ein Chamäleon wandelt sie sich. Vielleicht liegt das aber auch an Christiane. Ich kann mich im Grunde auf nichts einstellen – was wegen der Überraschungswirkung auch schön sein kann. Aber mir wäre im Grunde doch lieber, sie wäre so wie deine Irene, die das durchgehend gut findet.

LUDWIG: Ja, das kann ich nachfühlen. Was ich aber nicht kann und was sie sich wohl wünschen würde – siehst du, so weitgehend haben wir doch noch nicht miteinander geredet –, ist ein richtiger Analverkehr. Ich weiß auch nicht, woran es liegt. Ich habe es auch noch nie richtig versucht. Nur mit dem Finger geht es, vor allem, weil ich sie so total habe.

ANDREAS: Es ist doppelt dicht im Gefühl.

LUDWIG: Genau. Man hat sie sozusagen im Griff.

ANDREAS: Analverkehr habe ich manchmal sehr gerne – und ich habe auch keine Probleme damit. Es macht eine besondere Lust.

LUDWIG: Weil es so schön eng ist – oder?

ANDREAS: Nein, ich glaube, es ist etwas anderes. Es ist mehr ein anderes seelisches Erleben. Es hat etwas mit Überwältigen zu tun. Ich habe mich oft gefragt, was es eigentlich ist. Ich dachte zunächst, es wäre vielleicht verbotener. Aber das ist nicht der Punkt. Es ist eine besonders starke, intensive Lust, die etwas mit Beherrschen zu tun hat, mit Herrschen und Unterwerfen. Vor langer Zeit hatte eine Geliebte das einmal sehr gut ausdrücken können. Sie meinte, sie werde beim Analverkehr von Unterwerfungsgefühlen überflutet. Und das fand sie sehr schön. Ich konnte sie sofort verstehen. Das überraschte mich. Ich weiß noch, wie ich mir damals sagte: «Das ist es.» Ich hatte es immer geahnt, aber nie wirklich herausbekommen. Es ist merkwürdig, daß sehr genaue Gefühle in ganz bestimmten erotischen Handlungen zu liegen scheinen, ohne daß man sie oft wirklich ins Wort bringen kann. Ich hatte es vorher einfach nicht gewußt, und mit ihrer Erkenntnis wurde es plötzlich sonnenklar. – Wenn man damit anfängt, ist es natürlich etwas Besonderes. Ich habe lange Zeit den Hinternfick und den Normalfick als unterschiedliches Erleben genossen, aber schließlich stellte sich immer wieder heraus, daß übliches Vögeln das beste und letzte ist. Analverkehr ist in der ganzen Entwicklung zur Erotik zu zweit eine besondere Beigabe, ein besonderes Vorspiel.

(Pause)

LUDWIG: Ganz besonders spannend finde ich übrigens, wenn eine Frau vor mir onaniert – auch wenn sie es, bevor wir miteinander beginnen, bis zum Orgasmus macht. Ich glaube, meine Lust kommt aus dem Gefühl der Unabhängigkeit, aus einem Empfinden, sie könne einem jetzt nichts tun, sie kann sich das selber besorgen, sie frißt einen nicht auf.
ANDREAS: Ah ja, aha. – Ich habe oft erlebt, daß die Frau damit begann, in hohe Erregung kam, aber nicht weitermachte, weil sie dann meinen Schwanz haben wollte. Die Spannung wurde einfach zu groß und konnte von ihr nicht mehr gehalten werden. Ganz abgesehen natürlich davon, daß es für viele Frauen schwierig ist, sich so hinzugeben, sich so offen zu zeigen, sich so zu öffnen.
LUDWIG: Ja klar. Aber mit Irene geht das wie von selbst. Es paßt einfach zu uns, und sie mag es.
ANDREAS: Dann muß sie sich innerlich frei fühlen. –
Ich bin noch etwas bei den Puff-Erlebnissen hängengeblieben, weil ich praktisch nur eines habe – ein merkwürdiges Erlebnis. Ich dachte mir, ein erwachsener Mann müsse das einmal erfahren haben. Es war kein besonderer sexueller Drang. Ich wollte es einfach mal erleben. Die Schwierig-

179

keit, die ich dabei habe, liegt darin, daß mich die Frauen nicht anmachen. Und zwar deswegen, weil ich in ihnen häufig ein menschliches Elend wahrzunehmen meine. Ich habe selten wirklich schöne Frauen unter ihnen erlebt. Nur ein einziges Mal in einer dafür berühmten Straße in Paris, Rue Saint Denis. Damals stockte mir wirklich der Atem. Ich habe noch nie so viele schöne Frauen in einer so unzähligen Menge gesehen. Nun stehe ich auf kleine, zierliche, dunkelhaarige Frauen – und diese Französinnen waren alle so. Damals aber war ich noch sehr jung und sehr scheu, außerdem ging ich mit Freunden und Freundinnen zusammen – ich wußte gar nicht, wie ich es überhaupt anstellen sollte, zu einer der schönen Huren zu gehen. Ich traute mich nicht. – Jetzt aber streifte ich durchs Rotlichtviertel von München und erlebte – besonders nachträglich gesehen – eine wirkliche Überraschung. Ich suchte mir nämlich von denen, die auf der Straße standen, eine aus, die in äußerer Kleidung und in ihrer ganzen Gestalt fast aufs Haar meiner ersten Liebe glich. Damals war ich siebzehn gewesen, und ich hatte sie in einem Vorort von München im Bäckerladen gesichtet. Im Rückblick auf mein Leben kann ich ziemlich genau einige Auslöser feststellen. Sie gelten nicht immer, aber überwiegend. Schwarze Haare gehören dazu. Auslöser erlebe ich immer als besonders ungerecht, weil nur die pure Äußerlichkeit eines Details zu Lust und Liebe verführt. Sie hatte aber auch einen knallroten Anorak an. Allein diese beiden Zeichen machten mich enorm auf sie aufmerksam. Ich kannte sie nicht, hatte sie vorher nie gesehen. Vielleicht war es sogar nur der Klang der Farben Schwarz und Rot. Unfaßlich, daß durch einen solchen völlig äußeren Start eine mehrjährige Liebesbeziehung entstand. Es hätte durchaus auch anders kommen können. Mir fällt dazu der lakonische Satz einer jungen Frau ein, die ich für ausgesprochen beziehungsreich und lebendig halte. Sie sagte nach Abschluß ihrer Berufsausbildung: «Weißt du, es gibt bestimmte Zeiten, in denen man sich entschließt, zu heiraten und Kinder zu bekommen. Der Mann, der zu dieser Zeit dasteht, der ist es dann eben.» – Und ich glaube, sie hat nicht gelogen oder sich herausgeredet. Manchmal sind die abgründigen tiefen Begegnungen wirklich ein Machwerk des Zufalls. – Bei mir aber war es anders. Die Nutte, die ich wählte, war zwar eine, die da gerade in der Gegend stand, aber ich suchte sie mir aus nach dem Muster meiner bedeutenden frühen Beziehung. Ich ging also mit ihr ins Zimmer des Hotels und empfand al-

180

les als fremd und distanziert. Ich sah ihr bleiches, nacktes Fleisch, das noch so völlig beziehungslos und fremdartig vor mir lag. Sicher hatte ich auch etwas Angst, aber das wesentliche war zunächst ein Fehlen jeglicher Bindung.

LUDWIG: Ja, ja, das kann ich verstehen.

ANDREAS: Dann aber kam sie ins Reden – und plötzlich fing sie an, wie ein Sturzbach zu heulen. Sie weinte sicher eine dreiviertel Stunde, und dann erzählte sie mir ihre ganze Lebensgeschichte, von der ich im großen und ganzen das Gefühl hatte, daß sie stimmen könnte. Selbst wenn sie erlogen wäre, hätte sie mich wegen dieser Erfindung gerührt. Es war eine richtige Elendsgeschichte. Sie hat mich erschlagen. Der lange Nachmittag war wie eine große Psychotherapie.

Was ich aber sagen wollte: Ich brauche für meine Lust eine wirkliche Bindung, ohne sie will und kann ich nicht vögeln. Vielleicht ist das eine Art emotionaler Unfreiheit. Aber ich will es auch gar nicht anders. Ich habe nur ganz wenige «one-night-stands» in meinem Leben gehabt. Insoweit beneide ich dein erotisches Leben etwas. Ich bewundere es auch teilweise. Ich erlebe es als direkter und offener. In so einem Zwiegespräch erlebe ich zum erstenmal eine Möglichkeit, das erotische Leben als Ganzes zu vergleichen; das kenne ich bisher noch gar nicht. Und so bleibt mir jetzt im Vergleich zu dir das Gefühl, daß mein erotisches Leben mehr Mühen machte. Dennoch bin ich sehr glücklich mit meinem erotischen Leben. Es war sehr intensiv, sehr vielfältig, und ich bin durch meine Liebesbeziehungen überhaupt erst wirklich gereift.

Aber auf der inneren Suche nach den wenigen kurzen Nächten der Lust fallen mir doch zwei Erlebnisse ein.

Ich war Mitte Zwanzig und meinte inzwischen zu wissen, was ich vom Leben wollte, vor allem – was mir viel bedeutender scheint –, welche Frauen wirklich zu mir paßten. Es war eine Zeit, in der ich nicht sonderlich gebunden war. Von meinem kleinen Zimmer aus blickte ich auf die Straße und dachte mir, es müßte doch möglich sein, direkt vor der Tür eine Frau zu finden, die mir gefällt. Ich stellte mich also auf die leichtbelebte Straße. Es dauerte nicht länger als eine halbe Stunde, da hatte ich sie gefunden. Natürlich war ich innerlich sehr entschlossen, meine Einsicht auch in die Tat umzusetzen. Ich glaube, wir gingen nicht mehr als fünfzig Meter, standen vor Zeitungen an einem Kiosk, und dann lud ich sie zu einer Tasse Kaffee zu mir. Mein Zimmer war winzig, die Erregung war groß. Schließlich schliefen wir zusammen. Es war wunderschön, weil als gemeinsame Basis trotz der kurzen Zeit ein großes Vertrauen im Gespräch herangewachsen war. Im übrigen hatte ich sie mir ja ausgesucht – und ich glaube bei Sympathie an die Wechselseitigkeit der Verhältnisse. Sie mochte mich auch. Das aber ist eben eine Ausnahme. Mein Puff-Erlebnis aber ließ eine solche Stimmung der wechselseitigen Sympathie gar nicht aufkommen. Vertrauen war schließlich auch da, aber es war alles von diesem krassen Elend durchsetzt. Andererseits würde ich sagen, daß ich Bordelle im Grunde gar nicht kenne. Meine Nutte habe ich mir ja auch unter vielen ausgesucht, aber sie blieb mir einfach durch und durch fremd. Einmal bin ich auf eine sehr witzige Weise versehentlich in ein Bordell geraten, als ich einen Taxifahrer bat, mich zu einer Sauna zu bringen, die spätnachts noch geöffnet sei. Ausdrücklich bemerkte ich, daß ich nicht in ein auf diese Weise verkleidetes Bordell wollte, aber ebenso prompt bemerkte ich dann in der Sauna, wohin ich geraten war. Was mir dort noch als Erlebnis nachhängt und sehr gegen den Strich ging, war ein Gespräch dreier vergleichsweise junger Geschäftsleute, die auf eine mir unangenehme Weise die Entwicklung einiger neuer Prostituierten in den letzten Monaten zu einem größeren sexuellen Angebot und stärkerer Willfährigkeit kommentierten. Sie sprachen wirklich wie über eine Ware, und selten habe ich die Entmündigung der Frauen in dieser vergleichsweise sachlichen Form erlebt. Ich hatte mich damals gefragt, ob ich mir nicht von meiner Partnerin dasselbe wünschte, eine noch offenere Sexualität und ihre Lust, alles mitzumachen, ob also vielleicht ein geheimer Neid mich dazu brachte, ihre Reden widerlich zu finden. Doch war der Kern meines Widerwillens die Einstellung dieser Männer, die Frauen als bloße Verfügungsmasse ohne eigenes Selbst zu betrachten. Kurz, es schien mir ganz unmöglich, auch eine aufs Sexuelle beschränkte Beziehung aufzunehmen, ohne eine lebendige Person als Gegenüber zu erleben. Was ich da also aus dem Hot-Whirlpool hörte, während ich nach dem Saunagang so herumlag, hatte mich völlig abgetörnt. Die Frauen waren in ihrer eigenen Existenz einfach ausgelöscht. Wie ein Rebell ergreife ich dann die Partei der Frauen und spiele mich am liebsten als Robin Hood der Huren auf. Ich möchte eine Frau im Bett haben als einen richtigen Menschen und als eine eigenständige Person, verstehst du? – Dennoch be-

182

neide ich dich beispielsweise um deine Südamerikanerin. Ich fand es so schön ausgedrückt, diese Aura eines erotischen Theaters, in dem ihr beide genußvoll eure Rollen gespielt habt.

LUDWIG: Es war auch keine Situation des wechselseitigen Ausnutzens zwischen uns. Das gilt ja als das klassisch Negative am Puff. Es war keine unterschwellige Aggression in der Beziehung, vielmehr eine Art Inszenierung, an der wir beide große Freude hatten. Im übrigen fällt mir ein, daß ich mit ihr auch ziemlich lange Zeit verbracht habe, was sehr ungewöhnlich war – und wir haben auch beispielsweise über ihre Eltern gesprochen. Ich habe natürlich auch die Realität absichtlich ausgeblendet. Ich habe mir gesagt: «Jetzt bin ich hier, in dieser Minute, in dieser Sekunde, mit dieser wunderschönen Frau zusammen, diesem schöngewachsenen Menschen, von dem aus ich eine Resonanz spürte» – und es war mir egal, ob es gespielt oder tiefergehend war.

ANDREAS: Das verstehe ich sehr gut. Ich habe auch keinerlei moralische Vorbehalte. Ich kann es nur innerlich selbst nicht hinkriegen – meine ich jedenfalls. Immerhin fällt mir auch noch eine sexuelle Begegnung für eine Nacht ein: Ich war zu einer Galerieeröffnung geladen, zu deren mitternächtlichem Ende sich einige fremde Gestalten zusammenfanden. Darunter ein Fotograf, der erotische Fotos für eine Zeitschrift gemacht hatte, und sein Model. Er hatte übrigens den Auftrag bekommen, eine Polin zu fotografieren, fand aber keine und hatte eine junge Frau gewählt, die mindestens äußerlich den Eindruck machte, daß sie aus dem damals noch abgeriegelten Osten stammen könnte. Sie hatte einen sehr großen Busen, was mich sonst gar nicht so stark bewegt, ich finde demgegenüber viel wesentlicher, wie erregbar eine Frau an den Brüsten ist. Während also die Erregbarkeit der Busen für mich das Allergrößte ist und die Größe mir weniger bedeutet, war es bei ihr plötzlich anders. Zu ihr riß mich in dieser Nacht ein selten empfundenes Gefühl von – wie soll ich sagen – üppiger Leidenschaft hin. Mit Staunen entdeckte ich in mir wirklich die unmittelbare Lust an ihren melonengelben Brüsten, und irgendwie fügte es das Schicksal, daß wir eine spontane Liebesnacht verbrachten, deren Leitbild für mich ausschließlich der Vollmond ihrer Brust war. Ich staunte mehr, als ich mich wegen dieser emotionalen Beziehungslosigkeit schämte. Als wir in meinem Bett lagen, habe ich richtig gemerkt, wie mich der große Busen nur als Busen angemacht hat – ein merkwürdiges Erlebnis.

Du liebe Güte, jetzt fällt mir dazu Edith ein – wie aus einer anderen Welt; ich hatte sie völlig vergessen. Ihre großen und souffléweichen Brüste vermittelten mir seltsamerweise das Gefühl, als käme ich an ihr erotisches Innere gar nicht heran. Weißt du, die Brüste waren wie eine Weste, die jeden Schuß abfing. Mit dem Playmate aber wollte ich wirklich nur aus Lust und Sexualität vögeln – nichts weiter. Es schien mir auch so, als ob die Person kaum da war. Das ist ja nicht zu glauben, sagte ich im stillen zu mir, daß ich jetzt endlich einmal nur einen Körper und die Brüste begehre; denn bis dahin hatte ich das für mich als unmöglich angesehen. Aber schon am nächsten Tag zeigte sich die andere Seite: sie erzählte, warum sie überhaupt mit mir mitgegangen war, und als Kern kam ihr tiefes Vertrauen zu mir auf. Das konnte sie, fand ich, auch wirklich haben. Was ich aber damit sagen will: Von mir aus schien es eine neue Körperbeziehung zu sein, von ihr aus aber war es eine ausschließlich seelische Attraktion. Sieht man beides zusammen, ist es doch eine sehr persönliche Beziehung gewesen. Denn ich glaube, daß mir wenigstens unbewußt ihr Empfinden klar war. Vielleicht habe ich ihren Körper und ihre Brüste auch so schön und entgegenkommend erleben können, weil sie mir seelisch wirklich entgegenkam, ohne daß ich es ausdrücklich wußte. So entpuppte sich auch diese Beziehung nicht als distanzierter *one-night-stand*, sondern als eine sehr menschliche Bindung. – Etwas ganz anderes sind natürlich Blitzverliebtheiten, die schließlich in sehr lange Beziehungen übergehen. – Wenn ich also alles überlege, könnte ich zur Auffassung kommen, ich knüpfe an eine sexuelle Beziehung sehr viel emotionale Bedingungen. Doch im Grunde bin ich nicht besonders gehemmt aufgewachsen. Meine Eltern haben mir, was Sexualität betraf, nie etwas verboten. Aber sie haben eben auch nichts gesagt. Dennoch bin ich natürlich in einem richtigen Bürgerhaus aufgewachsen. Und meine Eltern selbst sind natürlich viel strikter erzogen worden. Ich glaube, die Reaktionen deiner Mutter wären meiner Mutter nie eingefallen. Da hast du wirklich Glück gehabt.

LUDWIG: Unser Haus beherbergte wirklich sehr viel Sexualität. Es wohnte noch eine ganze Anzahl von verwandten Paaren bei uns, das hatte ich zu erwähnen vergessen. Der Bruder meiner Mutter mit seiner Frau und ihrer gemeinsamen Tochter lebten noch bei uns. Auch mit der Tochter hatte ich kleinere Liebesabenteuer. Und dann gab es noch ein weiteres Paar und halt die vielen jungen Frauen und jungen Männer, die un-

184

tereinander häufig die Beziehung wechselten – irgendwie war es ein großes erotisches Haus. Dann waren alle ja auch noch im Geschäft tätig, was jeden Tag eine ziemlich sinnliche, fleischliche Versorgung bot.

ANDREAS: Als du vorhin erzähltest – auf der einen Seite der Schlachter, auf der anderen Seite das Bordell –, dachte ich schon an einen mehr als symbolischen Zusammenhang. Ich hatte ja phantasiert, du bist mit deinem Vater ins Bordell gegangen. – So weit trug mich mein bewundernder Neid.

LUDWIG: Nein. Mein Vater ist mit mir oft durch die Gegend gezogen. Wir sind auch häufiger ins Kino gegangen, mit zwölf durfte ich in seiner Begleitung schon in Filme, die erst für Sechzehnjährige gedacht waren. Und er hat mich danach auch in die Kneipen mitgenommen. Ich bin viel mit dem Vater unterwegs gewesen. Ich durfte auch mal am Dornkaat lecken. Aber, jetzt fällt mir ein: das könnte es sein – er war ja etwas korpulenter, was mir das Gefühl gab, so furchtbar viel mit Erotik habe er nicht am Hut. Aber er partizipierte ganz gern an meinen Abenteuern.

Er brachte mal eine Warensendung zu Geschäftsfreunden, die Chinesen waren. Sie kauften regelmäßig bei uns ein. In ihrem Haus wehte auch ihre junge Tochter herum. Plötzlich fragte mich mein Vater: «Na, wie geht es denn mit der?» *(lacht)* Und, was soll ich dir sagen: Wir waren einmal Gäste in deren Restaurant. Ich ging mit dieser King-ping-meh unterdessen etwas spazieren, wir kamen ins Haus zurück und gingen nach oben. Während die Eltern unten aßen, vögelten wir obendrüber. Das war mit sechzehn, siebzehn Jahren. Wir waren gleichaltrig.

ANDREAS: Wirklich aufmerksame Eltern. Aber nun kommt mir wieder die Frage nach Verhütung.

LUDWIG: Null.

Erotische Schlachtung
«Mir gefallen sein Schwanz und seine Nase, denn die erinnert mich an seinen Schwanz. Sein Schwanz gefällt mir, weil er mich fickt, wie ich es brauche: kurz und gut. Bei einem anderen würde ich vielleicht wieder zwei Jahre brauchen, bis er es so kann. Ich kann die Erregung nicht halten. Wenn der Schwanz dick und fett ist, wird er geschlachtet, das ist schön.»

Hans Imhoff

ANDREAS: Das wundert mich so, daß dich das nicht verängstigt hat. Im Zeitalter des Aids wäre es ja noch schlimmer gewesen. Wenn nun Kinder gekommen wären? Was dachtest du dir dabei? Sollten die Frauen damit klarkommen?

185

LUDWIG: Nein, das war es nicht. Ein Hintergrundgedanke war wohl das Gefühl, daß die Mutter sich freuen würde. Dann wäre noch einmal was Lebendiges ins Haus gekommen. Darüber hätte sie sich deswegen besonders gefreut, weil sie nach mir mehrere Kinder verlor. Daß ich lebendig war, war ihre Grundfreude, die schlichte Tatsache, daß ich eben lebe.

ANDREAS: Ach. – Das scheint mir wirklich wesentlich zu sein. Jetzt wird mir vieles klarer.

LUDWIG: Meine Mutter konnte auch keine Kinder mehr bekommen. Und ich war der einzig Lebendige. Sie ließ immer erkennen, wie sehr sie sich darüber freute. Wenn ich mal was ausgefressen hatte – einmal brachte mich die Polizei nach Hause, weil ich mit dem Fahrrad in verbotenen Zonen radelte –, freute sie sich mehr über meine Unternehmungslust, als mir eine Standpauke zu halten.

ANDREAS: Und dein Bruder?

LUDWIG: Der stammt sozusagen aus einer anderen Generation. Er ist ja viel älter, aus der Vorehe meines Vaters.

ANDREAS: So bist du im Grunde ein Einzelkind, und dazu noch ein besonders geliebtes.

LUDWIG: Und insofern habe ich es auch nie als Bedrohung empfunden, daß aus dem Vögeln vielleicht ein neues Leben entsteht.

ANDREAS: Ja, das ist ganz eindeutig. Im Grunde nimmst du deiner Mutter nichts, du machst ihr keine Last, sondern du beschenkst sie mit einem Kind. Fast könnte man sagen, daß es ja ihr Kind ist, und es fehlt für die Phantasie nur wenig, daß du es mit ihr hervorbringst, sofern die Psychoanalyse recht hat und alle Geliebten mehr oder weniger Mutterfiguren sind. – Wie hast du denn die Chinesin erlebt? War das anders als mit anderen?

Der Sinn der Liebe
«Daß dieses bestimmte Kind erzeugt werde, ist der wahre, wenn gleich den Theilnehmern unbewußte Zweck des ganzen Liebesromans: die Art und Weise, wie er erreicht wird, ist Nebensache. – Wie laut auch hier die hohen und empfindsamen, zumal aber die verliebten Seelen aufschreien mögen, über den derben Realismus meiner Ansicht; so sind sie doch im Irrthum. Denn, ist nicht die genaue Bestimmung der Individualitäten der nächsten Generation ein viel höherer und würdigerer Zweck, als jene ihrer überschwänglichen Gefühle und übersinnlichen Seifenblasen? Ja, kann es, unter irdischen Zwecken, einen wichtigeren und größeren geben? Er allein entspricht der Tiefe, mit welcher die leidenschaftliche Liebe gefühlt wird, dem Ernst, mit welchem sie auftritt, und der Wichtigkeit, die sie sogar den Kleinigkeiten ihres Bereiches und ihres Anlasses beilegt.»
Arthur Schopenhauer
Metaphysik der Geschlechtsliebe

LUDWIG: Nein, überhaupt nicht. Sie hatte natürlich schöne Mandelaugen und eine wunderbare glatte Haut, ihren besonderen Teint. Sie war halt ein besonders exotisches Mädchen. Ich war ja noch sehr jung und noch nicht einmal in der Lage, die spezielle Art ihrer Schambehaarung zu würdigen. Es war eine glatte, tiefschwarze, sparsame, geradezu elegante Behaarung, die nach innen zusammenlief. Es war eine kleine, feine, wunderschöne Schambehaarung.

ANDREAS: Ich wundere mich gerade über meine eigene Frage. Mein Freund, der erwähnte Sergio, der mehrheitlich homosexuell ist, erzählte mir nämlich von einer Reise nach Ostasien, daß die Menschen dort die Liebe viel offener, ursprünglicher und ganzheitlicher erleben. Er beurteilte das übrigens auch auf dem Hintergrund seiner wirklich umfassenden und vielfältigen homosexuellen Erfahrung – Homosexuelle haben ja im Gegensatz zu Heterosexuellen eine viel größere Vergleichsmöglichkeit, weil ihre sexuellen Partnerschaften viel zahlreicher sind. – Er behauptete also, daß sich keine westliche Liebesbeziehung mit einer erotischen Beziehung des fernen Ostens vergleichen lasse. Ich sagte ja schon, er führte selbst ein Haus, in dem schöne junge Männer ein- und ausflatterten wie die Schmetterlinge und das Blaue vom Himmel heruntervögelten – eine frei strömende Bewegung, die mir zwischen Männern und Frauen so kaum denkbar scheint –, und sagte auch selbst von sich, daß er im erotischen Bereich nichts ausgelassen habe, was das Leben biete. Er müßte es also wissen. Deshalb stellte ich die Frage nach der chinesischen Liebe.

Im übrigen ist dieses Modell seines Lebens noch aus einem anderen Grunde neiderregend: An diese erotischen Liaisons werden offensichtlich sehr wenig Bedingungen geknüpft. Ich war immer fassungslos, wie sie ohne weiteres miteinander schlafen konnten, auf dem Hintergrund einer einzigen Qualität: daß sie nämlich gerade um die Ecke gekommen waren. Eine wirklich andere Welt. Ich idealisiere das sicherlich, erlebte sie als frei und befreit vom Ballast bürgerlicher Verbindlichkeiten. Wie man es auch sieht – sie können das ganz gut. Er schwärmte dennoch von der asiatischen Liebe. Es seien Menschen, die noch viel ursprünglicher liebten und in der Liebe ganz anders reagierten. Und das wollte ich wohl von dir erfahren.

LUDWIG: Das konnte ich damals gar nicht beurteilen, ich war noch viel

187

zu jung. – Immerhin war es wohl erstmals verbunden mit dem Gefühl, ich könnte durchaus mehrere erotische Verhältnisse gleichzeitig nebeneinander haben.

ANDREAS: Das schien mir ursprünglich völlig ausgeschlossen. Ich war zu Beginn meiner Liebe, etwa zwischen vierzehn und zwanzig, von einer unvorstellbaren Treue und absoluten Bindung. Nichts war gezwungen daran, es schien mir selbstverständlich, es war ein inneres Bedürfnis. Ich kann es kaum glauben, weiß es aber von mir genau, daß mich andere Frauen nicht erreichten, wenn ich in einer Beziehung war. In dieser Zeit erlebte ich nacheinander drei mehrjährige Beziehungen, die alle ganz unglücklich ausgingen. Dieses Unglück war für mich die Basis meines späteren Glücks. Ich weiß nicht, woran es liegt, das Unglück vertieft so gut wie alles Empfinden und macht überhaupt erst deutlich, was Glück ist. Später aber machte ich eine Psychotherapie, und ich hoffe, du verstehst es nicht als Angabe, ich erzähle dir das nur als eine Kuriosität der Lebenslust: In dieser Zeit des tiefen seelischen Umbruchs gab es Tage, an denen ich mit fünf unterschiedlichen Frauen schlief. Mit allen verband mich eine irgendwie geartete, wirkliche Beziehung: meine feste Freundin, eine langfristige Nebenbeziehung, zwei Berufskolleginnen und eine Urlaubsbekanntschaft. Es kommt mir so vor, als wäre mir dieser außergewöhnliche Zustand damals gar nicht richtig bewußt geworden. Es waren nach der Studentenrevolution auch allseitig offene Zeiten, gefährlich beinahe, weil Eifersucht so gut wie verpönt war. Mir wird jetzt erst richtig deutlich, welche Extreme ich da in meinem Leben durchlebt habe. Ich kriege das erst jetzt so richtig in den Blick. Und es sind mir aus jeder Beziehung noch zauberhafte, bizarre oder ungewöhnliche Erlebnisse im Sinn. Ich hatte damals sehr wenig Geld. Zum Abdruck meiner Doktorarbeit fehlten mir hundertfünfzig Mark. Ich war nicht in der Lage, sie mir durch zusätzliche Arbeit zu erwerben, und hatte auch niemanden, den ich selbst wegen einer so überblickbaren Summe hätte anpumpen können. Das bedrückte mich ziemlich, wenn es mich auch nicht völlig entmutigte. Ich möchte dir die folgende Episode nur als ein Beispiel für die Steigerung von Lust und Liebe erzählen: Eines Tages ging ich aus der Wohnung und fand außen an der Eingangstür einen Briefumschlag angeklebt, in den die Frau, die ich eben mit langfristiger Nebenbeziehung meinte, ein Foto von sich, einen süßen Text und hundertfünfzig Mark eingelegt hatte. Ich muß dazu sagen, daß ich damals kaum wußte, wie sie meine Lage erfahren hatte. Ich redete wenig über solche Dinge und war diesbezüglich geradezu wortkarg. Aber es öffnete mit einem Schlag mein Herz – es war, wie wenn mir heute jemand das Hundertfache zukommen ließe. Es war einfach phantastisch, und unsere ohnehin schöne erotische Beziehung fuhr wie ein Komet durch den Himmel. Es sind letztlich diese wirklich feingefühlten und tatkräftigen Beziehungen, die meine Lust am höchsten steigern. Sie hatte zwar mehr Geld als ich, aber unter den damaligen Umständen war es auch für sie nicht wenig.

Zu dieser Zeit übrigens berichtete ein Freund, den ich wegen seiner lustvollen Lebensführung sehr bewunderte, daß er mit zwei Frauen nach Haus gegangen sei und im selben Bett mit beiden geschlafen habe. Allein das hätte mich schon bis zum Neid erregt. Das Entscheidende allerdings kommt erst noch: es handelte sich um Mutter und Tochter. Stell dir das einmal vor *(lacht)*.

Zwei Freunde von mir hatten mit Schwestern nacheinander eine Liebesbeziehung. Das hörte sich für mich auch faszinierend an, zumal beide mit beiden wirklich ausführliche langfristige Beziehungen eingingen. Ernüchternd allerdings war das gleichlautende Fazit der beiden: zwischen den Schwestern sei eine mächtige, unbeherrschbare Rivalität aufgetreten, die dann die zweite Beziehung dauernd störte.

LUDWIG: Ich hatte übrigens auch einmal mit Mutter und Tochter ein Verhältnis. Das war zu Beginn meiner Berufsausbildung. Die Familie wohnte im selben Ort; der Vater betrieb einen Plattenladen. Er war eine schmächtige Figur, sie war größer, hatte eine schöne runde Brust und zwei schöne Töchter. Mit der Jüngeren hatte ich eine zarte Liebesbeziehung, vor allem ein Tanz-, Knutsch- und Anguckverhältnis. Es war eine süße junge Liebe. Die Tochter war noch sehr jung. Ich hatte eine gute Beziehung zur ganzen Familie und war mir der besonderen Lage und Verantwortung auch ziemlich bewußt. Ich ging bei denen ein und aus und war auch öfter mal essen dort. Die Musik, nach der wir engumschlungen getanzt haben, habe ich noch genau im Ohr – mit nasser Hose ging das oft ab. Sehr oft machten wir vollangezogen Trockenfick. Wir haben uns das ganze Gesicht abgeleckt, aufeinandergelegen und uns aneinander gerieben. Das ging bei mir bis zur Ejakulation in die Hose.

ANDREAS: Laß mich kurz einschieben – es fällt mir gerade ein –, daß

189

ich solch einen Trockenfick mit einer sehr jugendlichen Liebe auch längere Zeit und praktisch jeden Tag machte. Und ach, jetzt wird es mir wieder klar: das war im Grunde unsere Verhütungsmethode. Sie behielt das Höschen an und ich meine Hose, sonst waren wir nackt. Wir haben aufeinandergelegen wie beim richtigen Vögeln – aber es scheint mir fast heißer und leidenschaftlicher gewesen zu sein. Es hatte immer auch den Geschmack vom Verbotenen.

LUDWIG: Bei mir hat sich dann so nebenher eine Beziehung zur Mutter angebahnt. Eines Tages, als der Vater im Laden war, kam die Mutter plötzlich zu mir zu Besuch und kroch zu mir ins Bett.

ANDREAS: *(bewundernd)* Mutig.

LUDWIG: Oh, was war das für eine wahnsinnige Situation.

ANDREAS: Mochtest du sie?

LUDWIG: Ich mochte sie sehr.

ANDREAS: Natürlich, es geht nur so.

LUDWIG: Es war eine sehr lebendige, einfallsreiche Frau. Sie hatte auch ihr Haus toll im Griff. Sie war handwerklich begabt, sehr kreativ, allerdings, nach einer gewissen Zeit, ging es dann doch nicht mehr. Sie erschien mir dann etwas zu welk. Sie war schon Mitte Vierzig.

ANDREAS: Das steigert aber noch meine Bewunderung für diese Frau. Ich finde es sehr mutig von ihr.

LUDWIG: Ja, natürlich.

ANDREAS: Sie muß ja sehr deutlich geahnt haben, daß du in der Liebe mitmachst.

LUDWIG: Ja, aber es hat selbstverständlich schon einige Vorspiele gegeben.

ANDREAS: Einmal hab ich mich verkuppeln lassen, das war auch ein sehr schönes Erlebnis. Mir fällt das jetzt wohl ein, weil ich diese Mutter wie eine Fremde zu dir ins Bett kommen sehe. Es ist verblüffend, welche Sachen mir einfallen, an die ich endlos lange Zeit überhaupt nicht mehr gedacht habe. Die Frau eines Freundes, die sehr viel älter war als ich, verkuppelte mich eines Tages mit einer Schauspielerin, nachdem ich ihr gesagt hatte, ich würde gern einmal eine ältere Frau kennenlernen. Sie war auch Mitte, Ende

Geheime Zukunft
«Glückliche Ehen sind bekanntlich selten; eben weil es im Wesen der Ehe liegt, daß ihr Hauptzweck nicht die gegenwärtige, sondern die kommende Generation ist.»

Arthur Schopenhauer

190

Vierzig, als ich noch Anfang Zwanzig war. Aber ich habe sie überhaupt nicht welk erlebt. Sie war eine eher kleine, schmale Person, und ich bin völlig verblüfft, was mir von ihr noch in Erinnerung ist: ihre *alabasterfarbene* glatte Haut. Ich könnte dir jede Rundung ihres Körpers beschreiben, glaube aber, ich würde sie heute auf der Straße gar nicht mehr erkennen, selbst wenn sie noch genauso aussähe wie damals. Auch an ihre Brüste habe ich gar keine Erinnerung, das wundert mich am meisten. Sie war eine mir völlig fremde Frau, die allerdings ganz scharf auf mich war. Ich begriff damals nicht, warum eine so wildfremde Liaison erotisch so gut klappte. Denn wir sprachen praktisch nicht miteinander, waren vielleicht für nur zwei Stunden am Nachmittag sexuell zusammen. Allerdings hatte sie einen extrem eifersüchtigen Mann. Nach einiger Zeit bekam ich es dann doch mit der Angst. Irgendwann, meinte ich, müßte er es doch einmal herausbekommen – und er hatte einen Revolver in der Nachttischschublade. Die Bedrohung wurde mir zu heiß.

LUDWIG: Anders als bei mir. Mit dem Mann, dem Vater, habe ich mich sehr gut verstanden. Er deutete auch oft genug an, daß die Frau von ihm zuviel wolle, mit ihren großen Brüsten. Er hatte sie ein bißchen freigegeben, schien mir. Dennoch dachte ich natürlich auch: «Um Gottes willen, wenn der einmal rauskriegt, was da abgeht!»

ANDREAS: War die Mutter nicht eifersüchtig auf deine Beziehung zu ihrer Tochter?

LUDWIG: Nein, gar nicht. Es war wohl so, daß sie an diesem Liebesverhältnis partizipierte, seelisch teilnahm. Sie hatte sicherlich auch das Empfinden einer versäumten Jugend mit ihrem etwas lahmen Mann. Er war ganz okay, aber etwas langweilig.

(Kleine Pause)

ANDREAS: Ich möchte gern noch zur Gegenwart kommen: Was ist denn dein stärkstes erotisches Erlebnis in deinem Leben gewesen?

LUDWIG: *(denkt längere Zeit nach)* Das ist gar nicht so einfach zu beantworten. Einmal war es das Erlebnis mit der Braut im Bordell. Das war für mich wahnsinnig. Aber in derselben Zeit war

Jährlicher Orgasmus
«Meine Frau und ich sind seit achtzehn Jahren verheiratet. In dieser Zeit hat sie vielleicht achtzehn Mal einen Orgasmus gehabt.»

Naura Hayden

ja auch die Ferienreise mit Annelie. – Verblüffend, diese Jungenerlebnisse,

191

in denen ich ja selbst noch ganz unreif war – und interessanterweise erlebe ich diese Intensität erst in den letzten Jahren in meiner Liebesbeziehung wieder. Jetzt sind alle sexuellen Wünsche offen und möglich – und zwar wirklich wechselseitig. Jetzt ist es erst möglich, sich darauf zu konzentrieren, was wirklich am geilsten ist, dem nachzugehen, was uns so richtig hochbringt.

ANDREAS: Wunderschön. – Ich kann mein Erlebnis auch ganz genau angeben, obwohl mir, während du erzählst, gleichzeitig wieder eine Fülle von Szenen in Erinnerung kommt. Solch ein Zwiegespräch hat es wirklich in sich. Ich habe das Bild, als entstünde ein erotisches Gewebe: Wenn du etwas sagst, werden ganz bestimmte Fäden aus meinem Leben wach und lebendig, und während ich rede, merke ich erst, wie sehr sie mein ganzes Leben durchziehen, wie sehr sie mit anderen zusammenhängen und einen ganzen Teppich bilden. Mein stärkstes erotisches Erleben war äußerlich völlig normal, geradezu unauffällig. Ich war mit der Freundin einer vorangegangenen Freundin zusammen, die geheiratet hatte. Die vorangegangene Liebe ging auf diese Weise für mich zu Ende, und es fügte sich nahezu wie von selbst, daß ich dann mit einer ihrer besten Freundinnen eine Liebesbeziehung aufnahm. Irgendwie blieb ich in der Wahlverwandtschaft, ich erlebte es wie vollkommen natürlich. Mit ihr hatte sich damals meine Liebe allerdings sehr erweitert. Auf einer einwöchigen Liebesreise, erinnere ich noch, tranken wir abends Champagner und ich hatte plötzlich Lust, meine ganze Hand in ihre Möse zu stecken. Und ich hatte Lust, sie aus Leidenschaft zu ohrfeigen. Diese Lüste kannte ich vorher gar nicht. Sie waren wie die natürlichen Früchte am Baum dieser Leidenschaft. Ich *denke* so etwas ja nie, es tut sich mir auf, fast war ich selbst darüber erschrocken, wenn nicht das heiße Verlangen dieser Wünsche mich getragen hätte. Es kommt aber hinzu, daß meine Geliebte scharf darauf war, daß ich es mit ihr so machte.

LUDWIG: Ja, so etwas habe ich auch erlebt.

ANDREAS: Das hat unser ganzes Leben bereichert, die Erotik wurde viel offener, viel spontaner, viel direkter. – Aber die entscheidende, ja die lebensentscheidende erotische Wende, die ich erlebte, geschah fern solcher besonderen Wünsche in einem ganz normalen, wenn auch schönen Hotelzimmer. Wir zogen uns aus, ganz normal, kein Striptease, wenn auch mit großem Verlangen. Dann haben wir ganz normal miteinander

192

gevögelt – und mit einem Mal geschah etwas, was für mich kaum zu begreifen ist, obwohl ich mir das inzwischen etwas verständlich machen kann. Ich wurde plötzlich von einem überwältigenden inneren Gefühl ergriffen und hatte wie in einer Erleuchtung das mich vollständig erfüllende Empfinden: Jetzt habe ich die Liebe begriffen, jetzt weiß ich, wonach ich mein Leben lang gesucht habe, ich kenne den Sinn meines Lebens – und diese vollständige Erfüllung war gleichzeitig eine ungeheure Erleichterung, im selben Augenblick hatte ich nämlich auch das Gefühl, jetzt könne ich leicht und ohne weiteres sterben; denn ich hätte wirklich gelebt. Das Empfinden ergriff mich vollständig, und ich konnte überhaupt nicht mehr zwischen Körper, Seele oder Geist unterscheiden. Ich spürte, wie absurd die Aufteilungen in körperliche, sexuelle, platonische, menschliche und göttliche Liebesformen war, es war alles eins, und wie es war, waren es die Kraft und Energie, die alle Menschen tragen. Ich war völlig unvorbereitet auf dieses innere Ereignis. Es ergab sich ganz unerwartet – wie aus dem Nichts.

Viele Jahre später erfuhr ich, daß offensichtlich Erlebnisse der Mystiker so auftreten. Viele Menschen, die fern von Religion und Mystik stehen, haben ähnliches erlebt. Es ist wirklich wie ein vollständiges Einssein mit sich selbst, in einer großen, inneren Offenheit, fast so, als wärst du glasklar. Es ist, als wärst du mit der ganzen Existenz des Lebens, der Welt, eins – und doch fühlte ich mich wie ein ganz normaler Mann mit einer ganz normalen Frau in einem ganz normalen Bett. Es war äußerlich überhaupt nichts Besonderes, alles spielte sich innerlich ab. Ich habe es sicherlich meiner Geliebten erzählt, aber ich erinnere mich nicht, mich so intensiv ausgetauscht zu haben mit ihr, wie ich es jetzt mit dir tue. Ich bin glücklich und dankbar, das wenigstens einmal in meinem Leben erlebt zu haben. Ich war Anfang Vierzig. Früher wäre ich meines Erachtens nie dazu in der Lage gewesen. Zu eingespannt in Geschäfte, zu sachbezogen, auf den Schienen von Erledigungen, aufgabenfixiert – also kurz, ein Mensch, der die Dinge erledigt und sich dabei selbst außer acht läßt. Das merkwürdige ist nur, ich wußte, daß es so etwas gibt. Ich erkannte plötzlich, daß ich ein solches Erlebnis immer woll-

Liebeswillkommen
«Jedesmal wenn ich sie ansah und sie merkte, daß ich sie ansah, wechselte der Ausdruck auf ihrem Gesicht, und ich blickte in Augen, die auf eine absolute und stetige Weise alles willkommen hießen, was ich war und sagen mochte.»

Harold Brodkey

Psychoanalyse der Erleuchtung

«Daß dieses maximale Einschießen der Libido in ein gerade bestehendes Hingabeerlebnis mit Verflüssigung der letzten Libidoreste in seiner Auswirkung auf die Psyche, besonders für den, der es zum erstenmal erlebt, von einer im wahrsten Wortsinn umwerfenden Wirkung sein muß, dürfte wohl verständlich sein. Suchen wir nach einem Vergleichsbild aus dem physikalischen Bereich, so paßt am besten der Vergleich mit der Erreichung des absoluten Nullpunktes, d. h. mit dem vollständigen Wärmeentzug, der die Materie hinsichtlich ihrer physikalischen Eigenschaften grundlegend verändert, z. B. Metalle für den elektrischen Strom vollständig widerstandslos werden läßt, also zu einem vollkommenen Kurzschluß führt. Dieser Vergleich ist insofern besonders anschaulich, als man in bezug auf das psychologische Schichtenbild der Person das Erleuchtungserlebnis des Ch'an... ebenfalls als einen vollkommenen Schichtenkurzschluß im Sinne einer erlebnismäßig totalen Schichtenverschmelzung bezeichnen kann. Ch'an selbst spricht von einem ‹inneren Donnerschlag› ...

te – so, als wenn mich die Strömung meines Lebens zielstrebig dort hingetragen hat.

Dabei muß ich sagen, daß ich auch die Jahrzehnte davor sehr glücklich in meinem erotischen Erleben war und im Gegensatz zu vielen anderen nie sagen konnte, daß mir etwas fehlte. Jetzt aber wußte ich: Das ist es, das ist die Liebe; jetzt macht es mir nichts mehr aus zu sterben – obwohl mir zum Sterben gar nicht zumute war.

LUDWIG: Ja – ich glaube, ich verstehe dich.

ANDREAS: Es war die vollständige Erfüllung. Das ist mein eindeutig stärkstes erotisches Erlebnis. – Ohne irgend etwas Besonderes, Pikantes, Ausgefallenes. – Weißt du, ich erinnere mich natürlich auch an extrem scharfe erotische Erlebnisse. Beispielsweise, als ich zum erstenmal in meinem Leben Fellatio wollte. Damals war ich auch schon mindestens zehn Jahre – wie soll ich sagen – in der Liebe aktiv. Aber erst zu diesem Zeitpunkt, Mitte Zwanzig, und in dieser Beziehung tauchte plötzlich ganz heiß der Wunsch nach Fellatio auf. Er war mit einer großen inneren Heftigkeit verbunden. Meine zentrale Phantasie war, daß die Frau direkt an der Wand kniet und ich sie durch den Mund vögele, fast so, als würde ich ihr in den Mund schießen.

Aber dieser höchst erregte erotische Moment kommt überhaupt nicht mit diesem sozusagen mystischen Erlebnis mit.

LUDWIG: Die Fellatio ist sozusagen nur der Weg dorthin.

ANDREAS: Ja, genau. Es sind viele, viele kleine und große erotische Eroberungen, die dann erst später zu einem ganz neuen erotischen Zustand zusammenschmelzen. – Du wirst müde?

LUDWIG: Es ist schon nach Mitternacht. Ich

194

habe morgen ganz früh einen sehr wichtigen Ge-
schäftsabschluß vor und noch nicht einmal den
Vertrag gelesen. Davor habe ich sogar noch zwei
wichtige Erledigungen gelegt.

Man kann von einem
solchen Augenblick als
dem einer Totalintegration
des Selbst sprechen...»
Christian Kellerer

ANDREAS: Die Pranke der sachlichen Realität
schlägt zu. Survival ist nötig.

LUDWIG: Ein symbolisches Ende: Das Überleben sollte zwar für die
Liebe da sein, doch meist erschlägt es die Liebe.

ANDREAS: Laß uns keine Masochisten werden, machen wir Schluß.

Erogenes Entwicklungsmilieu

Gleich zu Beginn des Zwiegespräches erkannte Ludwig als stärkstes Zentrum seines erotischen Erlebens die Kindheit um das vierte bis zehnte Lebensjahr. Und das, obwohl auch sein Liebesleben als erwachsener Mann
vielfältig und intensiv war. Überrascht stellten beide fest, daß es bei ihnen
keine Latenzzeit gab, keine Phase also zwischen der ersten «Sexualblüte
des Menschen», der ödipalen Zeit, und der «zweiten Sexualblüte», der
Pubertät, währenddessen erotische Gelüste doch in den Hintergrund treten sollten.

Neben der Entdeckung der eigenen erotischen Lebensgeschichte ist das
wohl spannendste Erlebnis im Zwiegespräch der *Vergleich zu anderen, oft
ganz unterschiedlichen Welten.* So wurde Andreas etwas Besonderes bewußt:
Es gibt ein *erotisches Entwicklungsmilieu,* das für die mehr oder weniger
starke Lustbetontheit eines Menschen eine große Rolle zu spielen scheint.

Nun ist das eine alte psychoanalytische Erkenntnis. Die Atmosphäre
der Kindheit prägt durchgehend die spätere Zeit – und zwar in einem
Maße, das einem im Falle behindernder und bedrückender Umstände
höchst lästig ist. Weil die Entdeckungen der Psychoanalyse vor allem zur
Therapie herangezogen und deswegen allgemein mit seelischen Störungen assoziiert werden, wird aber oft vergessen, daß auch alle guten, er-
mutigenden, die Lebenslust steigernden Kindheitserlebnisse ebenso die
Zeit des Erwachsenenlebens bestimmen. So gehört das erotische Entwicklungsmilieu zum zentralen Bereich seelischen Wohlergehens. Auch
Gesundheit erscheint – wie die Krankheiten – in tausend Gestalten.

195

Während die Psychoanalyse als Krankheitslehre hohes Ansehen gewann, gelang es ihr weniger gut, sich als Gesundheitslehre deutlich zu machen. Sie hätte es verdient. In diesem Zwiegespräch öffnete sich diese Perspektive auf das bedeutende Feld der sexuellen Entwicklung. Am erotischen Kindheitsmilieu Ludwigs ist eindrucksvoll für mich das Ensemble prägender Beziehungsnetze auch jenseits der engeren familiären Bindungen zu Eltern oder Geschwistern. Dieses erogene Gesamtmilieu der Kindheitsjahre war bei Ludwig ungewöhnlich stark und vielfältig ausgeprägt.

Es lohnt sich, dieses Konzept durch einen kurzen Seitenblick zu ergänzen. Es gibt nämlich entsprechende *körperbezogene* erogene Milieus:

Bei der Geschlechtsfestlegung: In der siebten Schwangerschaftswoche wird durch einen Hormonstoß in einer Kaskade biochemischer Reaktionen die Männlichkeit des grundlegend weiblichen Fötusses geprägt.

Im Zuge der Umweltbelastung: Die steigende Flut der weiblichen Umwelthormone aus nichtabgebauten Östrogenen der Pille, der Kunststoffe, der Agrargifte und der benetzenden Wirkstoffe in Spülmitteln halbierte die Zeugungskraft des Durchschnittseuropäers zwischen 1940 und 1990. Ich gehe davon aus, daß sich das Lustempfinden im gleichen Sinne wandelte.

Genauso treten in der lebensprägenden seelischen und sozialen Umwelt eines Menschen Momente auf, die seine Lust und Geschlechtlichkeit ausgestalten, fördern, hemmen oder unterdrücken.

Doch Ludwig ist sein reiches erogenes Ursprungsmilieu gar nicht klar gewesen. Er liebte und lebte so, wie er halt immer liebte und lebte. Auch er hatte kaum Vergleiche mit anderem Liebesleben gehabt – wie es erst jetzt mit Andreas im Zwiegespräch möglich war –, und er kannte von daher die Identität seiner besonderen Form von Lust nicht. Mit dem Überblick, den das Gespräch nun entfaltete, lag sein Leben da wie ein seltener Edelstein, der in einer Gesellschaft der Schnelligkeit und Leistung bedeutungslos scheinen kann. Eine Köstlichkeit, für die er sehr dankbar sein könne, meinte Andreas – und erst da wurde sich auch Ludwig dieser Form seines hintergründig allgegenwärtigen Glücks bewußt.

10. Der Lust die eigene Gestalt geben

Erstaunliche Wirkungen beim Erzählen erotischer Lebensgeschichten

Wer erotische Zwiegespräche führt, wendet sich dem Leben der eigenen Lust zu. Den ersten Effekt bezeichnete Andreas als *«Champagnerwirkung»*, eine flügelleihende Belebtheit, die sich unversehens und ungewollt einstellt. Sie entspricht wahrscheinlich dem inneren Glitzern bei der seelischen und körperlichen Umstellung, die jede konkret gelebte Erotik in uns bewirkt. Ich weiß nicht, ob sich jemand schon einmal aufgemacht hat, den zehntausendfachen Veränderungen in uns nachzugehen, die durch die Lust in der Liebe hervorgerufen werden und uns im Nu von Grund auf umgestalten. Wer nur ein einziges Mal entflammt war, wird das Ausmaß der Verwandlung kennen. Sie umfaßt mehr als die Reaktionen, die Sexualtherapeuten messen können, mehr als die Mobilisierung narzißtischer Reserven, aus denen wir den geliebten Menschen als Doppelgänger unseres Ichs schöpfen: Wir betreten eine andere Wirklichkeit, die äußerlich dennoch dieselbe bleibt wie zuvor, und wir tun das in vollständig anderer Gestalt. Der Umsturz der Person vollzieht sich mit ähnlich unbezwingbarer Macht wie bei der Verwandlung zum Werwolf, dieser Enttäuschungsfigur der Liebe, dem Raubtier ungefühlter Trauer, doch in diesem göttlichen Moment des himmlischen Kusses werden wir zu leibhaftigen Engeln aus Licht und Blut. Die Gegner der Lust versuchen diese konkrete erotische Gestalt mittels Exorzismus aus dem Körper zu treiben.

Neben dieser sich von selbst und körpernah vollziehenden Verwand-

Wohnsitz der Liebe
«Komm zurück /
ins Dorf unter meiner
Zunge.»

Gerhard Falkner

197

lung gibt es jedoch noch eine andere, nachhaltigere Wirkung des erotischen Lebens. Sie entfaltet sich, während wir unsere Lusterlebnisse erzählen. Schon der kleinste Ausschnitt, das reine Berichten einer vorüberfliegenden Verliebtheit beispielsweise, setzt diesen bedeutenden Vorgang der *Selbstgestaltung* in Kraft. In erotischen Zwiegesprächen weiten sich einzelne Episoden aus bis zu einer vollständigen *Lebensgeschichte der Lust.* Mit ihr gewinnen wir unsere erotische Identität. Aus einem diffusen, oft nie in Worte gefaßten Erlebnisstoff entsteht unser erotisches Selbst wie Phönix aus der Asche.

Ich versuche, dieses wenig bekannte, schöpferische Geschehen, das erst in letzter Zeit wissenschaftliche Aufmerksamkeit gefunden hat, durch einige Thesen lebendig zu machen:

1. *Erst in Worten findet die Erfahrung ihre Gestalt:*
der Mensch, das Geschichten erzählende und hörende Wesen
Seit sich die Sprachfähigkeit herausbildete, dürften Menschen sich wechselseitig berichtet haben, was sie erlebten. Es zählte nur, was sie sich *erzählten.* Gleichzeitig entwickelte sich das Zuhören, diese Wonnelust, die wir auch heute noch aus Kinderzeiten kennen. Und es explodierte das Gedächtnis, das uns manchmal ein Verlangen aufzwingt, dieselbe Geschichte mit genau denselben Worten zu hören. Viel später folgte der zweite Speicher der Sprache, die Schrift. Der blinde Homer trug in altgriechischer Gesangssprache die riesigen Epen «Odyssee» und «Ilias» auswendig vor. «Nenne mir, Muse, den Mann, den vielgewandten» beginnt die Erzählung einer neuen Identität, des Odysseus, des von manchen als erstes Individuum angesehenen europäischen Menschen. Die Muse, die Mutterfigur, muß dieses Wesen in Worten gestalten, Homer ist nur der Hörende, der die große Geschichte weitergibt. Wo wäre die verbindende Gemeinsamkeit der Völker, hätten sie keine Worte? Das gilt genauso für das moderne Paar, das heute zu oft unter dem Druck seiner Sprachlosigkeit auseinanderfällt. Václav Havel, der tschechische Präsident, berichtete, daß die Menschen unter der Diktatur durch Geschichtenerzählen ihr Leben gerettet hätten.

Die Sprache zeigt die Sinnlosigkeit des Alleinseins für Menschen: Sie hätte sich in der Vereinzelung nie entwickelt. Sie ist vermutlich zuerst eine Gruppenfähigkeit gewesen, ehe einzelne allein zu reden lernten. Sie ist das seelisch-geistige Band jeder Beziehung und jeder Lust. Am Anfang war das Wort. Die Mutter beginnt mit dem Neugeborenen sofort zu sprechen, und das Neugeborene kennt aus langem Mutterleibshören den Klang der Mutter aus den Stimmen aller Frauen heraus. Das ist die *erste Basis jeder Liebe*. Wir lernen bis zum Tode aus dem, was uns erzählt wird. Auch die Erfahrung der Lust wird in Worten erst Gestalt.

2. *Geschichten sind die natürliche Form,*
eigenes und gemeinsames Erleben zu begreifen:
Mythen, Märchen, Epen, Legenden, Gleichnisse, Biographien,
Gespräche
«Die Ehe ist ein langes Gespräch», sagte Friedrich Nietzsche. Eine Liebesbeziehung ebenso, wie auch jede Freundschaft. Unser Erleben ordnen wir mit jedem Wort und können es nur so begreifen.

Für mich, der ich mich von Berufs wegen mit dem Sprechen der Menschen befasse, zahlreiche «sprechende Therapien» selber als Klient erlebte und seit über einem Jahrzehnt einer kleinen Gesprächsgemeinschaft von Psychoanalytikerinnen und Psychoanalytikern zugehöre, war diese große Perspektive neu, daß alle Geschichten das eigene Erleben sozusagen erst erschaffen und zugleich strukturieren.

Gibt es eine Lust ohne Worte, könnte ich anschließend fragen. Ich glaube, es gäbe sie nicht, so sehr unsere wortlosen Empfindungen zu überwiegen scheinen.

3. *Auf zwei grundverschiedene Arten entwerfen wir unsere Wirklichkeit:*
die analytische und die erzählende Weltanschauung
Mit Logik, Analyse und Empirie entwerfen wir das sogenannte paradigmatische Weltbild, das in der Naturwissenschaft vorherrscht. Wenn es aber um den Bereich des Lebendigseins geht, um Bedürfnisse, Wünsche, Konflikte, persönliche Ziele, entsteht die erzählerische Realität, die narrative Wirklichkeit. Es fällt sofort ins Auge, daß sich die Geschlechter unterschiedlich auf diese beiden Weltbilder verteilen. Und ich werde das Gefühl nicht los, daß sich das abstraktere, paradigmatische Weltbild zum narrativen so verhält wie die Alltagsverhältnisse zum Leben oder die Lustbedingungen zur Lust. Das will sagen: Es könnte sein, daß in dieser zweifachen Weltwirklichkeit eine uralte Arbeitsteilung durchscheint, in der

Liebe ist ein Vorgang der Selbstauflösung
«Einem arabischen König erzählte man die Geschichte von Laila und Magnun, und wie dieser in seinem verwirrten Zustand, bei aller seiner Tüchtigkeit und Beredsamkeit, sich in die Wüste begeben und die Zügel des freien Willens aus seiner Hand gegeben hatte. Da ließ ihn der König vor sich führen, um ihm Vorwürfe zu machen. ‹Was hast du denn›, sagte er, ‹an den edlen Menschen Verwerfliches gefunden, das dich bewogen hat, die Lebensart der Tiere anzunehmen und das Leben der Menschen aufzugeben?› Magnun seufzte und sprach:

‹Wohl tadeln mich die Freunde viel
Um meiner Liehe willen.
O wenn sie einmal sie gesehn,
sie würden mir verzeihn!

O möchten doch die Tadler alle
dein Liebesantlitz nur erblicken!
Sie schnitten statt der Apfelsine
gewiß die Hände sich in Stücken.›

Um sich durch die Sache selbst von der Wahrheit von Magnuns Behauptungen zu überzeugen, kam der König auf den

Männer mit Orientierungs- und Strukturfähigkeit die Schutzfunktion für die Gruppe von Frauen und Kindern übernahmen und Frauen mit Sprachfähigkeit und Gefühlsnähe Leben und Lebendigkeit bewahrten. Ein Weltbild ist ohne das andere verloren, ja es existierte nicht. Und doch droht heute die Gefahr, daß beide Hälften, die Weiblichkeit und die Männlichkeit des Weltganzen, mangels wechselseitiger Vermittlung auseinanderfallen. Das gleiche gilt für die Lust. Sie kann noch so intensiv entwickelt sein, ohne genügend gute Lustbedingungen, ohne *facilitating environment*, ohne lustbegünstigendes Milieu, hätte sie keine Chance.

4. *Die wesentlichste Geschichte, die ein Mensch zu erzählen hat, ist seine eigene Lebensgeschichte:*
Bedeutung der eigenen Existenz
Jeder hat eine Vorstellung, ein Konzept seines Lebens, selbst wenn er sich bewußt noch nie Gedanken darüber gemacht hat. Wenn ich aus meinem Leben erzähle, bildet und entwickelt sich dieser persönliche Mythos, der nichts Märchenhaftes an sich hat oder ins Reich der Fabeln zu verweisen wäre, sondern den Kern der einzig wahren, der *seelischen* Lebensqualität jenseits von Warenkorb und Wohnraum ausmacht. Welche Bedeutung hat ein Erlebnis für mich? Diese ständige innere Frage beantworte ich, indem ich erzähle. Wenn ich mit einem Freund oder einer Freundin im Café zusammensitze und vom Tag berichte, beginne ich das Neue zu integrieren. Wenn ich meine Lebensgeschichte erzähle, beginne ich meinem Leben Gestalt zu geben, es zu strukturieren und mir anzueignen.

So geschieht es auch mit Liebesgeschichten:

200

Oft gewinnen sie erst im nachhinein die Klarheit, die sie zu ihren Lebzeiten verdient hätten. In Paargruppen und Zwiegesprächsseminaren wird im Rückblick sehr deutlich, welche vergangene Liebe *nicht* hätte beendet werden sollen. In der Distanzlosigkeit des unmittelbaren Geschehens hatte sie zuwenig Gestalt, war nur unvollständig fühlbar und begreifbar. Erst im Überblick des Erzählens werden ihre inneren und äußeren Konturen sichtbar. Diese aneignende, persönlichkeitsbereichernde Kraft haben erotische Zwiegespräche für die Lust.

5. *Der persönliche Mythos stärkt den inneren Zusammenhalt des Selbst:*
Einsicht in die eigene Wahrheit
Die immer wieder aufs neue entworfene und ins Wort gebrachte Lebensgeschichte, der persönliche Mythos, sorgt für die Verknüpfung und innere Zusammengehörigkeit allen Erlebens und fördert damit die Kohärenz und Integrität der Person. Gleichzeitig aber klärt er die inneren Verhältnisse, er schafft Einblick in die eigene Lage und Rolle. Daraus erwächst schließlich aus gleichzeitigem Wiedererleben und Betrachten die Einsicht in das, was man die eigene psychische Wahrheit nennen könnte. Ich bin überzeugt davon, daß sich jeder Mensch in jeder Sekunde insgeheim die Frage zu beantworten sucht, wozu er in seinen Jahren auf Erden lebt. Bezeichnenderweise erübrigt sich diese Frage im Zustand der Liebe und Lust. Nichts scheint deutlicher zu zeigen, daß wir in dieser sinnlichen Gegenwärtigkeit den Lebenssinn sehen. Tschuangtse formulierte vor über zweitausend Jahren schlicht, das Leben vollende sich durch die *Erfüllung der*

Gedanken, die Schönheit Lailas selbst in Augenschein zu nehmen, um zu sehen, welche Gestalt es sei, die einen solchen Zustand der Selbstauflösung, wie er bei Magnun zu bemerken war, hervorgerufen hatte. Er ließ sie daher aufsuchen. Nach langem Umherstreifen bei den arabischen Stämmen wurde man ihrer habhaft und stellte sie dem König im Hofraum seines Palastes vor. Der König betrachtete ihre Gestalt und sah zu seiner Verwunderung eine schwärzliche Person von schwächlichem Wuchs. Sie erschien ihm ganz und gar verächtlich, denn die geringste Sklavin seines Harems übertraf sie an Schönheit und Liebreiz.

Magnun merkte, welche Gedanken dem König durch den Kopf gingen, und er sprach: ‹O König, du mußt aus dem Fenster der Augen Magnuns auf Lailas Schönheit schauen, dann wird dir das Geheimnis ihres Anblickes offenbar!›»
Sa'di

Erotisches Präsens
«Ich erinnere mich, daß ich in meinen Jugendjahren einst in einer Gasse im Vorübergehen ein liebliches Mondgesicht erblickt hatte. Es war in den Tagen des Monats Tammuz, dessen heiße

201

Nachtluft das Wasser im Munde trocknete und dessen glühender Tagwind das Mark in den Knochen zum Kochen brachte. Mein von der Hitze und der Liebe geschwächter Körper hatte nicht die Kraft, die Glut der Mittagssonne zu ertragen. Ich suchte daher im Schatten einer Mauer Zuflucht und spähte umher, ob mich jemand von der Qual der Tammuz-Hitze befreien und meinen Durst mit Wasser löschen würde. Plötzlich sah ich aus dem Dunkel des Vorhofes eines Hauses einen Glanz hervorstrahlen, eine Schönheit, deren Herrlichkeit die Zunge der Beredsamkeit nicht zu beschreiben vermag! Es war, als ob in dunkler Nacht die Morgenröte erwachte oder als ob das Wasser des Lebens aus der Finsternis hervorbrach. In der Hand hielt die Schönheit einen Becher Schneewasser, mit Zucker erfrischt und mit Arrak gemischt. Ob sie es mit Rosenwasser gewürzt, oder ob einige Tropfen von den Rosen ihres Antlitzes hineingeträufelt waren, weiß ich nicht. Kurz, ich nahm den Trank aus ihrer lieblichen Hand, trank ihn gierig aus, und der Gedanke an mein vergangenes Leben war entschwunden.»

Sa'di

Lebensinstinkte. Goethe meinte, der *Sinn des Lebens* sei *zu leben.* In erotischen Zwiegesprächen geht es darum, das Leben mit eigenem Sinn, mit persönlicher Wahrheit, erfüllt zu sehen.

Weil dieser seelische Vorgang so bedeutend ist, wird er auch kräftig mißbraucht. Der persönliche Mythos dient gern der Abwehr unbehaglicher Eigenaspekte und schminkt sie weg. Viele Autobiographien strotzen vor Selbstidealisierung, mit der eigenes Elend und Selbstwertmangel verhüllt werden. Mit der Aufdeckung kann jeder bei sich selbst beginnen. Also:

6. *Nur jene Geschichten, die für unsere Seele produktiv sind, werden behalten:*
Mythosauswahl

Nicht alle Geschichten, die wir erlebt haben, bewahren wir im Sinn. Im Gegenteil: Die wirklich belastenden, traumatischen der Kindheit haben wir verdrängt. Sie zu entschärfen und ihres lebensschmälernden Einflusses zu berauben ist ein Arbeitsziel der Psychoanalyse. Es gibt aber noch andere Selektionen. Wenn wir unsere Lebensgeschichte erzählen, wählen wir aus der Überfülle der Geschehnisse nur ganz bestimmte Erlebnisse aus. Der Philosoph Hans Blumenberg hat im weiten Raum einer Kultur diese «Arbeit am Mythos» analysiert. Sie findet in jedem von uns *auch individuell* statt. Offensichtlich nehmen wir ins Bewußtsein und in die Sammlung, die unsere Lebensgeschichte bedeutet, vor allem Erlebnisse auf, die uns im gegenwärtigen Moment *nützlich* sind. Diesen inneren Selbsthilfemechanismus kann jeder an sich selbst beobachten, wenn er im Laufe seines Lebens den Wandlungen seiner eigenen Lebensgeschichte nachgeht. Sie verändert sich nicht allein durch das hinzukommende Erleben, sondern auch in ihrer Gesamtstruktur. So kann ein dürftiges Dasein plötzlich sehr erfüllt erfahren werden oder ein aktives Leben als hohl. Auch situativ verändert sich die Auswahl, die meine Lebensgeschichte stets darstellt: Im Glück bündeln sich andere Episoden zur Gestalt meines Lebens als in der Depression beispielsweise. Es geht nicht nur um ein eher passives Spiegeln der aktuellen Verfassung, sondern enthält vielmehr ein selbstverstärkendes Moment, ein mächtiges Aufladen, mit dessen Energie ich die momentane Lage weiterentwickeln kann. Das geschieht mit der Lust in erotischen Zwiegesprächen: Im starken Rückenwind meiner sich nach und nach vereinigenden Gesamtlebenslust gewinne ich produktivere Perspektiven für die schöpferische Entwicklung meiner Sexualität.

7. *Das Berichten erotischer Geschichten ist kein abschilderndes Nacherzählen, sondern ein kreatives Erschaffen der eigenen Lust aus Erinnerungsbausteinen:* **plausible Wirklichkeit**
Wenn durch diese innovative, seelische Knüpfarbeit aus Erlebnisbruchstücken der Bildteppich der eigenen Erotik entsteht, erscheinen meine kleinen, umgrenzten sexuellen Erfahrungen der Gegenwart im Zusammenhang meiner Gesamtlust. Erst dadurch erhalten sie Bedeutung und tieferen Sinn. Aber nicht nur das: Vielmehr lassen sich auch erotische Probleme auf diese Weise leichter lösen. Die Einzelerlebnisse werden auf eine konstruktive Weise plausibel, aus sich selbst heraus evident.

Dieser aktiven Selbstgestaltung und Sinnstiftung steht wie erwähnt die Auffassung gegenüber, Erzählen diene der Katharsis, das heißt dem einfachen *Abführen* von Spannungen. Wer einem anderen berichtet, will aber nicht nur etwas loswerden, sondern sich gleichzeitig neu gestalten. Die

Erotische Plombe
«Es ist daher anzunehmen, daß er (Alberich, der häßliche Zwerg aus Wagners ‹Rheingold›), aus einem Gefühl der Minderwertigkeit heraus, befürchten muß, daß seine Liebe nichts wert sei, und er sich deshalb gar nicht traut, mehr als nur sexuelle Befriedigung zu suchen.»
Anita von Raffay

Aus der ersten Duineser Elegie
Wer, wenn ich schriee, hörte mich denn aus der Engel / Ordnungen? und gesetzt selbst, es nähme / einer mich plötzlich ans Herz: ich verginge von seinem / stärkeren Dasein. Denn das Schöne ist nichts / als des Schrecklichen Anfang, den wir noch grade ertragen, / und wir bewundern es so, weil es gelassen verschmäht, / uns zu zerstören. Ein jeder Engel ist schrecklich.
Rainer Maria Rilke

203

berüchtigte, abfällige Bemerkung: «Ich war wieder der Mülleimer» geht völlig an dieser Dimension der produktiven Lebensgestaltung vorbei. So landet die Theorie des Mülleimers dortselbst. Schon frühzeitig hat sich in der Entwicklung der Psychoanalyse die Abkehr von der reinen Ventilsicht vollzogen. Erotische Zwiegespräche lösen also auch auf diese Weise die Vielzahl seelisch bedingter sexueller Probleme und betten das Lusterleben sinngebend in den ganzen Lebenszusammenhang. Wer zuhört, bietet dem anderen einen schöpferischen Raum, ein Atelier, sich seine eigene Identität zu gestalten. In der Erzählung von Michael Ende hatte Momo diese wunderbare Fähigkeit, durch aufmerksames Zuhören die Selbstentwicklung der Sprechenden anzuregen.

8. *Die erotische Lebensgeschichte ist von einer individuellen Grundstimmung aus vorrationaler Entwicklungszeit erfüllt:*
Der Klang der Lust
In den ersten drei Lebensjahren bildet sich unser grundlegendes Selbstbewußtsein in einer ganz gefühls- und körpernahen Weise aus. Es kommt im Erleben der wesentlichen Beziehungen, in der Wechselwirkung und Auseinandersetzung mit Mutter, Vater, Geschwistern und Freunden, zur basalen «affektiven Einstimmung». Die Grundstruktur von Bindung und Selbständigkeit, von Liebe und Vernachlässigung mischt sich zu einer Art seelischer Atmosphäre, zu einem durchgehenden Ton, der vermutlich viel einflußreicher ist als jeder Inhalt der Rede. Liebesgedichte von Wolf Wondratschek begeisterten mich beispielsweise nur, wenn sie von George Tabori gesprochen wurden. Seine Stimme verlieh ihnen Gegenwärtigkeit, Lebensfülle und Einfühlsamkeit, die mir bei zahlreichen anderen, erfahrenen Vortragenden völlig abhanden kamen. Die Grundfarbe von Taboris affektiver Einstimmung bewirkte dieses Ergriffensein. Lassen Sie die Stimmen von

Aus der ersten Duineser Elegie
O und die Nacht, die Nacht, wenn der Wind voller Weltraum / uns am Angesicht zehrt −, wem bliebe sie nicht, die ersehnte, / sanft enttäuschende, welche dem einzelnen Herzen / mühsam bevorsteht. Ist sie den Liebenden leichter? / Ach, sie verdecken sich nur mit einander ihr Los.
Rainer Maria Rilke

Menschen, die Geschichten erzählen, an sich vorüberziehen: sie klingen lebendiger oder langweiliger, steifer oder gelassener, sachlicher, depressiver oder heiterer. So hat jede Lust ihren individuellen Klang.

9. *Die Grundstimmung verleiht allen Ereignissen ihren Stellenwert:*
Basis aller Bedeutung
Der Einfluß dieser ursprünglichen Gefühlswirklichkeit auf das spätere Leben und Lieben ist fundamental, weil durch ihren feinstrukturierten Hintergrund alle späteren Erlebnisse gleichsam eingefärbt und damit schon bewertet werden. Das Leben erhält durch die Art der affektiven Einstimmung erst seine wirkliche Bedeutung. Man ist versucht zu sagen, aus der nüchternen, nackten Faktenrealität wird die persönliche, lebendige Wirklichkeit, doch liegt darin ein Kurzschluß; denn die profane Sachwelt ist natürlich selbst schon Resultat einer speziellen, gefühlsarmen Grundeinstimmung der Frühzeit. Alles ist auf bestimmte Weise grundgestimmt. Es gibt keine Lust ohne diese Einfärbung.

Freude des Schmerzes
«Wie ist nun, seit du fort bist, um und in mir alles so öde und leer, es ist, als hätte mein Leben alle Bedeutung verloren, nur im Schmerz fühl ich es noch. – Wie lieb ich nun diesen Schmerz, wenn er mich verlassen und es wieder dumpf in mir wird, wie such ich ihn mit der Sehnsucht wieder, nur meine Tränen über unser Schicksal können mich noch freuen.»
Susette Gontard

Wenn Sie sich fragen, woher Ihre Lust und Lustlosigkeit stammen könnten, werden Ihre Antworten sehr unterschiedlich ausfallen: Es ergeben sich bestimmte Interpretationsmuster. Einer sagt: «Mir fehlt die Nähe», eine andere: «Mir fehlt der Abstand.» Einem mangelt die Selbstzuwendung, einer anderen das Gleichgewicht aller persönlichen Ziele. Diese subjektive Ursachenauffassung ist gleichsam eine materialisierte Grundstimmung.

Allerdings beschränkt sich die Grundstimmung nicht nur auf diese mächtige Wirkung, dem Leben alle Bedeutung zu verleihen. Sie bildet nämlich von Anfang an auch die jeweilige Ausgangsbasis für kommende Ereignisse. Sie steuert damit insgeheim, sehr konkret und durchgängig den Ablauf unseres ganzen Lebens. Einem depressiven Mauerblümchen begegnen Männer anders als einer Femme fatale, einem schüchternen Menschen steht eine andere Zukunft bevor als einem lebhaften Draufgänger – und das nicht nur einmal oder kurzfristig, sondern lebenslänglich. Die Ereignisgestalt des Lebens – nicht nur seine Bedeutung – bildet sich also durch die Grundstimmung. Man könnte sie deswegen die Baumeisterin der Existenz und damit auch die *Schöpferin unserer Lust* nennen.

205

10. *Die Grundformen lebensgeschichtlichen und erotischen Erzählens entsprechen den großen Genres der Literatur:*
Komödie, Drama, Tragödie, Ironie
Statt von geschlossenen Kategorien – entweder Tragödie oder Komödie – auszugehen, ist es lebensnäher, sich darunter Dimensionen des eigenen Verhaltens vorzustellen, die uns jeweils stärker oder schwächer charakterisieren. Es ist schon nach einem einzigen erotischen Zwiegespräch relativ leicht, sich selbst zuzuordnen, zumal auch hier vier Augen mehr als zwei sehen.

Gezeiten der Liebe
«Die Liebe läßt die Zeit, die Zeit die Liebe vergehen.»
Italienisches Sprichwort

Die *Komödiendimension* gilt als die lebensbejahende Einstellung, die einem Hochzeitsschluß und Happy-End zustrebt. Diese Lust entspricht noch ihrem etymologisch vorzufindenden Urcharakter von Ausgelassenheit, Gelöstheit, Lustigkeit.

Das *Drama* spiegelt sich in einer erotischen Lebensgeschichte als Hindernislauf von Heldinnen und Helden, die über sich hinauswachsen. Die dramatische Liebe versetzt Berge. Es gibt von ihr aber auch kleinere Ausgaben: So berichtete ein angesehenes Mitglied einer kleinen Ortschaft, daß er sich, um der Pein der Entdeckung zu entgehen und dennoch sein begehrtes Ziel zu erreichen, kurzerhand im Behälter für Mülleimer vor dem Haus seiner heimlichen Geliebten versteckte, um ungefährdet die ungewisse Zeit ihrer Rückkehr aus der Disco zu erwarten. Sie heirateten natürlich später, was die heroische Kleintat mit komödiantischer Lebensfreude mischt.

Die *tragische* Dimension zeichnet beispielsweise das Lustleben der geistigen Elite aus: Die Würde der Liebe bewahrt sich auch in den unlösbaren Widersprüchen absurder Realität. Dazu mag ein alter Befund stimmen: Je gebildeter ein Mensch ist, desto negativer beurteilt er sich selbst. Ich sehe darin eher den Einfluß der Grundstimmung als eine realistische Einschätzung der eigenen Person. Ohnehin hängt ja beides zusammen.

Das erotische Flair der Narren, Naiven und Schurken, Antihelden einer anarchischen Welt, durchzieht das Genre der *Ironie*. Typische Vertreter sind die Romanhauptfigur Felix Krull oder Ringelnatz, François Villon oder Tucholsky, beispielsweise mit seinem Vers: «*In stiller Nacht und monogamen Betten / denkst du dir aus, was dir am Leben fehlt.*»

11. *Gegenwärtige Wünsche bestimmen die Perspektive für die bisherige Liebe:*
vier Grundrichtungen erotischer Entwicklung
Unsere aktuellen Bedürfnisse prägen unsere Vorstellungen darüber, wie
wir wurden, was wir in der Liebe sind. Jeder macht sich nicht nur nach
seinen unbewußten Bedürfnissen ein Bild seines Liebespartners, sondern
er wählt ihn nach diesem Muster ja auch noch konkret aus. Seine Über-
tragungen frühkindlicher Beziehungen verzerren nicht nur die bessere
Hälfte, sondern geben sie gelegentlich recht proper wieder. Ähnlich legt
das eigene Hemd der momentanen Verhältnisse, das uns am nächsten ist,
fest, welche Ereignisse wir zur Perlenkette unserer erotischen Lebensgeschichte aufreihen. Schon allein durch unterschiedliche Betonungen derselben Erlebnisse können grundverschiedene Verlaufsgestalten entstehen.
Wissenschaftliche Untersuchungen und der einfache Verstand enthüllen
vier Grundrichtungen unserer Entwicklung auch im Reich der Sinne.

Wir ziehen Vorteil aus jüngsten politischen Bewegungen, der Annäherung osteuropäischer Staaten nämlich, wenn wir nun freiere Gelegenheit
haben, das Konzept der ungarischen Psychologin Agnes Hankiss auf
unsere Liebe anzuwenden, was ihr verführerischer Name geradezu nahe-
legt. Mit mächtigen Akkorden allerdings greift sie in die wissenschaftliche
Begriffsbildung und klassifiziert vier steigende, fallende und ebene Le-
benslinien, deren Genialität in ihrer evidenten Einfachheit liegt. Sie
spricht etwas martialisch – oder sollte ich lieber wettbewerbswirtschaftlich
sagen? – von unseren *Strategien,* so daß kein Fünkchen Hoffnung bleibt,
wir könnten uns im Lebenskampf auch einmal den Umständen entsprechend hilflos und ohnmächtig fühlen.

Als würfe sie die kommunistische Ära wie eine nasse Matratze in die
Schmutzecke der Geschichte und ließe den Glanz der alten k. u. k.
Monarchie aufleuchten, prägt sie gleich zu Anfang den Terminus der *dy-
nastischen Strategie.* Sie gilt allerdings auch für den Fall eines beneidenswert
königlichen Verlaufes: des Werdens eines *gelungenen* Lebens aus einer
glücklichen Kindheit. Diese Linie steigt einer Sonne gleich in die Höhe
und wird mächtigen Herrschern wie großen Frauen der Liebe nachge-
sagt. Andere sehen die Steigung anders und sprechen von einem Verlauf,
in dem das seelische Gold der Wiege geradlinig das ebene Leben eines
diesseitigen Edens durchstrahlt. Glückspilze steigen nicht auf, sie sind
schon immer oben: auf existentiellem Hochplateau. Andreas beneidete

Ludwig deswegen. Sein erogenes Kindheitsmilieu bescherte ihm eine Handvoll Kinder, eine glückliche Ehe und weitere erfüllende Liebesbeziehungen – von der typischen Nebenwirkung eines prächtigen Berufsweges ganz abgesehen.

Dem expansiven Denken der Leistungsgesellschaft angemessener entfaltet sich die zweite Linie erotischer und sonstiger Aufsteiger und Aufsteigerinnen: die *antithetische Strategie*. Wenn ich Medizinstudierenden in meiner Vorlesung den echten Trost des Lebens zu vermitteln suche, indem ich in ihren herzzerbrechenden Jahren Anfang Zwanzig darauf hinweise, wie bedeutend unglückliche Liebesbeziehungen für das Glück der späteren seien, liege ich voll im Trend dieser Richtung. Aufs ganze Leben erweitert lautet sie: von *belasteter* Kindheit zum *erfolgreichen* Leben. Vom Tellerwäscher zum Millionär, vom Aschenputtel zur Königin, vom Habenichts nach Hollywood. Nach wie vor profitieren alle Filme von diesem Zug zum Höheren, Besseren, Vollständigeren. Und auch unsere Liebeslebensgeschichte wächst in der Regel an den Herausforderungen. Sie entfaltet sich vor unserem inneren Blick in die Tiefe und die Weite – wenn nicht gerade masochistische Bedürfnisse nach der Buße eines Lebensknicks rufen.

Muttererbe
«Einer hatte eine schöne Frau. Sie starb. Ihre Mutter, ein altes abgelegtes Weib, blieb wegen der Mitgift im Hause wohnen. Dem Mann aber war ihre Gesellschaft eine tödliche Pein, er hatte aber wegen der Mitgift kein Mittel, sich von ihrer Gegenwart zu befreien. Einer seiner Freunde fragte ihn einmal: ‹Wie geht es dir seit der Trennung von der lieben Gefährtin?› Er antwortete: ‹Meine Frau nicht zu sehen fällt mir nicht so schwer, wie die Mutter meiner Frau zu sehen.›»
Sa'di

Folgen wir demgegenüber der antiken Menschheitslinie vom goldenen Zeitalter in die eiserne Ära, der ja eine individuelle Lebensentwicklung nur allzuhäufig entspricht, starten wir in einer *glücklichen*, unbeschwerten Kindheit, um im *herben, dürren Ernst* des Erwachsenenlebens unsere Existenz fortzufristen. Das ist ein klarer Abstieg. In den zahlreichen erotischen Zwiegesprächen, die ich im Zuge der Vorbereitungen zu diesem Buch führte, fielen mir nicht nur der Lustschwund vor allem bei belasteten Frauen auf, sondern ganz generell die sinnliche Erfülltheit der frühen Kindheitsjahre, denen gegenüber die späteren Liebesbeziehungen nur als ein matter Abglanz erschienen. Beides spricht für diese *kompensatorische Strategie*.

In der letzten Lustverlaufsgestalt entwickelt

208

sich so gut wie nichts: Der *schlechten* Kindheit folgt ein *mieses* Leben. «Kein Wunder, daß es mir heute nicht gutgeht, schon meine Voraussetzungen waren denkbar mager», lautet diese sogenannte *selbstentlastende Strategie.* Als Paaranalytiker, der ich es mit den Mühseligen und Beladenen zu tun habe, und als kritisch orientierter Sozialpsychologe, der notgedrungen die Mehrheit der Menschen in einer solchen unprivilegierten Lage sieht, gefällt mir diese thatcherisch anmutende Begriffsprägung nicht generell, doch hat sie natürlich auch ihren wahren Kern. Wie oft werden bis in das achte Lebensjahrzehnt noch die Eltern für die erotisch unwirtliche Existenz haftbar gemacht, in der trockene Küsse das höchste der Gefühle darstellen.

Diese vier Grundrichtungen sind anders gar nicht möglich, wie Digitalerfahrenen vielleicht schon klargeworden ist. Gibt es nur gut (1) und schlecht (0), so lautet das einfache Gefüge der Entwicklungslinien: 1 auf 1 *dynastisch*, 1 auf 0 *antithetisch*, 0 auf 1 *kompensatorisch* und 0 auf 0 *selbstentlastend*.

Die radikale Schlichtheit erinnert mich an die Einteilung des Kamasutram, das es allerdings auf je drei Stufen für Größe des Geschlechtes, die Schnelligkeit des Liebesvollzuges und die Stärke des Temperamentes brachte. Das waren schon 27 Grundformen des Aktes pro Partner. Als Paar multipliziert sich das auf 27 mal 27, das sind 729 einfachste Grundvarianten des Liebemachens, bevor überhaupt ein persönliches Wort gewechselt ist – vom mächtigen Einfluß der individuellen erotischen Biographie noch ganz abgesehen. Die Simplizität der Grundrichtungen hat etwas Erfrischendes in der Unübersichtlichkeit modernen Sexuallebens und soll uns soweit genügen – zumal noch weiteres auf uns wartet.

12. *Erzählen vom persönlichen Lieben wird zur unschätzbaren Fähigkeit, um sich in einer Zeit schnell veraltender Werte eigene erotische Gesetze zu geben:* **erotische Selbstbestimmung**
Spätestens bei dieser These wird die enge Verflechtung unseres Liebeslebens mit dem sich beschleunigenden Lauf der Zeit deutlich. Psychoanalytiker sprechen vom Zeitalter narzißtischer Störungen, Soziologen von der Unübersichtlichkeit einer fragmentierten Gesellschaft. Beide Perspektiven bezeichnen ein und denselben, sehr präzise anzugebenden Prozeß

209

Keine Zeit,
Gefühle zu fühlen
«Wie möchte ich, mit
glühenden Farben, bis auf
ihre kleinsten Schattierungen, sie malen, und sie
ergründen, die edle Liebe
des Herzens, könnte ich
nur Einsamkeit und Ruhe
finden! So, beständig
gestört zerrissen, kann ich
nur stückweise sie fühlen,
suche sie beständig, und
doch ist sie ganz in mir!»
Diotima

der Zivilisation. Ein Kernmoment in ihm ist die radikale Individualisierung. Das bedeutet: den Zerfall gemeinsamer Werte und den zunehmenden Druck in Richtung Selbststeuerung und Selbstkontrolle. In Nachfolge der großen erotischen Zeitzeichen – Kinsey-Report 1948, Studentenrevolution 1968 und Frauenbewegung – ist heute eine sexuelle Lage entstanden, die jedem erlaubt, seine eigene erotische Lebensform zu wählen. Gleichzeitig aber drehen die gesellschaftlichen Verhältnisse mit Leistung, Belastung, Freizeit und kinderabweisender Sozialstruktur der Lust den Hals um. Erotische Freiheit paart sich mit erotischer Unmöglichkeit – das ist die *Ironie des tragikomischen Dramas* heutiger Sexualität, ein Konglomerat aller oben skizzierten Genres.

Zu allem Überfluß kommt diese Lage auch den noch untertrainierten Seelen entgegen. Deren antiquiertes Über-Ich verbaut die neuen sexuellen Chancen mit großzügiger Hilfe der allgegenwärtigen liebesbehindernden Umstände. So gelingt es dem Ich zuwenig, sich erotische Biotope zu schaffen. In dieser Zeit allseits offener und nicht mehr maßgebender sexueller Normen kommt es darauf an: sich seiner selbst zu vergewissern, seine eigene erotische Identität zu definieren und der Entwurzelung aus einer allen gemeinsamen sinnlichen Heimat dadurch zu begegnen, daß man sein erotisches Haus selbst bestellt und seine eigenen Richtlinien herausfindet. Alles mündet in die Unvermeidlichkeit einer durchgehenden *Selbstregulation*. Genau deswegen sind erotische Zwiegespräche gleichsam auch ein gesetzgebendes Zweierparlament. Ohne besonders bemerkt zu werden, entwickelt sich aus der Unmittelbarkeit erotischen Erlebens eine Art Liebesethik, die dem persönlichen Leben gerecht wird. Wenn diese Selbstfindung auch nicht ohne Konflikte und Schwierigkeiten abgeht – wie beispielsweise das Paargespräch von Katharina und Michael im folgenden Kapitel zeigt –, ist es doch der einzige und richtige Ausweg aus dem Dilemma der anomischen, unverbindlichen, vorbildlosen und idolüberfluteten Gesellschaft.

Zeitzeichen für diese Lage ist das höchste Interesse zahlreicher Disziplinen an der Chaostheorie. Dieses meistdiskutierte Denkmodell bezieht sich auf ganz besonders extreme Erscheinungen innerhalb unserer Wirklichkeit. So physikintern klecksbildartige Fraktale auch erscheinen mögen, sind sie doch auch ein Spiegelbild unserer gesellschaftlichen Existenz, wie schon vor hundert Jahren die Fehlinterpretation der Darwinschen Evolutionstheorie als «Kampf ums Dasein» eher das kapitalistische Recht des Stärkeren in der noch frischen Industriellen Revolution widerspiegelte als die Gedankengänge und Befunde des menschenbildstürzenden Entdeckers. Ganz entsprechend dieser verwirrenden, orientierungsschwachen Unübersichtlichkeit, heißt denn auch ein mir sehr wesentlich erscheinendes Buch des Ehepaares Beck zur Gesellschaftsbedingtheit der Erotik «Das ganz normale Chaos der Liebe».

Der amerikanische Psychologe Kenneth Gergen spricht von der heute verbreiteten «aleatorischen Perspektive» (*alea* heißt lateinisch Würfel), einer Auffassung, das Leben sei im tiefsten Grunde zufällig und sinnlos. Es bedeutet für uns nichts anderes, als sich selbst einen Sinn zu geben. Der unüberholbare philosophische Versuch Friedrich Nietzsches besteht genau darin: die grundlegende Sinnlosigkeit des damals neuen, naturwissenschaftlichen Weltbildes freizulegen und das *Metapherntier Mensch* zur eigenen Sinngebung aufzurufen – wenn auch die seiner quälenden Krankheit und ohnmächtiger Verzweiflung entsprungene Vokabel *Übermensch* besser und vieldeutiger *Nachmensch* hätte heißen können. Daß wir eine Übergangsform sind, die zu wirklichem Menschsein noch nicht gefunden hat, dürfte klar sein. In der Liebe vollzieht sich mit zweihundertjähriger Verspätung eine Revolution der Selbstbestimmung, die man die Französische Revolution des Schlafzimmers genannt hat: alle Macht der erotischen Phantasie des einzelnen Menschen!

13. *Erzählen erotischer Erfahrungen bildet auch die Grundlage unserer Gesundheit:*

Zuversicht eigener Lust

Da seelische Gesundheit als identisch mit erotischem Gelungensein anzusehen ist, gewinnen natürlich deren Kernmerkmale höchstes Interesse. Eines ist die *Flexibilität*, ein anderes nennt Aaron Antonovski aus Israel den *Sinn für Kohärenz*. Er meint die innere Überzeugung, daß

Gottes Tochter
... über dem ehernen wilden Boden die Liebe, Gottes Tochter, von ihm allein.

Friedrich Hölderlin

211

die einzelnen Erlebnisse in einen umfassenderen Kontext gehören. Für mich heißt das beispielsweise: in das unbewußte Beziehungsgeflecht zu meinen Nächsten, aber über die Kultur auch zu den Ferneren und schließlich zur ganzen Menschengemeinschaft. Lebensgeschichtliches Erzählen bildet so eine Art existentieller Zuversicht aus, der die Liebe bei den brüchigen Seelenfundamenten im Zeitalter des Narzißmus sehr bedarf. Auf diesem Wege wird die erotische Lebensgestaltung auch noch zu einem Selbstprojekt im Dienste der eigenen psychischen und physischen Gesundheit. Erzählen bildet den Sinn für Kohärenz tätig aus. Unentwegte Eigenaktivität ist nötig, eine innere Anlage aus kindlicher Frühzeit wie diesen Sinn zu erhalten und zu entwickeln. Seine Bedeutung wird für die seelische wie erotische Gesundheit viel zuwenig beachtet.

14. *Wir sind zwar nicht die Autoren, aber die Erzähler unserer Liebeslebensgeschichte und erforschen uns damit selbst:*
erotische Selbsterkenntnis
Oft wird übersehen, daß Selbsterkenntnis nicht nur innere und äußere Verhältnisse aufschlüsselt, sondern zugleich auch Sinn stiftet. Die narrative Selbsterforschung schafft nämlich jene Zusammenhänge, die sich wie eine Landschaft vor einem ausbreiten und deutlich machen, welchen Stellenwert im Leben beispielsweise Liebesbeziehungen oder besondere Vorlieben haben.

Lust als Ersatz
«So hat ihn sein chronisches Minderwertigkeitsgefühl, das er (Alberich, der häßliche Zwerg aus Wagners ‹Rheingold›) als Außenseiter haben muß, veranlaßt, Ersatz in der Befriedigung sexueller Lust zu suchen.»
Anita von Raffay

So wurde einem Mann klar, daß sich im Zuge seines Lebens unversehens immer dann, wenn er eine eigene künstlerische Entwicklung – zum Musiker, zum Maler, zum Schriftsteller – aufgab, eine starke Liebesbeziehung zu einer entsprechenden Musikerin, Malerin oder Autorin entwickelte, eine Folge, deren unbewußte Logik des Verlustausgleiches er nie zuvor wahrgenommen hatte. Eine Dominafrau erkannte ihre Vorliebe zu peitschen erst beim Erzählen auf dem Hintergrund ihrer von den Eltern häufig geschlagenen Geschwister, deren Schicksal sie in dieser «Identifikation mit dem Aggressor» entkam. Andere entdecken vielleicht die Kompensation von Selbstentwertungen durch sexuelle Lust.

15. *Schildern erotischen Erlebens wirkt sich innerhalb der Liebesbeziehung am stärksten aus, doch sind ergänzende Kombinationen vorteilhaft:*
Variationen erzählerischer Selbstentwicklung
Wie in diesem Buch praktiziert, empfehlen sich für die erotischen Zwiegespräche neben den Liebespartnern vor allem *Freundinnen und Freunde.* Es ist kaum mitzuteilen, auf wie vielen Wegen sich die Auswahl, das Klima und die Struktur der sexuellen Autobiographie verändern, wenn man für wechselnde Beziehungen sorgt. Ganz abgesehen davon, erweitert man mit anderen die eigene Erfahrung durch neuartige intime Erlebnisse, wenn nicht gar durch ungewohnte erotische Welten. Im übrigen wird die eigene Entwicklung durch andere anders beschleunigt als durch den ständigen Begleiter.

Inzwischen sind auch *Eltern und Kinder* im erotischen Zwiegespräch, eine Art echter, fairer, unverlogener und unaufdringlicher Aufklärung, sofern vom Kolonialisieren und Überzeugenwollen gelassen wird.

Geschwisterzwiegespräche empfehle ich besonders, weil das erogene Kindheitsmilieu sich in Brüdern und Schwestern zwar einerseits erstaunlich unterschiedlich auswirkt, andererseits aber mit Leichtigkeit elementare sexuelle Grundlinien erkennen läßt, die man allein nur mühsam entziffern könnte.

Sogar *zwei Generationenabstände* lassen sich fruchtbar und abenteuerreich überbrücken. Mit meiner quicklebendigen neunzigjährigen Lieblingstante führte ich erotische Zwiegespräche und lernte nicht nur den damaligen Liebesalltag von innen kennen, sondern übernahm beispielsweise von ihr auch anstelle des langweiligen Gesundheitsjoggings Tänze zu Tagesbeginn. Die hatte sie nach dem Tod ihres sehr geliebten Mannes, eines Musikers, aufgenommen als Ersatz für ihren auf immer verlorenen Liebesakt – und nebenher natürlich für ihre Fitneß.

Schließlich läßt sich der lebensgeschichtliche Erotikbericht auch als *stilles Selbstprojekt* durchführen: *schriftlich* in Tagebuchform, in Briefen oder im *Aufsprechen* auf Tonkassetten. Die Weltliteratur ist erfüllt von direkten oder indirekten autobiographischen Liebesberichten und wird wohl vor allem deswegen gelesen.

213

16. *Der Liebesroman im eigenen Leben läßt sich nach Zeit und anderen Gesichtspunkten gliedern:*
Kapitel der eigenen erotischen Geschichte
Die chronologische Inhaltsgliederung ist am einfachsten. Der Dreisprung Kindheit, Jugend und Erwachsenenleben reicht meist nicht aus, jenseits von neun Zeitkapiteln verliert sich aber auch die innere Zusammengehörigkeit. Da man jetzt schon von *Lebensabschnittspartnerschaft* spricht, könnten Sie, wenn Sie Lust haben, anhand eines Aufsatzes im Band von Erik Eriksons «Identität und Lebenszyklus» die acht psychoanalytischen Phasen als Grundlage für Ihren erotischen Entwurf nehmen.

Es gäbe aber auch andere Gesichtspunkte: Wie entwickelten sich mein berufliches Werden und meine Liebesbeziehungen im Vergleich miteinander? Brillante Manager sind selten große Liebhaber. Selbständige Unternehmerinnen haben mehr Orgasmusprobleme. Die Reifeprüfung hat zwar im Unbewußten wie alle Prüfungen einen sexuellen Gehalt, weil sie dem Übergang vom Jugendlichen in das Erwachsenendasein entspricht, doch verlaufen Leistung und Beziehung nach anderen Gesetzen. Auch die Einteilung in Selbstbeziehung, Freundschaften und Liebesbeziehungen habe ich schon vorgenommen. Es wird noch andere geben – beispielsweise nach Orten, die ganz unterschiedliche Menschen und Lustchancen vereinen.

17. *Der eigene Liebesroman enthält Höhen, Tiefen und Wendepunkte:*
Schlüsselereignisse der Liebe
Acht Kennerlebnisse enthält jedes Leben. Diese gilt es zu ermitteln:
1. Die **früheste** erotische Erinnerung (sie ist meist sehr sinnlich, aber nicht direkt sexuell)
2. Das **glücklichste** erotische Erlebnis
3. Der absolute erotische **Tiefstpunkt**
4. Der erotische **Wendepunkt** im Leben
5. Das erotische Kernerlebnis der **Kindheit** (etwa bis zum zwölften Lebensjahr)
6. Die sexuelle Haupterfahrung der **Jugend** (etwa bis zum einundzwanzigsten Lebensjahr)
7. Das zentrale Liebeserlebnis als **Erwachsener** (ab dem einundzwanzigsten Lebensjahr)
8. Eine entscheidende **zeitübergreifende** erotische Erfahrung

214

Alle diese Kernerlebnisse können auch in ganz unscheinbarer Gestalt auftreten, ein Blick, wie ihn die dreizehnjährige Beatrice auf Dante warf, um ihn für immer zu ergreifen, oder eine flüchtige Bemerkung im Vorübergehen eines Fremden. Es können auch gewaltige Ereignisse sein, ein coup de foudre, ein Blitzschlag, wie es Karola Bloch in Heidelberg geschah, als sie ihren künftigen Mann, den Philosophen Ernst Bloch, neben sich wie einen «Vulkan» erlebte, demgegenüber andere völlig verblaßten.

Die Palette der Schlüsselereignisse läßt sich aus den in diesem Band enthaltenen erotischen Zwiegesprächen manchmal gut erschließen, öffnet aber vor allem viele Augen für das eigentümliche eigene Liebesschicksal. Denn es ist wahrscheinlich, daß sie wie sogenannte Deckerinnerungen, die für verdrängte früheste Erlebnisse stehen, ein Beziehungsmuster als gemeinsamen Nenner in sich tragen, den man in dieser Reihe der Ereignisse leichter erfaßt. Das wäre sozusagen der Herzschuß.

18. *Den Lauf der Liebe im Leben bestimmen entscheidende Liebespartner:*
große Geliebte
Der größte Geliebte ist noch immer zweite Wahl, lautet ein Bonmot der Psychoanalytiker, die vom fundamentalen erotischen Einfluß des Vaters und der Mutter in ihrer Praxis täglich aufs neue überzeugt werden. So gesehen ist die bedeutendste Geliebte aller Menschen die Mutter. Sie bildet in der Regel die erotische Urfigur auch für Frauen, die erst in ödipaler Zeit zum Vater wechseln. Auch Geschwister tragen ganz entscheidend zur Grundstruktur der eigenen Liebe bei. Liebe ist also schon Geschichte, bevor sie beginnt. Manche können seelisch sehr genau ihre Liebesbeziehungen nach dem Geschwistertypus angeben. Im außerfamiliären Liebeskreis finden wir nun aber die großen Geliebten, ohne deren Einfluß wir nicht wären, wie wir jetzt sind. Liebesbeziehungen bilden die Identität eines Menschen und seiner gegenwärtigen Beziehungen. Beispielsweise beschrieb Stendhal in seiner Autobiographie einen Moment der Lebensbesinnung oberhalb des Albaner Sees, als er seine eigene Identität in Form der Anfangsbuchstaben seiner Geliebten mit einem Stock in den Staub malte: *«Ich fand, daß mein Leben in den folgenden Namen zusammengefaßt werden kann.»* Wie man in der frühkindlichen Entwicklung von den *significant others* spricht, den lebensentscheidenden Menschen, so kann man sie auch im eigenen Liebeslauf ermitteln.

19. *Die Lebensgeschichte der Liebe ergibt eine Linie über die Gegenwart hinaus:*
Blick in die eigene erotische Zukunft
Bedürfnisse, Möglichkeiten, Eigenheiten und Ziele lassen eine Art kommender Liebesplanung zu, die einem zuvor unmöglich erschienen wäre. «*Beim nächsten Mann wird alles anders*», lautet der verheißungsvolle Buchtitel, doch wissen wir zur Genüge, daß die Kräfte des Unbewußten, die nicht nur schlecht sind, sondern eine Einsicht besonders umfassender Art in sich tragen, ähnliche Muster entwerfen werden, wie wir sie nun lebenslang beobachten können. «*Anders lieben müssen wir als gestern und mit schärferem Verstand*», so brachte der ostdeutsche Lyriker Karl Mickel das Gebot heutiger Erotik auf eine Verszeile. Welche wirklichen, zentralen Bedürfnisse enthüllt meine bisherige Liebeslebensgeschichte? Welche Ziele möchte ich verfolgen? Welche Grundrichtung nahm meine Erotik bisher? Dies ist nur ein kleiner, aber nicht unbedeutender Schritt der mit der Vernunft versöhnten Lust.

20. *Nur zwei Liebesprobleme, die unser innerstes Leben berühren, reichen, um exemplarisch die Ursachen unserer sexuellen Schwierigkeiten und unseren Umgang mit ihnen darzustellen:*
erotische Konfliktlösung

Verletzlichkeit
«Unter den Fittichen der Liebe wohnt die Verletzung.»
Kahlil Gibran

Üblicherweise sind Thesen wie diese hanebüchen; denn Paaren fehlt es vor allem an der Chance zu einem kontinuierlichen und differenzierten Gespräch. Da sind Zwiegesprächler aus dem Schneider, weil sie die optimale Form selbstgesteuerter erotischer Konfliktlösung schon praktizieren. Es empfiehlt sich meiner Erfahrung nach, zunächst das beste Beispiel für eine *gelungene* Konfliktlösung im erotischen Bereich heranzuziehen, um sich mit dieser Rückenstärkung dann einen fehlgeschlagenen Versuch vorzunehmen. Klares Ziel sind nicht nur Vergangenheitsbewältigung, sondern Training für die aktuelle Lage. Auch Problemlösen erfordert die Übung, die den Meister macht. Der Wechsel vom passiven, resignierenden Liegenlassen zum aktiven Verarbeiten ist gerade in der Liebe oft lebensentscheidend. Liebeskummer – zu oft Folge von Konfliktunfähigkeit – ist eine schwere Krankheit und trägt wegen des plötzlichen Selbstwertverlustes leider häufig auch selbstmörderische Impulse in sich.

Ganz im Gegenteil entstehen berechtigter, lebendiger Stolz und tiefe Verbundenheit, wenn es zweien gelingt, einen erotischen Konflikt zu lösen. Selbst das Überwinden einer so unkomplizierten Verfassung wie die der Kränkung ist für viele anfangs kaum zu meistern. Es gelingt aber schon allein dadurch besser, daß man sich als Paar die Aufgabe überhaupt stellt, eine Verletzung zu zweit bestmöglich durchzustehen.

Die Fülle typischer Liebesprobleme will ich hier nicht auflisten. Sie ist endlos. Nähe und Distanz, Geborgenheit und Abenteuerlust, Selbstzuwendung und Partnerzuwendung sind Grundkonflikte, die jedes Paar für sich lösen sollte, um auch noch seelische Energien für die Erotik übrig zu haben. Den häufigen Konflikt, wie oft man miteinander schlafen will, halte ich für sekundär. Die durchgehende und deswegen schwer wahrnehmbare Benachteiligung der Frau auch jenseits der glatten wirtschaftlichen und beruflichen Zurücksetzung – vor allem was Selbständigkeit, Selbstbewußtsein und Freiheit anlangt – dürfte der eigentliche Kern dieses Problems sein. Konfliktlösung erfordert Witz und Kreativität. Seelische Innovationen und Umsetzen in die Tat sind die beiden Säulen besseren erotischen Lebens. Das braucht auch genügend Entwicklungszeit, oft Monate. Geizen Sie damit nicht.

21. *In der erotischen Lebensgeschichte lassen sich persönliche Grundüberzeugungen leicht erkennen:*

erotisches Weltbild

Witze über die Erotik in anderen Nationen enthüllen projektiv eigene unterschiedliche Lustwelten, die über die Grundfarbe hinaus auch unbefragte Selbstverständlichkeiten enthalten. Der deutschen Sexualität sagt man beispielsweise eine Verbindung von Sex und Gesundheit nach. Die Liebe soll frisch, fromm, fröhlich, frei sein, ein Geisteskind des Turnvaters Jahn. Auch in den USA scheint diese gesundheitliche Dimension im Kommen: Lust wird herausgestellt, weil sie zahllosen Leiden vorbeugt. Sie galt schon immer als Gesund- und Jungbrunnen. Unsere zentralen Überzeugungen sind uns meist nicht klar, obwohl sie jede unserer Entscheidungen steuern. Sie bilden unseren Lebenshorizont, die Grenzen unserer Realität. Auch unser zu entdeckendes Lustweltbild findet sein oft vorschnelles Ende an Urteilen und Vorurteilen, die Spiegelungen unserer persönlichen Überzeugungen sind. Beim einen hört die Liebe bei der

Peitsche auf, beim anderen beginnt sie dort erst. Dem einen gilt die Lust von Mann und Frau als der Abglanz der Beziehung von Jesus zur Kirche, dem anderen als eine Kraft, die alle Welt im Innersten zusammenhält. Ich bin bereits so weit gegangen, die Erscheinungsform dessen, was wir für unsere unumstößliche Realität halten, als eine sektengleiche, ausschließliche Bindung an eine umschriebene Einheit von Überzeugungen zu halten. Diese ist von der *Hypersexualität* des Menschen – wie Verhaltensforscher sagen – abzuleiten. In Gestalt hintergründiger sexueller Hörigkeit findet sie ihren unverstellten Ausdruck. Demgegenüber halten Hare-Krishna-Anhänger zeit ihres Lebens Sexualität für eine Hautkrankheit und werden auch auf diese Weise glücklich. Die Vielfalt erotischer Wirklichkeiten ist grundsätzlich unbegrenzt, doch ist für jeden persönlich nur eine einzige Lustwelt maßgebend. Vielleicht liegt hier die größte Herausforderung für menschliche Toleranz und wechselseitige Anerkennung.

Bei den meisten Menschen nimmt auch in der Liebe die Erfahrung zu. Das bewirkt eine Erweiterung der Lustwelt durch Veränderung bislang gültiger Überzeugungen.

Eine meiner Grundüberzeugungen beispielsweise betrifft zur Zeit die erogene Bedeutung alles Verbotenen in der Lust. In meinen Augen zeigt sich darin die grundlegende Entwicklungspotenz der Erotik. Das verbotene Gebiet schränkt den eigenen Lebensbereich ein. Und genau das wird zum Trigger der Lust: Sie sucht in der *Überschreitung der bisherigen Überzeugungsgrenzen* einen Schritt weiter zu gehen. Lust ist eine ununterbrochen lebenserweiternde und Überzeugungen einreißende Kraft. Deswegen befreit sie. Ihr innerstes Ziel ist für mich die *Vielfalt* – konkret *körperlich* in den Nachkommen, *seelisch* in den Beziehungen und *geistig* in den schöpferischen Ideen. Lust zersetzt das Über-Ich bei genügender Energie, wie es die Psychoanalyse nach den Worten Anna Freuds auch anstrebt – und hatte deswegen wohl eine so ursprüngliche Verwandtschaft zu dieser Wissenschaft.

22. *Der letzte Schritt ist die Entdeckung des übergreifenden Themas in der erotischen Lebensgeschichte:*
Leitmotiv der Liebe
Aus der erzählten erotischen Lebensgeschichte ergibt sich das geheime Leitmotiv unseres Daseins als Kern unserer Existenz. Im ersten Zwie-

gespräch dieses Buches enthüllte sich dieses Leitmotiv ganz zuletzt als der Wunsch, im Partner die wirklich erfüllende Mutter zu erschaffen. In einem anderen Fall war das Leitmotiv eher umgekehrt die liebende Willfährigkeit, alle mütterlichen Erwartungen zu erfüllen – und sich damit leider zu verbiegen. In den «Canterbury Tales» von Geoffrey Chaucer, einer mittelalterlichen Geschichtensammlung, angeregt durch Boccaccios «Dekamerone», gilt Einander-Dienen als Leitmotiv und Erkennungsmoment aller wirklich Liebenden.

Was bewegt mich, was steuert mich unerkannt seit meiner Kindheit und in aller Zukunft? Dieses Leitmotiv enthüllt sich oft mühelos beim Erzählen des eigenen Lebens und Liebens. Älteren stehen zahlreiche Perioden, Episoden und Lebensphasen zur Verfügung, aus denen dieser gemeinsame Nenner leichter zu gewinnen ist. Sie haben es besser als Jüngere. Mir wurde dieser Altersunterschied besonders deutlich in erotischen Zwiegesprächen mit meiner siebzehnjährigen Tochter Nina, die das Reich der Liebe erst seit drei Jahren gewonnen hatte. Der Selbstkern kann beispielsweise zu einer ständigen Versorgung anderer führen und begleitend die eigenen Bedürfnisse mißachten. Ich erwähne dieses Verhalten in Ergänzung zu Chaucer, weil es in der Liebe so oft täuscht. Auch in der Lust kann nicht einer allein leben, so schön es zunächst für den anderen sein mag, ständig Zuwendung zu erhalten.

Die Lebenslaufforschung enthüllt übrigens, daß nichts vorhersehbar ist. Ohnehin tritt in der Liebeslust das Unwahrscheinliche unwahrscheinlich häufig ein. Doch gibt es eine Konstante: die Art und Weise, wie wir unsere Ängste abwehren. Der Umgang mit Angst bleibt lebenslang gleich – es sei denn, man unterzieht sich einer intensiven umstrukturierenden Psychoanalyse. Die Abwehrmechanismen – beispielsweise die sich wiederholenden Muster eines Pechvogels oder eines Glückspilzes – gehören natürlich zu jenem Urgestein des Lebens aller Klienten, an dem sich Psychotherapeuten die Zähne auszubeißen drohen. Es ist ein großer Gewinn, diesen inneren Schlüssel zu entdecken.

Ich bin mehr und mehr überzeugt, daß ein solcher Einsichtsgewinn auch auf dem nichtprofessionellen Wege «natürlicher» Selbstreflexion gelingen kann. Ja, ich sehe eine Hauptaufgabe künftiger Psychoanalyse und Psychotherapie darin, nicht nur in den vier Wänden der Profession zu wirken, sondern vor allem wohlüberlegte und praxiserprobte *selbstreflexive Räume zur Verfügung zu stellen,* wie sie beispielsweise in Zwiegesprächen, Gesprächsselbsthilfegruppen und einer psychoanalytisch geförderten Meditation oder Selbstbesinnung schon hunderttausendfach realisiert ist.

Die letzten Thesen beziehen sich auf die Praxis eigenen Handelns und ließen sich meines Erachtens für die eigene Entwicklung des Liebeslebens am besten fruchtbar machen in Form *themenzentrierter erotischer Zwiegespräche.* Die Überschriften und meine Ausführungen können als Themenanregung für mehrere aufeinanderfolgende Zwiegespräche gelten.

Der gesamte Text begründet aber über diese erotische Weiterbildung hinaus die vielfältige und tiefgehende *Wirkung der Zwiegespräche* damit, daß zu jeder Minute Aspekte der eigenen Liebeslebensgeschichte neu gestaltet werden.

Der Lust die eigene Gestalt geben

Erstaunliche Wirkungen beim Erzählen erotischer Lebensgeschichten

1. *Erst in Worten findet Erfahrung ihre Gestalt:*
der Mensch, das Geschichten erzählende und hörende Wesen

2. *Geschichten sind die natürliche Form, eigenes und gemeinsames Erleben zu begreifen:*
Mythen, Märchen, Epen, Legenden, Biographien, Gleichnisse, Gespräche

3. *Auf zwei grundverschiedene Arten schaffen wir unsere Wirklichkeit:*
die analytische und die erzählende Weltanschauung

4. *Die wesentlichste Geschichte, die ein Mensch erzählen kann, ist seine eigene Lebensgeschichte:*
Bedeutung der eigenen Existenz

5. *Der persönliche Mythos stärkt den inneren Zusammenhalt des Selbst:*
Einsicht in die eigene Wahrheit

6. *Nur jene Geschichten, die für unsere Seele produktiv sind, werden behalten:*
Mythosauswahl

7. *Das Berichten erotischer Geschichten ist kein abschilderndes Nacherzählen, sondern ein kreatives Erschaffen der Lust aus Erinnerungsbausteinen:*
plausible Wirklichkeit

8. *Die erotische Lebensgeschichte ist von einer individuellen Grundstimmung aus vorrationaler Entwicklungszeit erfüllt:*
Der Klang der Lust

9. *Die Grundstimmung verleiht allen Ereignissen ihren Stellenwert:*
Basis aller Bedeutung

10. *Die Grundformen lebensgeschichtlichen und erotischen Erzählens entsprechen den großen Genres der Literatur:*
Komödie, Drama, Tragödie, Ironie

11. *Gegenwärtige Wünsche bestimmen die Perspektive für die bisherige Liebe:*
vier Grundrichtungen erotischer Entwicklung

12. *Erzählen vom persönlichen Lieben wird zur unschätzbaren Fähigkeit, um sich in einer Zeit schnell veraltender Werte eigene erotische Gesetze zu geben:*
erotische Selbstbestimmung

13. *Erzählen erotischer Erfahrungen bildet auch die Grundlage unserer Gesundheit:*
Zuversicht eigener Lust

14. *Wir sind zwar nicht die Autoren, aber die Erzähler unserer Liebeslebensgeschichte und erforschen uns damit selbst:*
erotische Selbsterkenntnis

15. *Schildern erotischen Erlebens wirkt sich in der Liebesbeziehung am stärksten aus, doch sind ergänzende Kombinationen vorteilhaft:*
Variationen erzählerischer Selbstentwicklung

16. *Der Liebesroman im eigenen Leben läßt sich nach Zeit und anderen Gesichtspunkten gliedern:*
Kapitel der eigenen erotischen Geschichte

17. *Der eigene Liebesroman enthält charakteristische Höhen, Tiefen und Wendepunkte:*
Schlüsselereignisse der Liebe

18. *Den Lauf der Liebe im Leben bestimmen entscheidende Liebespartner:*
große Geliebte

19. *Die Lebensgeschichte der Liebe ergibt eine Linie über die Gegenwart hinaus:*
Blick in die eigene erotische Zukunft

20. *Nur zwei Liebesprobleme, die unser innerstes Leben berühren, reichen, um exemplarisch die Ursachen unserer sexuellen Schwierigkeiten und unseren Umgang mit ihnen darzustellen:*
erotische Konfliktlösung

21. *In der erotischen Lebensgeschichte lassen sich persönliche Grundüberzeugungen leicht erkennen:*
erotisches Weltbild

22. *Der letzte Schritt ist die Entdeckung des übergreifenden Themas in der erotischen Lebensgeschichte:*
Leitmotiv der Liebe

11. «Was ich nicht ausspreche, existiert für den anderen nicht»

Erotisches Zwiegespräch des Ehepaares Katharina und Michael

Katharina und Michael sind in Flensburg verheiratet und Ende Dreißig. Er arbeitet in einer Kunsttischlerei, sie in der Personalabteilung einer größeren Firma. Seit zwei Jahren führen sie Zwiegespräche, doch dieses war ihr erstes erotisches. Sie haben es auf Tonband aufgenommen, wie sie es manchmal in besonderen Situationen auch bei den freien Zwiegesprächen zu tun pflegen.

Vor allem ist eines zu wissen nötig: Katharina ist zierlich und klein, Michael groß und schwer. So offenkundig unterschiedlich sie ihre beiden Körper täglich mit eigenen Augen sehen, sowenig haben sie bislang die andersartige Erlebniswirklichkeit ihres Gegenübers begriffen. Sie kann sich schon aus einfachen Größenunterschieden ergeben, zu schweigen von dem, was seelisch darin eingehüllt ist. So hatten Katharina und Michael typischerweise statt mit ihrer Lust mit ihrem Verletztsein zu tun. Denn die Gebiete der Beziehung, die der wechselseitigen Einfühlung noch nicht zugänglich geworden sind, entsprechen *leicht entzündlichen Zonen*. Sie führen bei Liebespaaren zu explosiveren Kränkungen als in Freundschaften.

(Es tropft ständig und aufreizend, fast schmatzend, im Hintergrund. Vögel zwitschern in einer Voliere)

MICHAEL: Müssen wir erst mal in erotische Stimmung kommen?

KATHARINA: Ich habe schon was bemerkt: Meistens ist es mir vor dem Zwiegespräch schon wichtig, mich zu duschen oder umzuziehen. Heute aber war das besonders klar. Ich duschte mich und zog mich um.

223

Zunächst sah ich den Grund in der Tonbandaufnahme, bis ich spitzkriegte: Das stimmt doch gar nicht, niemand sieht mich. Aber ich hatte das Gefühl, ich kann mich nicht verschwitzt hinsetzen und über mich, meinen Körper und Erotik reden. Ich müßte mich auch körperlich vorbereiten. Das fiel mir eben im Bad ein. Also, die Zähne habe ich mir auch geputzt.

MICHAEL: Vielleicht wolltest du auch Abstand von der Arbeit gewinnen.

KATHARINA: Ich hatte nicht das Gefühl, daß es etwas mit uns beiden zu tun hatte. Ich brauchte es für mich allein.

Ich fühle mich im Moment näher bei mir als bei dir.

MICHAEL: Mir geht es anders. Ich fühle mich bei dir. Erotik versuche ich direkt in Verbindung mit Sexualität zu bringen. Ich frage mich: Was erotisiert mich? Wenn ich hier das Regal ansehe, dann habe ich nichts über Erotik zu erzählen. Ich muß dich anschauen und auch etwas spüren. Aus dem Nichts heraus ist über Erotik nicht einfach zu sprechen.

KATHARINA: In manchen Zwiegesprächen vorher hat es vor Erotik schon geknistert. So geht es mir im Moment nicht.

MICHAEL: Bei mir ist es mehr Erregung im Bauch statt Erotik.

KATHARINA: Wegen des bewußt gesetzten Themas?

MICHAEL: Nein, mich erregt im vorhinein, daß wir eine ganze Sitzung lang das heiße Thema vor uns haben.

KATHARINA: *(lachend)* Mich eher nicht. Aber meinen Körper spüre ich ganz gut. Angenehm. Ich überlegte schon, ob ich meine Brüste so deutlich fühle, weil ich heute früh leicht erhöhte Temperatur hatte. Jedenfalls empfinde ich sie als sehr schön.

Ich bin ganz auf mich zentriert und merke, daß es mir schwerfällt, dich anzugucken. Es geht leichter, wenn ich mich beobachte.

MICHAEL: *(trocken)* Das soll in Zwiegesprächen wohl auch so sein.

KATHARINA: Ich überlege gerade, ob ich mich eher mit mir allein erotisch, körperlich, sinnlich, prall fühle oder ob ich mich auch so fühle, wenn ich mit dir zusammen bin oder du mich anfaßt.

MICHAEL: Ich habe etwas Probleme mit dem Wort Erotik. Was beinhaltet es eigentlich? Alles oder nur eine Vorstufe zur Sexualität, die beginnt, wenn wir aktiv werden und erregt sind? Geht die Erotik bis zum Orgasmus?

KATHARINA: Ich empfinde Erotik als allumfassend: Es gibt sie, wenn ich mit dir ganz normal schwätze, es gibt sie im Vorspiel, und es gibt sie auch, nachdem wir zusammen geschlafen hatten und einfach noch so daliegen. Und selbstverständlich nähme ich das Wort auch für das Liebemachen selbst. Ich meine damit ein Gefühl, das ich *überall* in mir spüre. Ich würde sogar sagen, es gibt für mich manchmal einen erotischen Orgasmus im Kontrast zu einem ausschließlich geilen Orgasmus. Das ist ein Unterschied, den ich genau kenne.

MICHAEL: Aha, das wußte ich noch gar nicht.

Ich würde die direkte Sexualität beim Miteinanderschlafen aus der Erotik ausklammern. Das ist für mich etwas anderes.

KATHARINA: Unerotische Sexualität?

MICHAEL: Nein, Erotik ist das Prickeln, das davor oder danach kommt. Aktive Sexualität ist für mich keine Erotik, es ist *mehr*, mehr an Gefühl, mehr an Erregung.

KATHARINA: Wie fühlt sich der Unterschied für dich genau an?

MICHAEL: Die Erotik ist prickelnd und erregend...

KATHARINA: Wo merkst du das denn?

MICHAEL: An den Hautstellen, an denen du mich streichelst. Oder im Wissen, in der Erwartung, daß man gleich da oder da angefaßt wird. Ich meine damit also das ganze Gefühl bis zu dem Zeitpunkt, an dem man sich entschließt, miteinander zu schlafen. Dann setzt ein anderes Gefühl ein, ein geiles, mehr triebhaftes; ich weiß gar nicht, wie ich es nennen soll; es ist viel massiver.

KATHARINA: Erotik hat für mich auch mit Spannung zu tun, nicht nur in Erwartung, angefaßt zu werden, auch kurz vor dem Orgasmus beispielsweise. Etwa, wenn man kurz vor dem Höhepunkt vom Kitzler zurückgeht und sich dann wieder nähert. Dieses Hin und Weg gehört für mich zur Erotik, es ist Spannung, aber nicht geil – wie ich das Wort benutze.

MICHAEL: Ja, das würde ich wohl als Vorspiel auch dazuzählen.

KATHARINA: Ich weiß nicht. Dich verstehe ich jetzt so: Vorspiel ist Erotik, Vögeln ist Sexualität.

MICHAEL: Und der Übergang ist fließend, nicht klar auszumachen.

KATHARINA: Wenn du morgens nackt im Bad stehst, und ich gebe dir einen Kuß auf den Po, dann ist es erotisch für mich. Wenn ich aber kurz da-

225

vor bin, daß es mir kommt, kann derselbe Kuß entweder sehr erotisch sein oder auch nicht. Das gleiche Gefühl im Bauch, das ist für mich Erotik.

MICHAEL: Ein solcher Kuß kurz vor dem Höhepunkt könnte für mich eben eine Steigerung der Erregung sein, also sexuell nicht mehr prickelnd. Bei der Erotik ist die *Richtung* noch nicht klar.

KATHARINA: *(lachend)* Es kann genausogut wieder aufhören.

MICHAEL: Ja, genau.

KATHARINA: Also: Erotik fängt an und ist ihres Endes nicht sicher.

MICHAEL: Ja. Natürlich kann man, wenn man miteinander schläft, auch aufhören, und doch ist Sexualität klarer, eindeutiger, mit dem Ziel vor Augen. Verdammt, diese deutsche Sprache: erotisch, prickelnd, erregend, anmachend, anregend.

KATHARINA: Wenn manche Verkäuferinnen in Geschäften etwas einpacken, zum Beispiel Geschirr, nehmen sie ein Tuch und wischen Teller und Tasse ab, indem sie darüber- und hineinstreichen. Das ist so erotisch für mich, ich könnte stundenlang zugucken. Als ich zehn war, habe ich zwei Sammeltassen als Geschenk gekauft. Da war es so. Ich stand da und war völlig weg. Ich wollte gleich noch eine Tasse kaufen, nur um zu sehen, daß sie es noch einmal macht: rein und raus. Ich ging nach Haus und wußte nicht, was mit mir passiert war. Und Fahrradfahren zum Schuster fand ich damals auch erotisch, ohne daß ich merkte, was dabei eigentlich passierte. Ich glaubte, es läge an der schönen Strecke. Immer wollte ich die Schuhe wegbringen. Mir ist es ein paarmal gekommen damals, ein zugleich warmes und heißes Gefühl.

MICHAEL: In diesem Alter – bis dreizehn – fand ich auch ein paar Musikstücke ganz erotisch und erregend.

KATHARINA: Toll.

MICHAEL: Einige deutsche Schlager waren dabei.

KATHARINA: Sag mal einen, ich kenne sie doch auch.

MICHAEL: «*Immer wieder sonntags kommt die Erinnerung*» *(beide schütteln sich vor Lachen)*.

KATHARINA: Den kenn ich auch. – *(leise hauchend)* Erotik. Hast du die Musik auch gezielt gehört?

MICHAEL: Ja, ja.

KATHARINA: *(beeindruckt)* Das finde ich ja gut. Und was ist dann passiert?

MICHAEL: Dann war ich total erregt.

KATHARINA: Die Musik war also für dich erregend und anmachend?

MICHAEL: Ja.

KATHARINA: Bei Musik fällt mir das schwerer. Die Stimme von der Tracy Chapman finde ich eher erotisch.

MICHAEL: Das Rauchige, ein bißchen Kratzige.

KATHARINA: Verrucht, ja, nicht so sauber.

(Betont vor sich hin sprechend) Schlag-Lieder. Kennst du das noch: «*War eine nicht kleine Ehefrau*», von dem Schlüppers?

MICHAEL: *(zustimmend)* Hmm.

KATHARINA: Da passierte was mit mir. Es war aber so weinerlich, daß ich es mir gar nicht zugestehen konnte. Sonntags mittags war Hitparade im Radio. Wir saßen beim Essen. Das Lied lief, und mir war es peinlich, daß meine Eltern das mitgehört haben. Das hatte eindeutig mit meiner Sexualität zu tun, finde ich nachträglich, aber ich weiß überhaupt nicht mehr, warum. Damals aber fand ich so gut wie alles erotisch.

MICHAEL: Das ist zu der Zeit normal. Das ging mir auch so.

KATHARINA: Ich war aber noch nicht so erregt; mit nasser Möse, meine ich. Es war ganz diffus. Meistens wußte ich gar nicht, was es ist, aber ich fand es gut, weil es sich gut anfühlte.

Ich hatte damals einen ganz kleinen BH mit Blümchen. Immer, wenn ich den angezogen hatte, fühlte sich das sehr gut an; nicht, weil er hübsch war, sondern weil es sinnlich war. Manchmal habe ich den ausgezogen und wieder angezogen. Komisch, gell?

In diesen Jahren – zehn, elf, zwölf – gab es mehr Sachen, die ich erotisch fand, als heute. Und es war alles anders.

MICHAEL: Ich glaube, da waren wir noch viel sensibler. Damals hat vieles unsere Erotik ausgelöst, geprickelt und erregt. Vielleicht sind wir heute abgestumpft, nicht so sensibel. Natürlich ist auch anderes wichtiger geworden.

KATHARINA: Ist es für *dich* so? – weil du immer von «*wir*» redest.

MICHAEL: Ja, denke ich.

KATHARINA: Erotik hat auch mit Geheimnis zu tun. Mit Verbotenem. Mit lustvoll Verbotenem.

MICHAEL: Dazu gehört auch Voyeurismus: jemanden beobachten, der halbnackt ist.

227

KATHARINA: Und das würdest du heute nicht mehr machen?
MICHAEL: Doch, schon.
KATHARINA: Immer, wenn ich jemanden beobachte – wie die verpackende Verkäuferin –, habe ich das Gefühl, ein anderer Außenstehender könnte gar nichts merken. Nur die Frau und ich wüßten, worum es geht. Zöge sie sich aber vor mir aus, dann käme natürlich alles raus für den Dritten. Er erkennt, wie es mir geht und was ich gedacht habe. Das macht es nicht mehr so spannend.
MICHAEL: Fühlst du dich dann ertappt?
KATHARINA: Wenn die Frau beim Einpacken wischt und wegputzt, gehört die Erotik *nur uns beiden*. Ich weiß nicht, ob es das Ertappen ist, das mich stört. Entblößt sie ihre Brüste nur für mich, wäre es erotisch. Käme aber ein anderer dazu und sähe, was wir machten, wäre der Reiz weg. Sie wäre eine Frau mit nackten Brüsten, wie ich sie oft mal sehe. Das geheimnisvolle Kribbeln ist verschwunden.
MICHAEL: Vielleicht verbietest du dir es doch?
KATHARINA: Ich finde das Tassenwischen erotischer als die nackten Brüste. Es ist nicht aufgedeckt. Das Geheimnis gehört mir und der Frau. Sie läßt die Hände über die Tassen gleiten, nimmt noch mal das Tuch, faltet die Serviette ein – das alles dauert länger und erhöht den Reiz.

Im übrigen wollte ich gern sehen, wie sie aktiv etwas tut. Nichts ist Teil meiner Phantasien. Wenn ich mich selbst streichle und befriedige, stelle ich mir nicht die Verkäuferin vor. Ich muß selbst sehen, wie es entsteht. Wenn ich mich streichle, würde ich eher sehen, wie sie sich auszieht. Aber zu meinen Vorlieben gehört es nicht gerade.

Kennst du auch solche Situationen?
MICHAEL: Ich suche vergeblich.
KATHARINA: *(neckend)* Kennst du Verkäuferinnen, die sich nackt ausziehen?
MICHAEL: Nee.
KATHARINA: Schade, vielleicht würde es das Leben bereichern.

Ich könnte ja mal in einen Laden gehen und sagen: «Ich kaufe jetzt Geschirr bei Ihnen und schaue zu, wie Sie Teller und Tassen auswischen. Wenn es mir erotisch nicht genug ist, können Sie ja noch die Bluse aufmachen und mir Ihre Brüste zeigen. Dann schau ich mal, wieviel ich einkaufen kann. Wenn ich viel einkaufe, dann war es gut.»

228

MICHAEL: Ein guter TV-Erotikclip.

KATHARINA: Dafür ist es echt zu schade. Das meinte ich vorhin: Erotik ist nicht glatt.

Der Katalog ist die Liebesform von heute.

MICHAEL: Es ist alles nur gestellt und hat über die Erotik hinaus auch etwas von Strip.

KATHARINA: Ein Strip ist für mich unerotisch und nicht anmachend.

MICHAEL: *Ich* erlebe es als anmachend.

KATHARINA: Im Moment merke ich, wie ich ärgerlich werde. Ich vermisse, daß du etwas *von dir* sagst. Das ist doch sonst anders bei dir. Das Gefühl von Fremdheit dir gegenüber breitet sich aus. Es kommt mir vor, als mauerst du.

MICHAEL: Aber ich sagte dir auch, daß mich ein Strip zum Beispiel erregt.

KATHARINA: Mein Gefühl ist nur, daß deine Schilderung so knapp und glatt bleibt. Ich kann deine Gefühle darin so schwer erkennen, sehen, spüren. Als ob du dich rausziehst.

MICHAEL: Ich war nicht grundsätzlich draußen.

KATHARINA: Aber wenn das Gefühl bei mir entsteht, muß doch irgendwas sein. Solange ich in mir erotische Erlebnisse beobachten kann, entsteht eine ganze Menge an Erinnerungen und Phantasien. Aber ich höre nichts von dir als Michael.

MICHAEL: Ich habe aber vom Lied erzählt und von anderen Sachen.

KATHARINA: Und dann brach es irgendwie weg.

MICHAEL: Ja, ich weiß auch nicht *(sich verteidigend)*. Aber ich machte mir doch Gedanken, was Erotik im Unterschied zu Sexualität ist und wo die Grenzen liegen. Ich mußte mich doch auch erst mal orientieren. Daß ich den Strip erregend finde, liegt wohl daran, daß ihn gewöhnlich Frauen machen. Natürlich ist das auch eine allgemeine Feststellung.

KATHARINA: Dabei fühle ich mich aber nicht verstanden. Es liegt nicht daran, daß es nur Frauen sind, die mich als Frau weniger erotisieren, sondern daran, daß mich eine Frau, die Geschirr einpackt, mehr anmacht als eine Frau, die sich im Fernsehen auszieht. Es sind beides Frauen. Wenn sich ein Mann auszöge, fände ich es auch nicht erotischer, eben weil mir die Erotik fehlt – und genau das ist es, was ich meine. Ich sehe zwar einen Schwanz, einen Po oder von mir aus auch Brüste oder eine Möse, aber es kommen keine Spannungen zu mir herüber. So geht's mir.

229

MICHAEL: Na ja, wenn einer allein dasteht, ist es immer schon schwieriger.

KATHARINA: So meine ich es nicht. Wenn eine Frau ganz allein da ist und ich ihr zuschaue, kann was Erotisches geschehen.

MICHAEL: Da hast du es auch live – das andere ist im Fernsehen. Da gibt es natürlich einen Unterschied, klar.

KATHARINA: Aber es gibt auch erotische Spannungen über das Fernsehen.

MICHAEL: Das ist aber schwer.

KATHARINA: Für *dich*. Für *mich* gibt es das. Aber mit Sicherheit kein «TV-Plus Channel mit Ausziehen». Das finde ich abtörnend.

MICHAEL: Das ist auch für mich nicht das Gelbe vom Ei. In «Salz auf unserer Haut» kommt natürlich eine ganz andere Erotik rüber.

KATHARINA: Das Problem liegt für mich darin, daß ich mich von dir etwa so festgelegt fühle: Wenn Frauen auftauchen, ist es eben weniger erotisch für mich. So ist es nicht. Für mich kann eine Frau im Fernsehen – ob sie sich anzieht oder auszieht, ob sie sich die Lippen leckt, mich ansieht oder etwas vorliest – erotisch sein, es kann aber auch anders sein.

MICHAEL: Deine allgemeine Behauptung, das Fernsehen sei zu glatt, macht dir diese Gefühle aber wieder nieder.

KATHARINA: Gut, ich habe wenig gesehen; aber was ich sah, war nicht erotisch für mich. Ich kam auch nicht in Stimmung, zu vögeln.

Bei manchen Kinofilmen ging es mir schon ganz anders. In dem einen Film, in dem die Frau ohne Unterhose dasaß und die Beine übereinandergeschlagen hatte, begannen alle Männer zu gucken. Diese Szene hat man in den USA wegen Pornographie herausgeschnitten. Das kann ich nachfühlen. Ich fand die Szene auch pornographisch, aber sehr erotisch, und war froh, daß sie bei uns zu sehen war. Manchmal gefällt es mir so sehr, daß ich Lust habe, aus dem Kino rauszugehen und mich zu streicheln oder sonstwas zu machen. Das kenne ich schon. Aber bei Fernseh-Clips habe ich das nie erlebt. Ich denke: Wie sieht denn die aus, die Haut ist ganz blaß, wie reden die miteinander, die Schauspielerin tut mir leid und was müssen die alles machen. Im Film aber kam nichts Derartiges auf. Ich hätte mir ja genausogut vorstellen können, die Schauspielerin zeigt ihre Möse, und alle können gucken. Aber im Gegenteil, ich fand es anziehend. Ich hatte sogar das Gefühl, die Darstellerin genießt es, sich so zu zeigen. Das mag ich beispielsweise auch.

MICHAEL: Obwohl sie als Schauspielerin handelt und alles gestellt ist?

KATHARINA: Klar. Ich stelle mir aber dabei vor, die Frau mit den übereinandergeschlagenen Beinen genießt ihre Szene in ganz anderem Maße als eine Pornodarstellerin, die sich so quer hinstellen muß, daß man mit der Möse auch noch die Brust sehen kann. Ich habe nicht das Gefühl, daß sie sich aus eigenem Antrieb präsentiert, um zu genießen, daß alle sie so toll anschauen. Das ist für mich der Unterschied: die eigene Freude. Die erotischen Darsteller sind keine Wichsvorlage.

(Längere Pause)

Komisch, irgendwas stimmt mit uns nicht.

MICHAEL: Ich weiß auch nicht, wie ich weitermachen soll.

KATHARINA: Ich habe mir überlegt, woran es liegen könnte, am Thema, am Mikrofon. Aber das ist es nicht. Es war ja vorher schon nicht leicht zwischen uns, aber jetzt werde ich so ärgerlich auf dich.

MICHAEL: *(brummig)* Ich bin auch ärgerlich, daß du dich aufregst, weil ich nicht ganz bei mir bin.

KATHARINA: Das war *mein* Gefühl. Aber was war denn *dein* Gefühl?

MICHAEL: Ja, ich habe mich geärgert, weil du dich darüber geärgert hast. Aber ich hatte keine Probleme, bis du das geäußert hattest.

Natürlich hatte ich anfangs Schwierigkeiten, überhaupt herauszufinden, worüber wir uns unterhalten. Das Prickelnde, was macht einen an, was macht einen nicht an, Wichsvorlage. Ich weiß auch nicht so recht, was ich da reden soll.

KATHARINA: Für mich war es egal, worüber du redest. Es hat ja alles mit Sexualität und Erotik zu tun. Niemand kann mir oder dir vorschreiben, wo es anfängt und wo es aufhört. Wenn du es dir schon nicht sagst, kannst du doch mir sagen, welche Bilder und Vorstellungen du hast.

MICHAEL: Ja, ich fand, ich war ganz gut dabei, bis du dich geärgert hast, daß ich nicht dabei sei.

KATHARINA: Gut fand ich deinen Bericht über das Lied. Damit konnte ich etwas anfangen. Oder deine erotisch-sexuellen Unterscheidungen. Aber dann habe ich gar nichts mehr gespürt von dir, du schienst mir wie emotional weg.

MICHAEL: Hmm.

KATHARINA: Und bei der TV-Debatte empfand ich mich bevormundet von dir. Da dachte ich mir: Erst entscheidest du dich nicht, und dann legst du mich fest. Dann sag doch lieber mal, was dir so durch den Sinn geht.

MICHAEL: Na ja, ich schwankte, ob es für mich Erotik oder Sexualität wäre, und wußte nicht weiter.

KATHARINA: Ist doch gar nicht so wesentlich. Erzähle mir doch überhaupt erst mal etwas. Ich weiß weder das eine noch das andere. Warum ist dir das so wichtig?

MICHAEL: Für mich ist es eben wichtig. In dem Moment, in dem ich den Schwanz in die Möse tue, ist es Sexualität. Für mich ist Erotik nicht alles. Sie beschränkt sich auf die Zeit vor und nach der Sexualität. Nach dem Orgasmus dazuliegen, zu riechen, zu streicheln, sich zu spüren – ich dachte, das hätte ich schon alles erzählt.

> **Liebe und Welt**
> «Die Versuche, das Verhältnis der ‹Liebe› zur Welt auszudrücken, scheinen selbst den Erleuchteten nicht wenig Schwierigkeiten zu machen; wie sollte da nicht erst der unbelehrte Verstand versagen.»
> *Robert Musil*

KATHARINA: Es ist sowenig für mich. Ich schildere es mal eklig: Erotik ist Vorspiel, dann tue ich ihn rein, dann kommt noch mal Erotik und fertig. Aber wo ist die Erotik *außerdem* in deinem Leben?

MICHAEL: Das ist schwer zu sagen. Sie gibt es überall.

Wenn es manchmal auf der Toilette riecht – nicht so streng –, das macht mich an. Das ist erotisch.

Oder wenn eine Frau halbnackt sitzt...

KATHARINA: Wo siehst du die eigentlich? Es kommt mir vor wie auf dem Klo.

MICHAEL: Nein, ich kann sie mir in der Phantasie vorstellen.

KATHARINA: Und so real?

MICHAEL: Real hat es oft mit dir zu tun. Wenn du vielleicht im Unterhöschen rumsitzt oder der halbe BH rausguckt, das ist Erotik.

KATHARINA: Ich finde beispielsweise erotisch, wenn dein Pimmel klein ist. Vorne ist er dann erotisch. Wenn er dick und fett ist, ist er eher geil. Manchmal auch erotisch geil. Ist er aber klein, guckt vielleicht etwas raus oder ist durch die Unterhose zu sehen, das finde ich gut.

232

Nicht immer. Manchmal denke ich auch, du könntest dich mal anziehen, weil wir wegwollen. Und den Geruch nach dem Schlafen, von deinem Samen und meiner Möse, das finde ich sehr erotisch. Wenn ich mit diesem Geruch am Arbeitsplatz war, wäre ich oft am liebsten zurückgekehrt, um noch mal mit dir zu schlafen. Nur wegen des Geruches. Und das ist erotisch, aber gleichzeitig auch sexuell, denn ich habe den Wunsch nach einer ganz konkreten Sexualität.

MICHAEL: Deswegen sage ich ja: Es ist nicht so einfach.

KATHARINA: Für mich gehört es zusammen. Der Geruch ist der Auslöser für meinen sexuellen Wunsch. Wie würdest du es nennen?

MICHAEL: Das ist für mich Erotik, keine Sexualität, selbst wenn der Wunsch sehr stark ist. Es spielt sich in der Phantasie ab, es ist noch nicht der Akt, deshalb ist es für mich Erotik.

KATHARINA: Wenn ich an erotische Literatur denke, Anaïs Nin beispielsweise, geht es dort durchaus ums Vögeln, dennoch ist es für mich Erotik. Wenn du lesen würdest, zwei fassen sich an, ziehn sich die Hose runter und tun den Penis rein – was ist das für dich?

MICHAEL: Auch wenn ihr Beischlaf in allen Einzelheiten beschrieben wäre, bleibt es Erotik. Ich persönlich bin ja nicht dabei. Ich gerate vielleicht ins Prickeln und ins eigene Verlangen, in die Lust.

KATHARINA: Und was ist die Lust – erotisch oder sexuell?

MICHAEL: Lust ist Lust. Ich weiß nicht, ob ich sie noch mal unterteilen würde. Lust auf Sexualität, gut – Lust auf Erotik, auch gut, Lust ist nur ein Verlangen.

KATHARINA: Wenn ich Lust habe, mit dir zu schlafen, kann sie erotisch sein oder einfach nur Lust. Gehe ich aber in die Stadt mit anderen, und ich kriege dann Lust, ist sie erotisch. Es hat nichts damit zu tun, daß ich das Verlangen ausleben will.

MICHAEL: Aber ich kann doch auch Lust auf Erotik, auf das prickelnde Gefühl, haben wollen, ohne mir gleich einen Orgasmus zu wünschen.

KATHARINA: Das kenn ich auch.

MICHAEL: Das nennst du erotische Lust, aha.

KATHARINA: Mir würde es viel helfen, wenn du mir dein Empfinden mal an einem Beispiel oder Bild nahebringen könntest.

233

MICHAEL: Was wir öfter gemacht haben und Quickie nennen, ist Lust auf Sexualität. Mich packt es, ich komme hin, ein paar Sekunden, und zackbumm schläft man miteinander. Da ist kaum Erotik vorher. Das ist dann gleich Sex.

KATHARINA: Das kann aber auch sehr erotisch sein, finde ich.

MICHAEL: Gut, es kann zusätzlich erotisieren. Wenn ich aber im sexuellen Akt drin bin, dann ist es einfach geil. Ich frage mich doch nicht kurz vor dem Höhepunkt, ob das Kribbeln im Körper Erotik oder Sexualität ist.

KATHARINA: Wenn du ins Bad kommst und den Schwanz in mich reinsteckst, dann hab ich das schon oft als sehr erotische Situation erlebt.

MICHAEL: Ja, alles Phantasieren über Sexualität ist Erotik. Das hatte ich gesagt.

KATHARINA: Es ist für dich so.

MICHAEL: Für dich doch auch. Das hattest du gesagt.

KATHARINA: Ich weiß es noch nicht.

MICHAEL: Gut.

KATHARINA: Wenn du dich hinter mich stellst, meine Brüste anfaßt und deinen Schwanz an meinem Hintern reibst, kann ich es erotisch finden. Ich kann mir aber auch gleich wünschen, daß du deine Hose runterläßt und zur Tat kommst. Es kann also erotisch oder sexuell oder lustvoll oder alles drei zusammen sein. Manchmal finde ich das einfach gut so.

MICHAEL: Manchmal hast du aber auch das Gefühl, du hast jetzt keine Lust.

KATHARINA: Ja, wenn du es nach meinem Empfinden extra machst, weil du weißt, ich muß gleich weg und es sowieso nicht geht.

MICHAEL: Das machst du allerdings auch.

KATHARINA: Ja, und ich mach es total gerne, wenn ich schnell weg muß und ich dich so noch etwas ärgern will.

MICHAEL: Du machst mich so an, daß ich dann in deiner Abwesenheit onaniere. Bei der Rückkehr meckerst du dann, ich hätte ruhig warten können.

KATHARINA: Das stimmt.

MICHAEL: Wenn ich bis abends warten muß, steht es für mich noch in den Sternen, ob es was wird oder nicht.

KATHARINA: Aber mir gefällt es, und ich finde es lustvoll zu machen.

234

MICHAEL: *(in Fahrt)* Ja, ich auch, besonders morgens – und dann geh ich auf die Arbeit.

KATHARINA: Aber am allerliebsten zwicke ich dich in deine rechte Brustwarze. In die andere nicht so gern. Ich dreh sie und schnalze dazu, dann geh ich runter und fahr mit dem Fahrrad auf die Arbeit. Das gefällt mir.

MICHAEL: *(genießerisch gedehnt)* Dann hast du es mir noch gegeben.

KATHARINA: Ja, es ist ein lustvolles Ärgern, eine lustvolle Attacke.

MICHAEL: Erotisch lustvoll oder sexuell lustvoll?

KATHARINA: Auf jeden Fall gefällt es mir morgens am besten. Das weiß ich. Wenn ich Schwierigkeiten mit dir habe, würde ich es nie machen.

MICHAEL: Ja, das ist klar. Ich nehme auch gern mal eine Handvoll Geruch mit auf die Arbeit.

KATHARINA: Das stimmt.

MICHAEL: Ich rieche zwischendurch daran und will mich erotisieren. Oder aufgeilen.

KATHARINA: *(lachend)* Oder aromatisieren. Ja, das kenn ich auch. Wenn ich dich morgens angefaßt habe und im Büro sitze, rieche ich versehentlich mal an den Fingern und habe gar keine Lust, sie zu waschen.

MICHAEL: *(genüßlich)* Das freut mich.

KATHARINA: Unsere Erotik hat – wenn ich es mir überlege – etwas mit anmachen, heiß machen, anspitzen zu tun. Mehr, finde ich, als ich es sonst so kenne. Was ich bei uns vermisse, sind Situationen, in denen wir über längere Zeit genießen. Für kürzer geht es ganz gut zwischen uns.

MICHAEL: Das ist wiederum ein anderes Problem.

KATHARINA: Was heißt das? Willst du nicht darüber reden?

MICHAEL: Nein, die genießerische Zeit würde mir zu lang werden, bis wir intim sind.

KATHARINA: Wir könnten doch auch die Zeit dazwischen – ohne uns zu foppen – genießerisch gestalten und erotisch leben.

MICHAEL: Aber das Foppen ist doch auch Erotik, oder?

KATHARINA: Ja, ich finde es auch gut und schön, aber ich hätte gern noch eine größere Auswahl.

MICHAEL: Vielleicht sollte ich mir noch einmal zwei Brustwarzen wachsen lassen.

235

KATHARINA: Nein, ich möchte etwas ganz Neues, Anderes.

Ich könnte mir gut vorstellen, was wir schon ein paarmal gemacht haben: wir haben uns wechselseitig unter der Dusche eingeseift, waschen uns ab und schlafen dann gleich miteinander – ohne uns abzutrocknen und ohne daß es zum Ende führt. Mir gefällt es, wenn du dann mit einem Steifen aus der Dusche kommst. Ich muß nicht mit dir schlafen wollen, jedenfalls nicht gleich. Allerdings gar nicht zusammen schlafen – das fände ich dann auch schwierig.

MICHAEL: Aha.

KATHARINA: Die Vorstellung, du findest es erotisch, wenn ich dich einseife, gefällt mir auch, ohne daß ich körperlich direkt etwas bei mir spüre. Und das vermisse ich manchmal.

MICHAEL: Die Dusche ist zu klein.

KATHARINA: Oh, das ärgert mich, wenn du es so lächerlich machst – genau wie vorhin.

MICHAEL: *(einlenkend)* Ich finde es ja auch gut, aber eben schwierig.

(Kleine Pause)

KATHARINA: Ich glaube, ich habe mich dadurch abgewertet gefühlt. Ich sage das, ich öffne mich auch, es ging mir gut dabei – und dann sagst du, die Dusche ist zu klein. Das habe ich natürlich *überhaupt nicht* gemeint. Es ist egal, ob sie klein oder groß ist.

Zur Erotik gehören ja zwei, denke ich. Abwertung törnt ziemlich ab. Ich möchte ja mit dir eine Situation, die erotische Spannung auslöst, nicht einfach nur sexuelle Fakten. Warum hast du das überhaupt gesagt?

MICHAEL: Weil es für mich so ist.

KATHARINA: Aber was hat das mit dem zu tun, was ich vorher gesagt habe?

MICHAEL: Weil du die Duschszene aufgebracht hast. Ich habe es mir vorgestellt, und mir ging durch den Kopf, daß es sehr eng ist. Und daß wir es deswegen wohl auch nicht öfter machen.

KATHARINA: Aha. Für mich ist es ganz anders. Mit der Größe der Dusche hat es nichts zu tun.

MICHAEL: Für Kleinere ist alles größer.

KATHARINA: Ich stelle mir vor, ich creme oder seife jemanden ein, ohne auf den Raum zu achten, nur weil es mir Spaß macht, ihn unter meiner Hand zu spüren. Und der andere genießt es, weil es ihn erregt. Und so war es ja schon zwischen uns.

Vielleicht kannst du es mir doch noch mal erklären.

MICHAEL: Offen gesagt, für mich ist das Ding einfach zu klein, ich fühle mich zu zweit darin nicht richtig gemütlich.

(Pause)

KATHARINA: Ja, warum sprichst du jetzt nicht weiter?

MICHAEL: Weil es wahr ist.

(Wieder Pause)

KATHARINA: Mann, das ist schon schwer mit dir.

MICHAEL: Das ist auch ein schweres Thema. Das hat man nicht alle Tage.

KATHARINA: Ich unterhalte mich schon öfter mal darüber.

MICHAEL: Ich habe ja auch nur von mir geredet.

KATHARINA: Ja, dann sprich doch mal über deinen Ärger.

MICHAEL: *Du* bist doch genervt – und ich dann natürlich auch. Wenn ich mal feststelle, daß die Dusche zu klein ist, wird es gleich runtergemacht.

KATHARINA: Ich habe es zunächst einfach nicht kapiert. Es hat aber auch damit zu tun, daß du nur einen Satz sagst und dann nicht weitersprichst.

MICHAEL: Ein Satz reicht doch dafür.

KATHARINA: Aber warum sprichst du denn nicht weiter?

MICHAEL: Weil ich nicht weiß, was mit dir ist. Ich überlege, ob du schwerhörig bist oder du es dir nicht vorstellen kannst, wenn ich sage, daß sie zu eng ist für zwei Personen.

KATHARINA: Ich werde jetzt noch mal sauer, weil ich mir rückblickend sage, du hast es gar nicht genossen, weil die Dusche zu klein war. Das macht mich richtig wütend. Du hättest es ja mit dir nicht machen zu lassen brauchen.

MICHAEL: Mir ist nur im Sinn, daß sie eben etwas klein war.

KATHARINA: Was mich sauer macht, ist der Unterschied beim erotischen Erleben. Für mich war es richtig schön, und für dich war alles zu klein.

MICHAEL: Soll ich es denn so umständlich sagen: Es hat mir auch gefallen, aber die Dusche war zu klein. Das bringt es doch auch nicht mehr.

KATHARINA: Du hast alles Recht der Welt, daß dir nur die *kleine Dusche* in Erinnerung bleibt. Aber es ärgert mich.

MICHAEL: Man behält doch meistens das Negative in Erinnerung.

KATHARINA: Ich habe das in dieser Situation nicht in Erinnerung behalten. Natürlich weiß ich, daß du oft etwas anderes im Sinn behältst als ich, aber gut, jetzt war ich wütend darüber.

Ich hatte das Gefühl, deine formalistische Feststellung tötet jede Erotik. Sie hat mit Lust nichts zu tun.

Ich kann doch auch im engen VW-Käfer mit jemandem vögeln und finde es geil. Natürlich ist ein Bett größer, aber das interessiert mich dann überhaupt nicht. Mich machte einfach wütend, daß du eine so lebendige Szene nur mit der Enge der Dusche verbindest.

MICHAEL: Na, nun hast du es mir ja auch gut zurückgegeben.

KATHARINA: Wenn du nur ausführlicher gesprochen hättest, wäre es mir wohl auch klarer geworden, wie du das erlebst, und ich hätte mich vielleicht gar nicht geärgert.

MICHAEL: Vielleicht beim nächstenmal.

KATHARINA: Wir haben doch noch Zeit, du kannst es mir doch jetzt sagen.

MICHAEL: Nee, dazu habe ich jetzt keine Lust.

KATHARINA: Aber wir haben noch Zwiegespräch. Ich will es doch wissen. Ich verstehe überhaupt nicht, was los ist.

MICHAEL: *(aggressiv laut)* Ja, ich hab dir doch gesagt, du hast es mir gut zurückgegeben mit dem Typ, in dessen VW du vorne gern vögeln würdest. Mach's doch, wenn's dir Spaß macht. Du hättest genauso mit mir im VW schlafen können. Aber es muß jemand anderes sein, weißt du.

KATHARINA: *(bläst die Luft vernehmlich aus)*

MICHAEL: Deshalb meinte ich, du hast es mir gut zurückgegeben.

KATHARINA: Vielleicht habe ich das so unversehens gesagt, weil einem anderen der Platz nicht zu klein gewesen wäre. Mit deinem knappen Kommentar empfinde ich das Erlebnis so weggemacht und zerstört. Es geht mir wirklich so. Ich habe bei meinem Einfall mit dem VW weder an ein bestimmtes Auto noch an einen bestimmten Mann gedacht.

MICHAEL: Hm. Hm.

238

KATHARINA: Meine Verletzung entstand eher dadurch, daß ein für mich schönes erotisches Erlebnis bei dir nur die Resonanz hatte, die Dusche sei zu klein. Das wollte ich nicht haben, und es tat mir vor allem weh.

Vielleicht hat das unbewußt bewirkt, daß ich mir doch vorstellte, ein anderer Mann hätte nicht nur den kleinen VW im Sinn, sondern auch das erotische Erlebnis.

MICHAEL: Ja, habe ich denn mit meinem Satz, die Dusche sei zu klein, irgendwie behauptet, das erotische Erleben erinnerte ich nicht mehr?

KATHARINA: Du hast nur diesen einzigen Satz gesagt.

MICHAEL: Ja, Natürlich.

KATHARINA: Aber ich fragte nach, ob du sonst noch etwas im Sinn behalten hättest, und du antwortetest, du hättest alles gesagt.

Es wäre für mich auch nicht so tragisch, wenn du das genauso in Erinnerung hast. Doch ich möchte mit dir darüber sprechen. Du sagst aber nichts.

MICHAEL: Ich dachte, du wolltest noch mehr über die Enge der Dusche wissen.

KATHARINA: Zunächst war es deine magere Antwort nach einer gemeinsam erlebten erotischen Situation. Gut, das habe ich hinzunehmen. Dann wollte ich gern wissen, wie es dazu gekommen sein könnte, daß dir die Kleinheit der Dusche im Sinn blieb, ich wollte es nachfühlen können.

Du hättest auch das Ganze mit Worten schildern können wie: «Gut, für dich war es erotisch, für mich war es eingeklemmt.» Aber ohne Worte kann ich nicht verstehen, wie es für dich war. Das machte mich unzufrieden.

MICHAEL: Für mich war sie auch zu klein, weil ich mich nicht einmal bewegen konnte, weil ich dir auch irgendwie ausgeliefert war.

KATHARINA: Ja, das macht für mich schon einen wesentlichen Unterschied aus, wenn du sagst, du hast dich *ausgeliefert* gefühlt. Vielleicht würde ich mich auch nicht an eine erotische Situation erinnern, in der ich ausgeliefert gewesen wäre.

MICHAEL: Die Situation war schon erotisch für mich, aber außerdem war sie beengend.

KATHARINA: Mit dem Ausgeliefertsein kann ich mehr anfangen. Denn was heißt denn eigentlich, die Dusche ist zu klein? Jetzt hast du zur

239

Kleinheit der Dusche zwei Worte hinzugefügt, unter denen wir vielleicht noch etwas Unterschiedliches verstehen, für mich aber ist dadurch die ganze Situation erweitert.

Jedenfalls würde ich eine ausgelieferte Situation nicht im Sinn behalten.

Da habe ich von dir mit Sicherheit etwas Neues erfahren.

Für mich gehören zur Erotik mit Sicherheit nicht diese beiden genannten Gefühle: beengt und ausgeliefert sein. Sie machen jede Erotik kaputt. Sie hätten in diesem Zusammenhang keinen Platz in meinem Herzen.

MICHAEL: Na ja, es ist ja auch *meine* Geschichte.

KATHARINA: Das verrückte ist nur, daß wir uns gar nicht sehr unterscheiden. Wäre es mir so wie dir gegangen, hätte ich die Szene mit Sicherheit zum Kotzen in Erinnerung. Wir hätten uns gar nicht streiten müssen, hättest du ein bißchen, nämlich zwei Worte, mehr gesagt.

*

Die Paarkombination ist weltweit typisch: «*Craving for affects*» – «*nach offenen Gefühlen verlangend*» – wird die Rolle genannt, die Katharina einnimmt, während Michael den anderen Pol dieser Beziehung vertritt: «*Distant*» – «*distanziert*». Meist sind die Geschlechter so wie hier verteilt. Erst in letzter Zeit zeigen sich auch umgekehrte Verhältnisse, in denen ein Mann sich seiner Gefühlswelt differenziert und wortsicher zuwendet, während seine Frau die äußeren Tatsachen festhält und es nicht leicht hat, das eigene Innenleben aufzuspüren.

Katharina und Michael gerieten in den Strudel von Verletzungen auf übliche, unauffällige Art: Katharina fühlte sich abgewertet – aber nur deswegen, weil sie das andere Erleben von Michael nicht deutlich genug mitfühlen konnte. Da in der Paar-Algebra alles zu zweit, also zweihundertprozentig, bewirkt wird, ist nach Michaels Beitrag zu suchen. Er liegt in seiner Wortknappheit. Hätte er die zwei Worte mehr gesagt, die erst zum Schluß auf seine Zunge kamen, wäre Katharina in ihrer Bereitschaft, seine Andersartigkeit zu akzeptieren, nicht gekränkt gewesen. Im Gegenteil, sie hätte genauso empfunden wie er und sich doppelt mit ihm verbunden gefühlt. Diese tragische Groteske, daß zwei sich tief verletzen auf einem Gebiet, in dem sie im Grunde völlig übereinstimmen, bewegt mich sehr. Die Lösung liegt in der wechselseitigen Einfühlung. Sie ist das erste Ziel der

Zwiegespräche. Jede Minute eines wesentlichen Gespräches erhöht sie. Wir benötigen allerdings sehr viel mehr Verstehen, als wir üblicherweise denken. Denn die beiden führen schon seit Jahren Zwiegespräche, ihre wechselseitige Einfühlung ist in etwa hundert Dialogen natürlich enorm gewachsen, allerdings haben sie sich nun zum erstenmal gezielt und themenzentriert auf den heißen Boden ihrer Erotik begeben. Und das ist doch noch etwas anderes.

Verletzungen verdoppeln sich rasch, weil der Getroffene unvermittelt mit einer Kränkung kontert – selbst ungewollt und unbewußt. So trat auch hier das alttestamentarische Talionsprinzip ein, Gleiches mit Gleichem zu vergelten.

In der Diskussion um die Größe der Dusche beginnt die seelische Bedeutung des anfangs erwähnten Größenunterschiedes, den beide wechselseitig noch nicht genügend einfühlen können: ein simples, aber brisantes Thema im erotischen Alltag. Einer sieht die erotische Welt noch nicht mit den Augen des anderen. Die Übersetzungsarbeit, das Erleben der ganz anderen Perspektive des anderen, bedarf detaillierter und eindringlicher Darstellung der eigenen Sicht der Dinge. Um das herauszustellen, sage ich den Paaren: «Der andere ist nicht nur anders, sondern *anders anders*, als Sie annehmen.

«Ja, habe ich denn mit meinem Satz, die Dusche sei zu klein, irgendwie behauptet, das erotische Erleben erinnerte ich nicht mehr?» Diese Bemerkung Michaels führte zum Titel dieses Kapitels: Denn wer außer ihm selbst soll das wissen? Was ich nicht ausspreche, existiert für den anderen nicht. Nicht nur, aber vor allem erschafft das ausgesprochene Wort die bewußte seelische Realität der Beziehung. Es wird tausendfach zu wenig ausgesprochen – das ist das bittere Fazit der Paartherapie, das ist des Pudels Kern. Fällt einem übrigens eine äußerlich reale Tatsache auf – wie hier die enge Dusche –, dann verbirgt sich in diesem Faktum wie in einem Trojanischen Pferd gleichzeitig auch eine meist unbewußte seelische Bedeutung. Ein wesentliches seelisches Moment hat sich gleichsam in Realität eingepackt. Die äußere Realität bleibt unbestritten, die innere Realität wird gern damit abgewehrt – wie hier das Gefühl der Enge in der Beziehung, die sich ins Bild der engen Dusche kleidet. Das kann man als *Realitätsverpackung* bezeichnen. Ein von Katharina harmlos dahinerzählter Vergleich («Ich kann doch auch im engen VW-Käfer mit jemandem vö-

241

geln und finde es geil») löste in Michael einen dumpfen Schmerz aus, den er mit Stummheit umgab. Das Bild vom engen VW-Käfer ist der von Katharina unbemerkte Eifersuchtsauslöser. Michael deutet nur an («du hast es mir ja auch gut zurückgegeben»), spricht aber nicht offen und klar über sein Gefühl. Das ist, wie gesagt, bei fast allen Paaren üblich. Daher wimmelt eine Beziehung von wechselseitig nebulösen *unbemerkten Verletzungen*. Man könnte ein themenzentriertes Zwie empfehlen: Was kränkt mich an deinen Äußerungen am stärksten? Es wird sich herausstellen, daß die meisten Verletzungen gar nicht bewußt gewesen sind. Das Paar entdeckt sie erst und entgiftet dadurch seine Beziehung.

So saßen sie nach Worten ringend da. Ein Außenstehender hätte glauben können, Zwiegespräche seien für die Katz, wäre da nicht durch gefühlsnahes Gegenwärtigsein von Katharina und die Bereitschaft von Michael, dabeizubleiben, plötzlich der Furunkel des Schweigens aufgeplatzt. Michaels Verletztsein trat in Gestalt heftiger Eifersucht auf, eines Empfindens von Abgewertet- und Zurückgestelltsein. «Ein anderer Mann hätte nicht nur den kleinen VW im Sinn, sondern auch das erotische Erlebnis», bemerkt Katharina. Dieser andere Mann ist Katharinas Idealbild von Michael. Der Eifersüchtige verwechselt solche Vorstellung seines Partners gern mit der Realität eines wirklich anderen Mannes, weil er sich in dieser Annahme erspart, sich mit sich selbst auseinandersetzen zu müssen. Die Gleichsetzung einer solchen Phantasie mit äußerer Wirklichkeit bringt neben vielem anderen diesen heimlichen seelischen Gewinn der Eifersucht. Selbst wenn ein Rivale wirklich existierte, trüge er die Züge *meines* Idealbildes – weniger *seiner* realen Eigenschaften.

Nachdem sich beide nun in dieses Dilemma befördert hatten, stiegen sie wie Phönix aus der Asche wieder empor und beendeten im Gefühl stärkerer Verbundenheit ihr Gespräch. Meine Erfahrung mit der seelischen Annäherung an solche inneren Sperrbezirke wie die Erotik, umlauert von Verboten, bedroht durch unerwartete Verletzungen und die Ungewißheit heftiger Empfindungen, lassen mich vermuten, daß die Gesamtgestaltung des Gespräches auch von einem erheblichen Anteil an Selbstbestrafung geprägt ist. Mein lakonischer Trost für erotische Zwiegesprächler lautet dann: *Mit begleitender Selbstbestrafung gelingt einem so gut wie alles.* Wir sehen das ja auch hier. Fast ist ihr Zwiegespräch *zu* lehrreich für die Lust.

242

Schon ihr vergleichsweise kleiner Dissens, der sich einfach aus dem spontan nicht bedachten Anderssein des anderen ergibt, macht den großen seelischen Unterschied zwischen einer erotischen Beziehung und einer guten Freundschaft faßbar: die Liebesbeziehung ist mit stärkerer Lust, detailgenaueren Erwartungen und intimerer Preisgabe verbunden und deshalb von heftigeren Enttäuschungen bedroht. Kränkung ist eine Schwester der Lust. Denn das Angenommenwerden jeder erotischen Geste wirkt besonders stark auf das Selbstwertempfinden.

Erotische Zwiegespräche unter Freundinnen und Freunden sind deshalb oft freier, reichhaltiger, entlasteter und gelöster als unter Paaren. Aber bei Paaren geht es eben um die *miteinander gelebte* Erotik. Und darauf kommt es an. Zu zweit mag der Weg schwieriger sein, letztlich bringt er aber mehr, weil von Anfang an beide gleichrangig beteiligt sind.

Dennoch sind erotische Zwiegespräche mit Freunden außerordentlich belebend. Ich habe selbst mit zehn Frauen und zehn Männern aus meinem Freundeskreis erotische Zwiegespräche in seelischer Vorbereitung auf dieses Buch geführt und völlig verblüfft bemerken können, daß ich mich unter dem Einfluß einer jeweils anderen Zwiegesprächskombination bis in die eigene Lebensgeschichte hinein erotisch ganz unterschiedlich erlebte und äußerte. Die Vielfalt des eigenen Erlebens zeigt sich erst in der Vielfalt der Begegnungen. Das sollten Sie sich nicht entgehen lassen. Allein diesen Reichtum möchte ich nicht missen, ganz abgesehen von der Erweiterung und Vertiefung der eigenen erotischen Wirklichkeit durch das lebendige, unmittelbare und dichte Erleben der anderen.

Stumme Liebe

«Ich fragte mich, ob ich etwas sagen oder versuchen sollte, irgendeine Phantasie in ihr zu wecken, aber ich wollte nicht das Risiko eingehen, etwas zu sagen, das sie unangenehm fände oder hinter dem sie einen Tadel oder eine Andeutung, sie könne ruhig etwas sexier sein, vermutete. Ich dachte, wenn ich einfach weitermachte mit meinem Pick-pick-pick, würde sie früher oder später schon darauf kommen, wie sie sich von ihren Gefühlen tragen lassen konnte, wie sie sie veranlassen konnte, sich aufzuschwingen, hinabzuschießen und zuzuschlagen. Ich hielt sie fest, aus Mitgefühl und Zuneigung und vielleicht auch aus Angst und Bewunderung: sie war so unhysterisch.»

In diesem Text von Harold Brodkey versucht Wiley die Liebe mit Orra im Bett und denkt, wie es die meisten gewohnt sind, *stumm*, während er doch in seiner inneren Wirklichkeit ununterbrochen *spricht*. Er möchte bei Orra eine seelische Öffnung bewirken und verfehlt den einzigen Zugang: indem er sich nicht *selbst äußert*. Ich kann bei meinem Partner nur das erreichen, was ich selber tue. Novalis spricht von der *Wechselreizung* des Paares. Moderne Paartherapeuten reden von *Kollusion*, dem unbewußten Zusammenspiel, das alles Geschehen des Paares steuert. Und es scheint mir auch eine Angst deutlich zu werden, die ihn schweigen läßt. In ihm bildet sich die Vorform einer Phantasie, ein Stadium, das wir in der Regel gar nicht wahrnehmen: Orra sollte ihre Gefühle veranlassen, «sich aufzuschwingen, hinabzuschießen und zuzuschlagen» – das ist die Charakteristik des großen Raubvogels, dessen Opfer er, der Geliebte, ist, des Adlers mit seinen mächtigen Schwingen der Libido, vor denen sich Orra auch selbst fürchtet.

Die Phantasie hätte sich ganz entfalten und weiterentwickeln können, hätte nur einer zu sprechen angefangen. So ist der Ausschnitt eine Parabel: Dort, wo die Erotik versperrt ist, fehlen Phantasie und Mitteilung. Ein sich ständig erweiterndes, sich ständig erneuerndes Lieben ist besonders in unseren beziehungsbehindernden Verhältnissen auf das intime Miteinandersprechen angewiesen.

Capseru hoteru und Yukata

Eine Legende der Enge

Was sich wie exotische Namen eines japanischen Priesters anhört, unter deren Aura sich unsere Phantasie zur hohen Kultur fernöstlicher Diwane aufschwingen möchte, ist das knappste Gegenteil: Sie bedeuten *Kapselhotel und Kittel*, uniform, hellgrün, als wären sie dem Operationssaal entwendet, und keimfrei. Alle Gäste eines Capseru hoteru müssen sich den sterilen Yukata im Keller vor ihrem Schließfach überziehen, bevor sie in einem der zahlreichen Stockwerke ihre Kapsel zum Schlafen aufsuchen,

244

zwei Meter lang, einen Meter hoch wie breit, je zehn auf jeder Seite eines großen Etagenraumes, doppelstöckig geschichtet. Männer und Frauen bleiben getrennt. Paare sind verboten, sie verschwinden in ebenso paßgenau konstruierten Lovehotels. Eine gegebenenfalls nicht auszulöschende Restsexualität der Einzelwesen wird per Pornokanal abgeführt. Auf Tastendruck beginnt er direkt über dem Gesicht des Liegenden an der Kastendecke zu flimmern.

Die hochausgenutzte Raumenge ist ein Symbol für das allgegenwärtige erotische Entsagungsgebot, das sich in uns durch die Struktur der Architektur durchdringender auswirkt als durch die Struktur des Über-Ichs. Reibungslos ist für alles auf diesem Menschenfließband gesorgt; so liegt für jeden eine Zahnbürste mit schon aufgetragener Zahnpasta in Folie geschweißt bereit, Kämme und Rasierer ebenfalls. Denn auch für einen Koffer mit den persönlichen Habseligkeiten ist diese Welt zu eng. Ihre Gäste müssen mit der Aktentasche anreisen. Aber: Sie sind auch in der Lage, die Daseinskapsel zu bezahlen, sie kostete im Jahre 1994 sechzig Mark pro Nacht. Woanders ist es schon unerschwinglich geworden.

Für mich ist dies eine Parabel unserer Zeit und Existenz: *Speed and efficiency* führen, konsequent durchdacht, nicht nur äußerlich zu knappbemessenem Raum, der einem die Freiheit der Bewegung nimmt und nicht einmal eine Liebesgeste zuläßt. Die Radikalkalkulation sorgt vielmehr auch *innerlich* für Enge und Unfreiheit. Alles wird zum Spalier der Kostennutzung: das Kofferabsterben als Symbol des eigenen Besitzschwundes, der Raum als knochenenge Durchgangsstation, die Seele durchkämmt bis aufs einzelne Haar. Wie albern wirkt in diesem glatt zugeschnittenen Wirtschaftsmilieu Nietzsches Satz: «Wer kein Chaos in sich trägt, kann keinen tanzenden Stern gebären.» Vor Räumen, in denen man nicht tanzen kann, sollte man sich fürchten. Sie lassen die Lebendigkeit absterben.

Die Parabel macht deutlich, daß in einer Welt der Hochleistungskonkurrenz, wie sie sich zwangsläufig weltweit etabliert und etablieren muß, alle Kräfte auf produktive Ergiebigkeit ausgerichtet werden, will ein Unternehmen nicht untergehen. Das größere System unserer Existenzsicherung, die Firma, ist mächtiger als das kleine System, der Mensch. Wir sind längst bis in die Gedanken gegängelt. Kein Arbeitgeber kann sich um die Lebendigkeit seiner Mitarbeiter kümmern. Liebe, Lust und Erotik sind randständige Faktoren, zu vernachlässigende und bereits vernachlässigte

Privatsache. Die Weltvernutzung hat keinen Platz dafür. Das ist die wirtschaftsbedingte Enge, die kaum Erotik zuläßt. Sie wird verinnerlicht. Sie wird bewußtlos von den Eltern an die Kinder weitergegeben und manifestiert sich als wirtschaftsstützendes Über-Ich. Das oft verfemte, triebunterdrückende Christentum wäre nicht nötig, es ist leistungskonformes Symptom gewesen, eine Gesellschaftspaßform. Die Wirtschaftsdynamik reicht völlig aus, um der Lust den Garaus zu machen.

Verhaltensforscher haben darauf aufmerksam gemacht, daß unter Tieren eine gedrängte Enge die Sexualität erlöschen läßt. Die Art steuert so die Überbevölkerung. Die japanische Fabel zeigt das unter Menschen.

Und Michael hat aufgebracht, wie ihm in der Enge die Erotik zu vergehen beginnt, was Katharina noch nicht spontan versteht.

Übrigens: «Angst» kommt von «Enge». Sie ist der stärkste Widersacher der Liebe.

12. «Trockenes Gras nähert sich nicht freiwillig dem Feuer»

Lustängste gleichen Glücksängsten, übertreffen sie aber noch: Leidenschaft

Mit der Liebe steigt die Angst. Wenigstens *sieben Ängste* bilden ein brisantes Angstgemisch: Angst vor dem *Verlust*; *Schuldangst*; Angst vor ihrer *Intensität*; vor der *Scham* eigener Unzulänglichkeit; vor ihrer *Unbeständigkeit*; vor dem *Neid* der anderen und vor ihrer ungezügelten *Freiheit*, besonders des Partners. Sie sind der psychische Kern des heutigen Zeitsymptoms *«Low sexual desire»*: «In der Tat scheint die Entsexualisierung der heterosexuellen Welt weit fortgeschritten. Die vielen, methodisch zum Teil anspruchsvollen Erhebungen... zeigen verblüffend einhellig ein eher karges Sexualleben zwischen Männern und Frauen − von Helsinki bis San Francisco, von Marseille bis Inverness», konstatiert der Sexualforscher Gunter Schmidt. «Die Hälfte aller Befragten hatte seltener als einmal in der Woche Geschlechtsverkehr (wobei die moderneren Untersuchungen hierzu auch Analverkehr und Mundverkehr zählen).»

Bewußtlose Ernährung und die Östrogenisierung der Umwelt liefern einen starken zusätzlichen Beitrag zur erotischen Misere. Die nicht existierende Gleichberechtigung von Frau und

Der Abschied
«Wohl! ich wußt’ es
zuvor.
Seit die gewurzelte
Ungestalte, die Furcht,
Götter und Menschen
trennt,
Muß, mit Blut sie zu
sühnen,
Muß der Liebenden Herz
vergehn.»
Friedrich Hölderlin

Wandrers Nachtlied
«Der du von dem Himmel
bist
Alles Leid und Schmerzen
stillest,
Den, der doppelt elend ist,
Doppelt mit Erquickung
füllest,
Ach, ich bin des Treibens
müde,
Was soll all der Schmerz
und Lust?
Süßer Friede,
Komm, ach komm in
meine Brust.»
Johann Wolfgang von Goethe

247

Mann ist der schlimme Boden aller Ängste und an Einfluß nicht zu überschätzen. Hier aber geht es um die *innerseelische* Verarbeitung der Lust. Das lusteinschnürende Korsett genau zu kennen ist hilfreich, um nicht den Atem des Begehrens zu verlieren, nicht in Resignation zu versinken, nicht vor Schreck gleich alles Verlangen zu verdrängen. *Das Elend kann nur beheben, wer es sorgfältig wahrnimmt.*

Die größte Kraft, diese monströse Angstmenge auszuhalten, bietet die Liebe selbst. Ihre erotische Energie läßt inneren wie äußeren Bedrohungen standhafter begegnen und entpuppt sich damit neben Not und Leiden als die mächtigste Emanzipationskraft. Die beste Umgangsform ist *Angstoffenheit*: So können die eigenen Schwächen ins Gespräch kommen und sich wandeln.

Auch wenn wir die einzelnen Angstfraktionen höchst ungern betrachten – sie lassen sich doch gut beschreiben. Zu allem Überfluß steigern sie sich durch Wechselwirkung:

1. *Je stärker ich die Liebe erlebe, desto größer wird die Angst, sie zu verlieren:*
Ver-Lustangst
Das einfachste Mittel gegen diese Verlustangst ist weniger das Verleugnen als das Verkleinern der starken Gefühle. Aus den Paargruppen gewinne ich den Eindruck, daß diese Art der Dosierung der Verlustangst weit verbreitet ist. Frau und Mann riskieren nichts mehr und bewegen sich auf einem niedrigen Gefühlsplateau, auf dem sie nicht viel zu verlieren haben. Ja, selbst das unzulängliche Reden ist so gesehen ein Schutz vor Trennung. Man läßt sich nicht mehr tief ein.

> **Trennung**
> Trennen wollten wir uns?
> wähnten es gut und
> klug? /
> Da wirs taten, warum
> schreckte, wie Mord, die
> Tat? /
> Ach! wir kennen uns
> wenig, /
> Denn es waltet ein Gott in
> uns.
> *Friedrich Hölderlin*

Verlustangst kann mit zahlreichen innerseelischen und äußeren Vorgängen verknüpft sein: du wirst dich trennen, du wirst wegziehen müssen, du wirst plötzlich sterben. Meine eigenen Aggressionen schüren die Vorstellung in mir, du könntest umkommen. Jede Liebe enthält destruktive Momente, sie ist ambivalent. Auch der am meisten geliebte Mensch hat Züge eines Haßobjektes, zumindest, weil auch er enttäuscht. Die Schuldgefühle wegen dieses Enttäuschungszorns mobilisieren die Angst vor Liebesverlust. Aber auch andere Schuldgefühle – weil ich einmal etwas für mich tun will, beispielsweise – bedrohen mich mit Liebesentzug.

Im Zeitalter der narzißtischen Störungen ist diese Furcht vor Verlassenwerden, die mich in die Hilflosigkeit und Hoffnungslosigkeit treibt, die am besten abgeriegelte und am wenigsten eingestandene Angst.

2. *Je intensiver die Liebe, desto stärker die Schuldgefühle:*
Lustschuld
Zunächst scheint das simple *Lustverbot der Eltern* dahinterzustehen, und tatsächlich spielt es bis in die heutigen liberalen Zeiten eine dominante Rolle. In meinen Paargruppen bricht das verdrängte Schuldgefühl nach ein bis zwei Jahren ins volle Bewußtsein aus. Darin täuschten sich die Achtundsechziger gewaltig, obwohl sie eine wirkliche sexuelle Revolution erreichten. Mit über achtzig Jahren machte Sigmund Freud darauf aufmerksam, daß die einfachen Schuldgefühle selbst von Psychoanalytikern fast regelmäßig unterschätzt werden.

Das schlechte Gewissen bezieht sich auch auf die *Angst, den anderen zu verletzen.* Dabei ist allerdings zu betonen, daß gerade diese Rücksichtnahme den fettesten Vorwand hergibt, Mutlosigkeit vor eigenen Ängsten zu kaschieren.

> **Versicherung**
> «Wie hieß es kürzlich in einer US-Schnulze: «Ich schwörs dir, dein Herz werde ich nicht brechen.» Welch korrektes und liebloses Versprechen!»
> *Gunter Schmidt*

Eine noch mächtigere Form der Schuld ergibt sich aus der *Ablösungsschuld.* Sexualität und Autonomie gehen, wie erwähnt, eng zusammen. Im Volkslied vom «Hänschen Klein ging allein in die weite Welt hinein» ist die Schuld erdrückend wiedergegeben in den Worten: «Aber Mutter weinet sehr...» Hänschen ist schließlich zum Abbruch seiner Selbständigkeit gezwungen. Gehe ich eine Bindung ein, beheimate ich mich auch extrafamiliär, löse mich also ab und habe die entsprechenden Ängste durchzustehen, die manchmal unter dem Freiheitsgefühl versteckt bleiben.

Selbst wenn auch diese Furcht nicht mehr existierte – und es scheint Kulturen wie das alte China gegeben zu haben, die wenig sexuelle Schuld produzierten –, steht hinter der bisher genannten, vielfältigen Verbotsschuld ein noch mächtigeres Schuldgefühl: Daß es mir im Glück der Liebe soviel besser geht als anderen. Das ist also die Schuld, besonders privilegiert zu sein. Diese realistische Schuldspannung stammt aus der Be-

Weltschmerz
«Mich schmerzt der Kopf/
und das Universum.»
Fernando Pessoa

vorzugung durch das Schicksal, das mich vor allen anderen desto mehr begünstigt, je stärker ich liebe und je glücklicher ich bin. Dieses Schuldgefühl übertrifft bei weitem jedes Unbehagen aufgrund von Besitz, Macht oder anderen Formen von Haben. Denn es bezieht sich auf das Lebensgefühl, das Sein.

Schrecken der Lust
«An der Heftigkeit der Überschreitung, im Taumel des Lachens und des Weinens, am Überschwang der Gefühle, die mich bestürmen, erkenne ich, wie klein die Spanne ist zwischen dem Schrecken und einer Wollust, die meine Kräfte übersteigt, zwischen der letzten Qual und einer unerträglichen Lust.»
Georges Bataille

Begehrenswerter Tod
«Blondes Haar, bleiches Gesicht, dämonisch spitz zulaufende Augenbrauen, ein grausames Lächeln mit einem entwaffnenden Grübchen. Heimtückisch, unendlich begehrenswert, zog sie mich zu sich wie zum Tod.»
Anaïs Nin

3. *Die Liebe wird so mächtig, daß ich sie nicht mehr aushalten kann:*

Angst vor der Intensität der Liebe
Wir sind starker Empfindungen entwöhnt und ihnen gegenüber hilflos geworden. Die Verkleinerung großer Gefühle ist ein jahrhundertealter Prozeß im Zuge der Rationalisierung. Aber auch in frühen Zeiten entsetzte der plötzliche Sturm großer Leidenschaft.

Oft erscheint diese Angst als Angst des Mannes vor der Weiblichkeit. Sie beruht auf der durchgehenden Funktionalisierung des Mannes im modernen Wirtschaftsleben. Wo die Industrialisierung noch nicht vorangeschritten ist, läßt sich ein solcher Geschlechtsunterschied schwerer feststellen. Es geht hier um die Spannung zwischen dem Ich (dem Bereich eigener Fähigkeiten vor allem im Umgang mit der äußeren Realität) und dem Es (dem Bereich des Triebes).

Diese Überflutungsangst schwindet vor allem durch seelische Übung. Jeder kann lernen, intensive Gefühle nach und nach zuzulassen und ganz zu erleben. Das ist zwar ein langsamer Prozeß, er ist aber so sicher wie die Wirkung eines Körpertrainings. Letztlich heißt es, daß ich mich selbst aufzugeben lerne und dabei erfahre, daß sich in der großen Liebe mein Ich auflöst, aber auch wiedergeboren wird.

Bei dieser Angst wird am meisten vergessen, daß hinter ihr die *Versuchung* zur Lust steht, der man gern nachkommen würde, wäre sie nicht so bedrohlich. «Um die Liebe auszulöschen, ist ein Ozean zuwenig.»

4. *Je größer die Liebe, desto höher steigen Erwartungen an mich selbst:*
Schamangst der großen Liebe.
Scham entsteht durch ein Selbstbild der Unzulänglichkeit. Das moderne Selbst leidet vor allem an Entwertung. Deshalb gilt als größte erotische Attraktivität bei Männern wie bei Frauen Selbstbewußtsein, «cool sein». Je gebildeter allerdings ein Mensch ist, desto negativer sieht er sich selbst. Er kann nicht mehr gut in sich ruhen. Vielleicht beschränkt die intellektuelle Leistung die sinnliche Entwicklung. Diese Arbeitshypothese entspräche etwa der Kulturtheorie Freuds – nur daß es hier um eine klassische Ich-Einschränkung geht, während Freud idealistisch an die Sublimierung glaubte.

> **Attraktiver Durchschnitt**
> «Tatsächlich bevorzugen beide Geschlechter den Durchschnitt. Zu kleine, zu große, überschlanke, allzu muskulöse, zu hell- oder dunkelhäutige Menschen – mit einem Wort, die Extremfälle, stießen auf Ablehnung.»
> *Helen Fisher*

Wenn ich meine Selbstentwicklung versäume, fördere ich schließlich meine Scham. In der Lustfähigkeit sind wir wahrscheinlich alle zu kurz geraten. Das Milieu des Leistungsdrucks drängt von der Sinnlichkeit fort, soweit sie nicht vermarktbar ist. Je mehr ich nun zu lieben beginne, desto stärker entdecke ich meine Unzulänglichkeiten. Die Scham-Angst steigt. Aber die Liebe als stärkste Selbstentwicklungskraft ermutigt mich auch, meine Fähigkeiten in ungewohntem Spiel zu entfalten.

5. *Wenn alle meine Liebe offen sähen, würden sie vor Neid vergehen:*
Angst vor dem Lustneid der anderen.
Unter der Perspektive des Neidmanagements kann man die Struktur der Gesellschaft ebenso betrachten wie unter dem Aspekt der Rationalität oder der Triebsteuerung. Das Leben des Menschen bietet überzeugende Beispiele für die Allgegenwärtigkeit des Neidens. Neid wirkt im Seelenleben vielleicht noch umfassender als die

> **Neid**
> TROILUS: Ich lieb dich, Cressida, so stark und rein, daß uns die Götter unsere Liebe neiden, weil sie inbrünstiger ist, als die Gebete zu Gottheiten von kalten Lippen steigen, – drum nehmen sie dich mir.
> CRESSIDA: Sind Götter neidisch?
> PANDARUS: Ja, ja, ja, ja. Hier sieht man's nur zu deutlich.
> CRESSIDA: Und ist es wahr, daß ich von Troja fort muß?
> TROILUS: Entsetzlich wahr.
> CRESSIDA: Und fort von Troilus auch?
> TROILUS: Von Troja und von Troilus.
> CRESSIDA: Ist es möglich?
> Troilus. Und so geschwind! Des Schicksals Mißgunst stößt

den Abschied selbst
zurück, verweigert roh
den Aufschub, hindert
grausam unsre Lippen,
sich zu vereinen, hält uns
mit Gewalt
Von der Umarmung ab,
würgt unsre Schwüre
in den Geburtswehen
unseres Atems.
William Shakespeare

Singuläre Behauptung
«Die Ehe ist der Versuch,
Probleme zu zweit zu
lösen, die man allein nicht
hätte.»
*Definition im Zeitalter des
Individualismus*

Angst. Rasputin fiel ihm doppelt zum Opfer: durch Projektionen aller Bösartigkeit auf ihn und durch meines Erachtens politisch verbrämten Mord. Die Paargruppenanalyse enthüllte, daß die meisten Menschen nicht offen über das Glück in ihrer Liebe sprechen können – nicht einmal mit sich selbst. Das Elend der anderen verpflichtet zur Asche auf dem eigenen Haupt.

6. *Je beständiger meine Liebe ist, desto mehr muß sich in mir das Bild des Gegenteils entwickeln:*
«Die Liebe dauert oder dauert nicht, an dem oder jenem Ort.»
Der Glückliche muß sich sagen: Es kann nicht ewig so weitergehen. Nach der Höhe kommt im Rhythmus des Lebens die Tiefe. Es geht um die Angst vor der *Unbeständigkeit*, eine Urangst des Menschen, hinter der das Bewußtsein seiner Sterblichkeit steht. Alle alten Lieder, sämtliche modernen Sexualtheorien sind prall gefüllt mit diesem unauslöschlichen Bangen. In gewisser Weise entspricht diese Furcht einer Realangst.

7. *Je unbefangener ich die Liebe und je offener ich dich erlebe, desto bedrohlicher wird die Gefahr anderer ebenso freier Liebesbeziehungen: Freiheit in der Liebe ist auch die* **Freiheit des anderen.**
Die Unfreiheit in heutigen Liebesbeziehungen kann in dieser Angst ihren Kern haben. Befreien wir uns nämlich zu einem gelösteren Umgang mit der Lust in der Liebe, kann diese Freiheit auch die Barrieren zu aushäusigen Verführungen senken. Auch deswegen

Zusammenfalten
«Du würdest also wohltun, deine Gedanken nicht mehr auf jene Begierde zu richten und den Teppich der Leidenschaft zusammenzufalten.»
Sa'di

wächst die Angst mit der Liebe. Liebesfähige sind vor allem Angstfähige. Je reifer die Liebe wird, desto freier und auch instabiler kann sie sich zeigen. Offenheit und Bindung sind dann die großen Gegenkräfte.

252

Dämon 6 46 46

Hätten Sie diese Nummer 1912 in Sankt Petersburg gewählt, wäre die dämonische Stimme Rasputins am Apparat gewesen: Er war kein Mönch, wie die Gerüchte sagen, sondern einer der tiefgläubigen Geistheiler, die noch heute in Sibirien auch von modernen Ärzten anerkannt sind. Zweifelsfrei war er dazu imstande, das Bluten der Wunden des hämophilen Zarensohnes zu stillen, was die damalige Medizin nicht vermochte. Wir würden sagen, auf psychologischem Wege – wie auch beim Placebo die Droge Arzt und nicht das Mittel wirkt. Rasputin war impulsiv freigebig, hochbeliebt in seinem Heimatort und ein entschlossener Pazifist, der vergeblich versuchte, den Zaren vom Ersten Weltkrieg abzubringen. In dieses Lamm Gottes wurde alle Bösartigkeit der Welt projiziert und zur Strecke gebracht. Es scheint mir ziemlich sicher, daß die politische Motivation seiner Ermordung am 16. 12. 1916 nur der Deckmantel für einen tieferliegenden Neidmord oder gar Lustmord gewesen war; denn das Lamm war auch ein Bock. Zum Verhängnis wurde diesem Urbild des einfachen Russen vom Lande die freizügige und entschlossene Erotik, die ihm wahrscheinlich seine magnetische Ausstrahlung nicht nur auf Frauen verlieh. Die Zarin und ihre Töchter waren hingerissen von ihm und seiner Lebendigkeit (ohne daß er je in eine Liaison mit ihnen verwickelt war). Er tanzte und trank gern, vor allem aber liebte er, wo es nur ging.

Wie ist ein christlicher Dionysos möglich? Die Antwort auf diese ungläubige Frage läßt tief in die abgründige Identität von Lust und Bestrafung blicken. Während Leo Tolstoi sich bei aufblühender Pubertät für seine erotischen Phantasien auf dem Dachboden blutig peitschte – mit einer Leidenschaftlichkeit, die bereits zu denken gibt –, hatte sich das erotische Selbst Rasputins eine raffiniertere Lösung geschaffen: einerseits von der sexuellen Lust als natürlichem Instinkt überzeugt, sah er in ihr andererseits auch die Sünde vor Gott. Diese aber, predigte er überzeugend, sei besonders nötig, um zu Ihm zu kommen. Die Sünde war der religiöse Weg des Menschen. Das ist vom indischen Tantra, in dem die Erotik selbst zur Religion wird, nicht allzu weit entfernt. Rasputin jedenfalls gewann auf seinen unzähligen Beilagern doppelt: den Gott und die Lust. Ähnlich mahnte schon Luther: *Pecca fortiter* – sündige kräftig. «Der Mensch kann seine entscheidende Schuld im Leben versäumen», formulierte der Tiefenpsychologe Carl Gustav Jung. Es ist letztlich die Schuld der endgültigen seelischen Ablösung von der inneren Mutter, die Schuld der Individuation, die wie erwähnt so eng mit der Sexualität verbunden ist. Das Ich durchlebt eine *Sonderung* – und genau das ist die tiefere etymologische Bedeutung von *Sünde*.

Verblüffenderweise muß jedem der intime Zusammenhang zwischen Lust und ihrer Strafe bekannt sein: Denn das Straferleben ist seelisch immer aufs engste mit der zu ahndenden Lust verbunden und kann sie somit austauschbar ersetzen. Ist sie aber ihr Stellvertreter, erzeugt sie die Lust, die sie verdammen möchte: Das Verdrängte dringt durch die Verdrängung. Die Buße übernimmt zum Strafen folgerichtig auch lustschöpferische Erfindungen. Ja, eine Zwiegesprächlerin vermutet, daß die üblichen Strafmaßnahmen wie Hinternschläge, Ohrfeigen und Peitschen ursprünglich erotische Handlungen waren, um eine intensive Lust auszudrücken. Sie wurden später durch Umfunktionierung gleichsam als Strafmaßnahme mißbraucht und verzerrt, wie sie umgekehrt die Strafen mit Lustgewinn durchtränkten. Die Evolution der Gebetsgebärden unterschiedlicher Kulturen könnte diesen Zusammenhang entschlüsseln. Wer an der Liebe litt durch Verlust, Verzweiflung oder Verbot, wird wissen, daß Trauer und Schmerz stets genauso intensiv wie die Lust sind und oft genug mit ihr verschmelzen. Weshalb es *Leiden*schaft heißt.

13. Beredsames Beilager

1. Die unerkannte Sprache erotischer Phantasien

Vor einem Jahrzehnt begegneten sich Carmen, 32, und Oliver, 40, auf einer Weltreise in Südostasien für wenige erotische Tage, die sie nie vergessen sollten. Dann trennte sie das Schicksal. Nun vereinbarten sie ein langes Wochenende. Carmen lebte als Buchhändlerin in Spanien, Oliver als Unternehmensberater in Österreich. Sie ist schlank, zart, mittelgroß, er athletisch und hochgewachsen. Oliver kennt Zwiegespräche.

Innere Landschaft
I bleed
so the stars have
        something
dark to shine in
there are wild horses
fucking inside me
and a river make a bend
in my shoulder.

Frank Stanford

Am zweiten Morgen, direkt nach dem Liebemachen, noch im Bett, führen sie einen solchen Dialog, von dem hier nur ein Ausschnitt wiedergegeben ist.

CARMEN: Ich möchte dir gern meinen Traum von heute nacht erzählen. Es war in unserer Finca im Keller. Dort war ein Badezimmer wie hier. Wir beide lagen in der Wanne. Es war hocherotisch zwischen uns, wir wollten miteinander Liebe machen. Frag mich nicht wie – im Traum ist alles möglich. Plötzlich aber stürzten die Mägde herein, schnatternd, albern. Sie hatten sich den Keller zum heimlichen Zigarettenrauchen ausgesucht. Ich scheuchte sie weg, aber sie dachten nicht daran, uns nacktes Paar im Bad allein zu lassen. Ihr seht doch, daß wir mehr vorhaben, meinte ich zu ihnen. Sie wichen erst, als ich sie mit Wasser bespritzte. Wir kamen dann zur Liebe, und ich erwachte. – Das war es schon. Was fällt dir dazu ein?

255

OLIVER: Du holst dir nachts die Liebe, die du gestern abend verbaselt hast. Darüber haben wir noch gar nicht gesprochen. Ich hatte den Eindruck, daß der phantastische selbstgemachte Anisschnaps ein Schutzmittel gegen die Angst vor dem war, was wir noch «mehr» vorhatten.

CARMEN: Ja, der Schnaps war unwiderstehlich köstlich für mich. Meinst du, ich hätte mich vor dem ersten Hinternfick meines Lebens gedrückt?

OLIVER: Ich glaube schon. Mir fällt jetzt zu Anisschnaps immer Anusschnaps ein, fast zwanghaft. Und nennt man diese Art, miteinander zu schlafen, nicht «spanische Liebe»?

CARMEN: Habe ich schon gehört.

OLIVER: Für mich war klar, daß du dich drücktest. Was mich erschreckte, war der Ernst, mit dem du den Alkohol verlangtest, als ich ihn verstecken wollte. So viele Tage miteinander haben wir ja auch nicht, dachte ich, und sah unsere Liebe im Alkohol untergehen. Du hattest immerhin schon ein Wasserglas von dem scharfen Zeug getrunken. Ich ging dann allein und voran ins Bett. Du riefst dann doch: «Ich komme gleich nach», aber du erschienst nicht.

Erkenne dich selbst
«Ich kenne mich nicht,
weil ich denke.»
Fernando Pessoa

CARMEN: Ich rief dann später: «Du mußt mich aber holen!» Ich werde gern von dir abgeführt.

OLIVER: Aha, das weiß ich noch gar nicht. Davon hast du bisher keinen Ton gesagt.

Ich hatte im Gegenteil den Eindruck, du seist sehr empfindlich gegen jede Art Freiheitseinschränkung.

CARMEN: Das stimmt – *da* aber nicht. Wahrscheinlich schliefst du schon, und ich legte mich auf die freie Veranda.

OLIVER: Wenn man – wie die Experten sagen – im Traum darstellt, was man selber ist, dann müßten doch die hereinplatzenden kichernden Mädchen auch eine Seite von dir wiedergeben. Und ich finde ja auch wirklich, daß du selbst manchmal kichernd von dir weist, was dir erotisch zu nahe kommt. Da nützt meine Phantasie, die mich im ersten Moment ziemlich scharf macht, wenig, dir mit Handschellen die Hände auf den Rücken zu binden, um ohne deine Abwehr direkten Zugang zu dir zu haben – ganz abgesehen von dem Jammer, daß du dann auch mit mir nichts machen kannst.

CARMEN: Stimmt, ich fühle mich von dir verstanden. Es gibt eine Art Rebellentum in mir, ein Gefühl, das ich selber blöd und beinahe über-

256

heblich finde, etwa: «Ich laß mir doch nicht alles bieten» – obwohl ich gleichzeitig Sehnsucht habe, etwas geboten zu bekommen. Ich glaube, ich wehr mich gegen die Abhängigkeit, die mit der Erotik verbunden ist. Verstehst du? Gegen meine *eigenen* Gefühle, nicht gegen dich. Manchmal werde ich fast gegen meinen Willen albern, um eine heißere Atmosphäre wegzuwischen – wie die Mädchen vor unserer Liebeswanne.

OLIVER: Vielleicht ist es aber auch für dich nicht einfach, so ein ganz unbekanntes Gebiet wie den Hinternfick zu betreten.

CARMEN: Ich *werde* betreten.

OLIVER: *(schon albernd)* Du warst so betreten, daß wir ihn nicht betreten haben.

CARMEN: Siehst du, so funktioniert es doch ganz gut mit der Albernheit. Ich spüre richtig, wie sie mich erleichtert.

OLIVER: Mir fällt ein Schiff ein, das vom Stapel läuft. Das gleitet doch auch mit dem Hintern voraus zu seiner Jungfernfahrt.

CARMEN: An diesem hocherregten Ort bin ich ja auch noch Jungfer.

OLIVER: Es ist, wie wenn du vor der Taufe stehst. Neue Schiffe werden mit Champagner bespritzt, indem man eine Flasche an ihnen zerschlägt. Ist das nicht symbolisch ein Liebesakt?

CARMEN: Komisch, mir geht das Bespritzen der Mädchen im Traum nicht aus dem Kopf – und eben erschien es mir wie eine Taufe, nachdem ich zuvor an den Hochzeitsritus dachte, in dem ein frischgetrautes Paar mit Erbsen beworfen wird.

OLIVER: *(rhythmisch ulkig)* Taufe, Trauung, Fick – nun wird das Mädel dick. – Ein alberner Reim, wenn auch ein konsequenter!

CARMEN: Vielleicht wendest du dich mal dem spielerischen Ernst der Lust zu, statt mich im Albern übertreffen zu wollen. Wie findest du denn den Einfall mit der Taufe und der Trauung zum Fortspritzen der Mädchen?

OLIVER: Darf ich etwas vorbemerken? Dein erster Satz war eine Kolonialisierung – du willst mir mein Verhalten vorschreiben –, dein zweiter ist eine direkte Frage, die man in Zwiegesprächen angeblich vermeiden soll wie die Pest, weil sie vom Wesentlichen ablenkt.

Aber auch ich möchte da weitermachen. Ich finde den Einfall tiefgehend – wie der tiefgehende Einfall in deinen Hintern, fällt mir dazu etwas sehr direkt ein. Ich hab immer das Gefühl, daß der Hintern tiefer ins

257

Innere geht als die Möse. Daß jedenfalls Taufe und Trauung den unvollzogenen Hinternfick meinen, ist nach meinem Gefühl klar.

CARMEN: Merkst du auch, daß er so gesehen ein ebenso religiöser wie erotischer Akt ist? Taufe und Trauung sind religiöse Handlungen. Man kann es gar nicht mehr auseinanderhalten.

OLIVER: Ich finde jede Lust religiös. Was soll sie denn sonst sein? Ich bin jedenfalls immer so sehr von ihr gepackt, wenn ich wirklich drin bin, sozusagen ein Eingeweihter, ein Getaufter, bin.

CARMEN: Du weißt doch, ich habe Angst. Ich frage mich natürlich, wie es ist, so anders zu vögeln. Könntest du mir da nicht aushelfen?

Religiöse Sexualität
«Der Vergleich zwischen sexueller und religiöser Erregung ist fast ein Gemeinplatz; also: Nach einer Weile kam religiöse Erregung über sie; sie sprach in Zungen, sie legte Zeugnis ab. Sie zitterte am ganzen Körper; sie war zeitweise und sporadisch errettet, soll heißen: Die Erregung entglitt ihr immer wieder. Aber sie kam wieder.»
Harold Brodkey

OLIVER: Ich weiß ja auch nicht so recht, wie es sich anfühlt, gevögelt zu werden. Aber eine Frau, mit der ich es in den Wäldern machte, hat mir einmal gestanden, fast gebeichtet, daß sie dabei immer ein starkes Gefühl von Demut überkomme. Das hat mich sehr berührt und war das Schönste, was ich bisher dazu hörte.

CARMEN: Die Glückliche – sie mußte nicht abwehren und konnte es wohl deswegen so offen erleben.

OLIVER: Dich habe ich gestern aber auch sehr offen erlebt: als du meinem Schwanz einen eigenen Namen gabst.

CARMEN: Ich schämte mich aber auch sehr über meinen Einfall und traute mich kaum, mich zwischen deine Beine zu knien und mit dem Blick auf deinen Schwanz abzuwarten, welcher Name in mir aufkäme.

OLIVER: *Namengebung* – das ist doch schon wieder eine Taufe, fällt mir auf. Sie dauerte doch gar nicht so lange, du hast nicht einmal eine Minute gebraucht. Aber wieso eigentlich *Drosselbart*? Ist das nicht ein Grimmsches Märchen? Ich kenne es nicht mehr, erzähl doch mal.

CARMEN: Im Grunde war es eine Art Schwanzmeditation. Ich versuchte, nichts zu tun und nur auf den Namen zu warten. *Drosselbart* war dann ganz klar – ich weiß selbst nicht, warum.

OLIVER: Erzähl doch einfach mal, es wird sich schon zeigen.

CARMEN: Im Märchen geht es um eine Königstochter, die heiraten soll.

OLIVER: *Trauung*, aha!

CARMEN: Tausende von Freiern kommen, aber alle lehnt sie hochnäsig ab, nie paßt ihr einer ganz. Schließlich wird es ihrem Vater zu dumm, und er setzt fest, daß sie den Nächsten heiraten muß. Der Nächste ist König Drosselbart. Er aber hat sich wie ein Bettler verkleidet, armselig, staubig, unansehnlich. Sie muß mit ihm gehen und verflucht ihre Überheblichkeit, die sie zuvor alle Fürsten ablehnen ließ. Sie ziehen in eine kleine Hütte. Drosselbart wirkt auf sie zunächst entsetzlich heruntergekommen und keines Blickes wert. Die Arbeit ist hart und ihr völlig ungewohnt. Aber sie lernt das einfache Leben und die Demut. Mit der Zeit wandelt sich ihr Gefühl: Sie beginnt sich in ihn zu verlieben. Schließlich gibt Drosselbart sich als König zu erkennen. Sie heiraten in großer Pracht. Und wenn sie nicht gestorben sind, so leben sie noch heute.

OLIVER: *(vergnügt)* Er lebt! Der Bettler ward zum König! *(zeigt auf seinen steifgewordenen Drosselbart).*

CARMEN: *(lachend)* Und welche Prachtentfaltung!

Weißt du, was mir eben am deutlichsten auffiel: daß die Königstochter so hochmütig war und ich mir doch gerade vorher auch so überheblich in der Liebesabwehr vorgekommen bin.

Telefonsex mit
Werner Heisenberg
«Und ich in der Badewanne, was lächerlich ist, weil ich nie bade, aber ich bin eben in der Badewanne und bewege mich ganz vorsichtig, damit sie nicht das kleinste wassermäßige Plitsch-platsch hört und merkt, daß ich das tragbare Telefon mit ins Bad genommen habe und halb unter Wasser bin, und dann sagt sie: ‹Ich sehe schnell mal nach, ob wir das auch wirklich auf Lager haben, Sir›, und während dieser Pause stemme ich mich aus dem Wasser und richte den Hörer gewissermaßen auf meinen Werner Heisenberg, damit sie ihn irgendwie sehen kann oder seine Vibrationen mitkriegt, und in diesem Moment, als sie sagt: ‹Ja, die Pointellesstrumpfhose in Beige ist da›, komme ich in vollkommener Stille, wobei ich die Schlumpfgrimasse ziehe. ‹Das ist ja furchtbar.›»
Nicholson Baker

OLIVER: Ja, und weißt du, was mich am meisten verblüfft: daß diese Frau die *Demut* lernte. Ist es nicht unglaublich, wie alles zusammenhängt?

Darf ich zusammenfassen? Zwischen uns haben sich die Lust aufgetan, durch den Hintern zu vögeln, und die entsprechende Angst. Auch wenn es zunächst nichts wurde, verbirgt sich in dieser unvollzogenen Handlung eine geheime Botschaft, die wir gestern noch gar nicht entschlüsselten: *Demut* – nach meiner Assoziation – und nach deiner? Du gabst – scheinbar doch völlig unabhängig von mir – meinem Schwanz den Namen

259

Drosselbart – natürlich ohne zu überblicken, warum. Wieder ist diese Lust – dem Schwanz einen eigenen Namen zu geben – eine Art sehr komplexer Mitteilung, nämlich die eines ganzen Märchens und seiner tieferen Bedeutung, die da lautet: Liebe führt über *Demut*.

Dann wehrst du alles ab, obwohl du eigentlich abgeführt werden möchtest – ganz so, wie im Märchen der Vater die Tochter bestimmt. Und dann träumst du den Traum der erotischen Badewanne, wo deine Lust und Abwehr auf andere Art in Bilder gefaßt sind. Es ist, als sprächen wir ununterbrochen in erotischen Handlungen miteinander, ohne den Text überhaupt zu entziffern. Das ist wirklich gewaltig. Der Hinternfick ist ja als Zeichen der Hingabe und Demut genau das, was die Königstochter erfahren muß, um lieben zu können. Und der König muß erst in den Schmutz gehen, um seine Geliebte zu erlangen.

CARMEN: Aber alles entschlüsselt sich erst, wenn man darüber spricht.

OLIVER: Das war jetzt *unsere* seelische Taufe.

CARMEN: Wenn die Lust zum Wort wird, öffnet sie uns die Augen. Wollen wir noch etwas über die vollzogene Trauung sprechen?

OLIVER: Nicht nur über das Liebemachen im Bett, sondern auch über die Pfauenfeder, möchte ich dir vorschlagen, weil es für mich ein ganz neues Erlebnis war.

CARMEN: Es ist etwas anderes, wenn es in einer erotischen Beziehung geschieht, als beispielsweise in einem tantrischen Workshop.

OLIVER: Genau, etwas kitschig, aber, ehrlich gesagt, verwandelte unsere Zuneigung die Pfauenfeder in ein ganz anderes Liebesinstrument. Meine Körperempfindungen waren völlig abhängig von meiner Beziehung zu dir. Ich hatte das ja vorher schon einmal erlebt, als ich es lernte. Eine sehr attraktive Frau machte es bei mir – aber es war keine wirkliche Bindung da, bestenfalls eine Art beginnender Verliebtheit. Mit dir ging es viel tiefer. Was ich erlebte, wurde klarer, eindeutiger, umfassender. Ich habe dich einfach mehr zugelassen.

CARMEN: Es ist schon verrückt: Dieselbe Pfauenfeder, derselbe Körper, eine sicherlich ähnliche Situation – und alles wird durch die Art der Beziehung bestimmt. Ich finde es immer so, bei allen Lüsten. Und das allein reicht, um sich das Universum der Vielfalt in der Liebe vor Augen zu führen. Es gibt keine austauschbare Lust, sie ist einzigartig wie eine Stimme: Oft genug habe ich mich damit in Eifersucht getröstet.

260

OLIVER: Den sinnlichen Reichtum, den ich dabei erlebte, fand ich wirklich stark, obwohl es doch so spät war und ich nach kurzer Zeit an der Grenze des Schlafes war.

CARMEN: Du warst für mich währenddessen schon in einem Traumzustand. Ich spürte es, und du hast es auch gesagt, Halbschlaf wäre wacher gewesen. Du erzähltest ja auch plötzlich Szenen, die aus einer anderen Welt kamen. Meinst du nicht, daß diese Bilder auch pfauenfedererzeugt waren?

OLIVER: Ich bin sicher, aber es läßt sich schwer beweisen. Es muß lustvolle Körpererinnerungen geben, die man einfach nicht vergißt. Nicht nur durch die Feder werden wir wachgerufen, sondern durch den Ort, über den du streichst. Nachmittags nach der Siesta wäre mir wohl mehr im Sinn geblieben.

CARMEN: Du hast mir ja vieles erzählt – und zwar im wesentlichen Farben und Musikinstrumente, weißt du das noch? Ich könnte dir helfen.

OLIVER: Vielleicht komme ich doch auf einiges. Ich würde es mir gern noch einmal bewußt machen.

Alles hängt von der Konzentration ab. Schon gestern war mir klar, daß ich nicht zuviel dabei reden sollte, sonst hätte ich nicht diese Gefühle und Bilder gehabt. Am stärksten trat die unterschiedliche Empfindlichkeit meiner Hautbereiche hervor. Die Handrückenoberfläche war sehr sensibel, sie hatte einen Lichtton zwischen hell und dunkel. Der Unterarm war praktisch kaum zu spüren, er bot nichts Tiefgehendes. Der Oberarm war wahnsinnig empfindlich geworden und war in goldfarbenes Licht getaucht.

CARMEN: Mir fiel überhaupt auf, wieviel Lichtempfindungen du auf der Haut hattest. Es soll Menschen geben, die mit Fingerkuppen Farben erkennen können – und das Auge soll entwicklungsgeschichtlich von der Haut abstammen.

OLIVER: Ja, es waren bei mir vor allem Lichtfarben.

Der Nacken war hochempfindlich. Ich kenne das natürlich aus dem Liebesspiel bei Frauen, aber weniger von mir. Ich beiße gern wie ein Löwe in einen Gazellenhals, das ist ein wilderes Jagdgefühl. Nun war ich sehr verblüfft über diese offensichtliche, offizielle, geradezu prostituierte Empfindsamkeit – ich hatte dazu einen monströsen Einfall in diesem versunkenen Zustand –: so riesig wie ein großer Geldschein, der aber täglich zu sehen ist. Oder wie die Golden Gate Bridge, ein Monument von atemberaubender Schönheit, das aber von unendlichen Touristenströmen besucht wird...

CARMEN: *(ebenso beeindruckt wie ironisch)* Was für ein Nacken!

OLIVER: ...bewitzel nicht meine Körperteile, ich ringe nach Ausdruck... während mein Oberarm viel stiller wirkte, aber ähnlich mächtig, etwa wie die unendlich weiten, hellen Weizenfelder in Kastilien.

CARMEN: Ich sehe sie vor mir, von Horizont zu Horizont, für mich eine Sehnsucht aus Licht.

OLIVER: Dann kamst du am Rücken auf die Idee, mit der *ganzen* Pfauenfeder zu streichen. Diese Idee ist wahnsinnig toll gewesen.

CARMEN: Ich dachte, es müßte ein stärkeres Gefühl werden, wenn du ganze Partien auf einmal spüren könntest. Wir haben das als Kinder mit leichten Tüchern oft gespielt, einer lag nackt drunter, und ein anderer zog das Laken ganz langsam ab.

OLIVER: Als ich es lernte, führte meine Partnerin die Feder auf dem Rücken genau in der Höhe der feinsten Hauthärchen. Ich wußte gar nicht, daß es davon so viele gibt. Dabei hatte ich plötzlich ein totales Nachtbild, aber wunderschön, weil die feinen Erregungen wie Sterne am Himmel glitzerten. Trotz dieses schönen Bildes war es jedoch nur ein Zehntel von dem Gefühl, das ich gestern hatte. Gestern war es viel intensiver, es war, wie wenn der Wind in Wogen durch die Weizenfelder geht.

Und ganz im Kontrast zum Rücken war mein Hintern leuchtend klar mondfarben. Dieses intensive, fahle Mondlicht – so eine eigenartige, seltene Farbe, ich war ganz verblüfft.

Untiefe
«Das Tiefste, das der Mensch besitzt, ist die Haut.»

Paul Valéry

CARMEN: Aber am Rand des Hinterns schlug es doch völlig um.

OLIVER: Richtig, das fahle Licht war völlig weg, es wurde dunkler. In einer Symphonie hätten Geigenklang oder Trompeten dem Mondlicht entsprochen. Die Pofalte war viel dunkler in der Farbe, in der Musik wie Celli bis hin zu Bässen.

CARMEN: Zum unteren Rücken hattest du übrigens auch noch dunklere Töne erwähnt, Bratschen.

OLIVER: Als es die Beine hinunterging, hatte ich erwartet, daß meine Kniekehlen sehr empfindlich reagieren würden. Aber sie sind mir gar nicht richtig aufgefallen. Vielleicht war ich schon zu müde. Aber ich selbst bin immer ganz scharf auf Kniekehlen.

CARMEN: Sie sind so weich und versteckt, oder besser: unauffällig offen.

OLIVER: Und dann waren die Waden fast so hell wie der Hintern, aber als Sonnenlicht.

CARMEN: Du wolltest plötzlich, daß ich dich in die Achillesferse biß – und zwar ziemlich kräftig.

OLIVER: Ja, es war ein richtiges Verlangen, das ich noch nie hatte.

CARMEN: Du hattest etwas dazu erwähnt, weißt du noch?

OLIVER: Nein.

CARMEN: Es sei wie auf dem Wickeltisch gewesen, wenn die Beine an den Füßen gefaßt und etwas hochgezogen würden.

OLIVER: Richtig, jetzt fällt es mir wieder ein. Vielleicht hatte ja meine Mutter auch an den Fersen geknabbert. Vielleicht ist es dadurch eine so lustvolle Sache, eine Art Körpererinnerung. Ich hatte aber auch eine Scham dabei: daß meine Füße unangenehm nach Schweiß schmecken könnten. Wie war denn das?

CARMEN: Das war gut, sie schmeckten ganz neutral. Das Beißen hat mir Spaß gemacht. Es war ein tolles Zahngefühl.

OLIVER: Wie ging es dann weiter? Fingst du nicht von oben wieder an?

CARMEN: Nein, das war bei der Ölmassage.

OLIVER: Das *auch* noch! Die habe ich völlig vergessen. War das nicht zu lange für dich?

CARMEN: Es ging noch. Es war bloß weit nach Mitternacht.

OLIVER: Als ich mich umdrehte, hast du doch meine Fußrücken geküßt, war das am Anfang?

CARMEN: Ich glaube ja.

OLIVER: Ich hatte da nämlich plötzlich einen großen, spannenden Bogen erlebt, den ich ganz deutlich fühlte. Er ging von einem Fuß an der Innenseite des Beines über Schwanz, Hoden, Damm an der anderen Seite wieder zum Fuß hinab.

Aber etwas hatte ich mich nicht getraut zu sagen...

CARMEN: ...Schön, daß es das auch bei dir gibt...

OLIVER: ...ich hatte eigentlich den Wunsch – den ich nicht aussprach, weil ich dachte, du würdest vielleicht nein sagen können und tätest es mir

263

zuliebe gegen dein Gefühl –, den Wunsch nämlich, daß du beide Hoden in den Mund nimmst, während du deine Passage mit den Lippen die Beine hoch- und wieder hinuntergingst. Mein ganzer Sack sollte in deinem Mund verschwinden, und du spieltest mit meinen Eiern. Aber ich traute mich nicht. Und dann habe ich es wahnsinnig gern, deinen Mund um meinen Schwanz zu fühlen. Das ist wirklich sehr, sehr schön. Ich kenne das ja aus vielen Beziehungen. Aber jede erotische Erfahrung ist völlig anders, es gibt gar nicht *die* Fellatio, wie man so sagt. Es ist so individuell wie Küssen. Kein Kuß gleicht dem anderen. Du machst es wunderschön – und das ist schon Zeichen der Beziehung, die wir zueinander haben. Es ist *(er zögert etwas)* wie Gedichteschreiben – entweder man kann es, oder es geht nicht so gut.

CARMEN: Eine verrückte Idee, Mundverkehr mit Gedichteschreiben zu vergleichen. – Für diese Idee liebe ich dich.

OLIVER: Du kannst von keinem Menschen verlangen: «Setz dich mal hin und schreibe ein Gedicht!» Es würde Murks, wenn einer nicht das innere Gefühl dafür hat. So unterscheidet sich, finde ich, auch das Liebemachen. Und du bist für mich darin wie deine Gedichte. Du bist lebendig, wenn du mich küßt oder meinen Schwanz in den Mund nimmst. Übrigens ganz im Kontrast zu deinem Becken und deiner Möse, die ich manchmal so unlebendig erlebe, fast stumm, wie leblos. Findest du das auch?

CARMEN: Ja heute früh. Ich müßte während des Liebemachens sprechen, aber das habe ich mit dir einfach zuwenig geübt. Ich bringe es noch nicht hin. Ich habe eine unbestimmte Angst und entsprechende Bilder, die sicherlich aus der sehr heiklen Beziehung zu meinem Vater stammen. Er trank sehr viel, und ich bin manchmal der Auffassung, neben der dauernden Abwertung auch sexuell mißbraucht worden zu sein.

OLIVER: Ach, das hast du mir noch nie erzählt.

CARMEN: Es ist auch erst kürzlich in meiner Psychotherapie als Vermutung aufgekommen. Ebenso aber kann ich selbst meine Lebendigkeit in der Erotik manchmal gar nicht aushalten. Es wirkt alles so ungesteuert.

OLIVER: Vielleicht kannst du aber die Lust wirklich erleben, wenn du beim Vögeln direkt aussprichst, was du dir wünschst *und* welche Ängste du dabei hast. Das kannst du doch auch *beides zugleich* äußern.

CARMEN: Tja, es ist im Grunde ein Kinderspiel, man braucht sich ja nur hinlegen. Aber es fällt mir in manchen Beziehungen schwer.

Vielleicht kann ich ja nachträglich einiges erwähnen. Beispielsweise hatte ich gestern, als ich zwischen deinen Beinen kniete, das Gefühl, wir seien wie eine Skulptur zweier Betender. Auch das Einölen war wie eine Salbung, du warst schon so still, und ich versank in eine tranceartige Langsamkeit.

OLIVER: *(ausrufend)* Genau! Es schien mir selbst in meiner schlafähnlichen Verfassung *endlos* zu dauern, ich dachte, hier stimmt doch etwas nicht, die Zeit geht völlig aus dem Leim.

CARMEN: Ich küßte deine Füße, und – weißt du das noch? – du sagtest, der Kuß sei so intensiv, daß er wie ein Nagel durch den Fuß bohre, und dabei mußte ich auch denken, daß man auf diese Weise wohl ans Kreuz genagelt wird – durch die Kraft der Lust, der man ausgeliefert ist.

OLIVER: Jetzt weiß ich wieder: ich hoffte, du würdest beim Massieren auf tausend Ideen kommen, *du* würdest mit mir etwas machen, dir wünschen, was ich tun sollte, ich hätte ein Tier werden sollen oder so was, – aber *ich* habe ja auch nichts gesagt.

CARMEN: Ach, wie interessant. Als ich deinen Schwanz im Mund hatte – es war ziemlich lange, ich glaube, du warst im Gegensatz zu ihm schon wirklich fast im Schlaf –, hatte ich intensiv das Gefühl, er wäre ein Tier im Mund, mit einem eigenartig pulsierenden, mal weichen und mal wieder festen Eigenleben. Du stöhntest dabei, und das hörte ich gern, obgleich es mich auch wegen des animalischen Klangs etwas erschreckte. Ich mochte es sehr, seine Selbständigkeit, seine Unabhängigkeit. Im Mund entsteht bei mir immer eine riesige Welt für sich, wie ein eigenständiger Raum.

OLIVER: Schade, daß du dabei ja nun wirklich nicht hättest sprechen können. Das hätte ich gern gehört. Es macht das Gefühl so wach und meine Beziehung zu dir so direkt.

CARMEN: Ich habe übrigens beim Miteinanderschlafen immer sehr intensive Phantasien. Wenn ich die in mir nicht zulassen kann, werde ich wie tot. Es sind meist Phantasien mit Männern *und* Frauen *zugleich.* Aber die meisten Partner können damit wenig anfangen. Wenn ich größere Angst habe, bleiben sogar die Phantasien weg.

OLIVER: Kannst du mir einige erzählen?

CARMEN: *(etwas verlegen zögernd)* Nur mit Frauen beispielsweise, obwohl ich doch mit einem Mann schlafe und lesbische Lust nur selten empfinde. Oder eine Frau mit zwei Männern. Auch in der Kirche. Oder ich werde gleichzeitig von vorn und von hinten gevögelt. Auch Vergewaltigung.

OLIVER: Bist du selbst beteiligt, oder beobachtest du andere?

CARMEN: Manchmal beobachte ich, manchmal bin ich Täterin, manchmal wird es mit mir gemacht. Das wechselt dauernd.

OLIVER: Warum traust du dich das nicht direkt im Bett zu sagen?

CARMEN: Weil die meisten das für eine Art Betrug halten. Nur mit meinem früheren Mann konnte ich das ganz gut. Er hatte auch viele Phantasien und sprach darüber. Wir machten dann richtig große Inszenierungen und spielten das weiter.

OLIVER: Ja, das kenne ich auch. Mit einer langjährigen Freundin hatte ich ein Standardspiel, was uns beide unermüdlich erregte. Ich zog mit einer Karawane durch die Wüste und kam zur Rast in eine Oase. Ein kleiner schattiger Rundplatz unter Palmen mit einem hufeisenförmigen großen Tisch, auf dem die köstlichsten Speisen von Beduininnen aufgetragen wurden, war der Ort der großen Lust. An diesem Halbkreis saßen viele Männer mit weißen Turbanen, aßen und tranken. Ich sehe noch, wie das klare Wasser in den Gläsern glitzerte. Am Ende der Mahlzeit – das war dann auch dicht vor unserem Höhepunkt – gab es die bedienende schöne Frau zum Vögeln auf dem Tisch, gleichsam als Nachspeise. Das galt für alle, aber ich war natürlich ganz auf die mir Zustehende konzentriert. Der Kick für mich und meine Freundin war vor allem, daß sie einfach zur Verfügung stehen *mußte*. Es war so Sitte. Und es verfremdete auch unsere Beziehung. Ich spürte richtig, wie die frische Distanz mich schärfte. Übrigens durften die Frauen ja nicht einfach weggehen oder nicht mitmachen – und das war öfter eine Schwierigkeit in dieser Beziehung. Sie konnte manchmal nicht aushalten, in der Beziehung drinzubleiben.

CARMEN: Dann stammte die Lust aus der Verhinderung der Unlust; ich meine, die drohende Trennung, die Flucht, kam einfach nicht in Frage.

OLIVER: Das merkwürdige ist nur, daß ich diese heiße Phantasie mit einer anderen Frau nie wieder hatte. Sie paßte einfach nicht, sie stieg gar nicht mehr auf.

CARMEN: Vielleicht ist sie nur mit euch möglich gewesen. Bei mir ist es auch so: Sobald die Szenen etwas ausgestalteter sind, sind sie auch spezifisch für eine bestimmte Beziehung.

266

Aber ich wünschte doch noch einmal, auf *unser* Liebemachen im Bett zu kommen. Ich bin einfach neugierig – vor allem nach dem Erkennen der erotischen Zusammenhänge.

OLIVER: Ich küsse dich wahnsinnig gerne – das ist das erste starke Gefühl.

CARMEN: Ich dich auch.

OLIVER: Das tut mir *sehr* gut zu hören. In meiner jetzigen Beziehung nörgelt Hanna dauernd an meinen Küssen herum. Sie macht sich lustig über mich. Auf Dauer verunsichert mich das ziemlich, obwohl ich ausgesprochen gern küsse und davor nie im Zweifel war.

CARMEN: Vielleicht hat sie eine festgelegte Vorstellung, die sich mit dir nicht erfüllt. Oder sie hat damit selber Probleme. Es kommt mir so ungewöhnlich vor.

OLIVER: Es ist schlimm für mich, merke ich gerade, wenn ich mich jetzt darauf so besinne.

CARMEN: Ich glaube, in der Liebe wird jeder ganz besonders verletzbar – besonders durch den Geliebten.

OLIVER: Die innere Öffnung und Hingabe machten einen völlig verletzbar. Dagegen gibt es kaum ein Mittel – außer Achtsamkeit und Einfühlung...

Carmen: Ich habe es mit dir so schön und so unbefangen erlebt.

Oliver: Ich konnte mich auf dich auch ganz unbehindert einlassen, es gab keine Hemmnisse bis zum seelischen Horizont.

Genauso wie deinen Mund erlebte ich auch deine Möse. Es ist verblüffend. Es ist genau der gleiche Klang, seltsam.

Lust und Trauer
«Und wir wissen in einem solchen Augenblick nicht, ob uns alle diese von sich selbst erfüllte Schönheit aufs tiefste erregt oder überhaupt nichts angeht. Beides ist der Fall. Sie steht auf einer messerscharfen Schneide zwischen Lust und Trauer.»
Robert Musil

(Kleine Pause)

Aber jetzt steigt eine Angst auf – nicht auf dich bezogen. Plötzlich denke ich: Daß ich deinen Mund wie deine Möse erlebe, ist ja nicht abwegig; es sind deine beiden großen Löcher von zwei Lippen umrahmt. Aber ich erlebe im Körper ja die Seele. Der Körper ist immer so schön oder häßlich, wie ich dich seelisch empfinde. Angst wird mir, wenn ich mir nun vorstelle, wie es mit Hanna ist: Ist das Küssen nicht auch ein Zeichen für die Möse und das Ganze ein Bild für die seelische Beziehung? Wo stimmt da die Beziehung zu ihr nicht? Eine ganz neue Frage. Sie ist mir vor lauter Entwertung bei ihr gar nicht eingefallen. Aber ich möchte hier abbrechen, abschalten, um bei uns zu bleiben. Das muß ich mit ihr besprechen. Immerhin ist es ein Gewinn.

CARMEN: Kannst du denn so einfach abschalten?

OLIVER: *(scherzhaft empört)* Das mußt gerade *du* sagen. Du schaltest doch ab, wann immer du willst. Du läufst doch überall weg.

CARMEN: Ich gehe richtig in die Liebesschule mit dir.

OLIVER: Man kann es drehen und wenden, wie man will. In dem Augenblick, in dem du mit einem Menschen eine erotische Beziehung eingehst, bereichert es deine Innenwelt, und automatisch führt es zu einem *Vergleich* mit anderen Beziehungen. Nicht zum ausschließenden Vergleich, wie man in der Eifersucht immer befürchtet.

CARMEN: Man erkennt andere Beziehungen einfach besser, finde ich. Wenn ich mit dir schlafe, sehe auch ich meine Hauptbeziehung deutlicher. Dennoch höre ich von diesem Vergleichen nicht gern.

OLIVER: Es ist doch kein Vergleich mit dem Zentimetermaß, auf dem es nur eine Dimension gibt.

CARMEN: Ein Vergleich mit Landschaften fällt mir ein: ich erlebe Spanien, kenne Italien und habe Deutschland gesehen. Alle drei Landschaften klären im Vergleich das Bild, das ich von ihnen habe – und zwar sehr deutlich. So weiß ich auch genau, wo ich mich wohl fühle, was ich vermisse – und so gewinne ich auch etwas aus dem Beziehungsvergleich. Im übrigen lernt man sich auch selbst besser kennen.

OLIVER: Ach so, gestern, als wir dann so spät im Bett lagen, wollte ich zunächst gar keine Sexualität mit dir. Als ich aber dachte wegzuschlafen, war ich ganz erotisiert. Und zwar nachdem wir uns geküßt hatten und ich mir vorstellte, du würdest wie üblich wieder an mir abtauchen.

CARMEN: Deine Hand war an meiner Möse, und da wollte ich sie erst mal haben.

OLIVER: Meine Finger kamen mir so unförmig und grob vor, und ich wünschte mir, du brächtest mir bei, wie ich es machen sollte.

CARMEN: Ich erlebte sie überhaupt nicht plump. Es war so schön, als hätte ich es bei mir selber gemacht. Der Druck war so leicht wie ein Hauch.

OLIVER: Ich möchte von dir ganz sorgfältig belehrt werden. Ich habe nämlich das Gefühl gehabt, wenn ich es zu leicht machte, dann gäbe ich dir nichts. Eine ganz widersinnige Einschätzung: Was dir die schönsten Empfindungen machen würde, kann ich dir nicht geben, weil es mir zu geringfügig scheint. Ich sehe selbst, wie blöd das ist, aber es ist so.

CARMEN: Es scheint so zu sein, als ob die Lust bei dir als Mann einfach mehr Schub, mehr Power bewirkt. Aber du kennst doch jetzt von der Pfauenfeder her die Sterne auf dem Rücken – so ist auch bei mir sozusagen eher über als in meiner Möse die größte Lust.

OLIVER: Aha, das ist mal ein einleuchtendes Bild. Doch eins will ich dir als Mann jetzt einmal sagen: *Zärtlichkeit ist tierisch anstrengend.* Es ist, als müßtest du bei Vollgas dauernd auf Bremse und Kupplung treten.

CARMEN: Verzweifle nicht gleich, auch du wirst es lernen.

OLIVER: Zärtlichkeit ist eine Methode, einen verrückt zu machen.

CARMEN: Du sagst es: Es ist mehr zum Durchdrehen als stures Bumsen.

OLIVER: Männer sind ganz anders gepolt, sie sind zum Stoßen angelegt, sie müssen so angelegt sein, sonst wären wir längst ausgestorben.

CARMEN: Du bist doch so zärtlich, was hast du plötzlich gegen die Sanftheit in der Liebe? Die Heftigkeit geht dir dadurch doch nicht verloren. Auf den Liebeslagern der Menschheit liegen zur Hälfte Frauen, und die schätzen Zärtlichkeit sehr. Wäre die Sanftheit nicht, wären die Menschen ebenfalls ausgestorben.

OLIVER: Du hast keine Ahnung, wie schwer es im Grunde ist, Sanftheit zu lernen – es ginge nur, wenn du während des Vögelns sprichst: «So ist es richtig, so ist es nicht gut, das wünsche ich mir, das liegt mir nicht, mach es leichter, mach es fester, etwas langsamer, etwas schneller.» Herrgott noch mal. Wenn's so nicht geht, dann gib wenigstens dem Liebemachen mit Stöhnen deine genaue Stimme.

CARMEN: Das kannst du nicht von einem Tag auf den anderen von uns verlangen. Das braucht Wochen, Monate. Mit meinem Mann habe ich echt daran gearbeitet. Es dauerte ein bis zwei Jahre.

OLIVER: Wenn wir aber nicht reden, zieht es sich noch länger hin.

CARMEN: Ja, ich denke auch schon lange nicht mehr, daß Worte die Lust verderben. Sie wird beflügelt, das ist meine Erfahrung. Ausnahmen

269

bestätigen das. Ein Liebhaber sagte doch tatsächlich, als ich eine Phantasie aussprach: «Wo bist du? Bist du bei mir, oder bist du im Wald?» Ich war ganz da, und er meinte, ich sei weg.

OLIVER: Wahrscheinlich lernt man es zu zweit am besten.

Darf ich wieder zu *uns* kommen? Ich habe nämlich dauernd ein Bild vor Augen: Mein Schwanz glitt in deine Möse wie in deinen Mund, und alles war von einer lichten Farbe erfüllt, ein Leuchten wie in einem Raum mit sanftem, abgedimmtem Licht. *Das* war es, was mich reizte. Ich hatte also überhaupt kein Verlangen, dich heftig herzunehmen. Aber ich bekam gar nicht mit, was mein Schwanz in deiner Möse bewirkte. Ich spürte nur, daß du sehr feucht warst. Das erlebte ich als eine Art wirkliches Entgegenkommen von dir.

CARMEN: Gerade kommt mir ein Wort so geil vor: Ich war *schwanzbereit.*

OLIVER: Es kam mir aber auch gleichzeitig wie eine «untere Narkose» vor. Obwohl ich deine Beine wie gefaltet erlebte...

CARMEN: ...Du meinst, wie Hände zum Gebet?...

OLIVER: ...Ja, natürlich, nicht real, aber ich hatte ein solches Gestaltgefühl – wie du es vorhin erwähntest: wie eine Skulptur. Das war einfach schön. Und ich sagte mir doch: «Daß ich das so schön erlebe, muß heißen, daß ich unsere Beziehung so schön erlebe. Was anderes kann es gar nicht heißen. Und dann kannst du nicht taub und tot sein. Demnach bist du lebendig, trotzdem ist etwas tot, also bist du zu müde.» Das war mein Schluß. So weit konnte ich im Hintergrund noch denken.

CARMEN: Es war schon nachts halb zwei, und wir waren lange dabei. Dann wollte ich, daß du zum Orgasmus kommst. Weißt du, daß es wirklich ein historischer Moment war? Wir haben seit zehn Jahren zum erstenmal wieder miteinander geschlafen.

OLIVER: Mit solchen Pausen übertreffen wir sogar Ehepaare.

CARMEN: Wir kommen ins Guinness-Buch der Rekorde.

Ich mochte deinen Körper so gerne.

OLIVER: Ich *deinen* auch, aber mit *meinem* habe ich Probleme. Ich finde mich am Bauch zu dick.

CARMEN: Das finde ich nicht. Du bist durchtrainiert. Es wäre mir auch so gleichgültig, als wenn du zu einem Gedicht sagst, es käme kein Reim auf A drin vor.

Aber es ist schön zu hören, daß du meinen Körper magst. Mein Mann kann sehr gut nein sagen, aber auf ein positives Wort kann ich Jahre warten. Das kommt extrem selten. Er bricht zusammen, wenn er mal was Gutes über jemanden äußert. Aber er kannte es selbst auch nicht: über ihn haben seine Eltern nie etwas Gutes gesagt. Brachte er ein glänzendes Zeugnis nach Hause, fischten sie nur heraus, daß sein Betragen hätte besser sein können. Gräßlich.

OLIVER: Beim Stoßen hatte ich übrigens alles mögliche versucht, um dich zu einer stärkeren Reaktion zu bewegen: mal ganz sanft, mal ganz leicht, mal fest. Aber ich habe nicht herausgekriegt, was dir am besten gefiel. Das hätten wir aussprechen sollen.

CARMEN: Ich hätte mich lieber noch länger am ganzen Körper streicheln lassen wollen. Ich habe ja nicht nur den einen Punkt, sondern auch Beine, Arme, Po, Rücken. Ich habe oft erlebt, daß Männer gleich direkt vorgehen. Das ist meist zuwenig; trotzdem habe ich blöderweise nichts gesagt. Als hätte ich das Recht dazu nicht, obwohl ich mich so entspannt fühlte mit dir.

OLIVER: Und ich hatte witzigerweise keine Kraft mehr zum Schmusen, während das Stoßen unaufwendiger war. Ich war für Zärtlichkeit nicht wach genug.

CARMEN: Wirklich überraschend. Ich hätte eher Kraft zum Schmusen und weniger Kraft zum Vögeln gehabt. Wahrscheinlich werden wir in der Müdigkeit unterschiedlich zentriert. Ich hätte mir eine Zärtlichkeit gewünscht, in der ich mit dir ineinanderfließend zum Orgasmus käme. Manchmal wünsche ich mir die Erotik auch hart, mit Fesseln. Im Moment bin ich in einer weichen Phase. Essen auf dem Körper wäre beispielsweise schön. Ich komme übrigens zum Orgasmus, wenn du meine Pobacken unten kräftig anpackst. Und ich habe es sehr gerne, wenn du meinen Kopf mit beiden Händen nimmst.

OLIVER: Das ist bei Hanna genau umgekehrt. Die kriegt einen Anfall, wenn ich sie am Kopf nur berühre. Das hatte am Anfang, weil sie natürlich auch keinen Piep sagte, große Verstimmung gebracht. Denn für mich war es die zärtlichste Geste überhaupt.

CARMEN: Wenn mich jemand am Kopf berührt, habe ich immer das Gefühl, er meint mich, Carmen persönlich. Wer mich nur am Körper anfaßt, will Lust, und das ist alles. Dann geht bei mir alle Lust weg.

271

OLIVER: Wie war es denn für dich mit mir?

CARMEN: Weil du mich gar nicht am Kopf angefaßt hast, geriet ich flüchtig in Zweifel. Aber das Vertrauen zu dir ist groß. Und ich weiß auch ein bißchen, wie wahnsinnig unterschiedlich die Vorlieben und empfindsamen Stellen bei unterschiedlichen Menschen sind. Im Gespräch mit Freundinnen ist mir das deutlicher geworden als im Bett mit Männern. Wahrscheinlich muß jedes Paar eine eigene Liebessprache entwickeln – und da reichen unsere vier Tage nicht. Und wenn – wie bei uns – die Bindung stark ist, wird die Sache auch nicht gerade leichter.

OLIVER: Das ist mir aber lieber, als wenn du nur aus Bindungslosigkeit autonom wärst.

CARMEN: Immerhin habe ich nicht das Gefühl, daß wir aneinander vorbeigeliebt haben – wie es mir als der allgemeine Schlafzimmerstandard vorkommt. *(mit weicher Stimme)* Wir könnten unsere Einsichten aber auch gleich anwenden...

OLIVER: ...Wie süß du mich einlädst...

2. Feder und Peitsche

Die Pfauenfeder entblößt seelische Tätowierungen

Die erste sexuelle Regung
«Die erste sexuelle Regung ist nicht nach dem Orgasmus, sondern nach der Berührung.»
Avodah Offir

(Sophie legt sich nackt auf den Bauch, Alexander streicht mit der Feder über ihren rechten Arm. Eine leise Musik ist im Raum zu hören)

SOPHIE: Ich sehe eine Landschaft. Eine Stadt ahnt man, man sieht sie gar nicht. Sonnenuntergang oder -aufgang, mit einem gleißenden Licht, das ins Blau geht, fast eine Eislandschaft.

(Alexander streicht vom Handrücken über den Unterarm zur Schulter)

Lauter Blaus in Streifen, als wäre es ein Vorhang.

ALEXANDER: Spürst du einen Unterschied zwischen dem Hinauf- und dem Hinabstreichen?

SOPHIE: *(nach einer Pause)* Deine Fragen beeinflussen meine Bilder.

ALEXANDER: Gut – *(offensichtlich reimend)* dann laß ich sie – wie im Zwie.

SOPHIE: Ich habe ganz langsame Bilder, keine schnell wechselnden. Sie gehen ineinander über.

(Alexander wechselt zum linken Arm)

SOPHIE: Blaugrüne Wellen, keine Meereswellen, aber Wogen. Witzig, als du zu Anfang dort kurz begannst, war es auch schon ein grüner Tupfen. Ich dachte, ich wäre von dir beeinflußt gewesen. Aber jetzt mischt sich das Blau des rechten Arms mit dem Grün des linken.

(Die Feder streicht über die Schulter)

SOPHIE: Mein Gott, die ist ja total empfindlich. Besonders im Nacken. Viel empfindlicher als der Arm, besonders die Mitte.

(Längeres Schweigen)

Alles wird ganz blau. Es ist eine Landschaft, die grob überpinselt ist, mit einem smaragdgrünen Punkt.

(überrascht) Ach du meine Güte, da sind ja gefaltete Hände. Mariahände in einem schönen heiligen Weiß. Der smaragdfarbene Fleck ist ein Armband an ihrem Handgelenk. Wunderschöne Farben. Zuerst schien es mir wie ein Kreuz zu sein.

ALEXANDER: Es ist ja auch ein Kreuz, das ich bisher mit der Feder bestrich: deine Arme und die Wirbelsäule.

SOPHIE: Vorhin war es wie warmer Schnee, das war doch auch gestern ein Bild von dir, jetzt versteh ich es.

(Alexander streicht jetzt über den ganzen Rücken und die Seiten)

Ganz an der Flanke wird es sehr empfindlich, dort, wo die Arme normalerweise anliegen.

(Die Feder gleitet über das Kreuz)

Jetzt ist es wie ein warmes Pusten. Als machte eine Wolke einen ganz leichten Druck.

ALEXANDER: Weil ich dich um die Grübchen schon so oft mit der Hand gestreichelt habe, fühle ich mich jetzt fast wie zu Hause. Es ist mir

273

nicht mehr so fremd, merkwürdig, dein Körper ist wie eine Landschaft mit bekannten und unbekannten Orten, zu denen ich eine deutlich unterschiedliche Beziehung habe.

SOPHIE: Mit der Hand ist es übrigens ein völlig anderes Gefühl. Es ist schön, so unterschiedliche Hautempfindungen zu erleben. Rechts und links sind übrigens gleichempfindlich.

(Alexander geht zum Hintern)

(Sophie heftig ausrufend) Gelb, ganz eindeutig, Sonnengelb, kräftiges Goldgelb, ausstrahlend.

Die Farbe bleibt überall am Hintern wirklich konstant.

ALEXANDER: Sie scheint auch unmittelbarer als Blau zu sein.

SOPHIE: Ja.

ALEXANDER: Welche Farbe hatte eigentlich dein Rücken?

SOPHIE: Hellblau mit Türkis.

Das Gleiten der Farben
«Sie mustert mich aufmerksam und sagt: ‹Ich dachte, deine Augen seien blau. Sie sind seltsam und schön, grau und golden hinter den langen, schwarzen Wimpern. Du bist die graziöseste Frau, die ich jemals gesehen habe. Du schreitest nicht – du gleitest.› Wir sprechen über die Farben, die wir lieben. Sie trägt immer nur Schwarz und Purpurrot.»

Anaïs Nin

(Alexander geht zu den Oberschenkeln)

Ja, da wird es ein ganz helles Licht. *(ausrufend)* Komisch, es überrascht mich alles so. Das hätte ich nie gedacht. Weiter unten wird es dämmerig. Wenn du hoch gehst, wird es hell. Am Po bleibt es ganz gelb. Bleib mal an den Beinen.

(Die Feder geht tiefer und überstreicht nach und nach die Waden bis zu den Füßen)

Eine Zeichentrickfrau oder eine Figur aus dem Kubismus, aber sehr grazil. Besonders auffällig ist der Oberkörper in einem verblaßten Rot, fast Altrosa, wie um die Brüste zu betonen.

(Wechsel von links nach rechts)

Das wird eindeutig violett.

ALEXANDER: Merkwürdig, konkrete Landschaften und Figuren wie du hatte ich überhaupt nicht gesehen, nur Farben.

SOPHIE: Das Violett ist ein Dorf. Es könnte in der Toscana liegen. Wie meine Heimat.

274

ALEXANDER: Das sind wirklich seelische Tätowierungen auf deiner Haut, unsichtbar für Außenstehende. Ob viele Menschen das haben? **SOPHIE:** Meer und Hafen. Wie zu Hause. Die Farbe gleicht einem sprudelnden Whirlpool, unregelmäßige Wellen, aber alles ganz trocken. Sterne, die umeinanderkreisen in Lila und Blau, Gelb und Pink. Ein Sternenspiel. Jetzt erscheinen zwei starke Strahlen wie aus einem Leuchtturm in Gelb und Blau. Seltsam, ich sehe von einem kleinen Jungen oder Mädchen nur Bauch und Geschlechtspartie, bekleidet mit Wollzeug. Wie es polytonale Musik gibt, so ist das polycolor. Jetzt ein starkes Gelb auf beiden Seiten, aber ganz anders als am Hintern, fast schattenhaft.

(Fußsohlen)

Da merke ich gar nichts. Bist du rechts? **ALEXANDER:** Nein, links. Ist ja erstaunlich, du merkst wirklich nichts – und ich dachte, Fußsohlen seien so empfindlich. Vielleicht ist es die dicke Haut?

(Die Rückseite ist nun beendet, Sophie dreht sich um. Alexander beginnt oben)

Ich sehe die Ströme besser
«Ich sehe die Ströme besser, wenn ich mit dir /
über die Felder zum Ufer der Ströme gehe; /
an deiner Seite sitzend und in die Wolken blickend, /
achte ich besser auf sie . . . /
Du entzogst mir nicht die Natur . . . /
Du brachtest mir die Natur ganz nahe, /
weil du lebst, seh' ich sie besser und doch als dieselbe, /
weil du mich liebst, liebe ich sie auf die gleiche Weise, doch stärker, /
weil du mich erwähltest, um dich zu lieben und dich zu haben, /
hafteten meine Augen länger /
vor allen anderen Dingen an ihr. /
Ich bereue nicht den, der ich einstmals war, /
weil ich es immer noch bin.»

Alberto Caeiro

SOPHIE: Geht man immer von oben nach unten?
ALEXANDER: Ich habe nie darüber nachgedacht. Oben scheint mir alles bewußtseinsnäher zu sein, vielleicht deswegen.

(Linke Handfläche und Arm)

SOPHIE: Himmel, ohne bestimmte Farbe. –
Ich würde gern die Augen verbunden haben. Ich sehe dann mehr.

(Sie verbinden ihre Augen)

275

SOPHIE: Der rechte Arm ist auch Himmel, aber ganz bunt, gelb, rot, blau. Ich sehe auch eine Wüste mit einer schattigen Oase. Der Hals ist ganz blau.

(Die Feder streicht über die Brüste)

Verblaßtes Grün, Dunkeltürkis. Die Brustwarzen aber rot, wie Tomaten. Alles ist viel stärker in den Farben und empfindlicher als die Arme. Besonders die Gegend des Dekolletés.

ALEXANDER: Vielleicht zeigt man es so gern, weil es so empfindlich ist.

SOPHIE: Oh, jetzt warst du unter den Armen, das ist auch ganz sensibel. Aber auf der rechten Seite ist es nicht so stark.

Es ist toll, weil es so warm wird, wenn du die ganze Feder nimmst. Gleichzeitig so leicht.

ALEXANDER: Die Brüste kann ich ewig machen, weil ich selber soviel Lust an ihnen empfinde.

Jetzt gehe ich tiefer, ja?

SOPHIE: Die Brüste fühlen sich total gespannt an.

ALEXANDER: Von außen sehe ich nichts. Die Brustwarzen sind weich.

SOPHIE: Echt? Das kann ich mir gar nicht vorstellen.

(Die Feder bewegt sich inzwischen um den Nabel)

Um den Nabel spüre ich weniger als am Venushügel – vielleicht auch wegen der Fettschicht.

ALEXANDER: Fett finde ich dich nun wirklich nicht.

SOPHIE: Ich habe viel stärkere Bilder als Farben. Das ist schlecht zu erzählen, weil ich dann vom Fühlen und Sehen ganz abgelenkt werde.

ALEXANDER: Ich frage mich auch, ob du die Feder in der Schamgegend überhaupt fühlen kannst – wegen der Haare.

SOPHIE: Doch, es ist sehr empfindlich. Die Feder wird über die Haare weitergeleitet. Und es gibt auch viel nackte Haut. Versuch es mal leichter. Ja, die rechte Leistenbeuge ist wahnsinnig schön. Die Innenflächen der Oberschenkel glänzen – aber ich muß mich auch gegen die Kälte wehren.

(Alexander bedeckt sie mit einer Decke)

Sehr schön. Die Bilder werden spannend. Heiligenbildermotive, zuviel, um alles zu erzählen.

ALEXANDER: Du hast, finde ich, anständige, kräftige Knie. Ich habe dich auch noch nie so langsam und eingehend betrachtet, eine bedeutende Nebenwirkung der Feder, eine Art meditativer Voyeurismus.

SOPHIE: Es entspannt durch und durch.

ALEXANDER: Vielleicht hast du ja auch deswegen die Heiligenbilder gesehen.

SOPHIE: Es leuchtet wieder alles kobaltblau, jetzt auf dem rechten Bein, aber auch vorher schon am linken.

Ich glaube übrigens nicht, daß Farben und Bilder besonders festgelegt sind. Nur an der Möse sah ich ein sprühendes kräftiges Gelb, das könnte von Dauer sein. Arabischer Himmel, leuchtend dunkelblau und riesig über der Silhouette einer Stadt.

ALEXANDER: Soll ich dich einmal «beflackern»?

SOPHIE: Versuch's.

*(Alexander wedelt in kurzem Hin und Her
und dreht die Feder dabei um ihre Achse)*

Nein, das wird zu unruhig, es gefällt mir nicht.

ALEXANDER: Das hätte ich nicht gedacht, es schien mir anregend zu sein. Die vielen Heiligenbilder, die du sahst, strahlen ja auch eine große Ruhe aus. Ich bin gerade auf eine neue Theorie des Christentums gekommen: Es waren wilde, triebdurchtoste Menschen, die durch Heiligenbilder zur meditativen Ruhe gebracht wurden. Die Lust regt ja auch unheimlich auf.

SOPHIE: Allerdings.

ALEXANDER: Zum Abschluß könnte ich dein Gesicht machen.

SOPHIE: Ja, gut.

(Sie nehmen ihr die Augenbinde ab)

ALEXANDER: Hoffentlich kitzelt es nicht nur. *(Sehr zärtlich)* Mach mal die Augen zu.

(Er streicht mit der Feder übers Gesicht)

SOPHIE: *(freudig)* Schön!

Bis zu einem gewissen Grad ist das Kitzeln auch schön.

ALEXANDER: An der Nase scheint es dich besonders zu kräuseln.

SOPHIE: Mein Hören versinkt völlig bei diesem Reiz. Ich fühle nur noch. Die Musik schwindet.

ALEXANDER: Du lächelst aber auch wirklich selig, Süße. Selbst an den Ohren.

(Das Streichen übers Gesicht dauert lang – ohne daß beide reden)

Gut, mein Herz.

SOPHIE: Es war wunderschön.

(Er legt die Feder beiseite und deckt sie sanft zu)

ALEXANDER: Magst du es noch nachgenießen?

SOPHIE: *(bittend)* Komm doch mal kurz rein.

ALEXANDER: Geht dann nicht das ganze Erlebnis verloren? Dann passiert doch wieder tausendundeine Nacht.

SOPHIE: *(liebevoll verneinend)* Mhmhm.

Das Herz des Todes
«Ist aber das Wesen des Menschen in der Sexualität beschlossen, die sein Anfang und Ursprung ist, dann steht er vor einem Problem, das nur in Bestürzung münden kann.

Diese Bestürzung ist mit dem ‹kleinen Tod› gegeben. Wie soll ich den kleinen Tod erleben, wenn nicht als Vorgeschmack des endgültigen Todes?

Die Gewalt der konvulsivischen Lust lebt tief in meinem Herzen. Diese Gewalt ist zugleich – ich sage es voll Angst – das Herz des Todes: es öffnet sich in mir.»

Georges Bataille

Die Peitsche spricht

Gegen Ende des Zwiegespräches von Juliette und Johannes gibt es eine Passage über ein Peitschenliebesspiel, mit dem beide am Vorabend ihre Liebe einleiteten.

JULIETTE: Darf ich dir einige Bilder erzählen, die in mir mit jedem Peitschenhieb aufkamen?

JOHANNES: Wie meinst du das?

JULIETTE: Jeder der einzelnen Hiebe ließ sozusagen ein Bild aufflammen. Und ich glaube, es zeigt, was Peitschen innerlich bedeutet; was es seelisch bewirkt.

(kleine Pause)

278

(gespielt vorwurfsvoll) Ich erlebe dich wirklich wie einen blutigen Anfänger auf diesem Gebiet, wie einen Ahnungslosen.

JOHANNES: Das wächst sich ja zu einer Weihe aus. – Aber du hast wirklich recht, ich habe davon keine Ahnung. Erzähle.

JULIETTE: Ich nenne dir nacheinander die Bilder, die mir noch in Erinnerung sind. Leider habe ich die meisten vergessen, es geht so schnell, wie man Träume, die eben noch ganz klar zu sehen waren, aus dem Sinn verliert.

Ein Schlag fühlte sich an, *als wenn die Sonne plötzlich durch eine Nebelwand bricht.*

Oder: *Je stärker er fällt, desto intensiver ist die Liebe.*

Weißt du, es wurde mir bewußt, daß es gar nicht anders sein kann. Meine Freundin Anne, mit der ich darüber vor einiger Zeit noch etwas scheu sprach, war zu meiner Überraschung genau der gleichen Meinung. Die Schläge sind ursprünglich keine Bestrafung, sie sind der Lust entwendet und zur Strafe mißbraucht worden. Ein Schmerz ist wie eine konzentrierte Lust. Aber ehe man das nach Jahrzehnten begreift, ist das Lustleben auf Erden schon vorüber. Die Peitsche dringt ein, tief ins Innere, wo man sonst nur mit höchster Zärtlichkeit berührt werden kann.

JOHANNES: Ich merke gerade meine Schuldgefühle wegen des Peitschens. Gehört sich das eigentlich? Aber dieses schlechte Gewissen vernebelt mir auch den erotischen Verstand.

Mir war gestern nämlich für einen Moment deutlich geworden, daß die Lust des Peitschens sich genauso anfühlt wie das tiefe Eindringen mit dem Schwanz. Ich will in dich hinein, das ist es.

Das große Wunder peitschte ihren Rücken
«Und dann mit einemmal geschah es. Irgend etwas zog sie über den Rand und irgend etwas gab nach; und alle drei Flügelpaare begannen zu schlagen: Sie war das Zentrum und der Ursprung und das Opfer eines Sturms von Flügelschlägen; wir schwebten über der Welt; Gottes Körper in uns glitt als riesiger Vogel dahin, das große Wunder peitschte ihren Rücken, peitschte rings um uns her auf das Bett, es zerrte an ihr, sie war gequält und außer sich, sie war sich fremd in diesem körperlich-unkörperlichen Ding, in dieser engelsgleichen anderen Verkörperung Gottes, diesem anderen Element ihrer selbst; die Flügel waren ausgebreitet; sie donnerten und galoppierten keuchend mit ihr davon.»

Harold Brodkey

Todeswunsch
«O komm zurück und töte mich!
Vor deinem Blick verscheiden ist besser doch, als ohne dich zu leben und zu leiden!»

Sa'di

279

JULIETTE: Ich sagte dir doch schon einmal, daß ich im Grunde zickig bin.

JOHANNES: Finde ich überhaupt nicht. Keine wirklich Zickige sagt das von sich.

JULIETTE: Gut, dann eine aufgeklärte Zickige. Es steht ein Bockigsein dahinter, eine Abwehr, ein Widerstand, der überwunden werden soll. Ich glaube, das steht auch hinter meiner Lust, gepeitscht zu werden. Du überwältigst mich, ich bin dir ausgeliefert – und da will ich hin, um mich selbst so zu spüren. Die Peitsche ist nur das Mittel, der Schmerz eine Art Transport zu inneren, unerschlossenen Bereichen.

Jetzt fällt mir ein sicher schwierig zu verstehendes Bild wieder ein. Stell dir am besten vor, der Peitschenhieb bewirkt einen neuen Zustand: *Du wirst der süße, weiche Kern unter meiner rauhen Schale.* Mit Du bist du gemeint.

Mandelkerne
«So sehe ich auch das Gesicht eines Weggefährten vor mir, dessen Herz einst dem meinen so nahe war, wie zwei Mandelkerne einander sind, die von der gleichen Schale umschlossen werden.»
Sa'di

JOHANNES: Wie, bitte? Der Schlag durchbricht deine Schale, und dadurch werde ich dein süßer Kern?

JULIETTE: Genau, plötzlich verlagerst du dich wie eine süße Mandel nach innen und bist mit mir identisch. Du bist fähig gewesen, durch meine Schale durchzuschlagen. Das ist doch das älteste Märchenthema: die Dornenhecke, der ewige Schlaf, der dunkle Zauberwald, der erst durchdrungen werden muß.

JOHANNES: Eben bei der Vorstellung der ‹Kernverschmelzung› hatte ich an eine kirchliche Kommunion gedacht.

JULIETTE: Hört sich in deinen Worten aber auch sehr bedrohlich an, wie Atomkraft. Aber die Lust ist ja auch kein Kinderspiel. Sie ist eine Art Gewalt und nichts anderes.

«Wenn du mich nur liebst, kannst Du mich töten.»
Medea

Du bist der weiche Kern in meiner harten Schale, heißt für mich aber auch, daß du mir mit deiner Weichheit zur eigenen Weichheit verhilfst. Du erschaffst unter der Schale den weichen Kern – mit der Peitsche. Verstehst du?

JOHANNES: Ich verstehe, was du sagst, aber ich verstehe dieses Ereignis nicht. Dazu brauche ich noch mehrere erotische Lehrjahre.

JULIETTE: Vielleicht hilft dir ein anderes Bild weiter. Du hast doch gestern das überraschende Gefühl gehabt, ich sei nach dem Peitschen ganz weich, offen sinnlich geworden – statt ungreifbar und spröde wie vorher.

JOHANNES: Du warst davor nicht abweisend, das kann ich nicht sagen, aber eher Fisch als Fleisch.

JULIETTE: Du hast mich danach Magnolie genannt. Nun mein Bild zum Peitschen: *Die Hiebe lassen mich wie eine Magnolie im Frühling ausschlagen.*

JOHANNES: *(zunächst etwas sprachlos)* Donnerwetter, mir ist das «Ausschlagen» der Blüten im wörtlichen Sinne noch nie so deutlich geworden.

JULIETTE: Ich hatte ähnliches schon einmal bei einer erotischen Ohrfeige erlebt: Es war mit ihr, *als wenn lauter Kirschblütenblätter in der Frühlingssonne niederfielen.*

JOHANNES: Wie zärtlich deine Bilder in dieser Heftigkeit sind.

JULIETTE: Immer, wenn ich das Tanzen unterbrach, um zur Peitsche zu gehen, habe ich dich genau betrachtet. So kräftig du zuschlägst, so zärtlich ist dein Gesichtsausdruck dabei. Ich glaube, dieses doppelte Gesicht aus Zärtlichkeit und Heftigkeit fasziniert mich sehr. Aber irgendwie ist es auch kein Wunder. Die Lust kommt von der Liebe. Und die Liebe ist für mich beides in einem, ganz zart und ganz hart.

JOHANNES: Hättest du nicht auch Lust, mich zu schlagen?

JULIETTE: Nicht besonders – aber vielleicht, wenn du es *sehr* gern möchtest. Für mich paßt die Umkehr nicht in die Rollen von Mann und Frau, ich weiß auch nicht, warum. Es wirkt verdreht. Als wenn die Bäumchen andere Blättlein hätten gewollt.

JOHANNES: Es gibt doch aber genug Dominafrauen und Sklavenmänner.

JULIETTE: Es geht nicht um die Lust oder SM, es geht um den Ausdruck der Liebe, sozusagen um eine künstlerische Gestaltung – in der wir uns selbst selbst erschaffen. Ich glaube, jede Liebe stirbt, die sich nicht ausdrücken kann. Sie wächst mit dem Ausdruck. Er ist unendlich.

JOHANNES: *(etwas platt)* Aha.

(Kleine Pause)

281

Langsam wird die Zeit *nach* dem Peitschen für mich spannender als die Zeit *während* des Peitschens.

JULIETTE: Willst du zum Peitschen ein profanes Küchenbeispiel hören? *Du wirst zum Fettauge, das auf meiner Suppe schwimmt.*

JOHANNES: So langsam gewöhne ich mich an diese merkwürdigen inneren Bilder in deinem Garten der Lüste. Die Peitsche öffnet sie wie ein Schlüssel. Ist es nicht das Mark, aus dem das Fett stammt? Und ist das Mark nicht enorm kraftspendend?

JULIETTE: Es war schon unter den Frühmenschen die begehrteste Nahrung. Wahrscheinlich erfanden sie deswegen die ersten Werkzeuge.

So bedeutend, mein Lieber, ist das, was zwischen uns geschieht.

JOHANNES: Der Blinde dankt ergebenst für das Mark.

JULIETTE: Siehst du, alles in der Liebe ist wechselseitig. Du bist mein Mark, und ich bin deines. Auch ohne Rollentausch.

Das Küchenbild heißt aber noch mehr: Der Schlag sättigt, ernährt. Er macht ein armes Leben reich.

Dazu noch ein anderes: *Du bist die einsetzende Regenzeit und glättest die Dürrerisse der Erde.*

JOHANNES: Wenn du sprichst, ohne daß du die Peitsche erwähnst – wie jetzt –, kann ich plötzlich besser verstehen.

JULIETTE: Ich glaube wegen deines schlechten Gewissens. Die meisten Menschen peitschen sich leider nur damit durch.

Aber das wirst du verstehen: *Deine Hiebe sind meine Herzschläge, die mein Blut aufpeitschen.* Oder: *Deine Peitsche sind die Sporen meiner Sehnsucht.*

Komisch, jetzt bin ich wieder in der Erinnerung, fast alle fallen mir ein.

JOHANNES: Ich will nicht sagen, daß mir schwindlig wird, aber ich werde benommen. Als ob das, was ich angerichtet habe, jetzt erst auf mich zurückwirkt.

JULIETTE: Die Geister, die du riefst, wirst du nun nicht mehr los? *(tröstend)* Es sind aber alles gute Geister...

JOHANNES: ...hoffentlich verlassen sie mich nicht.

JULIETTE: Hör, es ist doch unsere Form der Liebe: *Ich bin der Stein, aus dem du mich mit Schlägen schaffst.*

JOHANNES: Ein Bildhauer?

JULIETTE: Ja.

Ich habe auch ein Bild für die Zeit *zwischen* den Hieben:

282

Du bist die Stille im Wald – nach dem letzten Vogelschlag und vor der Morgenröte.

JOHANNES: Meinst du, der letzte Hieb ist der Vogelschlag und die Morgenröte der nächste?

JULIETTE: Die Bilder kommen ohne jedes Nachdenken. Aber so verstehe ich es auch. Ich bin ja sozusagen im Wald aufgewachsen.

JOHANNES: Bist du eigentlich als Kind geschlagen worden? Du kommst mir... *(zögert eine Weile)*... so geübt vor.

JULIETTE: Nie. – Vielleicht geht es deswegen so gut. Nichts ist mir sozusagen verdorben worden. Ich könnte sonst nie solche Bilder haben. Noch eines: *Die Peitsche tropft wie Tau auf einer Wiese.*

JOHANNES: Erlebst du keine Schmerzen?

JULIETTE: Doch, sehr, aber sie verwandeln sich, sowie sie da sind. In Bruchteilen von Sekunden, würde ich schätzen. *Du machst die Glut, auf der meine Füße tanzen,* fiel mir gestern ein, als ich vor dir lag. Aber dann komme ich auch in eine sehr aktive Rolle:

Ich bin der Wüstensturm und du der Sand, den ich treibe.

JOHANNES: Drehst du da nicht etwas um?

JULIETTE: Nein, ich glaube nicht. Ich bin doch sozusagen die, die aktiviert wird. Wie bei Pferden, denen man die Sporen gibt oder die Peitsche. Willst du noch ein Bild aus meinem Nähkästchen? Es kam mir gestern, als ich die vielen Striemen auf der Haut prickeln fühlte. *Die Peitsche ist der Magnet und ich der Stecknadelhaufen.* Es ist für mich so merkwürdig gewesen, aus welch unterschiedlichen Bereichen die Einfälle kamen. Beispielsweise: *Du wirst mit der Peitsche zum Ton meiner Stimme.*

JOHANNES: Wenn du geschrien hast?

JULIETTE: Ja.

(Kleine Pause)

Kennst du Friedhofs- und Todeserotik?

JOHANNES: Verführerische Engel auf den Gräbern?

JULIETTE: Viel konkreter: auch Liebemachen auf Grabstätten. Bald sind Gräber doch das einzige Stück Natur, das uns bleibt. Aber – ohne Scherz – es gibt zwischen Tod und Liebe eine Verbindung – man verschwindet, löst sich irgendwie auf. Mir fällt das nicht zum Schreien, sondern zu meinen Tränen ein, obwohl ich das Bild nicht genau verstehe: *Du*

wirfst mit der Peitsche die frische, duftende Erde auf, die in meine Tränenflut dringt und mich tröstet.» Ich muß an den Tod meines großen Geliebten denken, den ich wohl nie verwinden werde. Vielleicht ist es der fruchtbare Acker. Vielleicht Grabeserde. Und warum nicht beides?
Das merkwürdige war aber der radikale Wechsel, die überraschende Abwechslung der Bilder. Zum Beispiel noch das letzte, das mir jetzt einfällt: *«Deine Peitsche macht dich zum Ozean, in dem ich ein U-Boot bin.»*
JOHANNES: Peitschende Wellen, Brandung, du gehst unter, aber nicht als Schiffbrüchige.
Ich habe jetzt doch den Mut gefunden, dir zwei Träume zu berichten, die ich heute Nacht hatte. Sie wirken etwas dürftig, verglichen mit deinen Bildern, aber sie gehören wohl dazu:
In einer U-Bahn beschimpften Kerle einen Ausländer und bedrohten ihn mit dem Messer. Ich versuchte sie zur Räson zu bringen, fühlte aber durch sie selbst mein Leben bedroht.
Nun weiß ich nicht, ob ich in ihnen war und im Messerdrohen mein Peitschen als Mißhandlung ansah, gegen das sich eine Seite in mir wehrte. Oder ob ich selbst in meinem Angriff gegen die Angreifer steckte.
JULIETTE: Wenn dir schon beides einfällt, wird es beides sein. Die Peitsche mobilisiert deine eigene Aggressivität – das sind die Kerle –, und dagegen wendet sich eine anständigere Seite, mit der du dein Ich lieber bekleidest. Aber es bleibt bedrohlich. Das ist *deine* Prüfung.
JOHANNES: Weißt du, Psychoanalytisches höre ich immer so ungern, es geht mir richtig gegen den Strich.
JULIETTE: Verwechsle dein Inneres nicht damit.
JOHANNES: Nun aber der zweite Traum, ebenso kurz.
Ich sah auf eine schwere, sanftmütige Weise, wie ganz kostbare Luxuslimousinen sorgfältig hergestellt wurden. Und das entsprach ebenfalls dem Peitschen. Als ob mit den Hieben etwas ungeheuer Wertvolles hergestellt wurde. Die Limousine fühlte ich noch sehr konkret wie deinen Körper oder wie den Körper von Frauen. Was heißt überhaupt Limousine, fällt mir gerade ein?
JULIETTE: Es gibt einfachere Fragen, aber zufällig weiß ich es aus meiner französischen Heimat. Wer weiß, ob du es je gehört hast. Vielleicht schaust du deshalb erst in das Lexikon, das du selbst bist. Was fällt dir dazu ein, ist die alles entschlüsselnde Frage.

284

JOHANNES: Zwei erotische Dinge: Limone – wie der Zitronenduft deiner Möse – und Cousine, die sehr viel älter war als ich und die ich in meiner Kindheit liebte.
JULIETTE: Ziemlich sinnlich.

Die wahre Bedeutung von Limousine ist übrigens ein Kleidungsstück aus dem Limousin, ein weiter, großer Schutzmantel – und das ist auch nicht so entfernt von einer großen, beschützenden Cousine, finde ich, wenn man klein ist.
JOHANNES: Ja, diese Erotik gedieh nur unter ihrem beruhigenden Schutz.
JULIETTE: Vielleicht gilt das ja für alle Erotik.

Es gibt aber eine interessante Parallele in deinen und meinen Phantasien: Du stellst dir vor, die Frau, die Limousinen, die zitronigen Cousinen, zu erschaffen, wie mir der Bildhauer einfiel. Auf jeden Fall ein schöpferischer Vorgang. Schön, daß du die Träume doch noch erzählen konntest.
JOHANNES: Gestern hatte ich mir zwischendurch auch einmal selbst auf die Knie gepeitscht. Dabei erlebte ich die ganze Schmerzpassage: wie er sich verwandelt und was er mit der Haut macht. Ich war überrascht, wie lange der Schmerz bei mir dauerte und wie dick er sozusagen auf der Haut blieb. Natürlich ist es ein Unterschied, wenn du mich lustgepeitscht hättest. Ich hätte ihn besser annehmen können, er hätte sich schneller verwandelt.
JULIETTE: Für mich wirkt sich der gewollte Schmerz stark aus. Der Raum, in dem ich mich befinde, beginnt intensiv zu leuchten. Es ist wie ein großes Aufatmen. Es ist ja auch eine uralte erotische Phantasie von mir.
JOHANNES: Meinst du eine Kindheitsphantasie?
JULIETTE: Ich erlebe es im Grunde als riesigen Befreiungsakt aus einer tiefen Einsamkeit. Als ich etwa acht Jahre alt war, entwickelte ich eine erotische Lieblingsphantasie: Ich lag nackt und bäuchlings auf einem Floß gefesselt und trieb einen Strom hinab. Arme und Beine waren seitlich ausgestreckt. Zunächst zog eine Landschaft an beiden Seiten des Flusses vorüber. Dann aber kamen schwarze Berge wie aus Lava. Als die Landschaft hügelig und gebirgig wurde, spürte ich Peitschenhiebe. Sie wurden immer stärker, bis der Fluß die Berge durchbrach. Dann endete die Floß-

285

fahrt, und ich stieg aufwärts in den Himmel, inzwischen ganz hell und licht geworden und sehr gestärkt.

JOHANNES: Hast du eigentlich damals auch kindliche Sexspiele gemacht?

JULIETTE: Ach, die begannen schon viel früher, mit vier Jahren. Damals spielten Schlagen und Peitschen auch schon eine zentrale und sehr lustvolle Rolle. Darüber war ich ziemlich verblüfft, weil körperliche Tätlichkeiten bei uns in der Familie sehr verpönt waren. Eine Ohrfeige tut der Mutter ebenso weh wie dem Kind, hieß es immer.

Den Jungen, der das mit mir gemacht hat, habe ich als sehr erdverbunden und kraftvoll erlebt. Er faszinierte mich, war Bauernsohn auf dem kleinen Dorf. Ein anderer war sehr zärtlich und spielte mit mir Familie. Der Bauernjunge hatte für mich eine große Selbstständigkeit und Unabhängigkeit, besonders von allem städtischen Leben. Das war auch immer meine eigene Sehnsucht, eine Landschaft, wo die Erde noch duftet.

Ja, jetzt fällt mir auch auf, daß ich mich von ihm trennen mußte, als ich acht war.

JOHANNES: Hast du deswegen die Floßfahrt mit dem Gepeitschtwerden phantasiert?

JULIETTE: Ich denke, ja. Eine Linderung des Abschiedsschmerzes von ihm, aber auch von aller Natur.

JOHANNES: Wie waren denn eure Sexspiele konkret?

JULIETTE: Wir waren immer in der Gruppe. Manche, die nicht richtig mitmachten oder gar petzten, wurden ausgeschlossen. Da hielt übrigens meine Mutter zu uns. Als die Nachbarin einmal meckerte, entgegnete sie, das sei ein Zeichen für eine gesunde Entwicklung. Dennoch geschah alles sehr heimlich. Zu siebt bauten wir uns Höhlen und Nester oder nahmen das Kriegszelt meines Vaters. Schinkenbrot wurde gerecht verteilt, und es war sehr gemütlich. In einem versteckten Winkel unseres großen Gartens, eines wahren Gartens der Lüste, fand alles statt. An der Mauer zur Kirche haben wir uns immer ausgezogen, im Sommer ganz nackt, und begannen an uns herumzufummeln. Bei Spielen, die über mehr als drei Stunden gingen, wechselten wir auch mal den Ort, eine große Wiese mit Gebüsch und selbstgebauten Puppen. Je nach Neigung bildeten wir Paare. Mit dem zärtlichen Pierre lag ich oft Haut an Haut über Stunden, und auch das war der Himmel auf Erden. Wir streichelten

286

uns nur. Er holte mich bei jedem Wetter von der Schule ab, absolut treu. Mit Fernand aber war es ganz anders. Er schlug mich, und es machte uns große Lust, es war einfach heißer. Er mußte auf Hof und Feld schon damals viel arbeiten, war nie besonders gewaschen, kam zu spät zur Schule und hatte dort auch große Schwierigkeiten, vor denen ich ihn bewahren konnte. Die Spiele waren aber nicht nur für mich, sondern auch für ihn eine ganz wichtige Erfahrung. Dadurch daß ich mich von ihm habe peitschen lassen, hatte ich zusätzlich Macht über ihn.

JOHANNES: Wie hast du dich denn schlagen lassen?

JULIETTE: Anfangs von hinten auf den Arsch. Zuerst begann es spielerisch mit Baumzweigen. Dann entwickelte sich das zur richtigen Lust im nackten Zustand. Zuletzt hatte er beispielsweise die Idee, daß ich mich an die Mauer stellen sollte und nicht wissen durfte, wann er kommt und schlägt. Das war am aufregendsten. Bevorzugt übrigens zu Beerdigungszeiten, weil wir da am wenigsten erwischt werden konnten. *(lacht)* Lustig, daß mir das jetzt einfällt.

JOHANNES: Die Erotik der Friedhöfe wird höchstpersönlich und konkret.

JULIETTE: Die Regel war, daß *beide* sich auszogen, eine Art Gleichberechtigung, manchmal eben vor der Gruppe. Seine Zärtlichkeit äußerte er mit dem Stecken – manchmal als Streichen über die Haut, manchmal als Schlagen. Und beides wünschte ich mir auch sehr.

JOHANNES: Schlug er nie mit der Hand?

JULIETTE: Nein, zu Hause wurde er oft mit der Hand geschlagen, selbst mit den Tieren machten sie es so. Da war die Hand zu sehr mit Schmerzschlagen verbunden und kam für ihn nicht in Frage. Selbst als ich anfangs nur ausgestreckt auf dem Boden lag, machte er es nur mit dem Stecken.

Die Spiele waren ja oft auch in große Szenarien eingebettet. Wir hatten grausame Vorstellungen – beispielsweise wurden wir von der Polizei verfolgt oder waren im Krieg rettungslos verloren. Wenn wir ganz im Psychodrama drin waren, überfiel uns wirklich Panik.

Es war eine schöne Zeit. Aber sie endete schon, als die Großeltern zu uns zogen. Ich erinnere mich noch genau, daß ich das Gefühl hatte, meine Mutter sei dem Ganzen nicht gewachsen, vor allem konnte ich nicht mehr offen sein, weil sie ihrer Mutter gegenüber kein Geheimnis wahren konnte und meine Großmutter ekelhaft mit meinen Erlebnissen umging. Seitdem beschloß ich zu schweigen. So begann ich mitten unter Menschen einsam zu werden. Damit verbunden kam es zum Wegzug in die Stadt – und das verstärkte mein Alleinsein, denn ich verlor ja auch alle erotischen Freunde, Pierre, Fernand und einen späteren dritten, Michel, nicht zu vergessen meine geliebte Natur.

JOHANNES: Das Floß wird wirklich schwer von Abschiedsschmerz, fast ein Bild für das Forttreiben im Lebensstrom.

JULIETTE: Ja. Die schwarzen Berge türmen sich scheinbar unüberwindlich auf. Sie spiegeln meine Situation, die immer enger wurde, aber auch den großen Durchbruch, nachdem ich die Hürde genommen hatte – in meiner Phantasie eben durch die Peitsche; denn sie brachte ja das Licht.

JOHANNES: Das waren die Erinnerung und die Kraft deiner Lustbeziehung zu Fernand?

JULIETTE: Ich glaube, ihn hatte eine ganz tiefe Liebe zu mir ergriffen. Er hat mir sogar einmal geschrieben, obwohl er nicht richtig schreiben konnte. Im Moment werde ich sehr traurig über den Verlust damals.

JOHANNES: Es kommt mir so vor – aber du bist ja die Psychoanalytikerin –, als hätte dich die Peitsche auf dem Floß aus der Einsamkeit geholt. Hast du eigentlich gar keine Wut beim Peitschen erlebt – ich meine, wenn ein Schlag zu heftig war beispielsweise?

JULIETTE: Nein, auch jetzt bei dir nicht. Es wird mir auch klarer, wie tief diese Lust in meine Lebensgeschichte eingebettet ist. Sie befreit mich. Das besagt das Licht wahrscheinlich.

JOHANNES: Ich habe gerade jetzt ein eigenartiges Erlebnis. Zunächst dachte ich, die schwarzen Berge könnten eine Depression symbolisieren, aber im Moment ist mir, als könnte ich das Wort *Depression* von dem Wort *Schwarze Berge* gar nicht mehr trennen, es ist – seelisch empfunden – ein völliges Synonym.

JULIETTE: Das kann gut sein.

JOHANNES: Zu den Bergen fallen mir auch dauernd die Lehmberge aus der Beuys-Ausstellung in Paris ein. Sie symbolisierten die schöpferische Erde. Der Mensch ward aus Lehm erschaffen – weißt du noch? Und beim Vögeln heute nacht hatte ich dir doch eine begleitende Phantasie erzählt: daß ich dich immer tiefer in die Erde ramme.

288

JULIETTE: *(lustig provokant)* In analytischer Sprache ist das schöpferische Analität.

JOHANNES: Aha.

Du bist doch auch völlig weggedriftet, als ich dir in den Hintern faßte.

JULIETTE: Ich war völlig weg – aus Erregung. Fernand machte das übrigens auch – mit Stecken.

Zu den Bergen ist mir die ganze Zeit noch etwas anderes durch den Sinn gegangen: Sie haben auch etwas mit Leistungszwang und Funktionieren-Müssen zu tun. Daraus werde ich ja durch die Lust auch erlöst. Die Depression entsteht auch durch diesen Druck, der sich damals verstärkte. Die eigentliche Kindheit war vorbei, obwohl ich noch nicht einmal neun Jahre alt war.

JOHANNES: Gestern packte mich noch ein Bild: Ich wollte dich immer bis zum Rand vögeln, so daß du in den Himmel abschwebst. Und tatsächlich warst du ja ein paarmal wirklich weg. Als wäre es zu intensiv für dich. Mit der Peitsche hätte ich dich dann am liebsten gleichzeitig hineingeholt in die Erregung und herausgeholt ins Bewußtsein. Merkwürdig. Wirklich merkwürdig.

Aber es fiel mir noch etwas auf: Deine Art zu stöhnen hatte einen fast unheimlichen Unterton – so wie der einer Sterbenden. Eine Art Angstton. Ich fürchtete mich davor etwas, wollte ihn aber auch hören. Ich spürte richtig, wie sich meine Angst in Lust verwandelte. Heute früh wollte ich ihn bei dir wieder erreichen. Du schienst mir dicht davor zu sein, aber er kam nicht ganz heraus. Obwohl wir doch ziemlich lange Liebe machten – oder schätzt du das anders ein?

Umbringen
«In der gewaltigen Lust, die ich trotz all dieser Mühe spürte, konnte ich sehen, warum eine Frau stolz auf das war, was sie empfand, und warum ein Mann so weit gehen konnte, sie umzubringen, um diese Zeichen der Lust in ihr zu stimulieren (auch wenn er wahrscheinlich nicht wüßte, daß dies der Grund wäre, warum er es täte).»

Harold Brodkey

JULIETTE: Nein, es war sehr lange, mindestens eine Stunde, denke ich.

JOHANNES: Ich blieb in dir wie in einem Gesträuch hängen und kam irgendwie nicht weiter. Ein seltsames Gefühl. Ich wollte aber auch nicht drängen, wollte da nicht unbedingt durch. Irgendwie wird es seinen Sinn haben, dachte ich.

JULIETTE: Den Ton kenne ich sehr gut. Ich hatte ihn einmal selbst an mir erlebt, als ich aus einer Narkose aufgewacht bin. Es war so, als käme er gar nicht von mir. Was sind hier für komische Töne im Raum, dachte ich, bevor ich es begriff.

(Jetzt mit sehr trauriger, bedrückter Stimme) Als mein großer Geliebter an Krebs starb, bin ich ja auch körperlich zusammengebrochen. Später lief ich einsam durch den naßkalten Wald und schrie und brüllte. Es waren Liebe, Trauer und Glück in einem. Denn er starb, wie er vorhergesagt hatte, am zweiten Jahrestag unserer Liebe. Ich war wie ein waidwundes Tier, aber auch erfüllt von der Kraft dieser tieferlebten Zeit, die mir der Tod nicht hatte nehmen können. Irgendwie erinnert mich auch das Peitschen an diese Stärke, an die Intensität und an den Schmerz. Das Leiden war trotz allem süß und lebendig, viel schlimmer wäre es gewesen, diese Liebe im Leben nicht erlebt zu haben.

(Pause)

JOHANNES: Es ist übrigens auch für mich so, als bräche ich mit dem Peitschen aus meinem eigenen Käfig der Konventionen aus. Gleichzeitig aber hatte ich bei den Hieben und dann bei den Stößen im Bett das Bild vor Augen, als holte ich dich aus einer Trance heraus und machte dich wieder zu einer freien Frau. Aber heute früh war sozusagen kein Durchkommen. Andererseits kann ich das Rätsel für dich nicht lösen, meinte ich für mich. Es ist, wie es ist – und das ist dann auch gut.

JULIETTE: Es spielt zweierlei eine Rolle: Zum einen finde ich den üblichen Orgasmus nicht immer das höchste. Wenn beispielsweise übliche Sexualität im Leben nicht möglich ist, kann ich eine Stimmung so hocherotisch erleben, daß eine Berührung irgendwo am Körper – es kann der Fuß sein oder der Oberschenkel – mich bis zur völligen Unkontrolliertheit erregen kann. Auch da bin ich weggekippt wie im Orgasmus. Das Körpergefühl ist viel wichtiger für mich, als ich es bisher bei Männern erlebte.

JOHANNES: Ich würde dir zustimmen, wenn mir nicht gerade eingefallen wäre, daß ich das auch gelegentlich erlebt habe. Eine heimliche Geliebte berührte mich einmal unerwartet im Kino ganz zart an einer Stelle meines Unterarms, weniger als eine Sekunde, und es durchfuhr mich im ganzen Körper. Das war für mich viel mehr als ein Orgasmus.

JULIETTE: Für ein langsames Streifen mit dem Fingernagel über den

Arm, das ich erlebte, gäbe ich hundert Orgasmen. Aber die meisten Männer begreifen das nicht gut. Sie erleben sich als erfolglose Liebhaber, wenn die Frau mal keinen Orgasmus hat. Die große Erweiterung der Erotik in alle Partien des Körpers ist ihnen nicht so gegenwärtig. Auch die seelische Lust ist ihnen fremder. Ich war heute früh ebenso da, wie ich weg war. Du kamst mir vor, als wärst du tausend, als wärst du gleichzeitig überall um mich. Ich hatte sehr intensive Märchenbilder beim Vögeln. Blaubeerbüsche im Wald.

JOHANNES: Das fände ich sehr erregend, wenn du es mir direkt beim Liebemachen erzähltest. Ich sagte dir ja auch, wie ich Bachläufe zwischen deinen Beinen sah und mir der Tau auf der Wiese wie deine Möse vorkam. Andererseits verlasse ich mich auch auf mein Gefühl. Und es war mir auch, als gäbe es in dir eine unerreichbare Seite.

JULIETTE: Ja, das ist das zweite, was ich dir sagen wollte. Aber zunächst fällt mir noch etwas zu meinem Schwanzgefühl ein: Wenn ich ihn spüre, bist du immer als ganze Person darin, und er macht in mir einen totalen Gefühlsaufruhr, der mich bis in die Schamlippen durchzuckt. Die Erregung kommt von diesen mehr seelischen Empfindungen, gar nicht so sehr vom Stoßen. Genauso ging es mir gestern in der Metro, als ich dich leicht frieren sah und du dich gegen die Kälte abschirmtest. Dieses Körpergefühl von schützender und erregender Wärme beispielsweise ging mir direkt in die Möse. Das ist für mich intensiver als die meisten Orgasmen.

Aber nun zu dem, was ich zweitens sagen wollte. Heute früh wollte ich auch keinen totalen Orgasmus mit dir erleben. Du bist für mich von umwälzender Bedeutung, und das wird mir im jetzigen Leben fast zuviel. Es gilt nur für jetzt, später wird es anders sein. Die Begegnung mit dir ist wie ein Erdbeben, und ich weine manchmal vor Glück, aber sie fügt sich nicht in meine augenblickliche Existenz, in der ich wesentliche Berufspläne verfolge. Das Kontinuum von Starksein und Schwachsein in der Liebe paßt nicht zur professionellen Anspannung meiner Kräfte. Mein Ehepartner ist nicht die Schwierigkeit, wie du weißt. In Frankreich gehört es ja fast zum guten Ton, noch einen Liebhaber neben der Ehe zu haben. Er bietet mir eine idiotensichere Beständigkeit, die ich auch brauche. Zudem kann ich mit mir ganz allein auch sehr glücklich sein. Aber mit dir spüre ich, wie durch die gemeinsame Sexualität auch eine tiefere Einsamkeit wegschmilzt. Das ist unendlich schön und unendlich schwierig zugleich.

Und was ich mit dir erlebe, erschreckt mich. Ich habe wirklich gedacht, daß es das nicht gibt. Ich meine, daß eine Lebendigkeit so unbefangen aufbricht. Und was ich mit dir erlebe, trägt sich ja auch ins Leben hinaus. Ich habe zu einigen früheren Liebhabern, mit denen ich eine unausgegorene Trennung erlebte – beispielsweise nur wegen Umzug –, Kontakt aufgenommen. Auch mit Bertrand in Afrika.

JOHANNES: Mir fällt auch auf, wie du dich in letzter Zeit verändert hast. Du blühst richtig auf. Selbst deine Brüste fühle ich ganz anders. Früher hätte ich sie gepackt und dich an ihnen durch die Wüste geschleppt, jetzt kommen sie mir vor wie große, köstliche Früchte. Das ist zwar ein Klischeebild, aber ich erlebe es so sinnlich konkret, als wäre es wirklich so. Es ist eine ganz andere Lust geworden; früher war sie sehr heftig, jetzt ist sie auch hochintensiv, aber durch und durch süß.

JULIETTE: Ich laß dich auch innerlich mehr an meine Brüste ran. Da fällt mir noch ein Bild ein, als du sie peitschtest. *Als teiltest du mit der Peitsche das Wasser, und ich könnte auf diesem Weg frei in das gelobte Land ziehen.*

JOHANNES: Mir gefiel deine innere Freiheit in der Liebe so. Du bist so offen und initiativreich geworden. Du bist, wenn du nackt bist, auch seelisch nicht mehr verhüllt. Das beglückt mich. Auch dieses Gespräch hat mir viel geholfen zu verstehen, wie es bei dir im Innern aussieht.

(Längere Pause)

Die Zeit ist gleich um. Was würdest du denn noch als Wesentlichstes sagen, bevor wir sterben? Wir sehen uns doch lange Zeit nicht mehr.

JULIETTE: Daß ich eine wahnsinnige Wut auf dich habe und dir am liebsten die Gurgel umdrehen würde, weil du so weit weg bist.

DIE HAUT VERGISST NICHTS

An Fernand läßt sich gut sehen, wie wir alle auf dem Hintergrund unserer Erlebnisse die persönlichen Lüste lernen. Während für die meisten Menschen die Handinnenfläche den Rang einer erogenen Zone gewinnt, ist sie bei ihm das Gegenteil. Dafür existiert ein Name noch nicht, sagen wir: eine *anti-erogene* Zone. Die Haut mancher Menschen ist von ihnen übersät.

Sie können somit das Reich ihres Körpers wenigstens in drei Provinzen gliedern:

in *erogene, antierogene* und *gleichgültige* Zonen. Die beiden ersten können auch taubgestellt werden, wenn sie mit seelischen Konflikten verbunden sind. Wenn man schon angesichts übertriebener Sonnenbäder sagt: «Die Haut vergißt nichts», so gilt das in noch höherem Maße von der seelischen Erinnerung der Haut. Sie enthält früheste Erinnerungen in Form von Farben, Landschaften, Figuren und Musik, sie enthält Glück in den erogenen Zonen, Defekt und Konflikt in den antierogenen Gebieten. Mit Geschick und Engagement können Sie aus ihrer Haut eine einzige erogene Zone machen. Berühren Sie sie im Zustand großer Lust. Sie wird ihnen nach einiger Zeit antworten: als neue erogene Zone.

14. Die Liebe ist das Kind der Freiheit

Zwiegespräche des Paares Sarah und Simon

1. Nur wer den anderen freigibt, kann ihn wirklich gewinnen

Jedem von uns ist klar: Keiner kann ein Gefühl erzwingen. Und doch verhalten wir uns, als könnten wir unserem Partner die Liebe vorschreiben, wenn wir ihm verbieten, mit einem anderen Partner ins Bett zu gehen. Aus diesem Dilemma, das Dichter über Jahrtausende mit reichem Stoff versieht und jede moderne Paarsprechstunde füllt, fand der Philosoph Seneca bündig seinen Ausweg: *Willst du geliebt werden, liebe.* Diese Einsicht ist in meinen Augen auch heute noch die einzig angemessene – besonders angesichts des unbewußten Zusammenspiels beider Partner.

Das Thema ist so gewaltig, daß die islamische Welt den Weg wählte, die weibliche Hälfte der Bevölkerung zu verhüllen. Noch gibt es keine Glaubensvorschrift, die Männer dem Blick der Frauen entzieht. Aber allein die Vorstellung dieser umgekehrten Möglichkeiten macht die Lage plastisch. Seit es Menschen gibt, versuchen sie diesen erotischen Urkonflikt auf unterschiedlichste Weise zu lösen. Einige afrikanische Stämme beispielsweise verbieten Ehepartnern keinesfalls zusätzliche sexuelle Beziehungen, im Gegenteil, sie ermutigen sie. Allerdings unter einer Bedingung: daß sich die Partner darüber *offen austauschen*. Diese gesellschaftlich vorgegebene Lösung erleichtert eine höhere seelische Reife, weil der erotische Reichtum eines Menschen und eines Paares sich so günstiger entfalten können und vor allem die Vollendung der seelischen Geburt, die

Menschliche Beschränkung
«Das Universum ist einfach noch etwas seltsamer, als wir uns das derzeit vorstellen können.»
John D. Barrow

Neue Unübersichtlichkeit
«Kein Halt, der währt, Kein Wert, der hält.»
Faltsch Wagoni

295

Individuation, die erst eine Liebe in wechselseitiger Selbständigkeit erlaubt, unbehindert bleibt. Vom kulturellen Vorbild einer solchen afrikanischen Beziehung ist der Westen weit entfernt. Der Monotheismus der Lust dominiert. Vielleicht aber kann beim Zerfallen alter Werte das Paar für sich beginnen, eine eigene Ethik zu entwerfen, die beiden eine glücklichere erotische Entwicklung eröffnet.

Selbstverständlich gibt es Zeiten in der Entwicklung einer Beziehung, in der wir nichts anderes kennen als nur den Einen, die Eine, das Eine. Das Paar befindet sich in einer erotischen Klausur und legt in dieser Schwangerschaft der Beziehung die Grundformen der eigenen Lust an. So beginnt die Verliebtheit als Start in die wirkliche Liebe.

Es gibt selbstverständlich Zeiten, in denen eine Beziehung ganz auf sich selber angewiesen ist, Zeiten der Not, der Krise oder großer Veränderungen.

Es gibt Zeiten, in denen beide von Erledigungen so erledigt sind, daß die Beziehung ins glatte Nebeneinander der Partner entschwindet. Dies ist in meinen Augen der Hauptzustand moderner Ehen, in dem sich jede Entwicklungsmühe erübrigt, falls es einem nicht gelingt, energisch eine erotische Umstrukturierung des Alltags einzuleiten.

Bereitschaft der Liebe
«Eben darin besteht ja die Liebe, daß sie uns in der Schwebe des Lebendigen hält, in der Bereitschaft, einem Menschen zu folgen in allen seinen möglichen Entfaltungen.»
Max Frisch

Es gibt aber auch andere Zeiten, die vom Bedürfnis geprägt sind, die eigene Liebe durch das Erleben mit anderen weiterzuentwickeln. Es geht dabei in der Regel nicht um einen Ausbruchsversuch aus der Beziehung, sondern um das Verlangen, durch andersartige Erlebnisse die eigene erotische Entfaltung zu bereichern. Diese Lust ist als Entwicklungsimpuls ernst zu nehmen: zum einen als *Selbstentfaltungsbedürfnis*, das anders nicht zum Zuge kommt, und zum anderen als nachholende *seelische Ablösung* von Verklebungen mit der inneren Mutter. Die christlich beeinflußten Kulturen können mit diesem inneren Drang, sich selbst seelisch zu gebären, besonders schlecht umgehen.

Solche Erlebnisse könnten in jedem Falle der Ursprungsbeziehung zugute kommen, wären Paare darauf gemeinsam eingestellt. Die massiven Verlassenheitsängste, die grassierenden Selbstentwertungen, die enormen Schuldgefühle, die eigene Scham, ein solches Abenteuer nicht bestehen

296

zu können, die unbewußte Angst vor dem Neid der anderen, die Angst, den anderen zu verletzen – um nur weniges zu nennen –, bilden ein wechselseitig eng verflochtenes, manchmal gerade erdrosselndes Gefühlsknäuel, das uns namens Eifersucht oder Rachefurcht bedroht.

Man kann in ihm drei große Barrieren erkennen: das *eigene* Angstgemisch, das Erschrecken des *Partners* und das Verbot der *Gesellschaft*. In der Regel mauern diese drei das erotische Erleben bis zum Erlahmen ein. Selbstverständlich ist der innere Abwechslungsreichtum des Paares für sich ein riesiges Gebiet der Selbstentwicklung. Es wird viel zuwenig genutzt. Selbstverständlich geht es nicht darum, mit Herumagieren die Lösung latenter Konflikte in der Partnerschaft oder im eigenen Selbst zu vernachlässigen und seelisch zu flüchten. Es liegt aber klar im Licht jedes Tages, daß ich für den anderen äußerstenfalls der *Bestmögliche* bin – was immer wieder bezweifelt werden darf –, nicht aber *alles* sein kann. *Ein anderer ist anders als ich selbst, und genau das ist sein unleugbarer Vorzug.* Es gibt also für jedes Paar Lebensbereiche und Entwicklungszonen, die es sich gemeinsam leider nicht erschließen kann.

Nur andere Beziehungskombinationen vermöchten es. Ähnliches bieten beispielsweise *Freundschaften*, deren essentielle Bedeutung für jede Liebe gar nicht überschätzt werden kann. Übliche Freundschaften aber gehen nicht ins Bett. Sie können das konkrete sinnliche Erleben nicht bieten. Das erreichen nur *erotische Freundschaften*, die heute im Werden zu sein scheinen, als ein sozialer Wert aber erst vor ihrer Anerkennung stehen. Diese haben allerdings auch die Qualität bedrohlicher Langfristigkeit und weisen für Übelmeinende fließende Grenzen zur Polygamie auf.

Die Lage sollte zu zweit genau erfaßt werden, um das seelische Durcheinander nicht alles verdunkeln zu lassen. Es geht darum, die *bestehende Zweierbeziehung* als Hauptfundament der Liebe zu *bewahren*, ihrer Relativität und damit ihrer Grenzen aber auch gerecht zu werden. Das geschieht in der Regel spontan durch eine irgendwann aufkommende aushäusige Verliebtheit. Sie bleibt bekanntlich kaum einem Paar erspart. Ihre geheime Absicht ist meist die Emanzipation des Ursprungspaares. Auf diesen Fall sind die beiden jedoch selten vorbereitet. Es gehört als zentrale

Gesunde Abhängigkeit
«Eine gesunde Abhängigkeit ist offenbar Vorbedingung für den Fortbestand der Menschheit. Sie ist schwer herzustellen, im Weltmaßstab wie zwischen zwei Menschen.»
Avodah Offit

Aufgabe schon zur seelischen Verlobung, sich im vorhinein gemeinsam und eingehend über das Verhalten zu vereinbaren, um Schmerzen und Schaden zu mildern. Themenzentrierte Zwiegespräche sind dafür ideal: «Was tun wir im Fall aushäusiger Verliebtheit?» Wie Sie vielleicht schon erfahren haben, stirbt eine gutgegründete Beziehung nicht an vorüberziehenden Liaisons. Im Gegenteil, die Affären gehören in den Kreis glücklicher Krisen – und sie werden desto erträglicher, je besser sich ein Paar darauf vorbereitet hat. Vermeidet man Schuldgefühle und allzu scharfe Rachegelüste, ist man bereit, Trennungsschmerzen auf sich zu nehmen, das Leiden in der Leidenschaft also zu akzeptieren, dann kann man ihnen eine gewisse Anerkennung kaum verweigern. Sie bringen immer eine Ernte ins Haus zurück.

Ein Paar war so mutig, mir eine Aufzeichnung einer Episode zu überlassen, die mich wirklich beeindruckt hat. An diesem lebendigen Beispiel sind alle Fragen so weit der Lösung nahegebracht, daß Sie selbst zu Hause die eigene Entwicklung beginnen könnten.

2. «Die größte Schwäche des Liebhabers ist seine Abwesenheit»

Erstes Zwiegespräch von Sarah und Simon

Simon, 46, ist Ingenieur in Entwicklungshilfeprojekten und häufig für längere Zeit im Ausland, meist in Afrika. Sarah, 33, ist Krankenschwester gewesen und war ebenfalls im Entwicklungsdienst engagiert. Beide lernten sich vor etwa fünf Jahren kennen, als sie in Afrika tätig waren. Sarah kehrte vor vier Jahren nach Deutschland zurück und absolvierte ein Studium der Sozialarbeit in Hamburg, derselben Stadt, in der Simon ein Haus mit Freunden besaß. Zwei Jahre – berichteten die beiden mir nach einem Zwiegesprächsseminar – erlebten sie eine erotische Blütezeit. Sarah hatte damals eine kleine Wohnung in der Nähe von Simon gemietet. Zu dieser Zeit mußte er nur selten und nur für Wochen auf Auslandsreise. Es hatte sich so ergeben, daß er immer zu ihr ging, weil sie dort mehr für sich waren. Sie kam kaum in sein Haus – und so zogen Wonnemonate dahin. Nach traumhaften gemeinsamen Ferien beschlossen sie zusammenzuziehen – und erlebten ein Fiasko. Die Erotik war nicht nur dahin, Sarah verliebte sich zudem aushäusig in Christian, 25. Und obwohl diese Beziehung nach ihren Worten nie eine Alternative für die starke Bindung an Simon war, verletzte sie ihn sehr, weil Sarah mit der Situation schlecht umzugehen wußte und aus Schuldgefühlen vor allem schwieg. In der damaligen Krise lernten sie deswegen Zwiegespräche und versuchten über eine psychoanalytisch orientierte Körpertherapie weiterzukommen.

Ihre Einsichten brachten sie zu einer gemeinsamen Vereinbarung, die etwa folgendermaßen umschrieben werden kann: Wir werden Verliebtheiten nicht einfach abstellen können, wollen aber besser damit umgehen. Jeder von uns beiden kann nach dem Maß seiner persönlichen Verantwortung erotische Beziehungen eingehen, sollte aber mit dem anderen darüber sprechen – um die Angst zu lindern und zu verstehen, was los ist. Sie entschieden sich sehr bewußt gegen die ebenfalls von ihnen erörterte Variante «Was ich nicht weiß, macht mich nicht heiß». Zwar erwogen sie wie viele Paare, die genauen Ereignisse einer möglicherweise eintretenden Liaison einvernehmlich zu verschweigen und dieses Ausklammern wechselseitig zu respektieren, verwarfen das aber – wie ich finde, mit guten Gründen –, weil sie sich in diesem Fall jeden Zugang zum Verstehen ihrer eigenen Paardynamik versperren würden. Kurz: sie hatten die soeben im Partnerschaftsseminar gehörte Kollusion, das unbewußte Zusammenspiel des Paares, beherzigt und liefen beinahe Gefahr, sich seelisch zu übernehmen. Jedenfalls setzten sie sich mit ihrem Vorhaben sehr menschliche, aber auch hochanspruchsvolle Ziele.

Natürlich hatte ihr Übereinkommen mehr als nur den erlebten Schmerz zum Hintergrund. Wegen der voraussichtlich längeren und häufigen Abwesenheiten Christians – eine Situation, die beide aus eigenem Erleben kannten – war die Wahrscheinlichkeit groß, daß nun auch auf seiner Seite eine erotische Beziehung aufkam, und sie wollten einem Tumult vorbeugen. Allerdings überzeugte mich darüber hinaus ihr Argument, auch jenseits von Afrika sei im modernen Paarleben eine feste Bindung nur durch wechselseitiges Freigeben möglich. Sie setzten sich damit in unseren Zeiten der veraltenden Paarregelungen tatsächlich eine eigene

Realismus der Liebe
«Nichts kehrt wieder und nichts wiederholt sich, denn alles ist wirklich.»
Alberto Caeiro

Ethik, die eine gewisse Ähnlichkeit mit der erwähnten afrikanischen Beziehung hat und durch sie vielleicht auch mitmotiviert war.

Zu Anfang klappte ihre Absprache erstaunlich gut. Sarah hatte zwei kurze Liaisons, als Simon fort war. Simon nahm zu einer langjährigen Bekannten an seinem ausländischen Arbeitsort sporadisch eine erotische Beziehung auf. Beide sprachen in Zwiegesprächsweise darüber und gewannen an Sicherheit für die eigene Beziehung, die erotisch wieder aufblühte. Ich war mit beiden näher bekannt geworden. Sie wußten von den erotischen Zwiegesprächen und stellten mir Tonbänder zur Verfügung, zu denen auch eine sehr intime Aufnahme während des Liebemachens gehört. Ich bringe daraus nur die entscheidende Passage.

Die Situation der beiden war heikler als sonst. Simon war gerade ein halbes Jahr in Afrika gewesen und kehrte nur für zwei Monate zurück. Er mußte danach wieder für ein halbes Jahr fort. Er hatte zu drei Frauen eine erotische Beziehung aufgenommen, unter anderem aus Enttäuschtsein, weil er zunächst sehr viele Briefe, dann aber für zwei Monate überhaupt keine Post von Sarah erhalten hatte. Er fürchtete, die Beziehung könne aus irgendeinem ihm unbekannten Grund zu Ende sein und Sara sich wieder, wie gehabt, ausschweigen.

Hochinteressant erscheint mir der Einsichtsprozeß des Gespräches. Die vereinbarte Offenheit war für Sarah zwar nicht einfach zu tragen, mobilisierte aber an entscheidender Stelle eine Erinnerung an ihre Beziehung zu Christian und erlaubte ihr, mit der Kraft ihres im Gespräch entstehenden Schmerzes und ihrer Wut die alten Schuldgefühle endgültig zu überwinden und Simon erstmals ihr eigenes Verständnis der damaligen Verliebtheit zu schildern. Das wiederum machte Simon sprachlos, aber auch dankbar.

SARAH: *«Dem Ingeniör ist nichts zu schwör.»* Vielleicht beginnst du zu berichten?

SIMON: Was möchtest du am liebsten hören?

SARAH: Wie und wann hast du dich den Frauen zugewandt? Wie waren deine wesentlichen Empfindungen zu den drei Frauen – oder mit ihnen, besser gesagt.

SIMON: Ich sehe dein Geschenk hier vor mir, den Keramikteller mit den drei konzentrischen Kreisen. Ähnlich sehe ich auch meine Zuwen-

300

dung zu den Frauen. Es gibt einen alle umfassenden Kreis. Er spiegelt uns wieder. Ich erlebe mich mit dir in einer Beziehung, in der eine erotische Beziehung zu anderen Partnern bei uns beiden, wenn wir es innerlich verantworten können, möglich ist. Eine Liebe, finde ich immer wieder, wäre zu schwach auf der Brust, die sich das nicht wechselseitig gestatten würde. Sie setzt nicht auf die eigene Anziehung.

Aber mir macht es wahnsinnig viel aus, wenn *du* eine sexuelle Beziehung zu einem anderen Mann hast. Wäre es eine andere *Frau*, beunruhigte mich die Liaison merkwürdigerweise weniger, obwohl sie doch ebenso gefährlich werden könnte, falls du dich verliebst. Wenn *ich* aber eine Affäre mit einer anderen Frau habe, bin ich unseretwegen natürlich überhaupt nicht in Sorge. Ich hatte ja genug Zeit, darüber nachzudenken. Der Punkt ist klar: Ich weiß dann in jedem Moment, wo ich seelisch stehe, es gibt innerlich keine Ungewißheit und auch kein Abhängigsein von deinen Gefühlen, wie es entstünde, hättest *du* ein anderes Verhältnis. Aber auch, wenn ich selbst verliebt bin, ist meine Haltung gebrochen. So sehr verlange ich gar nicht nach anderen Beziehungen – wenn ich sie auch genieße. Ich weiß, daß ich dich liebe, und meine größte Sehnsucht wäre es, alles in der einzigen Beziehung zu dir unterzubringen.

Der nächstinnere Kreis entspricht meiner langen Abwesenheit, also unserem Getrenntsein von zweimal einem halben Jahr. Ich fragte mich, was ich in der langen Zeit erotisch machen sollte. Zumal ich für wahrscheinlich hielt, daß du dich hier verliebst und ich unnötigen Schmerzen und Anklagen vorbeugen wollte. Für dich gilt alles genauso wie für mich – das spiegele ich mir stets sofort zurück. Im Bett mit einer der Frauen, Sandra, sah ich dich im Bett mit Christian und befragte meine Gefühle. In einer solchen Situation sind sie wirklich am besten auszuhalten. Leider war ja damals meine Abreise so überstürzt, ich hätte im vorhinein gern mit dir noch einmal sorgfältig über alles gesprochen.

Nun wurde natürlich alles anders, als ich es so schön bedacht hatte; denn plötzlich kam keine Post mehr von dir. Das ist der dritte innerste Kreis. Vielleicht hätte ich diesen Mangel gut ausgehalten, wenn du nicht vorher so süße Liebesbriefe geschrieben hättest, die mir jeden Anflug auf eine andere Frau absurd erscheinen ließen. Ich war schwer geschockt, irritiert, erinnerte mich an die Christiangeschichte, die ich fast vergessen hatte, die Telefonverbindung klappte nicht, auf das Telegramm kam keine

Antwort – ich dachte, du seist erotisch abgetaucht. Seltsamerweise hatte ich überhaupt keine Sorge, es könne dir irgendwie etwas passiert sein. Ich fühlte mich vernichtet, entwertet, vergrämt – und dachte bei dem wahnsinnigen Arbeitsstreß und dem feuchtheißen Mörderklima, so könnte ich in kürzester Zeit sterbenskrank werden. Von der inneren Schönheit der Lust mit dir blieb nach drei Monaten wirklich keine Spur mehr. Du bist so sehr mit dir beschäftigt, dachte ich, daß du dich um mich einfach nicht kümmerst.

Daß die Briefe alle in dieser verdammten afrikanischen Schlamperei hängengeblieben waren, schien mir völlig ausgeschlossen, weil die Geschäftssendungen problemlos ankamen. Es war also mein Absturz von der seligen Höhe unserer Bindung. Selten ist mir so brennend klargeworden, daß der Schmerz immer genauso groß ist wie die Lust, die man verlor.

Als ich dann schließlich deine fünf Briefe auf einmal in der Hand hielt, hatte ich gerade die Zeit mit den drei Frauen – nacheinander – verbracht. Und das verblüffendste Ergebnis dieser wirklich lustvollen, menschlichen und gelungenen Begegnungen war wieder einmal die große Klarheit über mein Empfinden zu dir. Ich fühlte sozusagen farbiger und genauer, wer du für mich bist. Ich liebe dich auf allen Ebenen: körperlich begehre ich dich sehr, ich erlebe diese große seelische Feinfühligkeit in dir, und geistig gesehen hat es noch nie einen langweiligen Moment mit dir gegeben. Diese Wirkung war natürlich enorm gefördert durch deine plötzliche Gegenwart in den Briefen.

Aber es gab zuvor noch eine Begegnung, aus der nichts wurde, fällt mir jetzt ein. Es war eine Frau, die auf einem Empfang der Firma etwas entfernter, mir schräg gegenüber saß. Blond, klein, zierlich, im Leben stehend. Ich fand sie so organisiert, so selbstbewußt und lebhaft. Diese Mischung aus Präzision und Wendigkeit hatte es mir angetan. Ich hätte gern mit ihr geschlafen. Aber als wir gut ins Gespräch gekommen waren und uns schon küßten, wurde sie plötzlich völlig anders, fast mißtrauisch, fragte erregt, was ich denn mit ihr vorhätte, als wäre sie ein kleines Mädchen, obwohl sie mein Alter hatte. Wir trafen uns noch ein paarmal. Einmal machten wir ein Zwiegespräch, das ich ihr erläutert hatte, und sie fing mittendrin sehr an zu weinen. Das fand ich sehr offen von ihr. Sie war verheiratet, hatte eine Art Ranch, ihr Mann war ewig geschäftlich

302

unterwegs. Wir haben uns nicht mehr wiedergesehen. Aber ich hatte sie in einem Brief an dich erwähnt. Erinnerst du?

SARAH: Schwach. Du erwähntest, daß sie innerlich immer wie auf die andere Wegseite rückte, wenn ihr zusammengingt. Kam sie auf dich zu oder du auf sie, wenn ihr euch traft?

SIMON: Eher ich auf sie, manchmal auch umgekehrt.

SARAH: Gut, die anderen drei Frauen lernte ich durch einen ganz bewußten Entschluß kennen: Ich wollte mich – im Gefühl, von dir verlassen worden zu sein –, retten und nicht herumjammern. So entschieden war ich bislang noch nie gewesen.

Zunächst hatte ich eine Frau im Sinn, die mir in unserer Mannschaft noch das klarste Gesicht zu haben schien. Sie war eine Materialspezialistin, völlig in ihrer Funktion aufgehend – kurz, es wurde nichts, weil ihr phlegmatischer Freund ihr nicht einmal gestattete, einen einzigen Abend in der Woche ohne ihn zu sein. Nun gut, er wird es auch nötig haben, aber mich ärgerte auch die Frau etwas, die das so einfach hinnahm. Sie war selbst unfrei, fand ich, wenn sie sich so unfrei halten ließ.

Plötzlich erschien in unserer Gruppe ab und zu Jennifer, eine Krankenschwester, etwa so alt wie du. Sie gehörte nicht zu unserem Team, war vor allem in der Versorgung von Aidskranken eingesetzt, hatte also jeden Tag mit Sterben und Tod zu tun. Sie meinte, ihre Tätigkeit wirke auch lebenssteigernd auf sie. Sie war sehr religiös, aber nicht unbedingt kirchlich. Hochgewachsen, schlank, lange rote Haare, grüne freche Augen, sehr erotisch, dennoch scheu. Sie kam aus Irland, war zehn Jahre verheiratet gewesen, ihr Mann war vor zwei Jahren an einer tropischen Krankheit ziemlich elend zugrunde gegangen, und ich erinnerte sie sofort an ihn. Deswegen sei sie mit mir ins Bett gegangen, sagte sie, was sie sonst nicht zu tun pflege.

SARAH: Sag mal, hast du eigentlich einen Aidstest gemacht?

SIMON: Hör mal, das ist doch klar. Er ist negativ. Genau nach zehn Wochen. Jennifer war im Bett so, als hätte sie noch nie mit einem Mann geschlafen, und dennoch machte sie völlig unbefangen alles mit. Sie war schlafwandlerisch. Und sie hat mich schön gefunden, was mir damals besonders guttat. Ihre Küsse waren etwas schmal und weiteten sich erst, wenn wir lange zusammen waren. Aber in den zwei Tagen unseres Treffens am Wochenende konnte sich natürlich nichts entwickeln.

SARAH: Was war denn nun für dich das entscheidende Gefühl mit ihr?
SIMON: *(überlegt eine Weile)* Daß sie mich sozusagen überall akzeptierte und attraktiv fand. Ich fühlte mich damals mit einem Schlag nicht mehr als Verlassener, nicht als Entwerteter, nicht häßlich, nicht vorgealtert. Sie hatte so viel Phantasie und sang zur Gitarre schöne irische Liebeslieder. Ich fühlte mich endlich so, wie ich mir einen normalen Mann vorstellte – und das Gefühl war mir völlig abhanden gekommen.
SARAH: *(ergreifend)* So, das reicht mir. Ich muß es für mich etwas dosieren, merke ich.
Und die anderen?
SIMON: Sandra kam, als Jennifer ging. Ich hatte es absichtlich so eingerichtet. Denn ich wollte unseretwegen nicht Gefahr laufen, mich zu sehr an *eine* Frau zu binden. Sandra kannte ich schon länger, ich hab dir auch schon von ihr kurz erzählt. Sie war vierzig, mittelgroß, brünett, arbeitete in einer Station für Nahrungsverteilung, hatte – möchte ich beinahe sagen – entsprechend üppige Brüste, wandte sich nach längerer Zeit wegen einer Verabredung an mich und kam mir jetzt sehr gelegen. Dennoch war es seltsam, wie widerspenstig sie auch war. Jede Annäherung schmetterte sie erst mal zurück, lachte aber selbst darüber. Es wurde unser Spiel. Noch nie habe ich so detailliert und so albern-lustig den Variantenreichtum von Abweisung, Bockigkeit, Trotzigkeit, Aufmüpfigkeit kennengelernt – ich erkenne es jetzt sofort, übrigens auch bei dir.
SARAH: *(etwas schnippisch)* Aha, Holzauge sei wachsam.
SIMON: Ein mich etwas nervender Nebenaspekt war übrigens mein Freund Jean, du weißt, aus unserem Team der rührige Manager. Er hatte nämlich deutlich die Angewohnheit, sich sofort auch an «meine» Frau heranzumachen – gleich am Anfang, schon wenn ich mich nur für sie interessierte. Er störte mich bei allen dreien. Es muß eine mir bislang gar nicht so bewußte Rivalität von ihm sein.
SARAH: *(leicht gereizt)* Nicht zu vergessen *deine* Rivalität.
SIMON: Nein, er trat immer erst auf den Plan, *nachdem* ich auf eine Frau besonders achtete. Er wollte genau *die* Frau, auf die ich mein Auge richtete. Zurück zu Sandra. Sie ist allein mit ihrer Mutter aufgewachsen...
SARAH: Erzähl doch mal mehr auf den Punkt hin: Was war dein wesentliches Erleben?
SIMON: Gut. Obwohl mich große Brüste gar nicht anmachen, war es

304

diesmal ein wahrer Genuß. Ich fühlte mich reich beschenkt, als würde ich vorm Verhungern errettet. Sie war so naiv und frisch bei der Sache.

Ich kürze hier. Simon berichtet nun weiter und kommt dann auf die dritte im Bunde, Lisa, eine Ärztin, Mitte Dreißig:

SIMON: Als ich das erste Mal neben ihr im Bett lag und schmuste, erlebte ich etwas Seltsames. Ich war nach und nach ganz scharf auf sie geworden, obwohl wir uns sehr intensiv und sehr theoretisch über die Lage der Entwicklungsländer unterhielten. Mein Schwanz war dennoch schon ein heißes Kanonenrohr. Wir streichelten uns gewissermaßen ahnungslos. Auf diesem seelischen Höhepunkt – ich hatte noch nicht einmal ihre Möse berührt – brach plötzlich alles *um* – nicht *ab*. Es war ein heftiger Vorgang, aber, ganz im Gegensatz zu einer Explosion, eine *Implosion*. Ich spürte, wie alle Erregung sich mit großer Kraft nach innen drehte und bei mir eine Flut von Bildern oder Träumen hervorrief, in denen ich nichts besonders Erotisches erkennen konnte. Ich erzählte es ihr im Moment des Geschehens, aber sie hörte zunächst nur aufmerksam zu. Anderthalb Stunden später nach Musik und Essen schliefen wir dann doch zusammen, aber mein Schwanz war nicht mehr als ein Wiesel, das in seinen Bau schlüpfte. Ihr Loch lag still und halbversonnt wie unter Gras im Sand eines Waldrandes. Ich weiß gar nicht, ob Wiesel so leben. Wichtig ist, daß sie so zurückgezogen wirkte, so regungslos. – Gut.

Mit allen dreien führte ich natürlich eine Art erotisches Zwiegespräch – ich finde es wahnsinnig aufregend zu hören, was im Innern der Partnerin vorgeht. Es ist wie die Erfindung der Perspektive in der Malerei der Renaissance, ein Bezugspunkt, ein Subjekt, eine Person betrachtet plötzlich alles aus ihrem Blickwinkel. Lisa war wie vom Donner gerührt gewesen, als sie mein Erleben gehört hatte, und berichtete mir dann, daß sie diese eigenartige Implosion von ihren vielen Liebesabenteuern her bereits gut kenne. Sie konnte sich keinen Reim darauf machen. Das von ihr zu hören war mir wichtig, weil ich wissen wollte, ob ich in mir vielleicht nach einer unbemerkten Gegnerschaft gegen sie suchen sollte. Aber es war offensichtlich etwas, das in ihr vorging und mich mitergriff. Jedenfalls fing sie im Gespräch plötzlich sehr an zu weinen und wußte selbst nicht warum. Es hatte mit dem Abbrechen einer intensiven Beziehung etwas zu

305

tun. Lisa lebte übrigens sehr überzeugt in freien erotischen Beziehungen. Sie will es nicht anders, und es paßt ja auch gut zu ihrem Einsatz, der häufig mit Ortswechseln verbunden ist. –

(Kleine Pause)

Vielleicht sollte ich jetzt mal Schluß machen.

SARAH: Merkwürdigerweise habe ich Sandra geahnt.

SIMON: Wann?

SARAH: Gestern beim Spaziergang.

SIMON: Ach so.

SARAH: Das schlimmste für mich ist, daß sie alle in deiner Unterkunft waren, in der wir eine so schöne Zeit verlebt hatten. Ich habe nicht hören wollen, ob du etwas mit ihnen gemacht hast, was mir in unserer Beziehung teuer ist. Manchmal hätte ich heulen können. Ich schwankte, ob ich mich ganz abwenden, dich verstoßen – oder eben die Trauer aushalten sollte. Daß du soviel in die Frauen investierst, nagt an mir. Daß du eine Art «Reinkarnation» des Mannes von Jennifer bist, hat mich am meisten getroffen. Ein solcher Mythos kommt mir so unangreifbar vor. Aber am tiefsten ging deine Bemerkung, du wärest für sie ein attraktiver Liebhaber gewesen und hättest dich wieder als normaler Mann erlebt.

SIMON: Darf ich kurz etwas sagen?

SARAH: Bitte.

SIMON: Mich bewegen gerade dein Schmerz und dein Empfinden, daß ich die besondere Erotik zwischen uns gewissermaßen verraten haben könnte. Mir ist es ja auch öfter so wie dir jetzt gegangen. Aber, weißt du, ich glaube, es ist unmöglich, im Leben bestimmte Liebeshandlungen zu pachten. Meiner ersten Liebe mit vierzehn sagte ich, sie dürfe zeitlebens keinen anderen mehr küssen, die Küsse gehörten nur uns. Genau besehen haben sie sich ja auch nie wiederholt, weil *unsere* Art zu küssen eben einmalig und unwiederholbar ist. Küsse sind nicht zu imitieren. Und so wollte ich dir für deinen Schmerz sagen – ohne etwas wegtrösten zu wollen, sondern in wahrem Realismus –: *Was wir beide erleben, habe ich mit den anderen Frauen so gar nicht erfahren können, **obwohl** ich mit ihnen dieselben Sachen machte.*

SARAH: Was du mit *ihnen* erfährst, können *wir* aber eben auch nicht erleben.

SIMON: Ja, das ist ja das Dilemma. Die größte Liebe kann wirklich die größte sein und faßt dennoch nicht alles. Ich weiß es brennend klar aus deinen Zeiten mit Christian. Selbst die absolute Liebe ist relativ, selbst da gibt es Grenzen.

SARAH: Das tut weh.

SIMON: Und dennoch liebe ich dich am meisten von allen Frauen in der Welt.

SARAH: In deiner Lage ist gut reden. *(leiser)* Obwohl ich dir übrigens glaube. Ich wurde durch die Jennifererzählung ganz stark an meine Verliebtheit in Christian erinnert. Damals fühlte ich mich auch plötzlich wieder als attraktive Frau.

> Hier und jetzt.
> «Den Rasen betrachte ich, vielleicht den Rasen. / Es bewegt sich das Gras. Wind oder Regen vielleicht. / Oder der Umstand einfach, daß du existierst / läßt die Welt in Bewegung geraten, hier und jetzt.»
> *János Pilinsky*

SIMON: Ich halte das für eine Ausrede. Du bist geflohen.

SARAH: Das ist es nicht. Du kannst doch meine eigenen Gefühle nicht einfach bestreiten.

(entschlossen) Ich möchte dir einmal erzählen, wie ich meine damalige Lage sehe. Unsere Traumferien waren vorbei. In diesen langen Wochen warst du nur für mich und ich für dich da – das war eine himmlische Zeit. Wir beschlossen, daß ich in dein Haus ziehe. Dann mußtest du dich in das Projekt stürzen. Du warst weg, einfach weg. Es war, als stünde das Projekt an meiner Stelle. Das war noch schlimmer als eine Rivalin, mit der ich mich hätte auseinandersetzen können. Zudem konnte ich nichts dazu beitragen, ganz anders als während des Urlaubs in unseren Lebensgesprächen, in denen ich mich gleichberechtigt und gleichrangig fühlte.

SIMON: Aber ich hatte mir doch ganz bewußt Mühe gegeben, dich an allem teilhaben zu lassen. Jeden Morgen eine Stunde. Statt dessen hast du nur einen gräßlichen Streit angefangen.

SARAH: Simon, hast du nie überlegt, ob das nicht auch eine Art gewesen sein könnte, Aufmerksamkeit zu gewinnen?

SIMON: Eine scheußliche Art.

SARAH: Manchmal geht es nicht anders.

Aber unterbrich mich jetzt bitte nicht. Ich habe dich auch ausreden lassen. Ich war schon jetzt doppelt entwertet: Du warst erstens nach unserer Himmelsperiode abgewandt, und ich war zweitens belanglos für die Ingenieurwissenschaften.

307

Es passierte aber noch mehr. Durch den Umzug zu dir hatte ich eine riesige Veränderung durchmachen müssen, sie allein ist eine Last. Für mich war alles anders, für dich war alles wie sonst. Im Haus waren ja noch deine Freunde, wenn auch in getrennten Wohnungen. Dennoch kam ich in ein ganz besonderes Milieu, weil ich mich jetzt jede Minute nicht nur mit dir, sondern auch noch mit den beiden anderen vergleichen mußte. Nicht, daß ich es beabsichtigt hätte, nein, es ergibt sich mit jeder Begegnung von selbst. Sie standen im Leben, waren erfolgreich, intelligent und gewandt. Das alles schien mir aber an mir noch zu fehlen, mitten im Studium und im Umbruch. Das war die dritte Selbstwertbelastung. Dann aber kam noch hinzu, daß mein eigener Rhythmus verlorenging. In meiner eigenen Wohnung fühlte ich mich frei, tun und lassen zu können, was ich wollte. Wurde mir die Kopfarbeit zuviel, ging ich in die Disco – oder einfach nur raus und spazierte herum. Das konnte ich im Haus nicht mehr. Alle arbeiteten so intensiv, und ich fühlte mich ebenfalls dazu verpflichtet. Du wolltest gleich immer zum Tanzen mit, und das wollte ich nicht, obwohl mir das damals gar nicht so klar war. Es wird erst jetzt im Moment alles so deutlich wie noch nie.

SIMON: Ja, mir bleibt auch die Spucke weg. Warum bist du nie früher darauf gekommen?

SARAH: Unterbrich mich bitte nicht. Es ist, wie es ist.

Mit anderen Worten: Ich wurde starrer im Tagesablauf, eingezwängter. Ich gestattete mir nicht, einfach mal abzuhauen. Der freie Atem fehlte mir in dieser Zeit besonders, weil ich mich dazu noch so wertlos fühlte – ohne es überhaupt bewußt zu wissen. Also, mein Lieber, das ist der Hintergrund, auf dem die Verliebtheit zu Christian entstand. Er bemühte sich um mich, er wandte sich mir zu, er war selbst viel jünger und orientierungsloser als ich, und ich fühlte mich plötzlich im enormen Selbstwertaufwind wie eine Drachenfliegerin im Bart.

SIMON: Du sagtest doch damals, du seist wie aus einer Depression herausgekommen.

SARAH: Das stimmt zwar, aber willst du mich schon wieder unterbrechen? Ich verliere sonst schnell den Faden, er spult sich doch jetzt so gut ab, du siehst es doch.

Also – *(überlegt, zögert, kommt nicht weiter)* weg ist er natürlich.

308

(Kleine Pause)

Deine Standardinterpretation, ich hätte unser Altersgefälle einfach auf den Kopf gestellt, greift zu kurz. Sie mag mitbeteiligt sein, entscheidend ist aber: Ich war aus dem *Selbstwerttief* völlig heraus. Natürlich konnte ich auch Christian viel helfen, und dafür war das umgekehrte Altersgefälle praktisch, aber es war nicht ausschlaggebend. Ich sprengte mich von dir und der neuen Lage einfach ab und lebte meinen alten Rhythmus wieder. Und dabei entdeckte ich auch neue erotische Welten, die ich mit dir damals noch nicht leben konnte. In diesem Rahmen fühlte ich mich wieder etwas wert. Und genauso, wie du für dich gesagt hast, du fühltest dich mit Jennifer als attraktiver Mann, fühlte ich mich mit Christian als attraktive Frau. Meine doppelte Entwurzelung - von *dir* weg und von *mir* weg – war aufgehoben. Ich war doch bei dir plötzlich mit fremden Menschen zusammen, an die ich mich auch erst mal zu gewöhnen hatte.

Und es reichte mir nicht, *dir* schöne Stunden zu bereiten, weil ich auch irgend etwas für *mich* wollte. In meiner eigenen Wohnung wäre mir das gelungen, bei dir nicht. Aber mit Christian klappte es wieder. Christian hat mich wahrgenommen und gut gefunden. Aber er wuchs auch auf einem speziellen Boden. Wenn du deine technischen Maßeinheiten willst: Ich war vorher mit dir auf einem Selbstwertpegel von plus hundertfünfzig Prozent und dann durch den Umzug und nach dem Ferienende bei einem Selbstwert von nur noch fünfzig Prozent. Die Beziehung zu Christian holte mich da wieder heraus.

SIMON: Wir hatten doch auch früher x-mal besprochen, daß du im Haus auch die Enge deiner eigenen Familie erlebt hättest und davor geflohen seist...

SARAH: Simon, das weiß ich doch auch, aber nun berichte ich dir meine Neuformulierung der Interpretationen. Unterbrich mich nicht dauernd. Wenn ich mit dir rede, muß ich sehen, daß ich das Wort behalte. Du lenkst, dirigierst, strukturierst und steuerst dauernd – der perfekte Ingenieur.

Zum Ganzen kam die Leistungsforderung. Du hattest dich – verzeih das grobe Bild – in das Projekt verbissen, und ich mußte etwas an der Universität bringen, die mir angesichts der erlebten afrikanischen Verhältnisse gleichermaßen wichtigtuerisch wie weltfern vorkam. Das minderte die Anstrengung der Ausarbeitungen und Referate leider nicht. Wichtiger aber war vielleicht, daß ich mich auch in der Hochschule nicht zu Hause fühlen konnte. Sie ist mir ungeläufig, elfenbeinturmig – und wird es vielleicht auch bleiben. So kam eins zum anderen: in der Beziehung zu dir spielte ich keine entscheidende Rolle mehr, das Haus war mir fremd, die Leistungswelt der Uni zu fern...

Was das Wiedererleben meiner eigenen Familie betrifft, die du angesprochen hast, so sehe ich etwas anderes als einflußreicher an. Wir waren arm, und dein Haus einschließlich der Bewohner ist zwar nicht reich, aber besser gestellt. Ich erlebte wieder ein weiteres Stück Entfernung von meiner angestammten, wenn auch mißlichen Ursprungssituation. Und das macht auch viel Schuldgefühle – sozusagen wieder etwas besser dran zu sein als meine Angehörigen.

Gleichzeitig verlor ich meine Eigenständigkeit, für die meine alte Wohnung stand, obwohl ich gerade in der Zeit gegen Ende des Studiums und vor dem Examen dieses Autonomiegefühl dringend brauchte – übrigens auch für den Vergleich mit den Mitbewohnern. Ich konnte – aus welchen Gründen auch immer – meine Freundinnen und Freunde nicht mehr so ungezwungen einladen. Die Selbstverständlichkeit meiner für mich notwendigen Lebensbedingungen war fort, ohne daß sie mir zuvor überhaupt bewußt geworden sind. Deswegen konnte ich sie mir auch im neuen Haus nicht herstellen. Ich verlor immer stärker, was mich definiert hat, was mich ausmacht und was ich auch brauche. Die Erotik zu dir konnte sich plötzlich nicht mehr entwickeln, weil ich im absoluten Selbstwerttief war.

Und das bedeutet nun praktisch: Ich brauche sehr viel mehr Zeit für mich, selbst wenn ich einfach nur herumgammle. Ich brauche einen Raum, in dem mich niemand – abstrakt gesagt – auf meine Andersartigkeit anspricht, also auch nicht findet, daß ich doch jetzt mal dies oder das tun sollte, was alle tun. Kurz: einen Raum, in dem ich keinerlei schlechtes Gewissen bekomme. Und das war natürlich bei mir in der Sperlingsgasse der Fall.

Dennoch habe ich alle Leistungen gebracht. Das machte der Schwung der Beziehung zu Christian möglich – und das wirkte sich natürlich vor allem gut für uns aus, wenn man die Jahre unserer Geschichte jetzt rückwärts überblickt. Damals machte ich noch viel extremer das, was ich zuvor in der Sperlingsgasse getan hatte. Es war eine Überreaktion. Aber nur durch sie wurde mir deutlich, *was* ich brauchte, daß ich *schätzen* sollte, was ich brauchte; und daß ich es mir selbst *herstellen* mußte. Es war ein Bewußtwerdungsprozeß. Mit Christian hatte ich nicht eine Unizeit, eine Leistungszeit, eine Freizeit getrennt, sondern alle als ein Ganzes. Was ich sagte – ihm und seinem Freundeskreis –, galt als wertvoll, während ich zum Projekt nichts wirklich beitragen konnte. Die schönen, kleinen Dinge gab es nicht nur in den Ferien, sondern verstreut über den Tag. In meiner Wohnung früher war das auch so. Wenn du mich besuchen kamst, hattest du keine Arbeit mit. Im Haus war das anders. Mir hatte im normalen Alltag etwas gefehlt, was ich nun entdeckte und mir selbst dann auch geschaffen habe: nämlich meinen *eigenen* Alltag. Das machte mich plötzlich auch in unserer Beziehung wieder erotisch und ließ die Beziehung zu Christian in den Hintergrund treten.

(Kleine Pause)

Mir wird jetzt bewußt, daß die Verletzung und Kränkung, die ich während deines Berichtes erlebte und aushielt, etwas Gutes mit sich brachten. Denn endlich fand ich die Kraft, die damaligen Ereignisse *ohne zu viel schlechtes Gewissen* zu formulieren. Meine Angst, von dir verstoßen zu werden, ist dadurch geringer geworden, verstehst du?
SIMON: Ja – wenn auch mit Überraschung.

(Pause)

SARAH: Ich fühle mich erleichtert und befreit – möchte ich doch auch einmal sagen. Der Wirrwarr hat sich gelichtet. Das tut mir gut.
SIMON: Geh nicht gleich wieder auf die Barrikaden, wenn ich sage, daß sich meine Schuldgefühle wegen meiner Affären in Grenzen halten. Vielleicht liegt das an der klaren inneren Entschlossenheit, Beziehungen nur einzugehen, die meine Zeit in Afrika nicht überdauern.
SARAH: Erwarte nicht, daß ich sie fürs nächste halbe Jahr gutheiße, aber du mußt tun, was du für richtig hältst. Auch ich stehe zu unserem Abkommen. Außerdem muß ich dir etwas gestehen. Es gefällt mir, daß du von anderen Frauen begehrt wirst – natürlich immer nur, solange ich nicht gefährdet bin. *(flüsternd)* Diese Mitteilung aber nur hinter vorgehaltender Hand.

311

SIMON: Dann möchte ich auch etwas beichten: Ich bin irgendwie gerührt durch unser Gespräch – ich meine, wie wir beide versuchen, unsere Beziehung in solcher Offenheit und in wechselseitigem Respekt zu führen. Die Achtung und Achtsamkeit sind für mich auch bei Aggressivitäten letztlich doch nicht verschüttet. Es ist ja wirklich nicht einfach. Und ich bin dir sehr dankbar, daß du so ehrlich bist und dich so durchsichtig für mich gemacht hast. ·
SARAH: Ja, ich dir übrigens auch.

(Pause)

Komm doch mal zu mir rüber.

3. Offener Mund und offenes Ohr im Bett

Aus der Bettszene, an der Leserinnen und Leser eigene Lüste direkt entdecken könnten, wenn sie ihre geheimen Phantasien einsetzten, bringe ich nur eine Passage. Sie ist deutlich zu verstehen; denn Sarah beginnt nach einer längeren Zeit, die vom Stöhnen der beiden erfüllt ist und nur gelegentlich ein Wort vermuten läßt, mit sehr klarer, sanfter Stimme eine längere Phantasie zu erzählen – natürlich von Liebesseufzern unterbrochen. Die beiden berichteten mir, daß sie mitten im Liebemachen waren und Simon dabei auf Sarah lag, eine Position, die sie oft erst ganz zum Schluß einnähmen.

SARAH: *(deutlich und mit weichem Ton)* Ich will dir was erzählen.
SIMON: *(sanft)* Ja, mach es.
SARAH: Da ist ein langer Korridor .... *(sie seufzt, weil Simon sie fester stößt)* .... Es .... ist bei dir in Afrika. Dein Arbeitsplatz. .... Eine Frau kommt und macht sich an dich ran. Du knöpfst ihr die Bluse auf .... Du nimmst ihre Brüste in die Hand. Dann faßt du sie an den Brustwarzen und ziehst sie mit dir .... Sie findet das geil ....Sie will dir die Hose öffnen und an deinen Schwanz ....Aber es kommt noch eine zweite. Du gehst den endlosen Korridor langsam entlang, fast schlendernd .... Die zweite hilft der ersten, deinen Gürtel .... zu öffnen, aber sie

312

schmiegt sich auch an deine Ohren und beginnt gleichzeitig .... den Schwanz zu fassen und dich zu küssen. Da erscheint .... eine dritte, eine rassige Schwarze, sie zieht dich auf einen Schemel .... und .... kniet mit offenen Brüsten .... zwischen deinen Beinen, ... sie will deinen Schwanz tief in den Mund nehmen, ... aber du nimmst sie am Nacken und legst sie über deine Beine, ... die anderen beiden haben dir inzwischen .... den Oberkörper frei gemacht und beginnen dich .... beide zu streicheln, ... du faßt der Schwarzen von hinten an die Möse, ... aber nur flüchtig. Du gehst weiter .... du bist ganz scharf geworden, ... jetzt betrittst du dein Zimmer.

SIMON: Wo sind die anderen?

SARAH: Die drei bleiben draußen .... Im Zimmer bin ich und liege auf dem Feldbett, ... naß, geil und ganz still. .... Du kümmerst dich nicht um mich, setzt dich an einen Tisch mit Planskizzen .... und beginnst zu arbeiten. Ich gehe unter den Tisch .... und knie mich zwischen deine Beine, ... öffne deine Hose .... Du arbeitest .... ich mache mit dem Mund deinen Schwanz .... die ganze Zeit .... während du ruhig weiterarbeitest .... Eine andere Frau liegt nackt rechts neben dir ...... in Höhe ....

SIMON: *(wirkt fast etwas erschrocken)* Wer ist das?

SARAH: .... sie liegt auf dem Rücken, ... genau in Stuhl-höhe, du greifst manchmal .... ganz gedankenverloren .... oder .... wenn du gerade Lust hast .... mit deiner rechten Hand an ihre Möse, ... sie liegt direkt in Griffnähe, und sie stöhnt dabei ....

SIMON: *(noch einmal, aber dringlicher, schon sehr erregt)* Wer ist sie?

SARAH: *(hocherregt)* Sie stöhnt dabei .... wie ich. Die eine .... hat deinen Schwanz im Mund .... die andere machst du .... ich bin *beide.*

(Das erotische Reden von Sarah treibt beide direkt zum Höhepunkt.)

Was machte Sarah in ihrer Phantasie? Sie bündelte drei Frauen am afrika-nischen Arbeitsplatz von Simon zusammen. Unschwer sind darin die drei

313

Frauen zu erkennen, von denen Simon zuvor im Zwiegespräch erzählte. Sarah war das übrigens auch hinterher gar nicht bewußt. Leidenschaftliche Phantasien verhüllen sich noch einmal selbst, weil man nur an ihrer Erregungsintensität und zunächst überhaupt nicht an ihrem Inhalt interessiert ist. Die Konkurrentinnen waren wohl für Sarah im Zwiegespräch noch erträglich, weil sie der Liebe und Gegenwart von Simon sicher sein konnte, aber sie setzen ihr auch zu – zumal Simon ja wieder zurück mußte. In der erotischen Phantasie können wir die Ereignisse – und nicht zu vergessen auch den eigenen Partner – *aktiv* selbst gestalten, statt ihnen und ihm, wie meist in der Realität, *passiv* ausgeliefert zu sein. In ihren Bildern hat Sarah die drei gleichsam in eigener Regie übernommen. Sicher fließen jetzt schon ihre eigenen Lüste in die Handlungen der drei ein (denn jede Figur der Phantasie ist auch ein Aspekt des eigenen Selbst), es fällt allerdings sofort auf, daß es nicht sehr weit geht. Die drei sind eine Art erotische Zulieferantinnen. Sie machen Simon scharf – letztlich für Sarah im Zimmer. Sie kann nun die Ernte dieser Saat einfahren. Sie ist zudem in dieser Phantasie selbst in Afrika, Simon ganz nahe. Der Trennungsschmerz ist so ausgeblendet. Und sie hat sich in zwei Figuren aufgeteilt: in eine aktive und in eine passive – soweit in der Liebe überhaupt so unterschieden werden kann. Man kann noch tausenderlei mehr beobachten. Beispielsweise den Einklang zwischen Lust und Leistung in diesen Phantasien. Die Arbeit Christians stört die Liebe nicht, sie erregt sie. Erst die Einfälle beider Partner könnten enthüllen, ob hier ein belastender Berufsort einfach erotisiert wird oder ob die Leistung selbst sexuell erregt. Beides ist möglich. Die seelische Meisterleistung Sarahs liegt darin, die Rivalinnen innerlich *integriert* zu haben. Die Gesamtsituation dafür war günstig, denn zweifellos fühlte sie die Liebe Simons. Zudem war er ja in der Realität zu ihr nach Deutschland zurückgekehrt; er war gewissermaßen in einem gemeinsamen Raum mit ihr – ein anderer Aspekt der Zimmerphantasie. Vor allem aber erleichterte die seelische Integration das vorbehaltlose, offene Gespräch. Die Wahrheit muß keinesfalls verletzen, wenn man sie einfühlsam vorbringt. Und wenn den beiden diese ideale Reinheit der Beziehung auch nicht durchgehend gelang, so doch immerhin überwiegend, ein fast vorbildliches Beispiel.

4. Vertiefung der Bindung durch Dritte.
Zweites Zwiegespräch von Sarah und Simon

Einige Wochen später – also schon nah am erneuten Auslandsaufenthalt von Simon – führten die beiden ein Zwiegespräch, in dem die inzwischen abgelaufene innere Verarbeitung deutlich zu spüren ist. Denn bislang waren ja die beziehungsbegleitenden Liaisons vor allem durch

Suche nach Lebenden
«Wo /
mögen die wahrhaft /
in Wahrheit lebendig /
Lebenden sein.»
Manfred Peter Hein

Notlagen begründet worden – und das dürfte beim besten Willen nicht alles sein. So häufig kritische Verfassungen hinter weiteren Beziehungen stehen, so sehr sind Liebesaffären auch ein lebendiger Wert für sich. Sie entwickeln das erotische Selbst beider Partner. Und diese Ernte der Selbstentfaltung bekommt den meisten Partnerschaften. Sarah und Simon sind hier für die Mehrheit der Paare sicher etwas *zu* fortschrittlich. Konnte man ihren wechselseitigen Selbstporträts in Trennungsschmerz und Selbstwertkrisen noch gut folgen, so muß man schon beinahe tantrische Qualitäten entwickelt haben, um das nun skizzierte Übereinkommen namens «Die Liebe ist das Kind der Freiheit» so wie sie zu beherzigen. Für mich gilt nach jahrzehntelangen Erfahrungen, daß es keine allgemeine Paarmoral mehr gibt und auch nicht geben kann. Erstens ist jedes Paar eine ganz einmalige, einzigartige Kombination zweier Lebensgeschichten, die besondere Existenz- und Liebesbedingungen benötigt, und zweitens sind die traditionellen Regulierungen und Mann-Frau-Rollen unbrauchbar geworden. Zwei, die sich füreinander entscheiden, haben also als erste seelische Aufgabe vor sich, ihr eigenes Fundament in Form einer nur für sie geltenden Ethik herauszufinden, die nicht einem kopfgeborenen Ehevertrag gleicht. Diese Vereinbarungen zu entwickeln entspricht vielmehr einer andauernden, sozusagen fließenden Aufgabe. Dafür sind Zwiegespräche, weil sie kontinuierliche begleitende Beobachtung und ständiges Wachsen wechselseitiger Einfühlung bieten, wie geschaffen.

315

Jedes Paar muß für sich entscheiden, wie es sich zu weiteren erotischen Beziehungen verhalten will:
• Einige schließen sie völlig aus und vereinbaren andernfalls eine Trennung.
• Andere ergeben sich in sie wie in eine Erkrankung, die man übersteht oder nicht.
• Die meisten arrangieren sich entgegen ihren offiziellen Beteuerungen mit Lügen.
• Weitere verabreden wechselseitig, zu tun, was nicht zu verhindern ist, aber darüber zu schweigen.
• Viele resignieren in hilflosem Dulden der Verhältnisse, die vermeintlich wie zufällig entstanden sind.
• Beherzte ergreifen die Chance zur Paarberatung, die meist mehr als nur die Krise einsichtig macht.
• Nur wenige wagen den offenen und selbständigen Schritt, sich so frei zu geben, wie es Träume und Gefühle ohnehin sind; nur wenige sind bereit, die unvermeidlichen Schmerzen auszuhalten und im wechselseitigen Vertrauen darauf zu setzen, daß auch die eigene Bindung ihre Kraft hat; nur wenige ahnen, daß ein solches Ausscheren einen unbewußten Sinn in sich birgt.

Menschlicher Glaube
«Ich glaube an die Menschen, aber nicht an die Mehrheit der Menschen.»
Nanni Moretti

Die Mehrheitsverhältnisse sind bekannt und trostlos: Wie hilfloses Treibgut trudeln die meisten in diesem erotischen Konfliktereignis von höchster Bedeutung und wissen weder, was sie tun, noch, was sie tun sollen. Sarah und Simon versuchen, bewußt und verantwortungsvoll damit umzugehen.

SARAH: Wegen des Professors mußt du dir keine Gedanken machen. Ich habe ihn seit fünf Monaten nicht wiedergesehen. Ich war mit ihm essen und spazieren. Seine Gedanken fand ich anfangs faszinierend, aber er interessierte mich als Mensch nicht, so daß sich keine Chance für irgendeine erotische oder sexuelle Beziehung eröffnete. Mit Richard lag zwar etwas in der Luft, aber es reichte nicht. Er rannte durch die Straßen wie

316

in seinem Diplomatenjob. Den Italiener habe ich geküßt, aber nur auf den Mund, und das nur zum Abschied.

SIMON: *(etwas ironisch übertreibend)* Außerordentlich beruhigend von diesen stillen Männerfluten an deiner Seite zu hören, außerordentlich beruhigend. Ich kann dir gar nicht beschreiben, wie außerordentlich gelassen mich das läßt. *(einlenkend)* Entschuldige, erzähl weiter.

SARAH: Aber ich möchte dir jetzt ein kleines Geständnis machen. In meiner Auffassung hat sich doch in letzter Zeit etwas geändert. Ich möchte es gern ausführlicher mit dir besprechen, obwohl es ganz unserer Vereinbarung entspricht. In letzter Zeit stelle ich mir öfter vor, allein oder mit einer Freundin auszugehen und einen Mann kennenzulernen. Erschrick bitte nicht, ich suche keinen anderen Mann an deiner Stelle. Vielmehr möchte ich mit ihm etwas ausprobieren, um es eventuell auch in unsere Beziehung einzubringen. Diesen Mann finde ich nun leider nirgends.

SIMON: *(witzig, laut ausrufend)* Ist ja schrecklich! Ich bin ganz untröstlich! Wie kann dir das nur passieren!

(sanft) Entschuldige.

SARAH: Er müßte auch ein ähnliches Interesse wie ich haben: einander zu achten, gefühlvoll sein, nur für eine bestimmte Zeit sexuell zusammensein zu wollen und sich dennoch erotisch zu entwickeln – nicht einfach nur blöd zu bumsen. Er müßte also auch eine freundliche Distanz halten können. Simon, diese Überlegungen brauchen dich nicht zu erschrecken. Anders ist bei mir geworden, daß ich mir eine Verliebtheit wie zu Christian dabei überhaupt nicht vorstellen kann. Das ist von meinem Gefühl überhaupt nicht drin. Ich bin ganz mit dir verbunden. Ich will für unsere Beziehung leben. Der Mann wäre ein vorübergehender Freund; das ist natürlich für ihn schwer. Auch für dich. Aber ich könnte mir vorstellen, daß es für uns gut wird – ohne große Verletzung, obwohl du natürlich auch eifersüchtig sein wirst. Die ersten Überlegungen sind schon eine Zeitlang her. In meiner Selbstbefriedigung stelle ich mir oft viele anonyme Männer vor, meist ohne ihre Köpfe zu sehen. Sie nehmen mich oft nacheinander. Ich glaube, ich «halte mich dabei zusammen». Ich meine, ich erleide auf diese Weise keinen großen Trennungsschmerz. Wenn einer ausfällt, sind die anderen noch da. Dir habe ich das noch nie erzählt, weil ich ein schlechtes Gewissen hatte und nicht wußte, was ich

317

eigentlich mit dieser Phantasie wollte. Letztlich will ich mich nicht ganz ausliefern an einen einzigen – der dann weg sein könnte. Manchmal gibt es allerdings auch Phantasien mit einem: Ein Blick im Bus, der mich anmacht, ist etwa der Ausgangspunkt für eine Annäherung. Nun gut, in der Phantasie gibt es sowieso keinen Mangel an Partnern.

Ich habe jetzt ein Gefühl, als beträte ich zum erstenmal einen Pornoladen: diese Mischung aus innerer Herausforderung und wahrer Lust, durchsetzt von Befangenheit.

SIMON: Woran denkst du dabei?

SARAH: Als ich für uns damals vor den Ferien Kondome und Dildos kaufte. Dennoch hat mich dieser Schritt natürlich auch sicherer gemacht.

Was ich dir jetzt erzähle, ist für mich allerdings noch intimer und schamhafter als der Sexshopbesuch. Es kristallisiert sich nun wie eine innere Aufgabe heraus, daß ich mich – platt gesagt – *Männern* zuwende und nicht *Jungen*. Es geht mit anderen Worten um eine andere Sexualität: ich muß mich selbst besser kennen, mehr zulassen, bewußter mit mir und den anderen umgehen. Außerdem bietet sie mehr Sicherheit insofern, als ich unsere Beziehung nicht riskiere, weil der Rahmen durch die größere Reife der Männer klarer abgesteckt ist. Das Ziel ist eine Freundschaft, in der beide sexuell lernen, ein Abenteuer des Experimentierens. Deine Erlebnisse mit den Frauen stehen natürlich auch dahinter. Jenseits meiner Eifersucht, meines Neides, meiner abwertenden Abscheu hätte ich es mir so auch gewünscht. Es würde nicht reichen, alles mit dir zu versuchen. Denn die Chance, mich ganz allein, unabhängig und selbständig zu erleben ohne den direkten Einfluß unserer Beziehung, ist nur so möglich.

Was sagst du dazu?

SIMON: *(ruhig, gefaßt und freundlich)* Was soll ich dazu sagen? Habe ich es nicht gerade selbst gemacht? Allerdings möchte ich noch einmal hervorheben, daß es ein erstaunlicher Unterschied ist, ob man selbst handelt oder ausgeliefert ist. Entschuldige mich, wenn ich einmal kurz schildere, wie sich das jetzt anfühlt – jenseits unserer Vereinbarung, die ich dennoch gut finde und zu der auch ich mich bekenne.

Obwohl ich also gleichzeitig vollständig überzeugt bin, daß dir selbstverständlich alles ebenso zusteht wie mir, überfallen mich schreckliche Vorstellungen, die ich, durch innere Not gepeinigt, poetisch übertreiben möchte:

318

Ein schöner, bodygebuildeter, hochgewachsener, tänzerischer, braungebrannter, blauäugiger, gedichteliebender Gitarrist mit vollem schwarzen Lockenkopf und zarten, feingliederigen Händen beginnt an deinen Brüsten und ihren süßen Knospen und an deiner wie ein Wiesenquell in der Sonne glitzernden, feuchten Möse zu spielen, bis du so sanft und sinnlich, wie es mir immer unter die Haut geht, auf dem Lager mäanderst – Sarah, Süße, darf ich dich fragen, was er da zu schaffen hat? Dein Körper und die Pforten, die für mich zum Himmel führen, gehören schließlich und ausschließlich mir. Was macht sich der Kerl da wichtig in meiner Abwesenheit? Ach, Süße, das kann, das muß, das darf, das soll, das will mir nicht gefallen.

(Erschöpfte Pause)

(Leiser, gefaßter) Mir fällt dabei gerade auf, daß ich dich nur freigeben kann, weil ich dich liebe. Gleichzeitig höhne ich mich selbst, weil ich dich an jeden lasse, der gerade um die Ecke kommt.

Sich im Besitzen verlieren
«Besitzen heißt besessen werden und sich deshalb verlieren.»
Fernando Pessoa

SARAH: Das zu entscheiden wäre dann meine Sache. Darf ich mal rückfragen? Wie war es denn mit deinen afrikanischen Affären, die um die Ecke kamen?

SIMON: Schon gut. Ich wollte ja nur betonen, daß es ohne Schmerzen keine Freiheit gibt.

SARAH: Ich möchte dir auch einmal eine Eifersucht schildern, die du noch gar nicht kennst.

Einmal kam doch deine Freundin Sybille zu dir ins Haus, als ich noch meine eigene Wohnung hatte. Ich verging vor Eifersucht. Es war fürchterlich, es war gräßlich schlimm – und doch war es gleichzeitig das erste Mal, daß ich es durchlebt und dadurch überwunden habe. Der Abend war wie eine Tortur. Um mich abzulenken, ging ich ins Theater. Ich wollte nach einem Mann ausschauen, hatte aber so ein mieses Gesicht drauf, daß ich andere wohl eher verschreckte. Vielleicht wollte ich auch keinen finden.

Danach schlich ich schwerbeladen mit den düstersten Gefühlen um den Block. Ach, und bevor der Abend begann, hatte ich mich mit köstlichem Fisch verwöhnen wollen. Nichts klappte. Ich trank eine ganze Flasche Champagner aus, wurde aber überhaupt nicht betrunken. Es war alles nichts. Das einzige, was meine Seele beschäftigte, war der Gedanke: Jetzt

319

ist sie mit dir zusammen, und ich weiß nicht, was alles passieren kann. Dann wünschte ich mir: Hoffentlich haben sie alles hinter sich gebracht. Ich ging um den Block und ging um den Block und ging. Ähnliche Gefühle wehten mich auch bei der Schilderung deiner afrikanischen Affären an. Damals aber durchlebte und durchschritt ich alle Vorstellungen einzeln. Ich war die Eifersucht nicht los, aber der Schmerz ging in den Zirkel der Liebe ein. Ich dachte mir, lieber habe ich dich am nächsten Tag ganz für mich, als mir durch die Eifersucht alles zu zerstören. Ich mußte es durchhalten, alles andere war sinnlos. Das Gefühl werde ich nie vergessen, es war verblüffend: *Ich kann nichts anderes machen, aber ich bin nicht resigniert.* Ich habe an dir und an uns festgehalten. Und so merkwürdig es klingt: Es hat auch unsere Beziehung heißer gemacht. Ich machte mir ganz bestimmte Vorstellungen, wie ihr zusammenwart und was ihr zusammen macht – ich weiß gar nicht mehr, welche. Aber ich erinnere noch, daß ich entschlossen war, mehr zu sein als Sybille. Ich wollte dir *alles* geben. Diese Herausforderung – sozusagen zu mir selbst und zu uns zu kommen – spielte die entscheidende Rolle. Und dadurch löste sich für mich die ganze Situation.

Bei den jetzigen Liaisons von dir habe ich ebenso Angst, dich zu verlieren, befürchte ich ebenso, daß die anderen Frauen schöner, klüger und besser sein könnten und dich mehr entzücken, es schmerzt mich, daß sie deinen Schwanz angefaßt haben – dieses ganze Gefühlsgemisch war ähnlich wie damals. Jetzt aber ist noch ein anderes Empfinden stärker geworden: mein Gefühl, ich muß mich *auch* entwickeln, sonst kann ich dich nicht mehr verstehen und nicht bei dir bleiben.

SIMON: Ich muß bekennen: Es tut mir sehr gut, von deiner Eifersucht zu hören. Nicht nur, weil ich daran spüre, wie sehr du mich liebst, sondern weil ich sehe, wie ähnlich deine Schmerzen sind. Ich habe plötzlich eine Schicksalsgenossin in dir gefunden.

Ich glaube aber trotzdem, daß du und ich in anderen erotischen Beziehungen sich anders entwickeln können als nur miteinander. Das habe ich erlebt – und du auch. Die Frage, wie weit das gehen soll, können wir nur gemeinsam klären. Das gemeinste ist natürlich, daß Liaisons allein deswegen einen Vorteil haben, weil sie nicht den Alltag tragen müssen. Allerdings klagte Jennifer gerade darüber, weil ihr im Vergleich zu dir der gemeinsame Alltag am meisten fehlte.

320

Wenn ich in Afrika bin, wird alles nicht so schwer. Ich dachte mir schon im vergangenen halben Jahr, es wird nicht ausbleiben, daß du während der langen Zeit einem anderen Mann nahekommst. Vielleicht so nahe, daß du mit ihm auch ins Bett gehen könntest. Wenn ich mal alles ausschließe, was ernst zu nehmen ist, nämlich Aids, Rinderwahnsinn, Kinder mit anderen und Bruch zwischen uns, dann muß ich, dann kann ich nur zustimmen, obwohl ich ziemlich starke Angst habe.

Ich fand es sehr schön, wie du eben noch einmal beide Seiten ausgesprochen hast: die Entwicklung und die Schmerzen. Wenn ich mich meinen Ängsten stelle, erfahre ich etwas über sie. Wenn ich mich meinen Lüsten stelle, ebenso. Ich glaube, wir sollten uns trauen.

Schmerzhafte Vielfalt der Lust
«Traue den Frauen nicht! Mit einem raspeln sie Süßholz, einem zweiten werfen sie heiße Augen zu und den dritten tragen sie fest in ihrem Herzen.»
Kamasutram

SARAH: *Uns trauen:* ein denkwürdiger Doppelsinn: Erst wer sich selbst hat, kann sich selber geben.

Was ich dir zum Abschluß beichten wollte: Ich hatte gestern, als ich allein weg war, einen Mann entdeckt. Verflixt, dachte ich, das wäre einer, der dem entsprechen könnte, was ich mir vorstelle. Aber ich war überhaupt nicht drauf. Du warst ganz fest in mir. Ich machte also keinerlei Anstalten, ließ aber meine Phantasien aufkommen. Ich fragte ihn im stillen: *Magst du mich so auch?* Dabei war ich ganz verschlampt angezogen, T-Shirt, verlumpt und gar nicht attraktiv, fand ich. *Magst du mich auch, wenn ich traurig bin?* – fragte ich weiter. Und so fort. Zum Schluß kam ich auf eine seltsame Idee: *Magst du mich auch, wenn ich aus der Nase blute?* – lautete die letzte Frage. Da stutzte ich, und plötzlich wurde mir klar: Als Kind hatte ich einmal einen Unfall und blutete aus der Nase. Mein Vater hat mich vor lauter Entsetzen angeschrien und brüllend gefordert, ich solle ihm aus den Augen weichen.

(Kleine Pause)

(leise, zärtlich) Ich weiß, Simon, daß du mich auch mit blutender Nase lieben würdest.

321

Aller guten Dinge sind drei

1. Der wahre Lustgewinn

Der wahre Lustgewinn zeigt sich am Ende des zweiten Zwiegespräches von Sarah und Simon deutlich. Alle erotischen Phantasien haben auch die Neigung, behindernde, manchmal traumatische Situationen zu reinszenieren, denen zum Trotz man schließlich doch geliebt wird. Diese geheime Erfüllung macht sie so heiß. Sarahs Phantasie hätte nicht bewußt werden müssen: Der Lustgewinn wäre ihr dennoch sicher. Ähnlich erschufen sich zu Anfang *(Kapitel 5)* Valerie und Matthias die zuwendungsreiche Mutter, die ihnen in der Kindheit fehlte.

2. Das Geheimnis einer guten Beziehung

Im Film «Die Ehe der Maria Braun» von Rainer Werner Fassbinder besucht Maria Braun ihren Mann im Gefängnis. Sie spricht, während ein Wärter im Hintergrund wacht: «Warum soll er denn nicht hören, daß ich mit einem anderen Mann geschlafen habe. Er hört doch auch, daß ich dich liebe... Und du mußt wissen, daß ich mit ihm schlafen wollte.»

«Bei den meisten [afrikanischen] Stämmen wurde den Ehepartnern ein beträchtliches Maß an sexueller Freiheit zugestanden, unter der Voraussetzung, daß sie ihre Liebesaffären nicht vor dem Partner geheimhielten. Geschah dies dennoch, so konnte man sie des Ehebruchs anklagen», schrieb Louis Leakey.

Entscheidend ist also in diesem *Modell der afrikanischen Beziehung*, Freiheit zu lassen und in Beziehung zu bleiben, sich also *nicht* zu entziehen. Maria Braun verhält sich darin vorbildlich. Noch sind wir nicht soweit, aber lange wird es nicht mehr dauern. Heute erlaubt die Ehe kein gutes Durcharbeiten der Restsymbiose mit der inneren Mutter, also keine wirkliche Selbstgeburt. Viele Ehepartner verwechseln die innere Ablösung, die sich meist über eine Verliebtheit außer Haus vollzieht, mit einer endgültigen Trennung. Die Afrikaner haben die sogenannte Triangulierung doppelt berücksichtigt: Die dritte Person ist erlaubt, und sie muß auch durchgesprochen werden. Carl Gustav Jung bemerkte: Das Geheimnis einer guten Ehe besteht darin, dem anderen auch einmal untreu werden zu dürfen.

So in der Beziehung bleibend, verhält sich im Film auch der Geliebte, der Hermann Braun eines Tages im Gefängnis besucht:

«Ich bin der Freund Ihrer Frau.»

«Was wollen Sie?»

«Ich wollte den Mann kennenlernen, den sie liebt.»

Das Geheimnis der Offenheit liegt in der Chance, die allein sie bietet: die seelischen Vorgänge und damit sich und den anderen wirklich verstehen zu lernen.

3. Die Dynamik der aushäusigen Verliebtheit

Grundlegend ist der Vorgang der *seelischen Ablösung*, in der gemeinsam und unbewußt die beiden Rollen aufgeteilt werden: Einer wird zum Verlassenen mit seinem Schmerz, seiner Trauer, seiner Verzweiflung und seiner Einsamkeit, der andere übernimmt die Rolle des Mutes, des Abenteuerrisikos, der Angst, der Lust, der Ungewißheit und des Neubeginns. Doch ist dieses stets von beiden aktiv inszenierte Geschehen nicht nur eine *nachholende Reifung*, durch die alte symbiotische Beziehungsformen zur Mutter aufgelöst werden, vielmehr erfordert die seelische Entwicklung *immer wieder* solche Distanzierungsschritte. Das Geheimnis ist die *seelische Strukturbildung*: Was ich in der ursprünglichen Beziehung zu meinem Hauptpartner gleichsam ererbt habe, erwerbe ich nun, indem ich es aktiv lebe und damit innerlich zur Struktur werden lasse. Es wird schwer sein, dabei nun gerade das Sexuelle auszuklammern, da es das Zentrum der eigenen Lebendigkeit ausmacht. Bei Sarah und Simon ist diese Strukturbildung gut zu erkennen: Sie gewinnen sich selbst. Je einzeln entsteht eine entwickeltere Identität, gleichzeitig aber auch eine neue, reifere Gemeinsamkeit.

Voraussetzung dafür ist: Während dieser brisanten Zeit sollte das Paar nicht die Beziehung zueinander abbrechen, sondern, wenn irgend möglich, in einer offenen Kommunikation bleiben. So wird auch einem Mißbrauch dieses Geschehens vorgebeugt im Sinne eines Alibis für jede beliebige Bettgeschichte, die häufig einfach der weithin unterschätzten Lust nach Abwechslung entspringt.

Die Liebe zu den Geschlechtern

«Alle Verliebtheit, wie ätherisch sie sich auch gebärden mag, wurzelt allein im Geschlechtstrieb, ja, ist durchaus nur ein näher bestimmter, spezialisierter, wohl gar in strengstem Sinn individualisierter Geschlechtstrieb. Wenn man nun, dieses festhaltend, die wichtige Rolle betrachtet, welche die Geschlechtsliebe in allen ihren Abstufungen und Nuancen, nicht bloß in Schauspielen und Romanen, sondern auch in der wirklichen Welt spielt, wo sie, nächst der Liebe zum Leben, sich als die stärkste und tätigste aller Triebfedern erweist, die Hälfte der Kräfte und Gedanken des jüngern Teils der Menschheit fortwährend in Anspruch nimmt, das letzte Ziel fast jedes menschlichen Bestrebens ist, auf die wichtigsten Angelegenheiten nachteiligen Einfluß erlangt, die ernsthaftesten Beschäftigungen zu jeder Stunde unterbricht, bisweilen selbst die größten Köpfe auf eine Weile in Verwirrung setzt, sich nicht scheut, zwischen die Verhandlungen der Staatsmänner und die Forschungen der Gelehrten, störend, mit ihrem Plunder, ihre Liebesbriefchen und Haarlöckchen sogar in ministerielle Portefeuilles und philosophische Manuskripte einzuschieben versteht, nicht minder täglich die verworrensten und schlimmsten Händel anzettelt, die wertvollsten Verhältnisse auflöst, die festesten Bande zerreißt, bisweilen Leben, Gesundheit, bisweilen Reichtum, Rang und Glück zu ihrem Opfer nimmt, ja, den sonst Redlichen gewissenlos, den bisher Treuen zum Verräter macht, demnach im Ganzen auftritt als ein feindseliger Dämon, der alles zu verkehren, verwirren und umzuwerfen bemüht ist; da wird man veranlaßt auszurufen: Wozu der Lärm? Wozu das Drängen, Toben, die Angst und die Not? Es handelt sich ja bloß darum, daß jeder Hans seine Grete finde.»

Arthur Schopenhauer

Metaphysik der Geschlechtsliebe

Anmerkungen

Viel verdanke ich dem Artikel «Von der Seele reden», den Heiko Ernst im Oktoberheft 1990 der Zeitschrift «Psychologie heute» veröffentlicht hat. Ich beziehe mich insgesamt – besonders aber im 8. Kapitel, «Opening up» – auf seine Ausführungen, die sich allerdings nicht speziell dem *erotischen* Erleben widmen.

Die «Marginalien» zum Lauftext des vorliegenden Buches sind nicht als schmückendes Beiwerk gedacht, sondern dienen der Erweiterung, Vertiefung, Kontrastierung und Spiegelung des von mir Gesagten.

Die Zitate entstammen meiner in Jahrzehnten gewachsenen Sammlung von Lesefrüchten und Zufallsfunden, von Erinnerungsresten und aufgeschnappten Geistesblitzen.

In einigen Fällen geht die Quelle aus der Marginalie selbst hervor. Einzelne Zitate – etwa ein halbes Dutzend – konnte ich trotz aufwendiger Bemühung nicht lokalisieren. Alle übrigen Belege finden sich in den folgenden, nach Autorennamen alphabetisch geordneten Werken.

M. L. M.

Andreas-Salomé, Lou: Die Erotik. Vier Aufsätze. München: Matthes und Seitz 1979

Baker, Nicholson: Vox. Reinbek: Rowohlt 1992

Barrow, John D., zitiert in: «Neue kosmologische Perspektiven» von Eberhard Sens; «Psychologie heute» 7 / 1994

Bataille, Georges: Die Tränen des Eros. München: Matthes und Seitz 1993

Beck, Adolf (Hg.): Hölderlins Diotima, Susette Gontard. Frankfurt am Main: S. Fischer 1980

Becker, Jürgen, in: Sartorius

Beck-Gernsheim, Elisabeth, und Ulrich Beck: Das ganz normale Chaos der Liebe. Frankfurt am Main: Suhrkamp 1989

Benyoëtz, Elazar: Filigranit. Göttingen: Steidl 1992

Brantner, John: Leidenschaft. In: Worden, J. William: Beratung und Therapie in Trauerfällen. Stuttgart: Hans Huber 1986

Breytenbach, Breyten, in: Sartorius

Brodkey, Harold: Unschuld. In: Unschuld. Nahezu klassische Stories. Reinbek: Rowohlt 1990

Buss, David: Die Evolution des Begehrens. Geheimnisse der Partnerwahl. Hamburg: Kabel 1994

Caeiro, Alberto, siehe Pessoa

Canetti, Elias: Die Provinz des Menschen. Aufzeichnungen 1942–1972. München: Hanser 1973. Das Zitat auf Seite 69 stammt aus «Das Gewissen der Worte» von Uwe Schweikert in der «Frankfurter Rundschau» vom 19.8.1994.

Chaucer, Geoffrey: Die Canterbury-Erzählungen. Leipzig: Reclam o. J.

Cohen, Stanley, amerikanischer Medizin-Nobelpreisträger, in: «Petra» 2/1995

Deschner, Karlheinz: Das Kreuz mit der Kirche. Eine Sexualgeschichte des Christentums. Düsseldorf: Econ 1992

Elias, Norbert: Über den Prozeß der Zivilisation. 2 Bände. Frankfurt am Main: Suhrkamp 1968

Falkner, Gerhard, in: Sartorius

Fisher, Helen: Anatomie der Liebe. Warum Paare sich finden, binden und auseinandergehen. München: Droemer 1993

Follett, Ken: Die Säulen der Erde. Bergisch Gladbach: Lübbe o.J.

Freud, Anna: Das Ich und die Abwehrmechanismen. Frankfurt am Main: S. Fischer 1995

Freud, Sigmund: Studienausgabe in zehn Bänden. Frankfurt am Main: S. Fischer 1989. Das Zitat auf Seite 57 findet sich in Band 9 auf Seite 245; dasjenige auf Seite 75 in Band 3 auf Seite 101; dasjenige auf Seite 107 in Band 11 auf Seite 333. Der auf Seite 76 zitierte Ausspruch Freuds wurde in der sog. Mittwoch-Gesellschaft am 12.8.1908 getan.

Frisch, Max: Tagebuch 1946–1949. Frankfurt am Main: Suhrkamp 1950

Gibran, Khalil: Der Prophet. Heitersheim: Walter o.J.

Gontard, Susette (= «Diotima»): Brief an Hölderlin vom 27.9.1798. In: Beck, Adolf (Hg.), siehe dort

Groult, Benoîte: Salz auf unserer Haut. München: Droemer 1988

Hayden, Naura: Wie man eine Frau befriedigt. München: Heyne 1992

Heidenreich, Elke: Kolonien der Liebe. Erzählungen. Reinbek: Rowohlt 1992

Hein, Manfred Peter, in: Sartorius

Herzberg, Judith, in: Sartorius

Hodjak, Franz: Landverlust. Frankfurt am Main: Suhrkamp 1993

Hölderlin, Friedrich: das Zitat auf Seite 67 stammt aus dem Gedicht «Das Unverzeihliche»; dasjenige auf Seite 211 aus dem Gedicht «Die Liebe»; diejenigen auf den Seiten 247 und 248 aus dem Gedicht «Der Abschied». Die auf Seite 154 zitierte Stelle findet sich in einem Brief Hölderlins an seinen Freund Christian Ludwig Neuffer vom 10.7.1797.

Imhoff, Hans: Vertrauliche Reden. Frankfurt am Main: Euphorion 1974

Janus, Samuel S. und Cynthia L.: The Janus Report on Sexual Behavior. New York: Wiley 1993

Kamasutram siehe Vatsyayana

Kellerer, Christian: Objet trouvé. Surrealismus, Zen. Zur Psychologie moderner Kunst. Reinbek: Rowohlt 1969

Kinder, Hermann (Hg.): Die klassische Sau. Zürich: Haffmans 1986

Kinsey-Institut-Report, Der neue, siehe Reinisch, M. June, und Ruth Beasley Kissinger, Henry, zitiert in Buss, David; siehe dort

Kristeva, Julia: Geschichten von der Liebe. Frankfurt am Main: Suhrkamp 1989

Kubie, Lawrence: Die neurotische Verzerrung des schöpferischen Prozesses. Reinbek: Rowohlt 1968

McNeill, Elizabeth: Neun Wochen und drei Tage. Reinbek: Rowohlt 1979

Money, John: Lovemaps. New York: Irvingston 1986

Medea: zitiert aus dem gleichnamigen Drama von Hans Henny Jahnn

Moretti, Nanni: in dem Film «Liebestagebuch»

Müller, Maria E.: Naturwesen Mann. In: Wunder, Heide, und Christina Vanja (Hg.): Wandel der Geschlechterbeziehungen zu Beginn der Neuzeit. Frankfurt am Main: Suhrkamp 1991

Müller, Susi: von mir frei ausgewählte Pressetexte nach «Menschen und ihre Stimmen» von Hartwig Eckert und John Laver. Weinheim: Beltz 1994

Musil, Robert: Der Mann ohne Eigenschaften. Hamburg: Rowohlt 1952. Das Zitat auf Seite 10 stammt aus Band 7 der Gesammelten Werke. Reinbek: Rowohlt 1978

Nin, Anaïs: Henry, June und ich. Portrait der Maharani. München: Scherz 1990

Nizami: Die sieben Geschichten der sieben Prinzessinnen. Zürich: Manesse 1995

Nova, Heather, in: «Max» 3 / 1995

Offit, Avodah: Das sexuelle Ich. Stuttgart: Klett-Cotta 1979

Pessoa, Fernando: Alberto Caeiro. Dichtungen. Zürich: Ammann 1986

Pessoa, Fernando: Das Buch der Unruhe des Hilfsbuchhalters Bernardo Soares. 1913–1934. Zürich: Ammann 1985

Petri, Györgi, in: Sartorius

Pilinsky, János, in: Sartorius

Raffay, Anita von: Die Macht der Liebe – Die Liebe zur Macht. Psychoanalytische Studien. Frankfurt am Main: Peter Lang 1995

Reinisch, M. June, und Ruth Beasley (Hg.): Der neue Kinsey-Institut-Report. Sexualität heute. München: Heyne 1991

Sa'di, Muslih ad-Din: Der Rosengarten. Leipzig: Kiepenheuer 1990

Saramago, José: Das Memorial. Reinbek: Rowohlt 1986

Sartorius, Joachim (Hg.): Atlas der neuen Poesie. Reinbek: Rowohlt 1995

Schmölders, Claudia: Liebeserklärungen. Berlin: Wagenbach 1993

Schmidt, Gunter: Über den Wandel heterosexueller Beziehungen. Zeitschrift für Sexualforschung 8 / 1995

Schopenhauer, Arthur: Die Welt als Wille und Vorstellung. Viertes Buch, Kapitel 44. In: Werke in fünf Bänden, hg. von L. Lütkehaus, Band 2. Zürich: Haffmans 1991

Seneca, Lucius Annaeus, d. J.: Briefe an Lucilius über Ethik

Stangl, Marie Luise: zu lesen auf einem Plakat der DB

Tabucchi, Antonio: Lissaboner Requiem. München: Hanser 1994

Tucholsky, Kurt: Gesammelte Gedichte. Reinbek: Rowohlt 1983

Vatsyayana, Mallanaga: Das Kamasutra. dtv klassik Nr. 2292. München: DTV 1991

Wagoni, Faltsch: Kabarett aus Gräfelfing. Silvana Prosperi und Thomas Busse: «Vom Feinsten und Gemeinsten», 1995

Weck-Erlen, L. van der: Das Goldene Buch der Liebe. Reinbek: Rowohlt 1978

Weizsäcker, Carl Friedrich von: Der Garten des Menschlichen. Beiträge zur geschichtlichen Anthropologie. München: Hanser 1992

Über den Autor

Michael Lukas Moeller wurde 1937 in Hamburg geboren und wuchs während der Kriegsjahre in Schlesien auf. Nach Besuch des humanistischen Gymnasiums Christianeum in Hamburg studierte er zunächst Germanistik und Griechisch, wechselte aber bald zu Medizin und Philosophie, um Psychoanalytiker zu werden. Eine künstlerische Entwicklung als Maler fiel diesem Entschluß ebenso zum Opfer wie eine vielversprechende Ausbildung zum klassischen Tänzer bei der russischen Ballettmeisterin Lula von Sachnowsky.

Hamburg, München und Berlin waren seine Studienorte. Er promovierte 1967 in Berlin mit einer Arbeit über die *«Psychodynamik der Prüfungsangst»*, ein Thema, das ihn etwa ein Jahrzehnt beschäftigte und als erstes bekannt machte.

Nach Ausbildung zum Psychoanalytiker in Berlin und am Zentrum für psychosomatische Medizin des Universitätsklinikums Gießen habilitierte er sich für das Fach Psychotherapie und psychosomatische Medizin. Seit 1973 hatte er an der Universität Gießen eine Professur für seelische Gesundheit inne.

Moeller absolvierte die Ausbildung zum gruppendynamischen Trainer des maßgeblichen Deutschen Arbeitskreises für Gruppentherapie und Gruppendynamik, ist Mitglied der Gesellschaft für Organisationsentwicklung und Mitarbeiter im Hernstein International Management Institute Wien. Er leitete einige umfangreiche Forschungsprojekte: fünfjährige Studien *«Psychische Konflikte bei Studierenden»*, finanziert von der Volkswagenstiftung, ein zehnjähriges Programm *«Entwicklung der Paargruppentherapie»* im Rahmen eines Sonderforschungsbereiches der Deutschen Forschungsgemeinschaft und eine fünfjährige Forschung zu *«Psychologisch-therapeutischen Selbsthilfegruppen»*, finanziert vom Bundesgesundheitsministerium.

Im Rahmen der Psychoanalyse gewann er mit theoretischen Schriften internationale Anerkennung, ist Lehr- und Kontrollanalytiker der Deutschen Psychoanalytischen Vereinigung und gründete mit Mitgliedern des Londoner Institute of Group-Analysis ein überregionales Ausbildungszentrum für Gruppenanalyse (GRAS), das er seit 1977 leitet.

1983 übernahm er den Lehrstuhl für Medizinische Psychologie am Klinikum der Johann Wolfgang Goethe-Universität Frankfurt am Main. Durch seinen Einsatz für die Entwicklung der Selbsthilfegruppen ist er einer breiteren Öffentlichkeit besonders bekannt geworden. Seine Bücher *«Selbsthilfegruppen. Selbsterkenntnis und Selbstbehandlung in eigenverantwortlichen Kleingruppen»* und *«Anders Helfen. Selbsthilfegruppen und Fachleute arbeiten zusammen»* gelten als Klassiker und haben die Selbsthilfegruppenentwicklung in der Bundesrepublik wie auch subversiv in der DDR entscheidend mitgeprägt. Seit zwei Jahrzehnten widmet er sich schwerpunktmäßig der Psychoanalyse der Paarbeziehung. Aus der Praxis seiner mehrjährigen Selbsterfahrungsgruppen mit Paaren stammen die eingehenden Beobachtungen zur Dynamik der Partnerschaft in den Büchern *«Die Liebe ist das Kind der Freiheit»*, einem Beitrag zur erotischen Kultur, und *«Die Wahrheit beginnt zu zweit. Das Paar im Gespräch»*, einer Anregung zu Zwiegesprächen.

Als Mitglied der «Internationalen Ärzte gegen den Atomkrieg» (IPPNW) engagiert er sich seit über einem Jahrzehnt in der «Friedensarbeit an der Universität Frankfurt». Daraus entstand der Essayband *«Der Krieg, die Lust, der Frieden, die Macht»*. Moellers Engagement, die Psychoanalyse sinnvoll mit dem politischen Bereich zu verbinden, resultierte in einem konkreten Beitrag zur ‹menschlichen Vereinigung› des westlichen mit dem östlichen Deutschland, den er mit dem in Halle arbeitenden Psychotherapeuten Hans-Joachim Maaz publizierte: *«Die Einheit beginnt zu zweit. Ein deutsch-deutsches Zwiegespräch»*.